Thea Leitner

Fürstin, Dame, Armes Weib

Zu diesem Buch

Die sechs hier porträtierten Frauen aus dem Wien der Jahrhundertwende stammen aus höchst unterschiedlichen sozialen Kreisen. Kennzeichnend für sie ist jedoch die Tatsache, daß jede dieser Frauen das ihr vorgezeichnete Lebensmuster modifizierte oder sogar sprengte – auch um den Preis der Gefährdung der eigenen Person. So hat jede auf ihre Weise dazu beigetragen, »die ersten Konturen eines neuen Frauenbildes zu zeichnen«. Thea Leitners Buch ist ein erstrangiges Lesevergnügen, das zur Auseinandersetzung mit der Moral und Kultur einer turbulenten Zeit anregt.

Thea Leitner arbeitete nach dem Studium zunächst als Journalistin, ehe sie Schriftstellerin wurde. Mit »Habsburgs verkaufte Töchter« und »Habsburgs vergessene Kinder« kam sie auf die Bestsellerlisten.

Thea Leitner

Fürstin, Dame, Armes Weib

Ungewöhnliche Frauen im Wien der Jahrhundertwende

Piper München Zürich

Bildnachweis: *Bildarchiv der Österreichischen Nationalbibliothek, Wien*: S. 13 rechts oben und unten, 33, 43, 55, 59 rechts oben, 79, 83 links oben und unten, 92, 101, 109, 113, 123, 131, 135, 147 rechts oben und links unten, 153, 157, 207 oben, 213, 259, 281, 297, 319 oben links; *Historisches Museum der Stadt Wien:* S. 13 links oben, 59 links oben und unten, 147 rechts unten, 173, 231, 313 unten; *Jüdisches Museum Frankfurt am Main:* S. 339 unten, 345; *Ilse Kockläuner, Bad Essen:* S. 143; *Österreichisches Filmmuseum, Wien:* S. 179; *Dr. Oliver Page, Wien:* S. 194, 203, 207 unten; *Privatarchiv:* S. 339 oben; *Dana Roda Becher, Basel:* S. 167; *Peter Schnitzler, Wien:* S. 147 links oben; *Sigmund-Freud-Haus, Wien:* S. 313 oben, 319 unten; *Sigmund Freud Copyrights, England:* S. 319 rechts oben (mit Genehmigung von A. W. Freud u. a./Mark Paterson); *Stadtarchiv Frankfurt am Main:* S. 304; *Verein für Geschichte der Arbeiterbewegung, Wien:* S. 263, 271, 293.

Von Thea Leitner liegen in der Serie Piper außerdem vor:
Habsburgs verkaufte Töchter (1827)
Habsburgs vergessene Kinder (1865)
Skandal bei Hof (2009)
Die Männer im Schatten (2324)

Ungekürzte Taschenbuchausgabe
Piper Verlag GmbH, München
1. Auflage Dezember 1994
5. Auflage November 1998

Umschlag: Büro Hamburg
Simone Leitenberger, Susanne Schmitt, Andrea Lühr
Satz: Carl Ueberreuter Druckerei Ges. m. b. H., Korneuburg
Druck und Bindung: Clausen & Bosse, Leck
Printed in Germany ISBN 3-492-21864-4

Inhalt

Für Verena

Wie ein Buch entsteht, und was daraus wird . . .

Nach meinen beiden letzten Büchern, »Habsburgs verkaufte Töchter« und »Habsburgs vergessene Kinder«, die so überaus freundlich aufgenommen worden sind, war ich schon drauf und dran, ein weiteres Habsburg-Buch zu planen: weil ich darum gefragt und gebeten wurde, weil ich mit der Materie einigermaßen vertraut war, weil (hoffentlich) zweimaliger Erfolg einen dritten nach sich ziehen würde. Weil, weil . . .

Ich begann also, ein bestimmtes Thema, eine bestimmte Person im Auge, mich mit der franzisco-josephinischen Ära zu befassen, und geriet unweigerlich in den Sog der Jahrhundertwende. Habsburg begann zu verblassen, es waren Politiker, Künstler, Gelehrte, die mich plötzlich interessierten, weil sie den Übergang vom Kaiserreich zur Republik, von der langen Vergangenheit in unsere Gegenwart vorbereitet haben.

Wer, so wie ich, eine manische Leserin ist, wird nachvollziehen können, was dann passierte: Ich begann ein Buch nach dem anderen über jenen Geschichtsabschnitt zu verschlingen, aber es dauerte nicht lang, bis ich an die Grenzen meines Aufnahmevermögens stieß: Wenn mich nicht alles täuscht, dann gibt es über keine Epoche eine so erdrükkende Fülle an Gedrucktem wie über das Fin de siècle.

Und dann entschloß ich mich, ein weiteres Buch zu diesem Thema zu schreiben, das bis zum Überdruß ausgeschlachtet schien. Was zunächst wie heller Wahnsinn anmutete, wurde langsam zum Muß, denn ausgerechnet *ein* Buch habe ich nirgends entdeckt: das Buch über Frauen, die, jede auf ihre Weise, dazu beigetragen haben, die ersten Konturen eines neuen Frauenbildes zu zeichnen, die etwas

vorangebracht und das allgemeine Bewußtsein über das Wesen des weiblichen Geschlechts entscheidend verändert haben.
Welche Frauen? Ganz gewiß nicht die paar, die man ohnehin aus zahlreichen Publikationen kennt, die Mahler, die Zuckerkandl und wie sie noch heißen mögen. Meine Leser, das weiß ich, erwarten von mir von Menschen zu erfahren, die sie (bestenfalls) dem Namen nach kennen, die ihnen aber ansonsten wenig vertraut sind; denn meine Leser sind, genau wie ich, neugierig.
Es galt also jene zu finden, über die es ausreichendes und authentisches Material gibt (Briefe, Tagebücher, Autobiographien), um Charaktere in ihrer Vielschichtigkeit nachzuzeichnen. Jede dieser Figuren sollte eine bestimmte Facette der Entwicklung zur »neuen Frau« darstellen – und so sind letzten Endes sechs übriggeblieben, die ich hiermit vorstellen möchte.
Jetty Strauß dient sozusagen zur Einführung: Sie entspricht dem jahrhundertealten Klischeebild von dem opferbereiten Wesen, das hinter einem berühmten Mann steht, nett, adrett, bescheiden, nur seinem großen Werk dienend. Pauline Metternich, ansonsten den konservativen Lebensformen verbunden, hat dennoch einen entscheidenden Schritt in die neue Zeit getan, indem sie frischen Wind in den alten Muff der regierenden Gesellschaftsschicht gebracht hat.
Adele Sandrock erscheint mir das perfekte Gegenbild zur männlichen Egozentrik: Sie hat sich so selbständig gemacht, daß sie keiner tragbaren Beziehung zum anderen Geschlecht fähig war. Ein Musterbeispiel übers Ziel hinausgeschossener Emanzipation. Ähnlich Rosa Mayreder, brillante Theoretikerin der Frauenbewegung, von deren Gedankengut die Nachfahrinnen noch heute profitieren. Sie war nicht imstande, die ihr vorschwebende Symbiose zwischen Mann und Frau in der Praxis auch nur annähernd zu verwirklichen.
Meine Lieblingsgestalt, ich gebe es offen zu, ist die Arbeiterführerin Adelheid Popp. Abgesehen davon, daß die Geschichte ihres Lebens von der Halb-Analphabetin aus dem tristesten Proletariermilieu zur mitreißenden Vorkämpferin für Menschenrecht und Menschenwürde besonders ergreifend ist, sehe ich in ihr das Idealbild der modernen Frau: Es gelingt ihr, einerseits eigene Wege zu gehen, andererseits mit einem geliebten Mann und erwünschten Kindern ein wunderbares Familienleben in perfekter Harmonie, im ständigen Strom des Ge-

bens und des Nehmens zu führen. Es ist sonderbar, daß die heutige Sozialdemokratie so wenig Kenntnis von dieser Jeanne d'Arc aus den frühen Jahren der Arbeiterbewegung nimmt. So reich an Leitfiguren ist sie nun auch wieder nicht.

Zu guter Letzt Bertha Pappenheim, alias Anna O. Unsterblich geworden ist sie in der inaktiven Rolle einer unglücklichen Patientin, denn ihre Krankengeschichte hat der Psychoanalyse entscheidende Impulse gegeben; daß sie später selbst vorbildlich aktiv geworden ist, macht sie in zweifacher Hinsicht für dieses Buch interessant.

»Biographen sind in eigentümlicher Weise an ihre Helden fixiert«, heißt es in einem Aufsatz Sigmund Freuds über Leonardo da Vinci. Die Autoren würden, so meint Freud, nur über Personen schreiben, denen sie besonders zugetan wären, und daher zur Idealisierung neigen.

Es steht mir nicht zu, den großen Freud zu korrigieren. Dennoch hoffe ich, die sechs Frauen mit Anteilnahme, aber objektiv dargestellt zu haben. Meine Leser mögen sich selbst ein Urteil bilden.

Wien, im Mai 1991 Thea Leitner

Ich bedanke mich für wichtige Hinweise, Anregungen und Unterstützung bei Nora Hammerschmidt, Dr. Mascha Hoff, Traudl Lessing, Karin Klenka, Dr. Hermann Frodl, Dipl-Ing. Dr. Alfred Lechner, Dr. Friedrich Kolarsky, Dr. Wolfgang Maderthaner, Prof. Franz Mailer, Hofrat Dr. Oliver Paget und Heinz Rosenthal.

»Mutterherz«

Jetty Strauß 1818–1878

»Mein theuerstes Mamerl!
Zeitlich Morgens erhielt ich heute Deinen lieben Brief. Es ist doch sonderbar, daß Jean auf dem von Dir geschaffenen Triumphzug vergißt, daß er doch eigentlich Dein Geschöpf ist, ohne Dich immer eine Art Eduard mit Talent begabt geblieben wäre . . .«
Absenderin dieses Briefes war eine gewisse Louise von Dreyhausen, ein Name, der vermutlich niemandem etwas sagt. Am Ende des Kapitels wird man mehr über sie hören. Empfängerin war Henriette (Jetty) Strauß – auch sie nur wenigen wirklich vertraut.
Der Inhalt des in dem Schreiben zitierten Briefes ist nicht bekannt; das »theuerste Mamerl« dürfte sich mehr oder weniger (eher weniger) über »Jean« beklagt haben – dieser allerdings ist jedem Kind, und zwar rund um den Erdball, ein Begriff: Johann Strauß Sohn, Ehemann jener Jetty und somit Stiefvater der Louise von Dreyhausen. Diese junge Dame formulierte, wenn auch überspitzt, was unter Fachleuten, damals wie heute, kein Geheimnis ist: Daß nämlich Johann Strauß der Jüngere zwar auch ohne Jetty der unumstrittene »Walzerkönig«, Beherrscher der Tanzpaläste und Promenadenkonzerte gewesen wäre, jedoch bestimmt nicht Millionär und ein Komponist an der Weltspitze, dessen Werke, mit dem Beiwort »unsterblich« geziert, auch »seriöse« Konzertsäle und Opernhäuser eroberten.
Jetty Strauß ist bewußt an den Anfang eines Buches über Frauen des ereignisreichen Fin de siècle plaziert, denn sie stellt in den sich überall abzeichnenden Verschiebungen, Verwerfungen und Veränderungen im sozialen Leben den Prototyp des durch Jahrhunderte gleichen Frauenbildes dar. Sie wirkt bescheiden im Hintergrund, gibt das Beste,

um dem Mann und seiner Laufbahn nützlich zu sein, und bezieht ihr Glück aus seinem Glanz.

Allerdings kann sie durch ihr ständiges, sichtbar aufopferndes DaSein ein wenig beengend wirken. Von der Unterwerfung, von der Fähigkeit, sich unentbehrlich zu machen, ist manchmal nur ein winziger Schritt zur Dominanz: ein Charakteristikum, das keineswegs auf Jetty Strauß zutrifft, aber im Fall der anderen, hochwichtigen Frau im Leben des Johann Strauß II nicht auszuschließen ist. Gemeint ist Anna Strauß, die Mutter: Sie hat es dem Sohn überhaupt erst ermöglicht, Musiker zu werden. Sie baute die Walzerdynastie der Brüder Johann, Joseph und Eduard auf und regierte sie mit eiserner Hand.

Anna Strauß also, die Mutter des Genies; in ihrer Jugend eine schöne, stolze, selbstbewußte Person, dunkel und zart. In ihren mittleren Jahren zeigt das Porträt sie starr, verkrampft, sichtlich um Haltung bemüht, ein gequältes Lächeln auf den Lippen, in den Augen allen Schmerz dieser Welt. Leider kennen wir kein Altersbild von Anna Strauß. Es müßte, wenn wahr ist, daß das Leben sich im Gesicht widerspiegelt, eine triumphierende Greisin darstellen ...

Sie war eine Wirtstochter vom Thury-Grund (heute Teil des Alsergrundes), die Eltern waren keine reichen Leute, aber ein bißchen Geld muß doch vorhanden gewesen sein, denn die Familie besaß ein winziges Sommerhaus in dem Dörfchen Salmannsdorf, wo Anna dann mit ihren Kindern die Ferien verbringen sollte. Das erste, der Sohn Johann, kam am 25. Oktober 1825 unerwünscht. Anna war dreiundzwanzig und bereits im fünften Monat schwanger, als der um zwei Jahre jüngere Johann Strauß sie überstürzt heiratete (heiraten mußte, wie der Klatsch in späteren Jahren hämisch hinzufügte).

Er war ein Habenichts, kaum imstande, eine Familie zu ernähren, weshalb er im Heiratsgesuch an den Magistrat hervorhob, daß die junge Ehefrau durch »weibliche Handarbeiten« zum Unterhalt werde beitragen können. Die Zustimmung des Magistrats war notwendig, da Johann Strauß nicht majorenn war; das Datum der Großjährigkeit lag damals bei vierundzwanzig Jahren.

Die Gegenwart des mit kleiner Kapelle durch Wirtshäuser und über Tanzböden vazierenden Musikanten war nicht sehr rosig, seine Vergangenheit düster. Die Mutter war gestorben, als er drei war, und mit zwölf verlor er den Vater, einen Bierwirt, der ins Wasser ging, viel-

Anna Strauß, die Mutter des Walzerkönigs, zur Zeit ihrer Vermählung und in mittleren Jahren

Johann Strauß Vater

leicht weil er bankrott, vielleicht weil er schwermütig war, vielleicht aus beiden Gründen. Johann wurde von seinem Vormund zum Buchbinder bestimmt, aber es trieb ihn zur Musik. Niemals ist herausgefunden worden, wo er die Kenntnisse im Geigenspielen, Dirigieren und Komponieren erworben hat – er konnte es eben. Bei dem in Wien sehr beliebten Tanzmusiker Joseph Lanner hat er gearbeitet, aber eine eigene kleine Kapelle gegründet, nachdem er sich mit dem allzu trinkfreudigen und darum streitsüchtigen Lanner überworfen hatte.

Und nun hatte er ein Weib, vier Monate später ein Kind am Hals. Das Weib, die Anna, erwies sich als Segen. Sie hielt die Einkünfte zusammen, wirtschaftete sparsam, legte einiges beiseite, trotz rasch aufeinanderfolgender Schwangerschaften (sechs Kinder in zehn Jahren, fünf überlebten). Man wechselte von einer Wohnung in die andere, jede ein bißchen besser als die vorangegangene. Schließlich bezog die Familie eine Wohnung im bürgerlichen »Zum goldenen Hirschen« in der Taborstraße, Platz genug für Vater, Mutter, Kinder, dazu noch ein Musikzimmer, in dem die Kapelle probieren konnte.

Der Vater schaffte den Sprung von den Dorfwirtshäusern in die Vorstädte, und er wurde schließlich zum unumschränkten Herrscher über die Wiener Tanzmusik, angebetet, verehrt von einem in Rausch und Raserei versetzten Publikum. Er wurde später Leiter der Hofbälle, Hofball-Musikdirektor gar, und entzückte mit seinen hinreißenden Walzermelodien selbst die verwöhnten Ohren der Mitglieder der Gesellschaft der Musikfreunde bei ihrem alljährlichen Ballfest.

Die Stadt, die Vorstadt und die Dörfer lagen in jenen Jahren des Vormärz im Tanzfieber. Siebenhundert bis achthundert Bälle fanden in jedem Fasching statt – bei einer Einwohnerzahl von nicht einmal einer halben Million! Strauß mußte die Kapelle teilen und sich selbst vervielfachen. Im Fiaker raste er, genau nach Zeitplan, von Lokal zu Lokal, um persönlich seine neuesten Pièces zu dirigieren, zwei, drei Walzer oder Polkas; kurzes Bad im tosenden Applaus, dann weiter zum nächsten Ballsaal.

Auch außerhalb des Faschings Nacht für Nacht unterwegs, um in den großen, feenhaft ausgestatteten Vergnügungsetablissements aufzuspielen und Tausende Wiener zu wahren Tanzorgien aufzuputschen. Es war etwas Unwiderstehliches, Dämonisches an diesem zugleich geigenden und dirigierenden totenbleichen Mann mit den feurigen Augen und dem pechschwarzen Lockenkopf: Ein bißchen Genie, ein Hauch Wahnsinn und viel Unwägbares dazu. Einen »Mozart der Walzer«, den »Beethoven der Cotillons«, »Paganini der Galoppe«, »Rossini der Potpourris«, nannte ihn einmal »Bäuerles Theaterzeitung«. Im Morgengrauen durchschwitzt, erschöpft, glücklich nach Hause. Die ganze Familie auf Zehenspitzen: Psch, psch, der Vater muß ausruhen. Eigentlich rätselhaft, wann er die vielen Kinder gezeugt hat – ein ordentliches Familienleben hat es nie gegeben.

Jedes weitere Kind trug durch sein Geschrei, sein natürliches Recht auf Aufmerksamkeit und Pflege, seine materiellen Ansprüche dazu bei, aus dem schönen Mädchen Anna Streim eine abgerackerte, rasch verblühende Frau Anna Strauß zu machen.

Natürlich wurde es mit der Zeit enger in der Wohnung, natürlich roch es nach Windeln, nach Alltag, und dann wohl auch nach Armut. Der Vater verdiente zwar glänzend, aber das Geld zerrann ihm zwischen den Fingern, ehe er es daheim abliefern konnte. Da eine kleine Freundin, dort ein bißchen Glückspiel (einmal wurde er sogar von einer Polizeirazzia erwischt und mußte 900 Gulden Strafe zahlen – ein Vermögen). Für den Haushalt blieb wenig. Nein, daheim war es ungemütlich. Der Vater schlief bis zu Mittag, dann kamen die Musiker, es wurde geprobt, besprochen – dann war er wieder dahin, der Teufelsgeiger, der Melodienhexer, und er tauchte unter in der Glitzerwelt der Vergnügungsviertel.

Hat ihm Anna Vorwürfe gemacht? Vermutlich nicht. Frauen ihrer Art duckten sich, litten schweigend, und sie warteten, bis ihre Stunde kam. Bei neunundneunzig von hundert dieser Frauen kam die Stunde nie, sie hatten, wenn überhaupt, nur dann die Möglichkeit, sie selbst zu werden und aufzublühen, wenn sie endlich Witwen wurden.

Anna Strauß war die rare Ausnahme, die ihre Chance bekam, »jemand« zu werden, obwohl sie »nur« eine Frau war – wenn schon nicht durch den Ehemann, wie es sich gehörte, dann doch wenigstens durch den ältesten Sohn, der »Schani« hieß, wie der Vater. Des Knaben früh erkannte Musikalität wurde durch die Mutter gehegt und gepflegt, um sie schließlich als vernichtende Waffe gegen den einst so geliebten Mann einzusetzen.

Der Kleine war kaum den Windeln entwachsen, da war es klar, daß er das Talent, vielleicht sogar das Genie des Vaters, auf jeden Fall die brennende Liebe zur Musik geerbt hatte: Wie der Junge, mit angehaltenem Atem lauschend, hinter der Tür stand, wenn der Vater mit seinen Musikern probte; wie er um die Instrumente herumschlich, selig über seidiges Holz strich; wie der Kleine, kaum sechs Jahre alt, im großelterlichen Haus gedankenverloren auf dem Klavier klimperte und die erste kleine Melodie zustande brachte . . .

Ein winziger Seitensprung in das von gelernten Historikern streng verpönte »Was wäre gewesen wenn . . .« sei gestattet: Was wäre wirklich gewesen, wenn die Ehe der Anna Strauß einigermaßen zufriedenstellend verlaufen, wenn der Mann zu ihr und den Kinder gestanden wäre? Es war nämlich so, daß *beide* Eheleute, der Vater *und* die Mutter, sehr bald beschlossen hatten, daß keiner der Söhne Musiker werden dürfte, komme, was da wolle. Sie sollten nicht durch die Nächte hetzen müssen, sie würden nicht als Sklaven im Dienst der tanztollen Massen stehen und jegliches Familienleben entbehren müssen. Die Strauß-Söhne würden anständige Schulen besuchen, anständige Berufe erlernen, ehrbare Familien gründen. Mit einem Wort: Sie sollten es besser haben als der Vater, ihre zukünftigen Frauen besser als die Mutter.

So war es abgemacht. So war es Annas eiserner Wille. Bis Millie dazwischenkam.

Millie war Modistin, Tochter eines Wundarztes, blond und süße neunzehn. Ihr voller Name war Emilie Trambusch (auch Trampusch oder Tramputsch), und sie war verrückt nach dem Strauß-Schani, wie fast alle Frauen zwischen siebzehn und siebzig. Sie folgte ihm von einem Tanzboden zum anderen, stand neben dem Orchester und strahlte den Dirigenten an, der seiner Geige sirenengleiche Töne entlockte. Viele Frauen standen so herum, aber irgendwann muß ihm aufgefallen sein, daß die eine immer und überall zur Stelle war. Die ersten Blicke, die ersten Worte, das erste Techtelmechtel – und dann war sie auch schon in anderen Umständen. Der lendenstarke Strauß schwängerte sie noch weitere sechs Mal, es war ihm jedoch versagt, wie bei Anna als »Mann von Ehre« zu handeln und die Geliebte zu heiraten. Aber er hat jedes Kind als das seine anerkannt, und er mietete auch eine Wohnung für die Millie samt wachsender Kinderschar – bequem in der Nähe des Hirschenhauses gelegen.

Anna erfuhr es, natürlich. Sie war außer sich, besonders als ihr klar wurde, daß die Trambusch und sie praktisch zur gleichen Zeit ein Kind von Johann Strauß getragen hatten – bei ihr war es das letzte, der Sohn Eduard, bei Millie das erste, die Tochter Emilie. Es fanden sich Zuträger genug, die Anna flüsterten, daß die Trambusch in Samt und Seide einherging, daß sie und der Schani ausgedehnte Fiakerfahrten machten, daß er ihr zur Geburt des ersten Kindes eine Brillantbrosche geschenkt hätte. Das mochte wahr sein oder nicht – keinesfalls zu leugnen war, daß das zweite Kind aus der Verbindung mit »der Schlampe« ausgerechnet Johann genannt wurde.
Das war der Augenblick, der Annas Wut, Enttäuschung und Demütigung, bislang tapfer hinuntergeschluckt, hervorbrechen ließ. Sie stellte dem Mann ein Ultimatum: die andere oder ich. Und sie ließ sich dann doch auf einen faulen Kompromiß ein. Der Mann blieb im Hirschenhaus wohnen, aber die Schlafzimmer wurden getrennt, das Gros seiner kargen Freizeit verbrachte der Schani bei der anderen.
Das eheliche Einverständnis war für immer dahin. Es begann die Komplizenschaft mit dem jüngeren Johann Strauß, den die Mutter hinter dem Rücken des Vaters ordentlich und seriös zum Musiker ausbilden ließ. Er lernte das Violinspiel ausgerechnet beim Primgeiger des väterlichen Orchesters. Aus welchen undurchsichtigen Gründen dieser Franz Amon an der Verschwörung teilgenommen hat, ist nie publik geworden. Josef Drechsler, späterer Domorganist von St. Stephan und Schöpfer des zu Volksliedehren gelangten »Brüderlein fein ...«, führte den Knaben in die Kompositionslehre ein – und tobte, als er ihn beim Walzerspiel ertappte – an der Orgel! Anschließend brachte Anton Kohlmann, Mitglied des Hofoperntheaters, dem Jungen die letzten Finessen des Geigenspiels bei.
Anna war konsequent bis zum letzten: Sie schleppte den Sohn in die Lokale, wo der Vater aufspielte, und dort konnte er dem Alten den Elan des Dirigierens abgucken, den er dann vor dem Spiegel nachzuahmen und einzustudieren versuchte. Anna war der reine Segen für den Jungen, egal, ob sie dem Mutterinstinkt folgte oder die Rachegelüste einer tödlich verletzten Frau befriedigte.
Es blieb dem Vater, obwohl fast nie mehr daheim, nicht verborgen, daß sich der Sohn gegen seinen Willen der Musik zuwandte und immer weiter vom vorgeschriebenen Schulpfad abwich. Eine Schule ver-

ließ er freiwilig, aus der nächsten wurde er hinausgeworfen. Aber der Vater hatte keine Gewalt mehr über die Familie – dort geschah, was die Mutter anschaffte, ihm blieben nur Wutausbrüche und lautstarke Verwünschungen gegen den »Mistbuben«.

Aber es gab ja die andere Familie, wo sein Wille noch Gesetz war. Allerdings war nicht zu ignorieren, daß es auch dort ständig nach Windeln roch, nach gehetzter Mütterlichkeit, und daß aus dem frischen, süßen Wiener Mädel Millie unaufhaltsam eine gestandene Wiener Matrone wurde.

Während die duplizierte häusliche Misere immer drückender wurde, ging der berufliche Höhenflug weiter. Strauß konzertierte in Deutschland, in Ungarn, eine ausgedehnte Tournee führten ihn und sein Orchester durch halb Frankreich. In Paris fiel ihm der Jahrhundertgeiger Niccolo Paganini (auch er ein Autodidakt) um den Hals, Hector Berlioz schrieb Hymnen über den Musikanten aus Wien.

Er spielte in England der jungen Königin Victoria zum Tanz auf; so wurde der bis dahin in allerhöchsten Kreisen als unsittlich verpönte Walzer voll gesellschaftsfähig. Strauß tingelte weiter durch England, dann wieder durch Frankreich, offensichtlich bemüht, die Heimkehr zu seinen beiden Familien immer weiter hinauszuzögern – bis er, von der physischen und psychischen Überlastung niedergemäht, einen Zusammenbruch erlitt, nicht mehr spielen konnte und als schwerkranker Mann heimkehrte.

Keinen einzigen Brief hatte er seiner Ehefrau während der anderthalbjährigen Abwesenheit geschrieben. Unter demütigendem Vorwand ging sie zu den Frauen der Orchestermitglieder, fragte, scheinbar ganz nebenbei, ob sie von ihren Männern vielleicht mehr oder anderes aus der Fremde erfahren hätten. Selbstverständlich wußten alle, daß Anna überhaupt nichts wußte; in dieser Kleinstadt Wien pfiffen es die Spatzen von den Dächern, daß der »arme Schani«, mit weiß der Himmel welchen Tricks ins Bett und zum Altar geschleppt, längst eine andere erwählt hatte. Später sollte dann die Stimmung wieder umschlagen: Da war die Millie die Schlange, die Verführerin, Anna hingegen die Arme, Verlassene, Heldenmutter ihrer drei wunderbaren Söhne Johann, Joseph und Eduard.

Nun also kehrte Schani, der Vater, todkrank, vollkommen erschöpft zurück. Und wer pflegte ihn? Natürlich Anna, freudig, aufopfernd,

voll glühender Hoffnung, der naturgemäß die Enttäuschung auf dem Fuß folgte. Millie war nicht zu schlagen.
Wieder genesen, nahm Strauß sein hektisches Leben erneut auf, aber ganz gesund ist er nie mehr geworden. Immer gab es kleinere oder größere Unpäßlichkeiten, Kopfschmerzen, Schwindel, Ohnmachten. Unterdessen geschah im Hirschenhaus alles, um den jungen Schani auf den Tag X vorzubereiten. Er war knapp achtzehn vorbei, als er beim Magistrat eine Konzession als Kapellmeister beantragte. Die Behörde entschied, da »der Bittsteller noch unter väterlicher Gewalt steht, dürfte dessen Vater dießfalls einvernommen werden«.
Ein unüberwindlich scheinendes Hindernis! Denn niemals würde der Alte – er zählte übrigens gerade neununddreißig Jahre – seine Einwilligung geben. Aber die durch Not gerissen gewordene Anna hatte noch einen Pfeil im Köcher. Sie reichte die Scheidung ein, mit handfesten Argumenten abgesichert: Ehebruch und böswilliges Verlassen. Der Magistrat war von der Aufnahme des Verfahrens genügend beeindruckt, um dem jungen Strauß die Konzession auch ohne väterliches Placet zu erteilen. Die Scheidung wurde dann erst zwei Jahre später, 1846, ausgesprochen.
Der ungetreue Ehemann wurde verpflichtet, den Seinen monatliche Alimente zu zahlen. Anna kannte keinen Pardon, wenn das Geld nicht pünktlich eintraf. Die Pfändungsklage folgte dem Versäumnis auf dem Fuß. Einmal wurde sogar die Dienstuniform des Zahlungsunwilligen oder Zahlungsunfähigen vorübergehend beschlagnahmt. Die Beziehung vom Hirschenhaus in der Vorstadt zur Kumpfgasse im Stadtinneren, wo Strauß und Millie nun lebten, konnte durch Annas Härte nicht weiter verschlechtert werden. Die Atmosphäre zwischen den beiden Familien war ohnedies schon bis zur Unerträglichkeit vergiftet, seit der Junge den Alten zum musikalischen Duell herausgefordert und einen rauschenden Sieg davongetragen hatte.
Ab September 1844 erschienen in den Zeitungen Annoncen, auf den Mauern Plakate, daß Johann Strauß (Sohn) am 15. Oktober beim Dommayer in Hietzing – ein längst abgestecktes Revier des Alten – mit eigener Kapelle ein Konzert geben werde, »nebst verschiedenen Ouvertüren und Opernpiècen [was damals üblich war und auch vom Vater eifrig praktiziert wurde] mehrere eigene Kompositionen« vortragen werde.

Tausende Wiener strömten, sowohl interessiert als auch sensationsgeil, hinaus zum Dommayer. Die paar Spitzel und Agents provocateures, die der Vater hingeschickt hatte, um das Konzert zu stören, vielleicht sogar zu unterbrechen, gingen schlichtweg unter im allgemeinen Jubel.

Unter den Kompositionen des Jünglings war auch ein »Gunstwerber-Walzer«, der, wie alle anderen Stücke, mit Hurra und Geschrei und heftigem Tücherschwenken* aufgenommen wurde und viermal wiederholt werden mußte. Niemand ahnte, wie der ursprüngliche Titel dieser musikalischen Visitenkarte des zukünftigen »Walzerkönigs« gelautet hatte: »Mutterherz« – eine dankbare Verneigung vor der Frau, die ihn bis hierher geführt hatte. Um die Wut des Vaters nicht noch mehr zu schüren, wurde der Titel im letzten Augenblick geändert.

Besonderes Augenmerk legte das neugierige Publikum selbstverständlich auf die Art, wie der Junior dirigierte, und schon beim ersten Mal wurde deutlich, was sich im Lauf der Jahre immer mehr herauskristallisieren sollte: Auch der Junge war ein begnadeter und mitreißender Dirigent, der jedoch durch Grazie und feurige Eleganz beeindruckte und nicht durch exaltierte Erregtheit, wie sie dem Vater zu eigen war. Der Alte war der Hexenmeister, der Junge, das war der Zauberer, ein Verzauberer.

Das Echo in der Presse war überschwenglich, niederschmetternd für den Alten: »Gute Nacht Lanner! Guten Abend Johann Strauß Vater! Guten Morgen Johann Strauß Sohn!«

Wo war die Mutter dieses Sieges? Wo war Anna Strauß an jenem schicksalsträchtigen 15. Oktober 1844? Die Berichte der Biographen gehen weit auseinander. Die einen vermuten sie (»freudentränenüberströmt«) beim Dommayer, die anderen lassen sie bangen Herzens im Hirschenhaus auf das Ergebnis des gewagten Experiments harren. Wir möchten instinktiv der zweiten Version zuneigen: Eine Frau, die seit Jahren geduldig im geheimen die Fäden zieht, gibt sich nicht dem

* Dieses Schwenken der Tücher als Ausdruck von Beifall und Ekstase war damals allgemein verbreitet. Es entspricht dem Hochwerfen der Arme, mit dem die Kids heute ihrer Begeisterung über ein Pop-Idol Ausdruck verleihen.

Lärm und dem Licht der Öffentlichkeit preis. Noch war auch der Sieg nicht eindeutig. Ob er von Dauer sein würde, war ungewiß.
Der Erfolg war, vorerst, nicht von Dauer. Im ersten Schrecken streckte der Vater zwar die Hand zur Versöhnung aus und bot dem Sohn die Stelle des Primgeigers in seiner Kapelle an, aber der Jüngere lehnte ab. Ob aus eigenem Antrieb oder von der Mutter gelenkt, bleibe dahingestellt.
Falls er diesen Schritt je bereut hat – die Reue kam zu spät. Der Vater machte sein Angebot kein zweites Mal, denn Stück für Stück eroberte er das bereits verloren geschienene Terrain zurück. Er war für die nächsten Jahre unumstritten die Nummer eins in Wien. Er spielte in den großen Etablissements, er betreute die Nobelbälle und den Hof. Für den Sohn blieben zweitrangige Vorstadtlokale, und sosehr er sich auch anstrengte, so viele neue Tänze er auch darbot – Wien zeigte ihm die kalte Schulter. Einige Tourneen in die Provinz waren hingegen erfolgreich.
Es kam zu häßlichen Scharmützeln zwischen Vater und Sohn. Es ging dabei um Erstaufführungsrechte für fremde Kompositionen, die jeder für sich beanspruchte. Es ging um gegenseitige Verleumdungen und Verdächtigungen, die über befreundete Journalisten in den Gazetten ausgetragen wurden. Es ging auch um Geld, das der Vater schuldig blieb und der Sohn nicht in genügendem Ausmaß herbeischaffen konnte. Anna und die jüngeren Kinder darbten, Joseph mußte das Architekturstudium aufgeben und Bauzeichner werden.
Die Verhältnisse wurden noch trister im Revolutionsjahr 1848, als das gesellschaftliche Leben praktisch zum Stillstand kam. Es wurde geschossen und nicht getanzt. Johann Strauß Sohn nahm für die Revolution Partei. Er komponierte ein »Freiheitslied« und einen »Studentenmarsch« (Studenten waren eine treibende Kraft der Erhebung). Und er spielte, von Polizeispitzeln nicht aus den Augen gelassen, mehrmals die »Marseillaise«. Das sollte ihn für Jahrzehnte das Wohlwollen des Hofes kosten. Seine untertänigsten Eingaben um den Titel eines Hofball-Musikdirektors wurden mehrmals zurückgewiesen. Es nützte auch nichts, daß er ein Jahr nach der Niederknüppelung der Revolution einen »Franz-Joseph-Marsch« und einen »Triumphmarsch« komponierte.
Der Alte stand immer auf der richtigen Seite. Als Feldmarschall Ra-

detzky das Seine dazu beigetragen hatte, die alte Ordnung wiederherzustellen, komponierte er sein berühmtestes Werk, den »Radetzkymarsch«.

Am 22. September 1849 sollte Johann Strauß Vater ein Galakonzert zu Ehren des Feldmarschalls dirigieren. Zur allgemeinen Verblüffung erschien der Maestro nicht; er blieb auch drei Tage später einem groß angekündigten Konzert im Volksgarten fern und wurde durch einen Kollegen vertreten. Was, zum Teufel, war geschehen?

Johann Strauß Vater war nach kurzer Krankheit plötzlich gestorben. Das war geschehen.

Am 26. September 1849 erschien die Todesanzeige in der »Wiener Zeitung«: »Anna Strauß, geborene Streim, giebt hiemit und im Namen ihrer Kinder ... Nachricht von dem höchst betrüblichen Ableben ihres innigst geliebten Gatten ... Herrn Johann Strauß ... welcher nach einer kurzen Krankheit am 25. September 1849 um ¼ auf 3 Uhr im 45. Jahr seines Lebens selig im Herrn entschlafen ist. Der Leichnam wird am Donnerstag den 27. d. M. aus dem Hause (Nr. 817–829) Stadt, Kumpfgasse ... in die Dom- und Metropolitankirche zu St. Stephan getragen und ... auf dem Friedhof in Döbling ... zur Ruhe bestattet ...«

Eine einzige peinliche Verlegenheit, diese Anzeige, und alle wußten es natürlich. Wie »innigst« hat Anna den Gatten noch geliebt? Wie sehr hat sie das »höchst betrübliche Ableben« getroffen? Und es stand schwarz auf weiß, wo er gestorben war: Das Totenhaus war das Haus der Lüste mit der verhaßten »Schlampe« gewesen.

Aber Millie Trambusch war zur Zeit des Begräbnisses längst über alle Berge. Johann Strauß Vater hatte sich bei einem seiner außerehelichen Kinder mit Scharlach angesteckt und war bereits auf dem Weg der Besserung, als er einen Hirnschlag erlitt. Millie hat mitsamt den Kindern das Haus in Panik verlassen. Daß Johann Strauß Vater einsam wie ein Bettler, nur auf einer Strohschütte liegend, gestorben sei, daß Millie die Wohnung ausgeplündert hätte, war eine der vielen Verleumdungen von seiten der legitimen Familie. Tatsächlich lag Strauß im Bett, es fehlte kein einziges Stück, eine Barschaft von mehr als tausend Gulden war unberührt.

Strauß hat alles, was er besaß, der Trambusch und ihren Kindern vermacht, die fünf aus der Ehe mit Anna auf den Pflichtteil gesetzt. Es

gab dann jahrelang ein abscheuliches Hickhack um das Erbe, und es ging aus wie das Hornberger Schießen, denn im Grunde gab es fast nichts zu vererben.
1857 verliert sich die Spur der Trambusch und ihrer Kinder – es war übrigens um eines mehr, denn zwölf Monate nach dem Tod ihres Lebensgefährten kam sie nochmals nieder. Den Namen des Vaters konnte oder wollte sie nicht nennen. Das böse Geklatsche um die ehemalige Strauß-Gefährtin verstummte lange nicht. In der Familie wurde kolportiert, sie hätte als Wasserträgerin geendet und sie sei so arm gewesen, daß sie die Bronzeleuchter vom Grab des Geliebten stahl. Einer anderen Version zufolge soll sie in ordentlichen Verhältnissen in Krems gelebt haben, einer ihrer Söhne sei Straßenbahnschaffner geworden.
Das Begräbnis für Johann Strauß Vater war ein öffentliches Ereignis ersten Ranges. Angeblich standen 100 000 Menschen Spalier, als sein Leichnam vom Dom durch die Straßen geführt wurde. Die »betrübte« Witwe ging aufrecht, kerzengrade und bis zu Unkenntlichkeit schwarz verschleiert, begleitet von vieren iher Kinder, der Jüngste, Eduard, lag mit Grippe im Bett. Johann Strauß war tot, aber der andere Johann Strauß, Annas Augapfel, ihr Stolz, ihr Leben, der war da! Doch Annas Ältester hatte noch eine schlimme Durststrecke durchzustehen, ehe er endlich das Erbe des Vaters antreten und damit seine steil nach oben führende Laufbahn beginnen konnte.
Die Stimmung in Wien war gegen ihn. Man machte ihm zum Vorwurf, sich zu wenig um den Vater gekümmert und damit indirekt dessen Tod verursacht zu haben. Ein böser Artikel erschien in der »Geißel«, wonach die Frau und die Kinder es nicht einmal der Mühe wert befunden hätten, den sterbenden Vater und Gatten zu besuchen. Strauß »starb mit dem herben Schmerz des verlassenen Vaters«.
Der junge Strauß replizierte lang und ausführlich in der »Wiener Zeitung« mit zwei offenen Briefen. Er beteuerte, wie sehr er den Vater geliebt, und er hätte ihm nie und nimmer Konkurrenz machen mögen, er habe vielmehr, um Mutter und Geschwister zu unterstützen, musizieren müssen. Von der Krankheit hätte er wohl gewußt, man habe ihn aber in der Kumpfgasse gar nicht vorgelassen, als er den Vater besuchen wollte.
Ein alter Freund des Alten placierte daraufhin einen Artikel, ebenfalls

in der »Wiener Zeitung«, und behauptete, der Vater habe der Familie »zu ihrem anständigen Unterhalt achtzig Gulden« geleistet.

Es erschien noch eine Replik, diesmal aus der Feder eines mit der Familie befreundeten Journalisten, doch dann verstummte das öffentliche Gezänk. Das Interesse des Publikums an den Interna des Straußschen Familienlebens erlosch mit der Zeit. Der Junior übernahm am 7. Oktober 1849 die Leitung der väterlichen Kapelle, er »erbte« die unzähligen Verträge des Seniors. Auf diesem soliden Fundament entwickelte er seinen eigenen Stil, seine eigene Karriere.

»Die Mutter behielt die uns liebgewordene Wohnung im Hirschenhaus«, erinnerte sich später der jüngste Sohn Eduard. »Wie die liebevolle Henne ihre Küchlein hatte sie alle ihre Kinder um sich versammelt und sorgte und lebte nur für uns . . .«

Das mag schon sein. Aber für ein »Küchlein«, für ihren Ältesten, hat sie wohl ein bißchen mehr gesorgt und gelebt, und ihm ging alles durch, was sie den anderen streng untersagte. Sie hat es nicht verhindert, daß er, laut Polizeibericht, »ein leichtsinniger, unsittlicher und verschwenderischer Mensch« war. Wenn er beim Glücksspiel wieder einmal zuviel verloren hatte, dann mußte die Mutter schon einmal zum Verleger um Vorschuß betteln gehen.

So unbekümmert in seiner Lebensführung er gewesen sein mag, die Arbeit nahm er ernst, komponierte, dirigierte wie ein Besessener. So wie einst der Vater hetzte er durch die Nächte, von einer Veranstaltung zur anderen, so wie der Vater brach er eines Tages zusammen – nur bereits mit siebenundzwanzig, nicht erst mit vierzig Jahren wie der Vater.

Was tun? Anna wußte natürlich sofort Rat: Joseph, der jüngere Bruder, mußte aushelfen, dem Großen zur Seite stehen, ob er wollte oder nicht. Joseph war höchst musikalisch, das war bekannt, aber er konnte weder Geige spielen, noch wollte er Tanzmusiker werden. Ihn zog es eher zur »ernsten Musik«, und er liebte seinen Beruf als Techniker. Außerdem litt er ständig unter Kopfschmerzen, fiel häufig in Ohnmacht. All das ignorierte die Mutter. Sie war eindeutig und absolut auf den Ältesten, auf ihren Mann-Ersatz, fixiert. Joseph mußte das Violinspiel erlernen und wurde unnachsichtig als Co-Dirigent eingesetzt, von Anna, dem »Schatzmeister des Unternehmens Strauß«. (So bezeichnet sie treffend Franz Mailer, Autor einer umfassenden und

genauest recherchierten – bis jetzt – dreibändigen Strauß-Dokumentation.) Wie unglücklich Joseph war, ist in einem Brief an den Bruder Johann nachzulesen. Er fühle sich, schreibt Joseph, als »Aushilfsmöbel (das) sich vor das Publikum hinstellt, und die Theilnahmslosigkeit die Gleichgiltigkeit als Auditorium walten sieht!!! Bedenke, daß meine Zukunft, wenn ich je eine habe, die schwärzeste ist . . . Meine Liebe zur Musik wird sich nicht im ¾ Takt ergeben – ich fühle nicht das rechte Berufensein dazu in mir . . .«
Daß Joseph mit der Zeit nicht nur ein vollwertiger Ersatz für den vielbeschäftigten Johann wurde, sondern auch eine eigenständige Musikalität entwickelte, steht auf einem anderen Blatt. Der dritte Bruder, Eduard, wurde, kaum zwanzigjährig, vom »Schatzmeister« ebenfalls für das Unternehmen rekrutiert, obwohl er eigentlich Diplomat werden wollte. Eduard allerdings schlüpfte bereitwillig und erfolgreich in die ihm zugedachte Rolle. Er war ein ordentlicher Dirigent; ein Genie, wie Johann und Joseph es waren, ist er nie gewesen.
Anna war am Ziel ihrer Wünsche. Sie war die Mutter dreier gesellschaftlich anerkannter Söhne, sie stand im Mittelpunkt einer angesehenen Familie; vom alten Strauß, der sie so gekränkt und gedemütigt hatte, war nicht mehr die Rede, Emilie Trambusch samt ihrer Brut in der Versenkung verschwunden. Vielleicht war es damals, vielleicht erst später – jedenfalls begann Anna nun auch an der Familiengeschichte zu arbeiten, denn wie alle – oder jedenfalls die meisten – Aufsteiger schämte sie sich ihrer und ihres Mannes Herkunft.
Ihr Vater ein kleiner Vorstadt-Wirt, ihr Schwiegervater noch einige Stufen tiefer, dazu ein Bankrotteur und Selbstmörder . . . Anna holte ihren Großvater mütterlicherseits, einen Herrschaftsdiener namens Rober, aus der Versenkung. In Wirklichkeit sei dieser ein spanischer Aristokrat gewesen, der im Duell einen Infanten getötet hätte und darum ausgerechnet nach Österreich geflüchtet wäre. Johann Strauß hat, wie den Memoiren der Bertha Szeps-Zuckerkandl zu entnehmen, diese Legende allen Ernstes weitergesponnen und damit auch sein exotisches Aussehen mit der kohlschwarzen Mähne erklärt.
Großzügig übersehen hat er jedoch, daß sein Vater, mit dem mysteriösen Rober überhaupt nicht verwandt, genauso fremdländisch ausgesehen hatte. Da hat allerdings in Wirklichkeit kein spanischer Grande mitgemischt, sondern ein jüdischer Großvater, Johann Michael

Strauß, der, zwar getauft, aus dem Getto in Ofen stammte. Nichts deutet darauf hin, daß dieser Umstand der Familie bekannt war. Die ganze Geschichte flog erst nach dem Zweiten Weltkrieg auf, als publik wurde, daß die Nazi in ihrem dümmlichen Rassenwahn die entsprechenden Unterlagen aus dem Standesregister von St. Stephan entfernt hatten. Einem Ondit zufolge soll Johann Strauß von Neidern und Nörglern öfter als »Jiddel mit der Fiedel« apostrophiert worden sein.

Ab Sommer 1856 gastierte der Vielbeschäftigte zwölfmal, immer von Mai bis Oktober, in Pawlowsk, der Sommerfrische des russischen Adels und Großbürgertums, dreißig Kilometer von St. Petersburg entfernt, während Joseph und später auch Eduard in Wien die Stellung hielten. Jean – wie er sich nun zu nennen pflegte – eroberte im Handumdrehen das russische Publikum, den Zaren inklusive. Er verdiente außerordentlich gut, so daß der Mutter in Wien angst und bange wurde. Kurz entschlossen schickte sie ihm ihre Schwester, Josefine Waber, die geliebte und verehrte Tante Pepi, als Aufpasserin hinterher; die resolute Dame brachte den Luftikus dazu, ihr den größten Teil seiner Gagen abzuliefern, so daß sich ein hübsches kleines Vermögen ansammelte. Er erhielt es, als er endlich heiratete.

Noch aber war die Richtige nicht aufgetaucht, noch war Jean ein fröhlicher Junggeselle, der zwar zahlreiche Amouren, aber keine feste Bindung im Sinn hatte. Wie hätte er auch können? Die Henne paßte scharf auf ihr »Küchlein« auf.

In Pawlowsk hat es ihn dann zum ersten Mal ernsthaft erwischt. Sie hieß Olga Smirnitzky, war die neunzehnjährige Tochter eines hohen Hofbeamten. Jean und Olga sahen einander täglich, und sie schrieben einander täglich. Nur seine Briefe sind durch Zufall erhalten geblieben, und da auch nur in Abschrift.

Er sei »ein liebender Mann, welcher für nichts atmet als wie für sein Ideal«, und er fragt sich, »wie es wohl möglich war, aus mir so schnell einen anderen Menschen zu machen«. (Der andere Mensch war immerhin schon 34!) »Olga . . . für Dich allein bin ich geboren . . . Ich glaube immer mehr, daß Du das von Gott für mich bestimmte Wesen bist . . .« Er bezeichnet es als »einzige Aufgabe im Leben, sie glücklich zu machen«, ist aber noch nicht ganz sicher, ob die Mama in Wien auch einverstanden ist. Jedenfalls wird er anfragen und macht sich selbst Mut: »Morgen schreibe ich meiner Mama... Meine Mama tut alles für mich, sie liebt mich am meisten und deshalb wird sie auch Dich lieben...«

Die liebe Mama in Wien war glücklicherweise der Entscheidung enthoben, ob sie ihren Segen geben sollte oder nicht, nachdem Mutter Smirnitzky wie der Blitz in die Idylle gefahren war und – unter Drohungen, Verwünschungen und Beschwörungen – den jungen Mann veranlaßt hatte, von ihrer Tochter zu lassen. Olga heiratete standesgemäß, wurde mehrfache Mutter und sehr dick.

Johann Strauß mußte siebenunddreißig Jahre alt werden, ehe er es wagte, eine Ehe zu schließen, ohne die liebe Mama vorher um Erlaubnis zu fragen. Ganz geheuer dürfte ihm trotzdem nicht gewesen sein, denn die Vorbereitungen zur Trauung mit Henriette (Jetty) Treffz-Chalupetzky verliefen in allergrößter Heimlichkeit.

Zuerst hat Johann Joseph düpiert, indem er ihm vorschwindelte, er fühle sich nicht wohl, und der Bruder müßte für ihn bei den Pawlowsker Konzerten einspringen. Joseph setzte sich sofort in die Bahn, und am Ende der langen Reise, in Rußland, schrieb er seiner Frau – die Verärgerung ist deutlich herauszulesen: »Heute Früh ging er nach Berlin frisch und gesund. Dießmal hat er Ärzte und Doctoren, Alles gefoppt. Jean ist sehr verändert?!«

Am 24. August 1862 wußten die Theaterzeitung »Zwischenakt« und die »Morgen-Post« von Gerüchten, daß Strauß heiraten werde, welche die »Vorstadt Zeitung« am 25. August unter der Schlagzeile »Strauß – Bräutigam« zur Gewißheit verdichtete.

Am selben Tag erhielt der Strauß-Verleger Carl Haslinger ein Billet von der Hand seines fruchtbarsten Klienten: »Willst Du morgen um 7 Uhr morgens bei mir erscheinen, um – mein Beistand bei der eine Stunde darauf erfolgenden Vermälung sein? Antworte sogleich angeschmirter Notentandler – Jean.«

Es hatte nur ein einziges Aufgebot, und zwar am 24. August, gegeben. Die beiden anderen ansonsten vorgeschriebenen Aufgebote waren durch Dispens erlassen worden.

Die Trauung fand tatsächlich am 27. August zu fast nachtschlafener Zeit im Dom zu St. Stephan statt. Außer dem Brautpaar (in Straßenkleidung) waren nur die beiden Trauzeugen zugegen.

Die Neuigkeit war am nächsten Tag in den Wiener Zeitungen zu lesen. Während die Theaterzeitung »Zwischenakt« vermeldete, daß die Vermählung im »strengsten Incognito« stattgefunden habe, wußte die »Presse« von einer Trauung »in sehr feierlicher Weise und im Beisein einer großen Versammlung der Freunde der Neuvermählten«. Peinlich.

Ehe die Wiener richtig erfaßt hatten, was da eigentlich geschehen war, entschwanden die Jungvermählten in Richtung Venedig, um dort einige Wochen lang ausgiebig zu flittern.

Joseph erfuhr von der Blitzhochzeit auf schnellstem Wege. Entsetzt schrieb er seiner Frau: »Heute früh kam Dein Telegramm, das ich nicht erwartete: Jean hat also doch geheirathet! Wißt Ihr alle davon? Was sagt unsere gute Mama dazu? Ist sie nicht traurig . . . Tröste Mama wenn sie trübselig ist, ich werde alles mögliche mit meinen Kräften thun um die Familie und das Geschäft auf dem Stand zu erhalten, den sie einnehmen müssen . . .«

Mama Strauß muß wie vom Donner gerührt gewesen sein, aber die kluge Jetty tat alles in ihrer Macht stehende, die Gunst der Schwiegermutter zu erwerben und von der Familie akzeptiert zu werden. Sie wandte sich an Joseph, von dem sie wußte, daß er der Weichste der ganzen Sippe war, und schrieb ihm, nur einen Tag nach der Hochzeit: »Ich bitte nun Dich, lieber Joseph, mich freundlich aufzunehmen und mir ein Plätzlchen in Deinem Herzen zu gönnen, das Du gewiß nie zu bereuen haben sollst.

Ich fühle mich so überaus glücklich und selig, meinem Jean, den ich mit aller Kraft der Seele und des Herzens liebe, anzugehören, daß ich darüber so manchen bitteren Schmerz, den ich in dieser letzten Zeit zu empfinden hatte, überwand und meine Augen vertrauensvoll der Zukunft zuwende. Biete mir Deine liebe Hand und unterstütze mich bei der schönen Aufgabe, mir die Liebe und Zuneigung Deiner Familie zu erwerben.«

Aus diesem Brief ist nicht ersichtlich, welche Ursache der darin erwähnte »bittere Schmerz« hatte. Die Ablehnung durch Mama Strauß? Jettys eigene, delikate Familienverhältnisse? Immerhin mußte sie sich von einem langjährigen, noblen Lebensgefährten und ihren sieben Kindern trennen, ehe sie die Frau des um sieben Jahre jüngeren Strauß wurde. Betrachtet man diese Umstände, dann verwundert es kaum, daß Mama Strauß die überraschend ins Haus ge-

schneite Schwiegertochter nicht sofort mit offenen Armen aufgenommen und an ihr mütterliches Herz gedrückt hat.
Wer war nun diese Jetty?
Die moderne Graphologie sagt über sie: »Hingebungsvolle, starke Persönlichkeit mit enormer Ausdruckskraft und Ausstrahlung. Starker Wille, gepaart mit Güte, zuverlässig, dem Du stark zugewandt, schöngeistig, niveauvoll, taktvoll, ausgeglichene Wesensart, erotisch.«* So besehen – ein Haupttreffer für Johann Strauß.
Wenn man aus heutiger, so gerne psychologisierender Sicht unterstellt, daß Johann Strauß eine ruhige, leitende und ausgleichende Hand brauchte, weil er aus zerrütteten Familienverhältnissen stammte, dann kommen Zweifel an dieser einleuchtenden These, sobald man sich ein wenig näher mit Jettys Familiengeschichte befaßt. Ihre frühe Kindheit war um nichts weniger belastet als die seine, dennoch wurde sie eine starke, in sich selbst ruhende Persönlichkeit, die ihr ganzes Potential an Mütterlichkeit anscheinend weniger auf ihre sieben Kinder, dafür an den geliebten Ehemann verströmt hat.
Ihr Großvater, Wenzel Chalupetzky (es gibt ein halbes Dutzend verschiedener Schreibweisen dieses Namens), war aus Prag nach Wien zugewandert. Der gelernte Gold- und Silberschmied heiratete eine Braumeisterstochter aus Scheibbs in Niederösterreich. Sein Gewerbe hatte buchstäblich goldenen Boden: Wenzel und Rosalia Chalupetzky erwarben ein Haus in der Piaristengasse 42 auf dem damals sogenannten Strozzigrund (heute Teil der Josefstadt); und dann ließen sie sich scheiden. Welch dramatische und unerquickliche Geschichte dahinterstand, wissen wir nicht; wir wissen nur, daß anno 1807 eine zivilrechtlich ausgesprochene Scheidung ebenso häufig war wie ein frei herumspazierender Flamingo auf dem Strozzigrund.
Jettys Vater Joseph blieb beim väterlichen Handwerk. Er lebte und arbeitete im Haus, das der alte Chalupetzky gekauft hatte. 1817 hei-

* Die Graphologin, die das Gutachten verfaßte, wollte dieses nicht signieren, da zu einer streng wissenschaftlichen Analyse mindestens drei verschiedene Handschriftproben benötigt werden. Die Graphologin wußte nicht, von wem die Handschrift stammte, ihr spontanes Urteil ist um so verblüffender, da es genau das Charakteristikum der Jetty Strauß widerspiegelt, das sich aus ihren Briefen und Aussagen der Zeitzeugen ergibt.

ratete er Henriette Treffz. Aber auch diese Ehe war denkbar unerquicklich. Jettys Vater verfiel in Umnachtung und wurde schließlich unter Kuratel gestellt. Als er 1848 endlich starb, heiratete seine Witwe auf der Stelle ihren langjährigen Geliebten, Josef Ritter von Scherer, von dem im Zusammenhang mit Johann Strauß später noch Kurioses zu berichten sein wird.

Wie man die Dinge dreht und wendet: Jettys Jugend war gewiß nicht sonnig. Sie hat das Drama zwischen den Großeltern bewußt miterlebt, denn beide starben erst, als sie bereits ein junges Mädchen war, und die elterliche Tragödie spielte sich unmittelbar vor ihren Augen ab. Es scheint logisch, daß eine Frau, die als Kind mit ansehen mußte, wie der Vater langsam verrückt wurde, keine allzu feste Bindung an ihren Erzeuger gehabt hat und ehemöglichst versuchte, eine scharfe Trennlinie zu ziehen: Sie nannte sich bereits als junges Mädchen nach ihrer Mutter Treffz, manchmal sogar »von Treffz«.

Zugegeben, dieser in Österreich ungewöhnliche Name vermittelte wesentlich mehr Glanz als das böhmisch-vulgäre Chalupetzky, und außerdem war Jettys Mutter nicht irgend jemand, sondern von einer süßen, hochpoetischen Legende umwoben: Jettys Großmutter war niemand anderer als die berühmte Margarethe (Gretl) Schwan, Friedrich Schillers große Jugendliebe, die er als »Laura« in Versen angehimmelt und damit verewigt hat. Ganz prosaisch ließ er die Angebetete dann sitzen, um eine bessere Partie zu machen.

Gretl Schwan heiratete einen von Poesie weit entfernten Oberfinanzregistrator namens Karl Friedrich Treffz. Sie starb bei der Geburt ihres ersten Kindes Henriette. Jettys Mutter wuchs bei einer Stiefmutter und mit fünf Stiefgeschwistern auf. Wieso sie als schon recht reifes 27jähriges Mädchen ausgerechnet nach Wien kam und ausgerechnet den Goldschmied Chalupetzky vom Strozzigrund heiratete, ist nicht mehr eruierbar. Irgend etwas muß vorgefallen sein, denn die schwäbische Verwandtschaft hat es stets strikt abgelehnt, mit Henriette Chalupetzky oder deren Tochter Jetty Kontakt aufzunehmen.

Die nächste rätselhafte Begebenheit ereignete sich um die Zeit, da Jetty ungefähr siebzehn oder achtzehn war. In der noch von Johann Strauß persönlich abgesegneten ersten Biographie über seine Person von Ludwig Eisenberg aus dem Jahre 1894 wird Jettys Vater mit keiner Silbe erwähnt. Es ist immer nur von Mutter Treffz die Rede, und da lesen wir: »Sie ließ ihrem hochbegabten Töchterchen eine sehr sorgfältige Erziehung angedeihen, die sich später, als traurige Ereignisse ihr Vermögen erschütterten, lohnte. Fürst Poniatowski, ein bekannter Kunstmäcen ... ließ die kleine Jetti im Gesang unterweisen ...«

Im »Wurzbach«, dem Personallexikon (etwa dem heutigen »Who is Who« entsprechend, nur zehnmal so ausführlich), konnte man den Vater nicht gut unterschlagen, dichtete ihn aber zum polnischen Offizier um, ohne dann näher auf ihn einzugehen.

Nicht einmal der Name Chalupetzky wird erwähnt. Hier nun lesen wir, daß Fürst Poniatowski, »ein guter Freund des *Vaters*«, Jettys bedeutendes Talent entdeckt hätte.

Wir können also nur spekulieren: Familie Chalupetzky war pleite, das steht wohl eindeutig fest. Der Fürst bezahlte Jettys Ausbildung. Welcher Poniatowski? Es gab zu dieser Zeit zwei Brüder dieses Namens in Wien, Karl und Joseph. Egal ob Karl oder Joseph: Mit wem war der hochherzige Mäzen nun wirklich befreundet? Mit dem kleinen, trübsinnigen Goldschmied vom Strozzigrund? Mit seiner unglücklichen, attraktiven Frau? Oder mit der hübschen minderjährigen Tochter? Fragen über Fragen, welche die offiziellen Biographien Jettys nicht schlüssig beantworten können, denn denen zufolge war sie dreizehn, als sie Gesang zu studieren begann, bereits mit vierzehn sei sie ans Kärntnertortheater engagiert worden, um mit fünfzehn an die Dresdner Oper abzuwandern, die damals gleichrangig mit der Wiener Oper war.

Die offiziellen Biographien lügen eindeutig: Jetty war nicht zwölf oder dreizehn, als sie ihr Studium begann, sie war vier oder fünf Jahre älter (wenn nicht mehr) – es wurde nur immer versucht, das wahre Geburtsdatum (1. Juli 1818) zu verschleiern; daß die erste Frau Strauß um sieben Jahre älter war als der Herr Gemahl, hoffte man so zu vertuschen. Der hat übrigens seinerseits mit einer rührenden Geste auf den nicht nur auf dem Papier vorhandenen, sondern auch äußerlich merkbaren Altersunterschied reagiert. Als er Jetty zu lieben begann, ließ er sich einen Vollbart wuchern. So sah er um Jahre älter aus. Später hat er den Vollbart wieder abgelegt, und noch später ließ er Haupthaar und Schnurrbart schwarz färben, denn er hatte – außer vor dem Tod – vor nichts solche Abscheu wie vor dem Alter ...

Zurück zu Jetty. Mit ihrem Auftauchen in Dresden bekommen wir ein wenig festeren Boden unter die Füße – um ihn alsogleich wieder schwanken zu fühlen. Wir erfahren, daß Sachsens Königin Maria, eine geborene Prinzessin von Bayern, auf das Talent der jungen Wiener Sängerin aufmerksam wurde und ihre Fortbildung durch den berühmten Gesangspädagogen Francesco Morlacchi veranlaßte. Auch *die* Hochdramatische jener Zeit, Wilhelmine Schröder-Devrient, Richard Wagners Lieblingssängerin, hat sich der Kleinen angenommen. In anderen Quellen lesen wir hingegen, Sachsens König Friedrich August II. hätte sich höchstpersönlich um Jettys Fortkommen gekümmert. Daß keineswegs die Musik, sondern Botanik und Mineralogie die königlichen Hobbys waren (siehe: »Flora Marienbadensis«, gesammelt und beschrieben von dem Prinzen Friedrich August und J. W. v. Goethe), und daß Jetty ein Mädchen mit starker erotischer Ausstrahlung war, sei nur am Rande vermerkt. Jeder mache sich selbst seinen Reim darauf.

Fest steht, daß sie, in Dresden engagiert, in tragenden Rollen reüssierte, und fest steht ferner, daß Felix Mendelssohn-Bartholdy sie zur »besten deutschen Liedsängerin« erklärte, nachdem er einem ihrer Konzerte im Leipziger Gewandhaus beigewohnt hatte.

Ab Mitte 1841 trat Jetty Treffz wieder in Wien auf, zunächst im Kärntnertortheater, später war sie im Theater an der Wien und im Theater in der Josefstadt engagiert. Als »Vorstadt-Primadonna« hat Marcel Prawy sie ein wenig abschätzig in seiner großen Strauß-Biographie bezeichnet. Ihre Berühmtheit reichte bestimmt nicht an die einer Jenny Lind heran, deren Stern damals alle anderen Sängerinnen überstrahlte, aber Jetty war eine erstrangige Sängerin und sowohl im Mezzo- als auch im Sopranfach einsetzbar. In der heute verschollenen Oper »Die vier Haymonskinder« des damals vielgespielten irischen Komponisten Michael William Balfe verkörperte sie mehr als zweihundertmal die weibliche Hauptrolle, hundertmal spielte und sang sie »Die Zigeunerin«, ebenfalls von Balfe.

Balfe: Kein Mensch kennt ihn heute mehr – und auch die ganze Spielplangestaltung der vorigen Jahrhundertmitte mutet uns befremdlich an. So wurde Mozarts »Die Hochzeit des Figaro« in einer Saison nur zweimal gegeben, dafür vierzehnmal »Robert und Bertram« eines gewissen Hoguet. Jede vierte Vorstellung war ein Ballettabend, wo-

Jetty Treffz

durch plötzlich einsichtig wird, wieso die Ballettratten im amourösen Leben des Alten Wien eine so hervorragende Rolle gespielt haben. Die unterpriviligierten Mädel aus der Vorstadt drängten in Scharen zum Beruf der Balletteuse – einzige Chance, starre Standesbarrieren zu überspringen.

Viele wurden zwar nur Mätressen hochmögender Herren – noch immer besser als zwölf Stunden Fabriksarbeit täglich! –, manchen gelang es, einen bürgerlichen Ehehafen zu erreichen. Das eigentliche Ziel, das die meisten anstrebten, war die kirchlich abgesegnete Bindung mit einem Angehörigen der Oberschicht: Eine Emma Berger wurde Baronin Dirsztay, eine Marie Kohler Gräfin Beroldinger, eine Anna Abel Gräfin Orsich. Viel mehr als diese drei Namen sind allerdings nicht bekannt.

In der 1886 erschienenen, dickleibigen Dokumentation »Die Prostitution in Wien« des Polizeiarztes Dr. Josef Schrenk sind »Ballettmädchen, Sängerinnen und Schauspielerinnen« mehrfach und ausdrücklich als potentielle Prostituierte angeprangert. Diese puritanisch-strenge Einschätzung deckt sich allerdings nicht mit der Wirklichkeit. Die Grenzen zwischen echter Prostitution und dem, was damals unter der Bezeichnung »Freie Liebe« in Mode kam und von überraschend weiten Kreisen ohne viel Aufhebens toleriert wurde, waren fließend. Die zunehmend liberaler werdende Gesellschaft war besonders Künstlerinnen gegenüber nachsichtig.

Bevor sie die Frau des aus kleinbürgerlichen Verhältnissen stammenden Johann Strauß wurde, brauchte Jetty Treffz kein Geheimnis daraus zu machen, daß sie ohne Trauschein mehrfache Mutter war, deren Kinder zwei verschiedene Väter hatten.

Es bleibe in diesem Zusammenhang nicht unerwähnt, daß, hauptsächlich als Folge der industriellen Revolution und der damit zusammenhängenden Entwurzelung der Menschen, zwischen 1841 und 1870 fast die Hälfte aller Wiener Kinder unehelich geboren wurde, 1846 bis 1850 waren es sogar 51 Prozent. Viele von ihnen kamen im Gebärhaus des Allgemeinen Krankenhauses zur Welt, viele wurden sofort den Findelhäusern überstellt. Die Frauen konnten, wenn sie es wollten, völlig anonym bleiben und sich nur als Nummer registrieren lassen. Es gab Damen, die tief verschleiert und mit dickem Bauch im Gebärhaus erschienen, um eine Woche später, noch immer tief ver-

schleiert und wieder erschlankt, diesen medizinischen Ort höchster Diskretion zu verlassen.
Jetty Treffz hatte dergleichen nicht nötig. Ihr erstes Kind gebar sie im Januar 1841, eine Tochter namens Henriette, die vom Vater, dem Baumeister Peter Cavaliere di Galvagni, adoptiert wurde; diese Tochter war bereits seit zwei Jahren die Ehefrau eines hohen russischen Diplomaten, als Jetty im Jahre 1862 Johann Strauß heiratete.
Zwischen 1842 und 1852 gebar Jetty Treffz noch weitere sechs Kinder, vier Knaben und zwei Mädchen, und daher läßt sich leicht erklären, warum sie ab 1844 dem Opernbetrieb für immer entsagte, dafür aber Konzertreisen unternahm, vorwiegend nach England. Dort wurde sie von einem enthusiasmierten Publikum angebetet. Im Buckingham Palace, vor Ihrer Majestät, der Königin Victoria, gab sie regelmäßig Liederabende.
In der »Wiener Theaterzeitung« können wir nachlesen, was der Korrespondent des Blattes über die »fortwährend glänzenden Triumphe« der Jetty von (sic!) Treffz zu berichten weiß. »Als vorzügliche Liedersängerin längst bekannt, bereitet man ihr wahre Ovationen; Lorbeer, Blumen und stürmische Zurufe begrüßen die Gefeierte.« Bis zu 5 000 Zuhörer lauschten ihr, und wenn sie dann als Zugabe Volkslieder auf deutsch, italienisch, spanisch und französisch sang, »geriet das Publikum in Furore«. Das schottische »Home sweet home« mußte sie regelmäßig wiederholen. Der Korrespondent hebt neben der »unvergleichlichen Stimme« besonders »Verstand und Geist des Vortrages« hervor, »einen geheimnisvollen Zauber«, der von ihren »charmanten Augen« ausgeht, »die da sprechen, während ihr Mund singt«.
Ein spleeniger Engländer namens Boggs, so heißt es in der »Theaterzeitung« weiter, habe der Treffz 100 000 Pfund geboten, falls sie ihm das Geheimnis verriete, wie sie sich so schnell die Herzen der Zuhörer eroberte.
Nicht überall wurden die Erfolge der Treffz so bejubelt wie in ihrer Heimatstadt. Die deutsche Musikzeitung »Signale für die musikalische Welt« setzte sich kritisch mit der Diskrepanz zwischen den Gagen für die »Primadonna Jetty Treffz« und den Honoraren für den aus Lüneburg stammenden Komponisten Friedrich-Wilhelm Kücken auseinander, dessen gefühlvoll-romantische Lieder damals ebenso häufig im Konzertprogramm aufschienen wie die von Schubert, Mo-

zart, Beethoven oder Schumann. Die Zeitung schreibt: »Was glauben Sie, was dem Director Jullien die Treffz während der sechs Monate der Concertsaison kostet? Nahe an 2 000 Pfund, ungefähr 14 000 Thaler ... Was mag Kücken für seine Composition erhalten haben? Wenn es viel ist, vielleicht zwanzig Thaler, also den fünften Theil dessen, was die Sängerin an einem Abend für das Singen dieses Liedes erhält. Nun, ist das etwa gerecht, oder kann man es auch billig nennen?«

So gehässig und verzerrt der Angriff des deutschen Musikblättchens auch sein mag, ein Körnchen Wahrheit steckt darin. Jetty Treffz war, dank ihrer goldenen Stimme und ihrer einnehmenden Persönlichkeit, eine angesehene und, vor allem, eine reiche Frau. Wenn sie sich mit einem Mann verband, dann gewiß nicht, um besser versorgt zu sein, sondern weil sie ihn liebte und ihm aus freien Stücken angehörte. Das traf auf den Vater von sechs ihrer sieben Kinder zu, der seinerseits über ein immenses Vermögen verfügte. Er gehörte, ein Gulden-Millionär, zu den reichsten Männern Österreichs.

Eigentlich wären alle Voraussetzungen für eine Ehe gegeben gewesen, von einem gravierenden Hindernis abgesehen: Der Bankier und Großindustrielle Moritz Todesco war Jude, wenn vielleicht nicht mehr so streng orthodox wie noch sein Vater Hermann, doch noch zu stark an die Religion seiner Vorfahren gebunden, um seiner Familie den Kummer anzutun, eine »Gojte«, eine Nichtjüdin, als Ehefrau heimzuführen.

Auch Jetty ließ durchblicken, sie könne ihrerseits nicht von ihrer Religion lassen, wenngleich zu bezweifeln ist, ob das den Tatsachen entsprach. Ihre Mutter, der sie nacheiferte und deren Namen sie trug, war protestantisch; der Vater, von dem sie sich losgesagt hatte, war katholisch wie sie selbst. Die Bindung an die katholische Religion, deren strenges Keuschheitsgebot sie ständig übertrat, dürfte darum nicht allzu intensiv gewesen sein. Es entsprach vielmehr ihrem Charakter und ihrem Freiheitswillen, daß sie zwar die Mutter der Kinder von Moritz Todesco wurde, aber seine verbriefte Gattin sicher nicht werden wollte! Allerdings ließ sie es geschehen, daß man sie – eine doppelte Schwindelei! – als »Baronin« Todesco apostrophierte; sie war nicht Todescos Ehefrau, und nicht Moritz, sondern sein viel berühmterer Bruder Eduard war in den Freiherrenstand erhoben worden.

Moritz hat es nur zum »Ritter von« gebracht, und auch das wird von manchen Historikern bezweifelt.
Die Geschichte der Familie Todesco ist prototypisch für den Aufstieg mancher Juden von verhaßten und verfolgten Gettobewohnern zu Spitzen und Stützen der Gesellschaft im 19. Jahrhundert.
Ein Seidenhändler aus dem Preßburger Getto – in der Orthodoxie als »Jerusalem Ungarns« gepriesen –, Aaron Hirschl, verbrachte fast die Hälfte des Jahres auf Geschäftsreisen in Italien; dort führte er den Spitznamen »il tedesco« (der Deutsche). Daheim wurde er, seiner häufigen Aufenthalte im Süden wegen, »der Welsche« genannt, und er nahm diesen Namen, leicht verfremdet, schließlich an: Wellisch. Sein Sohn Hermann, schon seit frühester Jugend Kompagnon und Reisebegleiter des Vaters, entschied sich für das vornehmer klingende »Tedesco« – das sich dann, durch einen Schreibfehler in irgendeinem Amte, zu »Todesco« wandelte.
Hermann schüttelte den Staub des Gettos von den Füßen und ließ sich in Wien nieder. Als kometenhaft aufsteigender Selfmademan entsprach er genau jenem Typus, der in dem 1892 erschienenen Standardwerk über »Wien und die Wiener« von Adolf Wimmer und Oscar Linden so umrissen wird:
»Man tut derselben [der jüdischen Nation] Unrecht, wenn man sie aller möglichen Machinationen beschuldigt. Es liegt im Charakter dieses Volkes, im Handel schlauer und scharfblickender zu sein, als die übrigen Nationen. Die Tatkraft sowie der rege Erwerbssinn, den die Juden besitzen, fehlen den anderen Völkern zumeist. Die Schnelligkeit, mit welcher der Jude jede ihm günstige Situation ausnützt . . . ist den anderen Völkern nicht gegeben . . . Das Ankämpfen dagegen von Seiten der Antisemiten ist also nichts als purer Wahn. Sie würden alle gut daran tun, sich einen geringen Teil der im Erwerbssinn der Juden steckt, zu erwerben . . .«
Todesco begriff, daß es ertragreicher war, alle Produktionsvorgänge in einer Firma zu vereinigen. Darum erwarb er in Italien ein riesiges Gut, ließ dort Maulbeerbäume pflanzen und Seidenraupen züchten. In Marienthal gründete er eine Spinnerei und Weberei, wo auch Baumwolle verarbeitet wurde. Der Handel der Fertigprodukte lag ohnehin längst in seiner Hand. Er erfaßte augenblicklich die Bedeutung des anbrechenden Eisenbahnzeitalters, investierte sowohl in Österreich

als auch in Amerika fast sein ganzes Vermögen in das zukunftsträchtige Massenverkehrsmittel. So wurde er der erste Direktor der Wien-Gloggnitz-Eisenbahn (aus der sich später die Südbahn entwickelte). Da er überdies ein begnadeter Börsianer war, der auch vor riskanten Spekulationen nicht zurückschreckte, sowie Gründer eines rasch florierenden Bankhauses, wurde er zu einem der reichsten Männer der Monarchie.

Hermann Todesco ist zudem in die Wiener Stadtgeschichte eingegangen als einer der größten Wohltäter seiner Generation. Er spendete kräftig für Kranken- und Waisenhäuser, für Schulen und Stipendien, und er legte testamentarisch fest, daß seine Erben die karitativen Werke fortsetzen müßten. Diese zur Schau gestellte Wohltätigkeit hatte unzweifelhaft handfeste egoistische Motive: Todesco versuchte, sich von der ihm automatisch anhaftenden üblen Nachrede, ein blutsaugerischer Kapitalist zu sein, freizukaufen, aber es gelang ihm nicht, das von allen Männern seines Schlages angestrebte höchste Ziel zu erreichen: die Erhebung in den Adelsstand durch den Kaiser, die ihn endgültig vom Gettogeruch befreien sollte.

Der heißbegehrte Adelsbrief blieb ihm versagt, obwohl Todesco getreulich den schwachsinnigen Wunsch des damaligen Kaisers Ferdinand des Gütigen erfüllt und kurz vor Baden bei Wien einen Eisenbahntunnel hatte bohren lassen. Das Abtragen des sanften Weinhügels, der den Schienenweg versperrte, wäre um vieles billiger gewesen . . .

Fairerweise darf nicht verschwiegen werden, daß Hermann Todesco – so wie nach ihm seine Söhne – tatsächlich eine hohe humanitäre Gesinnung besaß. Sie wirkte im stillen, auch wenn sie keine öffentliche Anerkennung, sondern nur Verwunderung und Köpfeschütteln von seiten anderer »Kapitalisten« nach sich zog. Die Todescos waren unter den ersten, wenn nicht überhaupt die ersten, die für ihre Arbeiter Siedlungen bauten, Schulen und Horte errichteten und in Zeiten der Rezession den Mitarbeitern den Lohn fortzahlten, statt sie, wie damals üblich, einfach auf die Straße zu setzen und ihrem Schicksal zu überlassen.

Die Söhne, Eduard und Moritz Todesco, kamen schließlich doch noch in den Genuß der kaiserlichen Adelsbriefe, nachdem sie, wieder mit dem Spürsinn für sich anbahnende lukrative Entwicklungen, dem

jungen Franz Joseph geholfen hatten, seinen Traum vom imperialen Wien zu verwirklichen.
Als der Monarch Ende 1857 mit Schleifung der Befestigungsanlagen die Stadterweiterung und damit die Erbauung der Ringstraße befohlen hatte, gehörten die Brüder von Anfang an zum Konsortium, das die Vorstellungen Franz Josephs verwirklichen sollte. Aber während viele der alteingesessenen Reichen dem Projekt mit Mißtrauen und Skepsis gegenüberstanden (»Wos brauch ma des?«) und sich nur schwer oder überhaupt nicht entschließen konnten, ihr gutes Geld in ein zweifelhaft erscheinendes Unternehmen zu stecken, waren es wieder einmal die zu Wohlstand gekommenen Juden, die mit ihrer nachtwandlerischen Witterung für ertragreiche Anlagemöglichkeiten viele der anfangs gar nicht besonders teuren Grundstücke rund um die Ringstraße erwarben und zum Teil auch selbst verbauten.
Ein Erlaß des Kaisers machte es möglich: Nachdem die Bauflächen rund um den Ring nur zögernd an den (christlichen) Mann zu bringen waren, fiel eine der letzten Barrieren für die Juden, und sie durften ab 1860 Grund und Boden besitzen.
Die Brüder Todesco schlugen sofort zu und kauften eines der besten Grundstücke in prominenter Lage gegenüber dem projektierten großen Opernhaus am Ring. An die Stelle des alten Kärntnertores ließ Eduard Todesco durch den prominenten Architekten Theophil Hansen (Parlament, Musikvereinsgebäude) eines der größten und prächtigsten Palais des ganzen Areals errichten (vier Geschosse, vier Stock tiefe Keller, drei Stiegenhäuser). Daneben entstand, wesentlich kleiner und bescheidener, ein Palais für Moritz, so wie letzterer auch im Bankhaus »Todescos Söhne« und in den übrigen weit verzweigten Unternehmen stets mit Abstand den zweiten Platz einnahm.
Ein Bonmot behauptete von Eduard Todesco: »Er hat den Verstand eines Indianers; er legt sich mit dem Ohr auf die Erde und hört von weitem die Kurse traben.«
Die reiche jüdische Bourgeoisie füllte ihre funkelnden, glitzernden, goldstrotzenden Paläste mit pulsierendem gesellschaftlichem Leben – und sie sprang damit in eine Bresche, die das Revolutionsjahr 1848 hinterlassen hatte. Die Hocharistokratie war nicht imstande, den Schock eines fast gelungenen bürgerlichen Aufstandes zu überwinden. Sie schottete sich immer mehr von der bedrohlich an Kraft und

Einfluß gewinnenden bürgerlichen Außenwelt ab. (Die große Ausnahme bildete Pauline Metternich, der das folgende Kapitel gewidmet ist.) Adel und Mäzenatentum waren nicht mehr deckungsgleiche Begriffe, Künstler und Intellektuelle trafen einander in den bürgerlichen Palais, von denen viele jüdisch waren.

Zwei der führenden Salons gehörten den aus Brünn gebürtigen Schwestern Gomperz. Josephine, verheiratet mit dem Bankier Wertheimstein, residierte samt ihren zumeist literarischem Anhang (die Nummer eins war Ferdinand von Saar) in ihrem wunderschönen Domizil in Döbling; Sophie, verheiratet mit Eduard Todesco, sammelte die literarische Creme in der Innenstadt.

In den Memoiren des berühmt-berüchtigten Musikkritikers Eduard Hanslick lesen wir, daß er, »im allgemeinen kein Freund von Soireen, mit Vergnügen in wenigen ausgezeichneten Häusern verkehrte . . . Die Familien Todesco, Wertheimstein . . . gehörten zur Finanzaristokratie. Bedeutende Schriftsteller, Künstler, Politiker fühlten sich dort daheim.« Bei den Todescos traf man gelegentlich eine »reizende ältere Dame«, die bemerkenswert jung und zartgliedrig geblieben war. Wenn man sie bat und ihr schmeichelte, ließ sie sich herbei, ein paar zierliche Pirouetten zu drehen – sentimentale Erinnerung an ihre Glanzzeit, als die halbe Welt dieser Fanny Elßler zu Füßen lag. Die »reizende ältere Dame« war damals Ende vierzig . . .

Hanslick weiter wörtlich: »In den Familien der großen jüdischen Bankiers (waren) die Frauen und Töchter feingebildet, von anmutigem Benehmen, für alles Schöne empfänglich, während die Herren ihren Geist meistens nur für die Börse geschult hatten.« Hanslick berichtet, zwar ohne Namensnennung, jedoch mit spürbarem Wohlbehagen, von einem solchen »Idiot savant«, der immer die Fremdwörter verwechselte. Zum Beispiel hätte jener reiche Jude von einer Frau gesprochen, die drei Ärzte »insultierte« und deren Sohn die »Maternitätsprüfung« machte.

Hanslick konnte scheinheilig diskret sein. Jedermann wußte ohnehin, wer gemeint war: Eduard Todesco, dessen »Todescoiaden« die satirische Zeitschrift »Der Floh«, zum brüllenden Gelächter des Publikums, in jeder Nummer um neue Anekdoten anreicherte.

Diese Geschichte zieht sich unreflektiert durch sämtliche zeitgenössische Berichte bis zur Ringstraßenliteratur unseres Jahrhunderts, und noch niemandem ist die Idee gekommen, daß dahinter nichts weiter steckt als blanker Antisemitismus: Wenn man dem reichen, erfolgreichen Juden schon nichts anderes anhängen konnte, dann wenigstens den Makel, ein ungebildeter Parvenue zu sein.

Niemand überlegt, daß der brillante und erfolgreiche Hermann Todesco es bestimmt nicht verabsäumt hat, seinen Söhnen eine erstklassige Bildung angedeihen zu lassen. Niemand wird hellhörig, wenn er erfährt, daß die »Todescoiaden« eine zwielichtige Vorgeschichte haben: Eines Tages antichambrierte ein Redakteur des »Floh« bei Eduard Todesco und versuchte Geld zu erpressen, unter Androhung, Übles über ihn im »Floh« zu publizieren. Todesco ließ den Lumpen vor die Tür setzen – und die Serie der Schmähungen nahm ihren Anfang. Nach einigen Monaten war Todesco zermürbt und zahlungsbereit. Aber der »Floh« wollte nun kein Geld mehr. Die antisemitischen Anpöbelungen hatten sich als Stützen der Auflage erwiesen.

Moritz Todesco, weder so reich noch so berühmt und einflußreich wie sein Bruder, blieb ungeschoren. Man weiß wenig über ihn, abgesehen davon, daß er »musikalisch sehr begabt« gewesen sei und sich als »musikalischer Mäzen« betätigte – auch dies kann natürlich eine Spitze im Hinblick auf seine Beziehung zu Jetty Treffz sein.

Wann Moritz und Jetty einander kennen und lieben gelernt haben, ist ebenso ungewiß wie die näheren Umstände ihrer Verbindung. Sowohl Jetty als auch Moritz besaßen Wohnungen in der Kärntner Straße. Haben die beiden immer, häufig, selten oder gar nicht zusammengelebt? Bei wem sind die Kinder aufgewachsen? Bei Jetty? Bei Todesco? In Internaten? Nachgewiesen ist, daß Moritz Todesco zwei seiner Kinder adoptiert hat, und zwar aus einem einleuchtenden Grund. Mit dem Namen »von Todesco« und der damit verknüpften Mitgift hatten die beiden Töchter wesentlich günstigere Heiratschancen als mit dem böhmisch-proletarischen »Chalupetzky«. Todescos Rechnung ging perfekt auf. Seine Älteste, Franziska, heiratete – übrigens knapp ein Jahr, nachdem ihre Mutter Jetty Johann Strauß zum Mann genommen hatte – einen adeligen ungarischen Husarenoberst; in zweiter Ehe wurde sie eine Prinzessin Liechtenstein. Louise bekam einen Herrn von Dreyhausen, Mitbegründer, Direktor und Teilhaber der Pferdetramway. Ihr zweiter Ehemann war ebenfalls ein ungarischer Oberst.

Über Jettys Söhne gibt es spärliche, aber einigermaßen gesicherte Nachrichten. Alois wurde Gutsverwalter, Heinrich Beamter, Emil ging zum Militär; was aus Alfred geworden ist, war nicht festzustellen.

Wir haben zu weit vorgegriffen. Noch sind die Kinder unter der Obhut von Jetty und Moritz, noch ist Jetty ihrem Moritz eine treue Lebensgefährtin, noch ist sie Mittelpunkt eines um sie gescharten auserlesenen Künstlerkreises, noch kennt sie Johann Strauß nicht persönlich. (Er dürfte sie als junger Mann zumindest von der Ferne auf der Bühne gesehen haben, denn er hat nachweislich einige Vorstellungen besucht, bei denen sie mit ziemlicher Sicherheit mitgewirkt hat.)

Jetty Treffz und Johann Strauß Sohn sind einander Ende 1861 zum ersten Mal begegnet – er der fesche Mann und umschwärmteste Künstler von Wien, sie die unbestreitbar eleganteste Künstlerin, eine gewandte Dame von Welt, die fließend in fünf Sprachen Konversation machte und noch dazu anziehend war, ohne wirklich schön zu sein – sie muß aber das »gewisse Etwas« gehabt haben . . . Vielleicht war sie eine Spur zu rundlich, aber zum Glück war das ja damals Mode. (Jetty wußte ein Glas gepflegten Bieres außerordentlich zu schätzen . . .)

Ein Kranz von Legenden flicht sich um das erste Zusammentreffen dieser beiden außerordentlichen Persönlichkeiten. Daß das historische Ereignis im Palais Todesco stattgefunden haben soll, ist die meistverbreitete Geschichte; sie wird durch oftmalige Wiederholung auch nicht wahrer. Das Palais wurde zwischen 1861 und 1864 erbaut – Jetty und Johann Strauß heirateten bereits im Sommer 1862.

Die hübscheste Version steht in der Strauß-Biographie von Ludwig Eisenberger, zu welcher der Maestro selbst, wie erwähnt, noch seinen Sanktus gegeben hat:

»Im Winter des Jahres 1861 veranstaltete die berühmte Sängerin Henriette von Treffz einen großen Hausball, zu dem die hervorragendsten Persönlichkeiten von Wien geladen waren. Die Sängerin übermittelte auch dem damals sechsunddreißigjährigen Johann Strauß, der zu dieser Zeit schon auf der Höhe seines Ruhmes stand, durch einen gemeinsamen Freund ihre Einladung, mit der Bitte, bestimmt zu erscheinen, weil sie sich nach seiner persönlichen Bekanntschaft sehne. Strauß kam auch, und der Abend bot ihm Gelegenheit, sich künstlerisch glänzend zu betätigen, indem er zusammen mit

Moritz von Todesco

Vieuxtemps spielte! [Henri Vieuxtemps war seit dem Tode Paganinis einer der gefeiertsten Geiger Europas. Ob Strauß ihn »nur« am Klavier begleitet oder auch Violine gespielt hat, ist dem Bericht nicht zu entnehmen.]
Von den Kompositionen, die Strauß zum Vortrag brachte, entzückte besonders der Walzer ›Schallwellen‹ die Hausfrau, welche von dem Wesen, der liebenswürdigen Art und der Künstlerschaft Strauß' so hingerissen war, daß sie ausrief: ›Wenn ich heirathe, dann diesen oder keinen!‹ Auch unser Meister fühlte sich angezogen von ihrem reizenden Wesen und vielleicht noch mehr von ihrer Kunst, die ihr schon damals die Bewunderung der ganzen Welt verschafft hat ...« (Es versteht sich wohl von selbst, daß in dieser autorisierten Strauß-Biographie der Name Todesco unerwähnt bleibt.)
Eine äußerst interessante Darstellung gibt ein Anonymus in der Zeitschrift »Alt-Wien, Monatszeitschrift für Wiener Art und Sprache« in der Ausgabe vom August 1899. Unmittelbar nach dem Tod von Johann Strauß machte dieser »Jugend- und Zeitgenosse des verewigten Meisters« unter dem Titel »Erinnerungen an Johann Strauß« Detailwissen aus der Intimsphäre seines Freundes publik: »Sie (Jetty Treffz) hatte sich bleibend in Wien angesiedelt und es auf den Walzerkönig abgesehen, der ihrem Liebeswerben nicht zu widerstehen vermochte ...«
Franz Mailer vermutet den Ort der ersten Zusammenkunft in der Wohnung eines gemeinsamen Freundes, des berühmten Dirigenten Johann Herbeck.
Ob Johann Strauß tatsächlich, wie man damals munkelte, bei Moritz Todesco um die Hand Jettys angehalten hat, ist durch nichts bewiesen. Wahr ist allerdings, daß Todesco sich geradezu überirdisch nobel verhalten hat. Nicht nur sorgte er von da an allein für die gemeinsamen Kinder, er gab seiner Jetty auch eine Mitgift (Abfertigung?) in der Höhe von 60 000 Gulden. Diese hochherzige Geste muß Jettys Gewissensbisse wegen des abrupten Verlassens ihres Lebensgefährten und der Kinder noch verschärft haben. Nur so ist es zu erklären, daß diese kosmopolitische, liberale Frau zuweilen – wie in ihrer Korrespondenz nachzulesen – schäbigen Antisemitismus zum Ausdruck brachte.
Die Aufregung über die Hochzeit war natürlich enorm, und der An-

onymus aus der Zeitschrift »Alt-Wien« bemerkt dazu: »Ganz Wien war erstaunt über die unerwartete Vermählung. Man machte Glossen und Witze über den Ehebund. Wilhelm Wiener verstieg sich ... im ›Fremdenblatt‹ sogar zu dem kühnen Wortspiel, daß zur Eingehung dieser Ehe ein wahrer Straußenmagen gehört. Dennoch war dieser Bund glücklicher, als viele erwartet hatten. Die feingebildete und reiche Künstlerin brachte dem genialen und unpraktischen Meister ein bedeutendes Barvermögen als Mitgift und verstand es auch als kluge Geschäftsfrau, das große Talent des Mannes zu verwerten, welches bisher von gewinnsüchtigen Musikverlegern und Entreprenneurs schnöde ausgebeutet wurde.«

Es gelang Jetty, Jean aus der mütterlichen Überfürsorge zu lösen. Annas Vorschlag, Jean und Jetty mögen so wie Joseph und seine Frau Karolina und später auch Eduard samt Familie, im Hirschenhaus, unter der Fuchtel der allmächtigen Mutter, Quartier nehmen, wurde höflich und bestimmt zurückgewiesen.

Die Jungvermählten blieben nur für eine kurze Übergangszeit im Hirschenhaus und bezogen dann ihre neu adaptierte Wohnung in der Weihburggasse. Später wohnten sie in der Jägerzeile (heute Praterstraße), um schließlich in schier unerreichbare Fernen, nämlich nach Hietzing, zu entschwinden. Dort richtete Jetty mit sicherem Geschmack, der ihrem Bedürfnis nach Eleganz und seinem Bedürfnis nach Selbstdarstellung genügte, eine Villa in der Hetzendorfer Straße 18 (heute Maxingstraße) ein. Auch gelang es ihr ohne Mühe, aus dem Vorstadtbeau mit seinem Hang zu greller Garderobe einen distinguierten Gentleman zu machen. Er lernte es, seine »Arbeitskleidung«, den Frack, so zu tragen, als wäre er darin geboren.

Die Ehe verhalf ihm schließlich auch zum heißbegehrten Titel eines Hofball-Musikdirektors, der ihm mehrmals wegen seiner Sympathien für die Revolution von 1848 und seines polizeibekannten liederlichen Lebenswandels verweigert worden war.

Neun Punkte, die zu seinen Gunsten sprechen sollten, führte der »unterthänigst Gefertigte« in dem Gesuch um Verleihung des Titels an. Punkt eins lautete:

»Ist derselbe von Wien gebürtig siebenunddreißig Jahre alt, katholischer Religion und erfreut sich bereits eines glücklichen Ehestandes u. eigenen Herdes ...« Überdies gelobte er, daß er, falls man ihm den

Titel verliehe, nur noch bei Hof und Nobelbällen zum Tanz aufspielen werde. Mit Jetty endete seine Karriere als tingelnder Tanzkapellmeister. Johann Strauß wurde exklusiv.

Startkapital für die junge Ehe war genügend vorhanden. Einerseits durch Jettys Vermögen, andererseits durch Johann Strauß' unfreiwillige Ersparnisse. Aus der Hand der Mutter empfing er die durch die energische Tante Pepi vor seiner Verschwendungssucht geretteten russischen Gagen – allerdings erst vier Monate nach der Hochzeit.

Wie schwer es war, der »Maman« das Geld zu entwinden, und um welche Summe es sich handelte, ist unklar. Es existiert nur eine Empfangsbestätigung, datiert vom 28. Dezember 1862: »Maman hat mir mein Kapital bis auf die Loose übergeben. Johann Strauß, wirklicher Sohn.« Was unter Loosen zu verstehen ist, weiß man nicht.

Es war dann, logischerweise, nicht der notorische Verschwender Johann Strauß, der mit dem Pfunde wucherte, sondern seine geschäftserfahrene Ehefrau, bestens geschult in den Kreisen der Hochfinanz. Sie legte das meiste Geld sicher an und ließ sich auch ins Ausland die Wiener Börsenkurse nachsenden. Das Paar besaß später etliche Zinshäuser, das Hietzinger Haus sowie mehrere Parzellen in der Igelgasse (heute Johann-Strauß-Gasse), wo nach Jettys Plänen ein prachtvolles Palais errichtet werden sollte.

So günstig die Auspizien für die junge Ehe waren, so betrüblich gestaltete sie sich nach der Rückkehr von der Hochzeitsreise. Jean begann wieder unter seinen rätselhaften »Zuständen« zu leiden (Kopfschmerz, Schwindel, Erschöpfung), die Ärzte verordneten ihm absolute Ruhe, Schwitzkuren – und sie verboten ihm sogar das Komponieren.

Strauß, von dem das Wiener Publikum alljährlich zur Faschingszeit eine Fülle neuer Tänze erwartete, sah sich veranlaßt, Anfang Januar eine Presseaussendung zu verfassen: »Auf den Rat meiner Ärzte bin ich gezwungen, jede geistige Anstrengung auf längere Zeit zu vermeiden, weshalb ich für den gegenwärtigen Karneval keine neuen Kompositionen zu veröffentlichen in der Lage sein werde.«

Es ist viel spekuliert worden über die geheimnisvollen Krankheiten von Johann Strauß Vater und seiner Söhne Joseph und Johann. Wie erinnerlich, hatte der Vater mehrere Zusammenbrüche. Als er im Alter von fünfundvierzig Jahren starb, war letzten Endes nicht der Schar-

lach, von dem er bereits halbwegs genesen war, die Todesursache, sondern ein Hirnschlag. Joseph litt unter ähnlichen Symptomen, auch er wurde jung, schon mit dreiundvierzig, von einem Schlaganfall dahingerafft.
Ob Johann am gleichen (vermuteten) Gefäßleiden wie Vater und Bruder laborierte, läßt sich nicht mehr feststellen, da diesbezügliche Unterlagen fehlen. Er wurde immerhin vierundsiebzig Jahre alt, starb an einer Lungenentzündung, und seine Unpäßlichkeiten waren temporär. Mag sein, daß er an schwerer Migräne litt, mag sein, daß er psychosomatische Beschwerden hatte, denn im Sommer 1863, fern von Wien, fern von der Mutter, ging es ihm blendend.
Jetty berichtete aus Pawlowsk, daß er »mit Freude und Lust« arbeite. »Er ist wohl und heiter wie ich ihn nie sah und sieht prächtig aus.« An anderer Stelle finden wir einen sehr aufschlußreichen Satz: ». . . [er] sieht so gut aus und steckt voller Übermuth, daß er bald überschäumen wird. In Wien wird er schon wieder ›dasig‹ werden durch Verdruß u. Unzufriedenheit mit der Außenwelt . . .«
Dieser Aufenthalt in Pawlowsk, von Anfang Mai bis Ende September 1863, muß ein einziges Fest gewesen sein, obwohl tief winterliche Verhältnisse herrschten, als die beiden dort ankamen: 14 Grad unter Null, Schnee, Eis. Jetty, nur für den Sommer gerüstet, schaffte sich in aller Eile dicke Wollstrümpfe, wattierte Kleidung und einen Pelz an. Aber: »Bei allem fühlen wir uns so glücklich, als wäre Sonnenschein und paradiesisches Wetter. Unser Barometer zeigt immer denselben Wärmegrad der Liebe . . . Mein Bub ist ein edler, prächtiger Mann und ich bin das glücklichste Weiberl . . .« ». . . Mein Jeanybub ist der bravste Bub von der Welt und sein Herzel ein wahrer Schatz. Ich danke Gott täglich . . . daß er mir dieses Lumperl zugeführt hat . . .«
Sie nannte ihn ausschließlich »Bub«, er sie »Weiberl«, »Menscherl«, gelegentlich auch »Saumenscherl« – dies kein Schimpfwort, sondern Ausdruck seliger Hochachtung. Jetty ist anscheinend ein erotischer Vulkan gewesen, der den in ungezählten Liebesschlachten bewährten Kämpen von immerhin siebenunddreißig Jahren noch einmal ins große, ungläubige Staunen versetzte.
Seine Briefe aus Pawlowsk lassen die bürgerliche Schamgrenze weit hinter sich. In den erst kürzlich erstmals in vollem Wortlaut veröffentlichten Briefen – bis dahin gab es nur eine »jugendfreie« Fassung –

lernen wir einen Johann Strauß kennen, der in nichts den berühmten »Schweinigeleien« eines Wolfgang Amadeus Mozart nachsteht:
»Ich bin der glücklichste Kerl mit meinem Jettymendscherl; das Mendscherl wird täglich beßer – sein Talent ist merkwürdig – es ist ein Capitalstückerl.«
»Mir hengt manches heraus, aber nur die Zunge vor lauter Vögeln. Es steht nichts über das Pudern, wenn man's kann.«
»Nachdem ich seit meiner glücklichen Gott gesegneten Verheirathung mit meinem Millionenstückl Jetty von Treffz die Erfahrung gemacht habe, . . . habe ich mir vorgenommen, dem Drang meiner poetischen Triebe vollen Lauf zu lassen, und werde denn die ganze Fud und Schweif betreffende Litanei in Composition bringen . . . Fud-Walzer, Tripper Quadrille, Filz-Polka, Feuchtwarzen-Schnell-Polka, Filzlaus-Polka Mazurka, Fummel-Schwitz-Polonaise . . .«
Diese unverblümten Auslassungen höchster sexueller Befriedigung fanden sich (ohne Jettys Wissen?) jeweils als Hinzufügung zu gemeinsam geschriebenen Briefen. Die Beziehung der beiden war dermaßen innig, daß sie ihre Korrespondenz, auch die geschäftliche, zusammen erledigten – ein Absatz sie, ein Absatz er.
Überhaupt waren sie unzertrennlich. Jetty harrte in jedem seiner berstend vollen Konzerten bis zum Ende aus (allein die Zugaben nahmen lange Zeit in Anspruch). Beide unternahmen an den Vormittagen stundenlange Spazierfahrten, und Jetty wurde nicht müde, Jeans Künste als Herrenfahrer zu rühmen.
Ruhm heimste auch Frau Strauß ein: Einige Male war die noch immer international bekannte Sängerin eingeladen, vor dem Zaren und dem ganzen Hof in der kaiserlichen Sommerresidenz Zarskoe Proben ihrer Kunst zum besten zu geben, begleitet von einem sichtlich stolzgeblähten Ehemann: Mozart, Schubert und der unumgängliche Liederfürst Kücken standen auf dem vom Zaren selbst zusammengestellten Programm. Der Herrscher aller Reußen unterhielt sich lange und angeregt mit Jetty, und er schenkte ihr eine kostbare Brosche, bestehend aus einem riesigen, lupenreinen Smaragd, eingebettet in einen dichten Kranz von Brillanten. Jetty war beeindruckt, doch sie gestand in einem Brief nach Hause, daß ihr Bares lieber gewesen wäre; sie besaß mehr als genug Schmuck.
Das Paar wurde mit Einladungen überschüttet, doch die beiden lehn-

ten ab. Sie zogen es vor, soviel wie möglich unter sich zu bleiben und die schönen Tage von Pawlowsk in vollen Zügen zu genießen. Der Wiener Alltag würde früh genug über sie hereinbrechen.

Der Wiener Alltag setzte im Herbst mit allem von Jetty vorausgeahnten »Verdruß« ein: Nachdem es schon eine Weile Verstimmungen zwischen Strauß und Carl Haslinger gegeben hatte – es ging um angeblich unkorrekten Umtausch von Rubeln und Honorarstreitigkeiten – trennte sich der Verleger abrupt von seinem bisherigen Zugpferd. Er mochte – sehr voreilig! – geschlossen haben, daß Strauß für immer »ausgebrannt« sei, und er baute sich als Ersatz ein neues, vielversprechendes Talent auf: Carl Michael Ziehrer.

Carl Haslinger und Strauß kannten einander von Kindesbeinen, schon die Väter waren Partner gewesen. Um so unverständlicher ist Haslingers weiteres Vorgehen: Er bewog die übrigen Wiener Musikverleger, Johann Strauß ebenfalls zu boykottieren. Doch Jetty, das prächtige »Weiberl«, wußte Rat. Ihr Jean gründete einen Musikverlag, und sie sah sich mit so auffälligem Gebaren in der Stadt nach einem Laden um, in dem sie, Jetty, als Geschäftsführerin fungieren und Noten verkaufen wollte, daß es bald ganz Wien wußte.

Carl Anton Spina, Inhaber eines nicht sehr großen Verlages, reagierte schnell: Wenn Jetty und Johann einen Musikverlag gründeten, mußte doch wohl Hoffnung bestehen, daß Strauß irgendwann einmal wieder zu komponieren gedächte. Spina machte Strauß ein Angebot, das dieser nicht ausschlug. Beide sind gut gefahren und waren hoch zufrieden.

Nicht so Jetty. Sie strebte für ihren Jean mehr an als das ewige Einerlei von Dirigieren und Tanzmusik komponieren. Sie, die so lange Jahre im Zentrum der österreichischen Hochfinanz gelebt hatte, fand sich nicht damit ab, daß seine kostbaren Kompositionen – wie damals Usus – vom Verleger mit einer einmaligen Abschlagszahlung honoriert wurden, so daß der geistige Urheber leer ausging, wenn die Auflagen in die Höhe schnellten. Anders war es beim Theater. Dort zahlte man bereits Tantiemen; je öfter ein Stück gegeben wurde, desto höher der Gewinn, nicht nur für den Unternehmer, sondern auch für den Autor oder Komponisten.

Da die international versierte Künstlerin überdies sehr wohl wußte, daß nur die große Auslandskarriere den großen Ruhm und das große

Geld bringen konnte, versuchte sie Jean davon zu überzeugen, daß er das Zeug in sich hatte, mehr als Tanzmusik zu komponieren und ein breiteres Auslandspublikum zu Beifallsstürmen hinzureißen als in einem Vorort von St. Petersburg.
Die erste Operette ließ auf sich warten, trotz Jettys unermüdlicher Verhandlungen mit Theaterdirektoren und Textbuchschreibern. Es erschienen zwar fallweise geschickt lancierte Notizen in der Presse, geheimnisvolle Andeutungen über die im Entstehen begriffene erste Operette des Meisters, doch Strauß war seiner selbst noch nicht ganz sicher. Er beschränkte sich »nur« auf das Komponieren des Üblichen (darunter so Solitäres wie der Walzer »An der schönen blauen Donau«), auf das Dirigieren bei Nobelbällen, Matineen und Galakonzerten.
Seine mysteriösen »Zustände« machten ihm wieder zu schaffen, in Abständen ausbrechende Querelen zwischen den Brüdern mögen das Ihre dazu beigetragen haben. Immer wieder fühlte sich der eine oder andere von dem einen oder anderen übervorteilt, schlecht behandelt, zu wenig geliebt und beachtet. Anna Strauß hatte ihre liebe Not mit den drei Söhnen, und sie wandte sich in ihrer Verzweiflung und Ratlosigkeit sogar an die wenig geliebte Schwiegertochter Jetty mit der Bitte um Intervention. Doch die war klug genug, sich nicht in das undurchschaubare Netzwerk der jahrzehntealten Familienwirren hineinziehen zu lassen. Sie bewahrte, zur Enttäuschung Annas, immer strikte Neutralität.
Mit zäher Beharrlichkeit bereitete sie dagegen Jeans großen Auftritt anläßlich der Pariser Weltausstellung von 1867 vor: Die betriebsame Frau des österreichischen Botschafters in Frankreich, Pauline Metternich, bekam ein süßes »Wiener Bonbon«, einen zauberhaften Strauß-Walzer, namentlich gewidmet. Wenn das »Unternehmen Weltausstellung« von Pauline Metternich unterstützt wurde, war es schon so gut wie geglückt, denn die Fürstin kannte in Paris Gott und die Welt, das Kaiserpaar, den Hochadel und Journalisten.
Über den Schulfreund von Johann Strauß, den Verleger und Manager Gustav Lewy, liefen die Vorbereitungen. Da die Strauß-Kapelle in Wien unabkömmlich war, wurde das ausgezeichnete 60-Mann-Orchester des Benjamin Bilse, eines in Berlin lebenden gebürtigen Schlesiers, engagiert. In einem gemeinsam gemieteten Lokal wollten beide

Dirigenten alternierend auftreten. Bilse war für ernste Musik zuständig, Strauß für Unterhaltsames.
Im Mai 1867 reisten Strauß und Lewy nach Paris – ohne Jetty; sie laborierte nach einem Sturz an einer Knieverletzung. Wohl besuchte Strauß als erstes die Fürstin Metternich und bekam einen glanzvollen Ball mit »tout Paris« versprochen, doch die übrigen Vorbereitungen liefen nicht so glatt. Die im voraus zu leistenden Zahlungen für Saalmiete und Werbung explodierten.
Jetty und Jean trafen einander anschließend in Berlin, wo Strauß ein Konzert zu dirigieren hatte, und es gelang ihm, den bislang ungebrochenen Optimismus seiner Frau ins Wanken zu bringen: »Jean hat nur trübe Ahnungen, daß ich lieber gleich umkehren möchte und nach den Bierkrügeln Wiens flüchten . . .«
Paris empfing den Wiener Walzerkönig freundlich: Das Massenblatt »Figaro« schrieb ausführlich über die Ankunft des Ehepaares Strauß und erinnerte daran, daß schon der Vater einstmals Paris entzückt hatte; es gab auch Vorberichte über den Ball beim österreichischen Botschafter.
Das Fest fand am 28. Mai statt, Strauß dirigierte und geigte so mitreißend, daß die hohen Herrschaften bis halb sieben Uhr früh nicht vom Tanzparkett wichen. (Mehr davon im folgenden Kapitel über Pauline Metternich.)
Jetty schreibt: »Jean selbst gesteht, daß er nie im Leben solch kolossalen Succès hatte als diese Nacht, vor der höchstaristokratischen Gesellschaft, der Kaiser und die Kaiserin an der Spitze. Es war ein Jubel – alles stimmte mit ein . . . die Damen zogen die Handschuhe aus u. reichten ihm die Hände übers Orchester . . . ›An der schönen blauen Donau‹ machte Sensation . . . Zuletzt war die Stimmung so, daß sie Cancan tanzten! Napoleon mußte nach Jeans Geige tanzen . . .«
Strauß und Bilse spielten von nun ab täglich auf, der Erfolg war berauschend – dennoch dauerte es eine Weile, ehe er sich in den Kontobüchern zeigte. Jetty machte sich Sorgen, denn obendrein fühlte sie sich nicht wohl. Sie mußte das Bett hüten mit »Magenschnupfen-Kopfweh-Fieber-Seitenstechen«. Sie fürchtete, Magenkrebs zu haben: ». . . das will nicht aufhören, dieß Leiden – ob ich was esse oder nicht – es nagt in einem fort u. setzt aus u. kommt wieder . . .« Gewiß war es kein Magenkrebs, sondern eher das, was erst durch gestreßte Ma-

nager des späten 20. Jahrhunderts »in Mode« kommen sollte: nervöse Gastritis.

Doch dann stiegen die Einnahmen von Tag zu Tag, dicke Gewinne begannen sich abzuzeichnen. Jetty, plötzlich genesen und aufgeräumter Stimmung, wich nicht von Jeans Seite: »Madame Charton ... hat ein schönes Landhaus ... und möchte mich entführen – doch das gibt es nicht! Solange der Mann sich plagt ... solange will ich mich nicht amusieren, bei ihm ausharren.«

Notfalls wartete sie brav im Hotel, wenn sie ihn nicht begleiten konnte. Einem Konzert unter der Patronanz der Fürstin Metternich blieb sie fern; es gab kein Künstlerzimmer, in dem sie auf ihren Jean hätte warten können, und im Parkett wollte sie nicht sitzen, weil sie Gustav Lewy an ihrer Seite gehabt hätte: »... dann wäre mir die Gesellschaft Lewy's nicht angenehm, der so fleißig und eifrig für das Geschäft ist, doch keine Gesellschaft für mich ist ... es sieht aus allen Winkeln das Jüdlach heraus.«

Die Pariser Konzerte waren eine nicht abreißende Kette von Höhepunkten – und ebenso ging es anschließend in London weiter. Strauß gab nicht weniger als 63 Konzerte vor einem beifallrasenden Publikum im 3 000 Personen fassenden Covent Garden (»Vivat die Engländer!« notierte er), und Jetty kehrte triumphal an die Stätte ihrer einstigen Erfolge zurück: »In London hatte ich die große Freude vor meinem lieben Publicum zu singen ... war des Jubels kein Ende und mußte 14 Concerte singen ... Man begrub mich fast unter Blumen und ich fand in Kränzen und Bouquets Brillanten und Perlen.«

Zum Unterschied von Paris, wo Pauline Metternich unerbittlich für gesellschaftliches Getriebe gesorgt hatte, lebte das Paar in London zurückgezogen in einem gemieteten Häuschen und spielte Herr und Frau Durchschnittsbürger: Jetty kochte, Jean strich die Regentonne im Hof bunt an.

Die beiden waren einander nach fünfjähriger Ehe noch immer genug und trachteten, sich dem Trubel der Society zu entziehen: »Wir zwei passen so gut zueinander, daß wir glücklich sind wie Kinder leben und uns noch immer unendlich lieb haben ...« Der »Jeanybub« behauptete hartnäckig, daß die Ehe einen anderen Menschen aus ihm gemacht hätte.

Wie wahr! Wir haben es reizvoll gefunden, auch die Schrift von Johann Strauß beurteilen zu lassen. Die erste stammt aus der Zeit, da er einunddreißig Jahre alt und, laut Polizeibericht, ein windiger Geselle war. Das Gutachten lautet: »Schade, daß vom selben Jahr nur eine Schrift zur Verfügung steht. Der erste Eindruck der Schrift vermittelt eine Flüchtigkeit, oder Oberflächlichkeit, kann aber auch Eile sein. Eine beschwingt ausgelassene Persönlichkeit, himmelhoch jauchzend, zu Tode betrübt, wild, enormer Schönheitssinn, gebremste Triebkraft. Temperament: nervös.«

Das Schriftbild zwölf Jahre später und nach siebenjähriger Ehe mit Jetty besagt: »Fast nicht zu glauben, derselbe Mensch nach zwölf Jahren. Der erste Eindruck vermittelt einen ruhigen Schöngeist, in sich gekehrt, exakt, genau, liebenswürdig, sparsam, taktvoll, viel mehr erotisch (sic!) als vor zwölf Jahren, wenn man kombiniert, könnte man sagen, durch eine Frau sehr geprägt und zum Vorteil verändert.« (Zur nochmaligen Erinnerung: Die Graphologin wußte nicht, wessen Handschriften ihr vorlagen, ihr war nur Geschlecht und Alter der Schreiber bekannt).

Der Versuch, die Londoner Idylle in Wien fortzusetzen, schlug fehl. Das Ehepaar Strauß kaufte sich zwar ein »Häuschen auf dem Lande«, weitab von der Stadt (Hietzing, Hetzendorfer Straße, heute Maxinggasse), aber es erging ihnen wie auch heute noch den meisten Menschen, die in einem behaglichen Landhaus Ruhe und stille Stunden suchen: ». . . es kommen mehr Besuche heraus als wir in der Stadt hatten, jedes gefällt sich bei uns u. selbst seit im Kamin ein Feuer brennt – hörten die Besuche nicht auf.«

Ludwig Eisenberg war einer der Gäste, er beschrieb das »Häuschen auf dem Lande« so: »Die kleine, zementgelb angestrichene Baulichkeit lag, zu beiden Seiten des Einfahrtsthores von einem mit vergoldetem Gitter umschlossenen Vorgarten umgeben, gegenüber dem stillen Park von Schönbrunn. Hinter dem weißgetünchten Flurgitter des Erdgeschosses jagten gewöhnlich zwei prächtige Doggen umher . . . Auf einer teppichbelegten Treppe gelangte man in die im ersten Stockwerk gelegenen, mit viel stimmungsvollem Geschmack prunkvoll und doch elegant ausgestatteten Gemächer des Walzerkönigs. Die Wände des Studierzimmers waren mit dunkelroten Tapeten angekleidet, mit reichgeschnitzten und goldumrahmten Bildern berühmter Persönlichkeiten geziert, die dem Meister im Leben nahestanden. Ringsum hin-

gen auch mächtige Lorbeerkränze von verdorrtem Grün, nachgedunkeltem Silber und schimmerndem Gold mit reichgestickten Bändern, von fein ordnender Hand sinnig orientiert.
Wenn das Auge des Besuchers auf diesen schmeichelhaften Zeichen errungener Triumphe haften blieb, dann sagte der bescheidene Künstler mit verlegenem Lächeln: ›Verspotten Sie mich nicht, weil es bei mir wie bei einer Ballerina ausschaut; aber mein gute Frau legt Wert auf diese Dinge, und da muß ich mir schon wohl oder übel eine solche theatralische Dekoration gefallen lassen . . .‹«
Ach Jetty!
Im Sommer 1869 konnte Jetty ihre unübertrefflichen Qualitäten gebündelt unter Beweis stellen. Zum ersten Mal seit drei Jahren gastierte Johann Strauß neuerlich in Pawlowsk, seiner wieder einmal angegriffenen Gesundheit wegen assistiert vom Bruder Joseph.
Die Konzert-Veranstalter hatten miserabel vorgesorgt. Jetty mußte die zur Verfügung gestellte Wohnung (»ein Loch!«) selbst einrichten (». . . bis hin zum Nachttopf!«), und sie kochte auch für sich und die beiden Männer. Joseph fand des Schwärmens kein Ende: »Die Kost ist vortrefflich, ich habe noch nie so gut gegessen.« – »Kost, Wohnung, Wäsche bezahlt Jetty, die sich weigert, von mir etwas anzunehmen.« – »Jetty ist unersetzlich. Sie schreibt alle Rechnungen . . . duplirt alle Stimmen des Orchesters, sie sieht in der Küche nach und achtet über das Ganze mit einer Sorgfalt und Liebenswürdigkeit, die bewunderungswürdig ist . . .«
Trotz des ungeminderten Erfolges beim Publikum war Pawlowsk diesmal kein angenehmer Aufenthalt. Jetty wurde von gräßlichen Gelenksschmerzen gequält, lag zwei Wochen lang im Bett, nachher mußte sie den linken, fast bewegungsunfähigen Arm weiter in der Schlinge tragen. Sie war nun einundfünfzig Jahre alt, korpulent, keine junge Frau mehr – schon gar nicht in der zweiten Hälfte des 19. Jahrhunderts an der Seite eines um sieben Jahre jüngeren Mannes.
Bereits sechs Jahre vorher hatte sie voll bitterer Ironie festgehalten: »Ich konnte nur bei meinem Manderl noch eine Eroberung machen, weil sein Hirn leidend ist . . . Es bleibt mir . . . nichts mehr übrig als mich recht auf Glanz herrichten zu lassen u. mich dann nie mehr . . . im Negligée blicken zu lassen vor ihm, denn da kommen alle Falschheiten auf . . .«

Jetty Strauß mit ihrem Jean

Wie immer sie sich auch gefühlt haben mag – Jettys Betriebsamkeit ist nie erlahmt, sie hat immer die Zügel fest in der Hand gehalten, war der ruhende Pol, die Zuflucht, die Klagemauer für alle. »Jetty, hochherzige Jetty! bleibe mir so gut wie bisher«, schrieb ihr einmal der Schwager Joseph.

Am 23. Februar 1870 starb Anna Strauß, geborene Streim, im neunundsechzigsten Lebensjahr, laut Totenschein an »Lungenvereiterung«, also vermutlich an Lungenentzündung. Joseph brach am Sterbelager bewußtlos zusammen, Johann war wie in Trance. Behutsam führte ihn Jetty aus dem Zimmer, setzte ihn in einen Fiaker und brachte ihn nach Hause. Er hatte nicht die Kraft, zum Begränbis zu gehen, das, nach bester Wiener Tradition, »eine schöne Leich'« wurde. Joseph schleppte sich hin.

Allmählich zog sich Johann Strauß vom hektischen Tagesgeschäft zurück, schloß endlich einen Vertrag mit dem Theater an der Wien und begann, ernsthaft an seiner ersten Operette zu arbeiten, die ihm reiche Tantiemen bringen sollte. Jetty war am Ziel ihrer Wünsche: »Jetzt werden wir nicht mehr für den Verleger arbeiten«, trumpfte sie einem Freund des Hauses gegenüber auf. *Wir*!

Wie so oft, wurde schon bald wieder aus dem Wir ein Ich: Ich, Jetty, bin für alle da . . .

Joseph, auf einem von Anfang an unter keinem guten Stern stehenden Gastspiel in Warschau, brach am 1. Juni 1870 während eines Konzertes zusammen und konnte sich nicht mehr erholen. Sein Frau Lina eilte sofort nach Polen, Jetty nahm deren zwölfjährige Tochter unter ihre Obhut. Johann Strauß war nicht imstande, nach Warschau zu fahren, um die von seinem Bruder auf eigene Kosten und eigenes Risiko veranstaltete Konzertserie zu retten. Jetty berichtete an Lina: »Jean ist so elend, daß er nicht schläft noch ißt« – »Jean ist ganz krank und so nerveuse, daß er zittert und gelb aussieht.« Der so »nerveuse« Jean bat schließlich, man möge doch das Bild des Bruders aus seinem Arbeitszimmer entfernen, er könne den Anblick nicht mehr ertragen.

Ein Strom von Briefen und Telegrammen ergoß sich von Wien nach Warschau, mit detaillierten Anweisungen an die kopflose Schwägerin. Jetty besorgte einen Ersatzdirigenten, Jetty erklärte Lina, wie sie dem gerissenen Saalvermieter begegnen, mit den Orchestermitgliedern ver-

handeln müsse. Sie bestimmte, daß Joseph, sobald transportfähig, nach Wien kommen sollte, um in ihrem Haus gesund gepflegt zu werden und dann zur Kur nach Gastein zu gehen. Ganz genau wußte sie, wie die Rückreise zu bewerkstelligen sei: »Pepi soll im Waggon liegen, dazu auf ein Brett, das man über die vis à vis stehenden Fauteuils legt, eine Matratze und Kissen u. er wird wie im Bett liegen.«
Josephs Schwester Anna, genannt Netti, eine unverheiratete alte Jungfer, wurde von Jetty nach Warschau befohlen, um der armen Lina beizustehen. Denn Jetty meinte: »In solchen Fällen muß jeder beitragen, ein Stück Last auf die Schultern zu nehmen, dann wird es für keinen zu schwer u. es ist geholfen.«
Am 27. Juni war Johann Strauß wieder soweit hergestellt, daß er die Reise nach Warschau wagen konnte, um, anstelle seines Bruders, einige Konzerte zu dirigieren. Jetty, selbstverständlich in seiner Begleitung, ließ der Wiener Presse eine dürre Notiz über Josephs Erkrankung zukommen. Von einem »typhösen Fieber« war die Rede, und niemand konnte sich etwas Rechtes darunter vorstellen.
Eine zweite Pressemitteilung verfaßte das Ehepaar Strauß nach seiner Rückkehr aus Warschau. Diesmal war die Rede von einer »typhösen Kopfkrankheit, die er [Joseph] sich durch übermäßige Anstrengung zugezogen hatte«.
Lina Strauß brachte ihren todkranken Mann am 16. Juli in einem Sondercoupée nach Wien. Er war zum Skelett abgemagert und »in gänzlicher Auflösung«, wie Bruder Eduard entsetzt feststellte. Joseph Strauß starb am 22. Juli 1870, fast auf den Tag genau fünf Monate nach seiner Mutter, laut Totenschein an »Blutzersetzung«. Einer Obduktion stimmte die Witwe nicht zu.
Johann Strauß war vom Tod des Bruders noch erschütterter als von dem der Mutter. Er zog sich ganz in sein »kleines Häuserl« zurück, bat um seine Entlassung als Hofball-Musikdirektor und widmete sich, umhätschelt und umpflegt von seiner Jetty, der ersten Operette, »Indigo und die 40 Räuber«, ein Stoff nach 1001 Nacht.
Premiere war am 10. Februar 1871, der Komponist stand selbst am Pult. Das Publikum, das sich seit Wochen um Eintrittskarten gerissen hatte, raste vor Begeisterung. Die Kritik war wohlwollend bis enthusiastisch – nur das dürftige Textbuch wurde allgemein bemäkelt. (Schlechte Libretti sollten das Kreuz der meisten von insgesamt sech-

zehn Strauß-Operetten werden. Da man ihr ansonsten nichts vorwerfen konnte, machten viele Jetty dafür verantwortlich, den Meister schlecht beraten zu haben . . .)

Wenigstens die Kassa stimmte! Strauß erhielt für »Indigo« ein »Handgeld« von 16 000 Gulden, dazu kamen Tantiemen aus siebzig Aufführungen. 10 000 Gulden zahlte der Verleger für die Verwertung der Operettenmelodien als Tanzweisen.

Wie immer, wenn sein Name wieder einmal in aller Munde war, regnete es Einladungen – Strauß lehnte die meisten ab. Eine allerdings konnte er beim besten Willen nicht ausschlagen, obwohl er einen Horror vor langen Reisen und »massakrierenden Indianern« hatte: Zur 100-Jahr-Feier der amerikanischen Unabhängigkeit sollte der Wiener Walzerkönig in Boston eine Reihe von Konzerten dirigieren. 100 000 Dollar – nach heutiger Kaufkraft ein Millionenvermögen – bar und lang im vorhinein auf einer Wiener Bank deponiert, zerstreuten alle Bedenken.

Eine vernünftige und eine skurrile Begebenheit gingen dem Amerika-Abenteuer voran:

Die vernünftige: Jetty und Jean verfaßten ein Testament, in dem sie sich gegenseitig zu Erben einsetzten, für die Straußschen Verwandten Geldbeträge bestimmten (nicht sehr üppige, jeweils nur ein paar hundert Gulden, und nichts für Jettys Kinder). Für den Fall, daß beide auf dieser Reise umkämen, wollten sie ein »Johann und Jetty Strauß Stiftungshaus« für arme und kranke Künstler errichtet wissen.

Der skurrile Einfall, von dem nicht überliefert ist, ob er Jean oder Jetty gekommen ist: Strauß wollte auf nicht ganz geradem Wege einen Adelstitel ergattern. Sein bestinformierter Biograph, Franz Mailer, vermutet, daß Strauß die Absicht verfolgte, als »Herr von« in Amerika noch mehr Eindruck zu machen. Und das ging so: Als im August 1871 Jettys Mutter starb, in zweiter Ehe mit einem nun pensionierten Beamten namens Josef Franz Ritter von Scherer verheiratet, nahm Jetty den Witwer im Hietzinger Haus auf. Johann Strauß begehrte nun nicht mehr und nicht weniger, als vom Stiefvater seiner Frau adoptiert zu werden – nicht dem Namen nach, aber als »Ritter von«. Natürlich lehnte die Hofkanzlei das kindische Ansuchen um Übertragung eines Adelstitels ab, und es wurde später nie mehr darüber gesprochen.

Oben links: Joseph Strauß
Oben rechts: Lina Strauß mit der kleinen Karoline
Unten: Karoline vor dem Bildnis des verstorbenen Vaters

Über den vierwöchigen Aufenthalt des Ehepaares Strauß (samt zwei Zofen und einem Kammerdiener!) im Sommer 1872 ist, auch von seriösen Autoren, mancher Unsinn geschrieben worden. So findet sich in vielen Biographien die von Strauß selbst ausgestreute Geschichte, daß zwanzigtausend Musiker und Sänger den Donauwalzer gespielt und gesungen hätten, viele so weit entfernt stehend, daß Strauß zwanzig Subdirigenten gebraucht hätte, um seine Anweisungen bis in die letzten Reihen zu vermitteln, und das Anfangssignal sei durch einen Kanonenschuß gegeben worden. Tatsächlich dirigierte Strauß »nur« achthundert Musiker, der Walzer wurde nicht gesungen, und die Kanone wurde bei einem anderen Konzert für eine ganz andere Musik abgefeuert.
Jetty und Jean hatten sehr rasch begriffen, daß man in Amerika nur gleiches mit gleichem vergelten konnte, Gigantomanie mit Gigantomanie. So wurde baß erstaunten amerikanischen Reportern weisgemacht – wahrscheinlich von Jetty, denn Jean konnte keine Silbe Englisch – daß der Maestro auf Gastspielreisen stets einen schwarzen Neufundländer mit sich führte, dessen schwarze Haare den Strauß-Verehrerinnen als Strauß-Locken angedreht würden! Am Ende einer Tournee sei der arme Hund stets ganz kahl. Auch die Locken-Anekdote wird heute noch vielfach als bare Münze genommen. Manchmal mutiert der Neufundländer zu einem schwarzen Pudel . . .
Auf der Rückreise wurde in Baden-Baden Station gemacht, wo Johann Konzertverpflichtungen hatte, während Jetty sich einer Kur unterzog. Die Bäder brachten Linderung ihrer stetig zunehmenden Gelenkschmerzen, eine Heilung brachten sie nicht.
In Baden-Baden vertiefte sich die seit langem bestehende Bekanntschaft mit Johannes Brahms zur Freundschaft, und das Paar war häufig im Haus des Komponisten zu Gast; dies stets ein beschwerliches Unterfangen, denn Strauß hatte eine Phobie gegen absteigendes Gelände. Wenn Jetty und Jean das auf einem Hügel gelegene Haus von Brahms verlassen hatten, ging Jean, vorsichtig geleitet von Jetty, im Rückwärtsgang bergab.
Zwei Glanzlichter überstrahlten die Wochen in Baden-Baden: Strauß dirigierte zweimal vor dem frisch gekürten deutschen Kaiserpaar, und er gab ein Konzert *gemeinsam* mit dem berühmtesten Klassik-Dirigenten jener Tage, Hans von Bülow. Es war eine ungeheure Sensation

– so als hätte, in unserer Generation, Herbert von Karajan zusammen mit den Beatles musiziert ...
Im Oktober waren Jean und Jetty wieder daheim, und Strauß begann an seiner nächsten Operette zu arbeiten, »Der Karneval in Rom«. Sie erlebte am 1. März 1873 eine glanzvolle Premiere, wurde begeistert aufgenommen, aber ein Dauererfolg war auch ihr nicht beschieden. Während »Der Karneval in Rom« fast ganz vergessen ist, wurde das nächste Werk, »Die Fledermaus«, am 5. April 1874, dem Ostersonntag, uraufgeführt, zur Inkarnation des Begriffes »Operette«. In einem Schaffensrausch von nur zweiundvierzig Tagen niedergeschrieben, war »Die Fledermaus« zunächst lediglich eine unter den vom Publikum schon fast gewohnheitsmäßig akklamierten Strauß-Operetten, und es gab auch Stimmen herber Kritik.
Das konservative »Fremdenblatt« regte sich vor allem über den Inhalt auf: »Ein starkes Stück Frivolität muß man freilich mit in Kauf nehmen; wenn zum Beispiel ein fremder Mann in Gegenwart der von ihm verehrten Frau den Rock auszieht ... oder wenn ein ordentlicher Gentleman auf dem Maskenballe dicht an den Busen seiner Dulcinea geschmiegt, mit der Uhr Herzschläge abzählt, so finden wir das mehr gemein als pikant.«
Auch die »Neue Freie Presse« hatte am Textbuch zu mäkeln und nannte es »ein verwachsenes Kind«. Die Musik wurde gleichfalls nicht in den Himmel gehoben: »Der zweite Akt enthält einige Trivialitäten, z. B. die Couplets des russischen Prinzen und das Champagnerlied, welches durchaus nichts Moussierendes und Prickelndes hat, sondern höchstens eine Verherrlichung von Kleinoschegg bildet.« (Kleinoschegg war damals eine bekannte Sektmarke.)
Strauß war als Operettenkomponist keineswegs unumstritten. Der bereits erwähnte Anonymus, der behauptet, ein enger Jugendfreund Johann Strauß' gewesen zu sein, schreibt in »Alt-Wien, Monatsschrift für Wiener Art und Sprache«: »Wir schätzen an Johann Strauß II vor allem den Classiker der Tanzmusik, nicht aber der Operette, auf welchem Gebiete er es doch niemals zu einem so großen Erfolg gebracht hatte wie Lecoque ... und Blanquette [zwei seinerzeit häufig gespielte französische Komponisten] ... von dem genialen französisierten Kölner Juden Jacques Offenbach garnicht zu sprechen.«
Der Musikschriftsteller Marsop kanzelte die Operette von Johann

Strauß summarisch ab: »Alles in ihr ist Fabrikswaare ... Strauß und sein Bestes bleiben Fremdlinge auf der Scene. Er, der feinsinnigste und liebenswürdigste aller Tanzkomponisten, hat nicht drei Tropfen Theaterblut in sich ...«

Jetty, die ihren Mann immer wieder zur Operette gedrängt hat, muß sich durch solch negative Kritiken ins Mark getroffen gefühlt haben. So wird der fast unterwürfige Brief verständlich, den sie drei Tage nach der »Fledermaus«-Premiere einem heute nicht mehr identifizierbaren Kritiker geschrieben hat: »Sie haben besonders mir die größte Freude durch die Besprechung gemacht, da ich weiß, wie ein solch [positives] Urteil meinen lieben Mann anspornt. Johann war schon durch die widerstreitenden Urteile gesonnen, sein Talent dem Ausland zu widmen. [Tatsächlich haben Jetty und Jean mehrfach erwogen, sich in Paris niederzulassen.] ... Sie haben Mut und neue Lust zum Schaffen geweckt. Lassen Sie mir Ihre Hand herzlich drücken und nehmen Sie diese kleine Handarbeit freundlich auf zur Erinnerung an Ostersonntag. Sobald sich Johann von seiner Grippe erholt hat, will er sich das Vergnügen machen, Sie zu besuchen. Hochachtungsvoll Ihre ergebene Jetty Strauß geb. von Treffz.«

Johann Strauß hatte die Grippe und seine Frau wieder einmal einen ihrer berüchtigten »Gichtanfälle«, so daß sie sich nur mit Mühe und unter Aufbietung aller Kräfte zur Uraufführung der »Fledermaus« schleppen konnte. (Die »Gicht«, von der auf den nächsten Seiten häufig die Rede sein wird, war damals ein vager Sammelbegriff für jegliche schmerzhafte Beschwerden der Muskeln und Gelenke. Aus Jettys Briefen, in denen sie die Symptome ausführlich schildert, schließen Medizinhistoriker auf Polyarthritis.)

Kaum genesen, machten sich die beiden am 1. Mai auf eine lange, strapaziöse, aber finanziell ergiebige und künstlerisch beglückende Italientournee, die sie durch die wichtigsten Städte bis nach Neapel führte. Den Gipfel bildete zweifelsohne ein umjubeltes Galakonzert in der Mailänder Scala.

Nachdem Jetty und Jean, erschöpft und ausgelaugt, im untersteirischen Römerbad eine mehrwöchige Kur gemacht und neue Kräfte geschöpft hatten, kehrten sie nach Wien zurück. Von der Außenwelt durch Jetty abgeschirmt, begann Strauß an der heute auch halbvergessenen Operette »Cagliostro in Wien« zu arbeiten.

Nur die nächsten Verwandten und engsten Freunde wurden gelegentlich ins Haus gebeten, unter ihnen, seit neuestem, Jettys Tochter Louise, verehelichte Dreyhausen. Jetty hatte all die Jahre seit der Trennung von Moritz Todesco praktisch keinen Kontakt mit ihren in seinem Hause erzogenen Kindern gehabt. Nachdem Todesco 1873 gestorben war, wurden die Beziehungen zwischen der Mutter und ihren längst erwachsenen Söhnen und Töchtern wieder aufgenommen. Besonders das Verhältnis zu Louise gestaltete sich aufs innigste. 1874 konnte noch niemand ahnen, welch aufregende Komplikationen sich in nicht allzuferner Zukunft einstellen und das Ehepaar Strauß zur Verzweiflung treiben würden.

Der Schriftsteller Paul Lindau hat uns ein bezauberndes Genrebild des Straußschen Familienlebens hinterlassen, als er einen Abend in der Hietzinger Villa schilderte, bei dem Johann Strauß Melodien aus seinem neuesten Opus zum besten gab:

»Brahms, Baron Mundy, Walzl und ich standen am Flügel, Frau Strauß mit ihrer Tochter hatten in weitester Entfernung auf einem Diwan in der Ecke Platz genommen und stickten oder strickten, während Strauß spielte. Bei der zweiten oder dritten Nummer unterbrach er plötzlich mit dem Ausdruck des entschiedensten Unwillens sein Spiel. Er sagte, er sei ganz konfus geworden und wisse nicht mehr, was er gespielt habe. Die Stieftochter, Frau von Dreyhausen, erhob sich, nahm das Manuskript der Partitur vom Notenständer und sagte: ›Du bist unmusikalisch; daß man sowas vergessen kann!‹ Und nun fing Strauß noch einmal an, und die junge Frau setzte ein und sang mit ganz allerliebster frischer Stimme, dann alle Stimmen, und, wenn es sein mußte, auch Chor und vielstimmige Ensembles. Inzwischen war sie, ohne ihren Gesang zu unterbrechen, in ihre Ecke zurückgekehrt und hatte ihre Stickerei wieder aufgenommen...«, heißt es wörtlich in dem Bericht von Paul Lindau.

Kurz vor dem Abschied drängte Strauß Johannes Brahms ans Klavier und bat ihn, nun seinerseits etwas zu spielen. Brahms griff mächtig in die Tasten, und es hörte sich, laut Lindau, wie »anständige« Musik an, die allerdings bald »ihren Sonntagsstaat abwarf und in den Donauwalzer hinüberglitt. Dem beglückten Tondichter liefen die Tränen aus den Augen, und als sich Brahms erhob, offenbar selbst erfreut über seinen so gut gelungenen und so guten musikalischen Spaß, umarmte ihn Strauß zärtlich und drückte ihm einen herzhaften Kuß auf die Wangen.«

Jetty, durch ihr fortschreitendes Leiden oft ans Haus gebunden, behielt die geschäftlichen Agenden des »Unternehmens Strauß« dennoch fest im Griff. Die Auspizien waren in Wien nicht günstig, denn die Stadt litt noch immer unter den Folgen des Börsenkrachs von 1873. Die Geschäfte gingen schlecht, die Theater waren halb leer. Das Straußsche Stammhaus, das Theater an der Wien, taumelte am Rande des Ruins dahin, und selbst die Hofoper steckte in einer schweren finanziellen Krise.

Jetty ließ all ihre Verbindungen spielen, um für ihren Mann im prosperierenden Paris neue Verträge auszuhandeln, und so kam es 1875 zur französischen Erstaufführung von »Indigo« in einer überarbeiteten Fassung, darein gewebt der Donauwalzer, denn »Danube d'azur« war in Paris bei weitem populärer als in Wien.

Am 15. März brach das Ehepaar nach Paris auf, aber Jetty fühlte sich so miserabel, daß sie zuvor noch ein neues Testament verfaßte. Sie fürchtete, nicht mehr lebend in die Heimat zurückzukehren. Doch Jetty, mit der Durchhaltekraft eines alten Zirkuspferdes ausgestattet, brachte auch diesmal Paris hinter sich.

Vor der Premiere von »Indigo« war Strauß so »nerveuse«, daß er es ablehnte, selbst zu dirigieren. Er hockte, bebend und bleich, irgendwo hinter den Kulissen, wo er nichts sah und nichts hörte. Jetty, in einer Loge placiert, lief, so rasch sie ihre armen Beine trugen, nach jeder Nummer zu ihm. Sie teile ihrem »Buben« mit, daß ohnehin alles glatt lief und das Publikum – mit dabei die Spitzen der Pariser Gesellschaft – vor Begeisterung außer Rand und Band sei. Zum donnernden Schlußapplaus wagte sich Strauß endlich vor den Vorhang – und nun hielt sich Jetty im Hintergrund.

Die Presse überschlug sich in begeisterten Kritiken, wobei der »Figaro« nicht zu erwähnen vergaß: »Seine (Johann Strauß') Frau scheint nur für ihn und durch ihn zu leben.«

Die Operette wurde drei Wochen lang en suite gegeben, Karten waren praktisch nur in der Agiotage zu haben, und wenn sie nicht im Theater waren, jagten Jetty und Jean von einer Einladung zur anderen.

Zu Tode erschöpft, machte das Paar, anschließend an Paris, eine mehrwöchige Badekur, um dann sofort nach Berlin zu eilen, wo

Strauß die 200. Aufführung der »Fledermaus« zu dirigieren hatte. Die kluge Jetty bedachte alles: Ehe sie den Berliner Auftritt vertraglich fixierte, fragte sie in Paris an, ob es die Franzosen nicht verübeln würden, wenn Strauß im Machtzentrum des Erzfeindes Preußen, und noch dazu vor dem deutschen Kaiserpaar, auftrete. Die Antwort war beruhigend; ein weiterer Lorbeerkranz für den Meister war fällig.

Wieder in Wien, erkrankte Strauß, und auch Jetty fühlte sich nicht mehr wohl in »diesem fatalen Nest Hietzing«, ein Dorf, weit entfernt von der Stadt. Das ständige Hin- und Herfahren in der Kutsche wurde zunehmend mühselig, zeitraubend war es ohnehin immer gewesen. Die beiden beschlossen (oder beschloß es Jetty?), ein Haus in der Stadt zu erbauen.

Auf der Wieden, nahe dem Stadtzentrum, nahe dem Theater an der Wien, wurde eben Brachland für den Wohnungsbau erschlossen, eine neue Straße, die Igelstraße, angelegt. Dort erwarb das Ehepaar drei Parzellen. Auf der einen sollte ein Zinshaus entstehen, die beiden anderen wurden für ein kleines Palais samt großem Garten bestimmt. Natürlich hatte der Maestro nicht den Kopf, sich um so banale Dinge wie den Bau und die Einrichtung eines Hauses anzunehmen. Es war, wie üblich, Jetty, die alles plante und die auch die Finanzierung bewerkstelligte: eine Belastung, die den beiden noch mehr Arbeit, noch mehr Hetzerei (heute würde man sagen: Streß) aufhalste.

Strauß gab im Frühjahr 1876 Konzerte in Berlin, zwischendrein rasten er und Jetty nach Paris, um die weitere Zusammenarbeit mit dem Renaissancetheater zu besprechen, und sofort kehrten sie nach Berlin zurück. Ein paar Konzerte in Leipzig – und dann war schon wieder eine Kur in Baden bei Wien überfällig. Jetty war ». . . seit vier Wochen ein armer Krüppel, geschwollene Hände, Füße, Genick. Die Gicht hat nicht einmal vor den Preußen Respekt . . .« Die Krankheit begann an der fröhlichen Schlemmerin und standfesten Biertrinkerin zu zehren: »Ich sehe aus wie ein Gespenst und bin mager wie ein Hund . . .«

Dennoch: Kaum ließen die Schmerzen nach, kam wieder ihre gute Laune zum Vorschein. In einem Brief an den Librettisten und Übersetzer Carl Treumann, bei dem sie eine Textänderung bestellt hatte, heißt es zum Schluß: »Jean umarmt Sie und bußt dem Fraul die Hand und meine Wenigkeit empfiehlt sich Ihren Gnaden . . . Ich hab

die Gicht in der Hand und bin kaum im Stande die Feder zu führen . . .«
Sie führte die Feder dennoch unverdrossen weiter für ihren Jean. Er arbeitete am »Prinz Methusalem«, sie besorgte den Haushalt, die umfangreiche Korrespondenz, kontaktierte Verleger, Manager, und sogar dem besten Freund, dem Dirigenten Johann Herbeck, schrieb nicht Strauß zum Geburtstag, sondern Jetty: »Nachdem ich ein armer Gichtkrüppel bin und seit längerer Zeit Bett und Zimmer hüten muß – der arme Jean hingegen wie ein abgehetzter Hase von Morgens bis Abends spät Methusalem robotete . . .«
Am 2. Januar 1877 wurde besagter »Prinz Methusalem« im Carltheater uraufgeführt, und es war der gleiche Jammer wie immer: Gute Musik, schlechter Text – aber immerhin achtzig Vorstellungen.
Nur sechs Tage später waren Jetty und Jean, nach mehr als dreißigstündiger Bahnfahrt, schon wieder in Paris – Jetty in erbarmungswürdiger körperlicher Verfassung. Tochter Louise schreibt nach Paris: »Ich fürchte, Deine ersten Nachrichten werden von Unwohlsein erzählen. In einem solchen Zustand zu reisen, das ist das größte Opfer, das Du Jean bringen konntest . . .«
Strauß spielte beim ersten Pariser Opernball auf, dem drei weitere noch in derselben Saison folgen sollten, und er dirigierte im Renaissancetheater die Wiederaufnahme von »Indigo«.
»Der Onkel hat einen großartigen Succès«, schreibt Jetty an Lina, die Tochter des verstorbenen Joseph Strauß. »Am 23ten ist der Onkel beim Präsidenten der Republik* . . . zum großen Ball eingeladen und Tante Jetty ebenfalls, die gerne zu Hause bliebe, aber nicht darf, da es eine große Ehre ist, die man nicht zurückweisen darf. Daher ein Ballkleid und sich wie ein Palmesel aufputzen, um dem gefeierten Onkel Jean keine Schande zu machen. Heute haben wir wieder ein Diner, dann sind wir in die große Oper geladen – die um 9 Uhr beginnt! Der Teuxel hole diese Nachtvögel . . .« – »Wir leben in einem fortwährenden trouble von Einladungen aller Art wovon jene zu diners sehr ge-

* Präsident der Republik war pikanterweise Marie Edmé Patrice Maurice Mac Mahon, der als Marschall von Frankreich den Österreichern 1859 in Italien eine vernichtende Niederlage bereitet und dafür den Titel eines »Herzogs von Magenta« erobert hatte.

niren, da sich mein Magen dabei nicht wohl befindet.« Dies ist kein Wunder, denn alle vierzehn Tage trafen Stöße von Rechnungen des Wiener Baumeisters ein. Trotz bereits aufgenommener Hypotheken begann das Geld knapp zu werden.
Die finanziellen Sorgen legten sich auch Strauß schwer aufs Gemüt. Jetty hatte Angst, er könnte jeden Augenblick wieder zusammenbrechen und seinen zahllosen Verpflichtungen nicht mehr nachkommen. Wer würde, wer könnte für ihn einspringen? Wer? Der nächstliegende Gedanke war, sich an den (kerngesunden) Bruder Eduard zu wenden. Leider aber hatten sich die Brüder anläßlich der Wiener Weltausstellung des Jahres 1873 (wieder einmal) verzankt, also mußte Jetty, ob sie wollte oder nicht, eine Aussöhnung herbeiführen. »Les affaires avant les sentiments!« (Geschäft geht vor Gefühl), bemerkte sie lakonisch und rückte den schiefhängenden Familiensegen zurecht.
Von Paris nach Baden-Baden, von Baden-Baden nach Berlin, wo Strauß zwar die vereinbarten Konzerte dirigierte; ein Fest zu Ehren des Kaiserpaares und ein fix vereinbarter Nobelball kamen jedoch nicht zustande. Anscheinend hat Strauß seine Frau für den (finanziellen) Ausfall verantwortlich gemacht. Darauf muß sich der am Anfang dieses Kapitels zitierte Brief von Louise von Dreyhausen an ihre Mutter beziehen: »... daß Jean auf dem von Dir geschaffenen Triumphzug vergißt, daß er doch eigentlich Dein Geschöpf ist, ohne Dich immer eine Art Eduard mit Talent ...«
Louise war offensichtlich kein so aufopfernd dienendes Weib wie ihre Mutter. In ihr pulsierte bereits das rebellische Blut der frühen Feministinnen, wie im selben Brief nachzulesen: »Ich habe geradezu entsetzt die Zumuthungen gehört, die mein Gatte und Fritz [ihr Schwager] den Frauen stellen. Die [Frauen] müssen das Unmöglichste, Unmenschlichste ertragen ... sonst ist sie gar kein Weib ... Sie darf sich nicht beklagen über ihr oft hartes, grausames Los, noch weniger es ändern ...« In einem späteren Brief schreibt sie: »Was der Mann noch alles von mir will, das weiß ich nicht, ich aber nur so viel, daß mir um meine jungen übrigen Jahre bitter leid ist, sie so freudlos zuzubringen.«
Wieder nach Wien zurückgekehrt, war Jetty so kraftlos, daß sie nicht mehr imstande war, Entscheidungen für den Weiterbau der Häuser in der Igelgasse zu treffen. Die Arbeiten mußten vorübergehend einge-

stellt werden. Sie war halb von Sinnen von schrecklichen Magen- und Darmkoliken, die mit Sicherheit durch schwere seelische Belastungen hervorgerufen wurden.
Die Krise in Louises Ehe strebte unaufhaltsam dem Höhepunkt zu. Louise war fast täglich bei der Mutter in Hietzing, um sich an deren Brust auszuweinen. Zu wiederholten Malen erschien auch Gustav von Dreyhausen in der Hetzendorfer Straße, und es kam zu heftigen Familienszenen, angereichert durch Schreiduelle zwischen dem jungen Ehepaar und wüsten Beschimpfungen Jettys und Jeans durch Dreyhausen. »Mein braver Mann«, schreibt Jetty, »ließ die unglaublichsten Gemeinheiten und Infamien hingehen, da er Skandal vermeiden wollte.«
Der Skandal war indes unvermeidlich: Am 15. September 1877 endete die Ehe von Louise und Gustav vor dem Scheidungsrichter. Ruhe trat dennoch nicht ein. Die Turbulenzen sollten sich bis weit über Jettys Tod hinausziehen.
Im Oktober war Jetty mit Mühe wieder reisefähig. Jean hob in Paris »La Tzigane«, eine französisierte »Fledermaus« aus der Taufe. »An diesem Abend hat die Wiener Operette über die Pariser Operette einen eindeutigen Sieg errungen«, vermeldeten die Wiener Zeitungen mit patriotischem Stolz. Keine erinnerte sich daran, daß Strauß' Talent für die Bühne mehr als einmal in Zweifel gezogen worden war. Der neuerliche Triumph gab auch Jetty Auftrieb. Sie widmete sich mit aller Kraft einer Reihe neuer Projekte, bearbeitete täglich in hurtigem, wenn auch nicht ganz fehlerfreiem Französisch einen Stoß von Briefen (»Fanpost« würde man heute dazu sagen), fand, daß der Tag um zwölf Stunden zu kurz sei, aber: ». . . wenn ich an Louiserl denke, dann zieht's mich nach Hause.«
Das arme Louiserl scheint von der Heimkehr der Mutter keineswegs so begeistert gewesen zu sein, wie dies Jetty erwartet haben mag, denn die Tochter benahm sich den Eltern gegenüber befremdlich. Sie war übellaunig, kurz angebunden, gab schnippische Antworten auf teilnahmsvolle Fragen, und sie interessierte sich überhaupt nicht mehr für Jettys angegriffene Gesundheit. Mit einem Wort: sie war unausstehlich und Jetty zutiefst gekränkt.
Der Grund für Louises offenbar schlechtes Gewissen kam ans Tageslicht, als das Ehepaar Strauß die Tochter besuchte. Louise ließ die El-

tern eine Viertelstunde vor der Türe warten, sie war am hellichten Nachmittag im Negligée und nicht frisiert, an der Garderobe hing ein Uniformmantel . . .

Was in der »Fledermaus« als pikante Unterhaltung mit Lachen und Klatschen quittiert wird (fremder Herr im Boudoir einer verheirateten Frau), empörte die längst sehr bürgerlich gewordene Jetty – obwohl Louise gar nicht mehr verheiratet war! – und sie schrieb ihr einen zugleich traurigen wie zornigen Brief, der mit folgenden Worten endete: »Doch nicht Deine Lieblosigkeit allein bildet den Grund zu meines Mannes Wunsch – daß unser Verkehr sistiert werde – sondern Deine Wahl Deiner jetzigen Lebensweise – für welche er nicht will, daß wir verantwortlich gemacht werden! In der Überzeugung, daß Dir diese Zeilen nur erwünscht kommen werden . . . Deine Mutter.«

Damit war die Affäre noch immer nicht ausgestanden. Dreyhausen konnte es nicht lassen, auf seinen Schwiegereltern herumzuhacken, weil er sie allein für das Scheitern seiner Ehe verantwortlich machte. Louise aber trennte sich nun erst recht nicht von ihrem Liebhaber (den sie später heiraten sollte). Rittmeister Emil Chalupetzky schlug sich auf die Seite seiner Schwester und machte der Mutter Vorwürfe wegen ihrer angeblichen Hartherzigkeit; ein anderer Sohn, der Gutsverwalter Alois Chalupetzky, verlangte von seiner Mutter – ohne nähere Begründung, aber ultimativ – Geld, das sie ihm auch schickte – durch ihren Anwalt.

Ein weiterer »mißrathener Sohn«, dessen Identität nicht geklärt ist, soll, laut einer später gemachten Bemerkung von Eduard Strauß, Jetty einen Brief geschrieben haben, über den sie sich dermaßen aufregte, daß sie vom Schlag getroffen niedersank. In kürzester Zeit waren zwei Ärzte zur Stelle – vergeblich. Sie starb, binnen weniger Stunden, gegen Mitternacht des 10. April 1878. Henriette Strauß, geborene Chalupetzky, verschied drei Monate vor ihrem 60. Geburtstag. Auf der Todesanzeige figurierte sie als geborene »von Treffz«, vierundfünfzig Jahre alt.

Nicht der Witwer, sondern Eduard Strauß hat diese Lügen drucken lassen, so wie er das Begräbnis auf dem Hietzinger Friedhof ausrichtete, bei dem sich Johann Strauß nicht blicken ließ. Er war nach Jettys Tod Hals über Kopf aus dem Haus geflohen und hatte sich im Hotel »Victoria« auf der Wieden eingemietet, einem eher bescheidenen

Haus, vorwiegend Künstler stiegen dort ab. So auch eine schöne, blonde Gesangselevin namens Lili Dittrich aus Breslau.
Die smarte junge Dame erkundigte sich zehn Tage nach Jettys Ableben bei der deutschen Botschaft nach den Modalitäten einer Heirat mit einem österreichischen Staatsbürger. Vier Wochen später war sie Frau Strauß. Die Gerüchte wollten nicht verstummen, daß Strauß dem Mädchen schon vor dem Tod seiner Frau nahegestanden wäre. Der arbeitsame Stubenhocker war damals ungewöhnlich oft außer Haus gewesen, niemand wußte wo.
Strauß durchraste mit der um fünfundzwanzig Jahre jüngeren Frau einen neuen Liebessturm, und ganz Wien nickte schmunzelnd Beifall. Recht hat er! Der arme Teufel war ja an eine alte, hinfällige Frau gefesselt gewesen ...
Nicht Strauß, sondern seine Anwälte kümmerten sich um einen Rattenschwanz von Prozessen, Darstellungen und Gegendarstellungen im Gefolge von Jettys Hinscheiden. Gustav von Dreyhausen lehnte namens seiner drei unmündigen Kinder die ihnen von Jetty zugedachte Erbschaft ab, um »... das Andenken an die Henriette Strauß bei den Kindern zu verhindern. Es war dies eine notorisch ... schlechte Mutter, die speziell im Verein mit ihrem würdigen Herrn Gemahl, Johann Strauß, meinen Kindern in der Weise verhängnisvoll wurde, daß ich genöthigt war, mich ... von meiner Frau gerichtlich trennen zu lassen.« Strauß drohte daraufhin Dreyhausen eine strafrechtliche Verfolgung wegen Rufmordes an.
Inzwischen meldeten sich Jettys übrige Kinder und forderten ihren Pflichtteil, untermauert durch ehrenrührige Vorwürfe gegen Strauß. Es ging in der Hauptsache um Jettys legendären Pretiosenschatz, der nicht weniger als 106 Stück umfaßte. Die ganze schmutzige Affäre fand erst 1880 ein Ende, nachdem das Gericht die Erbschaft neu geregelt und alle Streitparteien einigermaßen zufriedengestellt hatte.
Zu diesem Zeitpunkt war die Villa in Hietzing längst verkauft, Strauß und seine Lili wohnten in dem von Jetty so liebevoll geplanten Heim in der Igelgasse.
Er war wieder emsig am Komponieren, doch sein nächstes Werk, »Blinde Kuh«, fiel spektakulär durch. Der Applaus war matt, die Kritik vernichtend. Die »Morgenpost« konnte es sich nicht verkneifen zu spotten: »Strauß fehlt es diesmal an Treffz-Sicherheit.«

Die Ehe mit Lili war nicht mehr als ein Intermezzo: Er brauchte eine Frau, die ausschließlich für ihn lebte und atmete, Lili wollte Karriere machen um jeden Preis und lachte sich den Sohn von Straußens Theaterdirektor an. Strauß »trug seine Hörner mit Demuth«, schrieb ein Freund. Es nützte nichts. Lili verließ den »goldenen Käfig« vier Jahre nach der Hochzeit, die Ehe wurde geschieden. Eine Wiederverheiratung war für Strauß nach geltendem Recht nicht möglich.

Dennoch stand bereits die nächste Dame in Warteposition: Adele, verwitwete Schwiegertochter des Straußschen Hausbankiers, der zugleich ein alter Freund der Familie war, arrangierte unmittelbar nach Lilis Abgang ein Wiedersehen mit Johann, den sie schon lange kannte. Sie machte sich sofort unentbehrlich. So unentbehrlich, daß aus den beiden binnen kürzester Zeit ein Paar wurde. Adele war wieder das rechte »Mutterherz«, das er so dringend brauchte, und er wollte sie unbedingt heiraten. So nahm er die Mühsal und den Skandal auf sich, Religion und Staatsbürgerschaft zu wechseln (er wurde Sachse und Protestant), um Adele zu seiner legitimen Ehefrau zu machen. Auch sie trat aus der jüdischen Religionsgemeinschaft aus und konvertierte zum evangelischen Glauben.

Sie war dreiunddreißig Jahre jünger als er, und sie übernahm reibungslos die für sie vorgesehene Rolle des treusorgenden Hausmütterchens, das sich bescheiden mit dem Platz an seiner Seite begnügte und Wünsche erfüllte, ehe sie überhaupt ausgesprochen waren. Managerqualitäten, wie Jetty sie besessen hatte, waren bei diesem glänzend etablierten Künstler nicht mehr vonnöten. Soweit bekannt, hat sie lediglich an seiner Karriere mitgewirkt, indem sie ihn mit dem Mann zusammenbrachte, der die Originalgeschichte des »Zigeunerbarons« geschrieben hatte.

Ihr Bildnis strahlte und strahlt makellos bei ihren Zeitgenossen wie bei sämtlichen Strauß-Biographen, denn sie hatte keine ominöse Vergangenheit und kein chaotisches Familienleben wie Jetty. Sie war eine ehrbare Witwe mit einer braven Tochter: ein Ausbund beispielhafter Weiblichkeit.

Nach dem Tode ihres Mannes (1899) ging sie vollends in seinem Andenken und der Pflege seines Erbes auf – des beachtlichen finanziellen und des immensen musikalischen. Sie war energisch und durchschlagkräftig und setzte es durch, daß die Tantiemenfrist von Komponisten nach deren Tod verlängert wurde. Auch erwarb sie Anteile am Theater an der Wien und wurde so zur Nutznießerin nicht nur der »goldenen«, sondern auch der »silbernen« Operettenära. Sie legte den Namen Adele Strauß ab und nannte sich nur noch »Frau Johann Strauß«. Marcel Prawy, der sie noch als Kind gekannt hat, schildert sie als das Urbild der schrecklichen Operettenwitwe. Sie starb 1930.

Im Hunger- und Kältejahr 1919, unmittelbar nach dem Ersten Weltkrieg, ist Lina Strauß, das einzige Kind von Joseph Strauß, an Unterernährung zugrunde gegangen.

Die Zauberfee

Pauline Metternich 1836–1921

»Man darf sich nicht fürchten. Man darf sich unter keinen Umständen fürchten«, sagte der Mann zu dem kleinen Mädchen und schob es an diesem naßkalten Märztag des Jahres 1848 durch wogende, tobende Menschenmassen. Pausenlos wurde: »Nieder Metternich«, »Hinaus mit Metternich« gebrüllt, und das Kind geriet an den Rand einer Panik.

Als Vater und Tochter sich bis zur Michaelerkirche durchgedrängt hatten, schrie ein Mann: »Es lebe die Republik!« Im selben Augenblick fuhr ihm eine Faust ins Gesicht. Der Mann brach, heftig aus der Nase blutend, vor dem Kirchenportal zusammen. Die Umstehenden machten Anstalten, den Angreifer zu lynchen – so, wie sie sechs Monate später den Kriegsminister Graf Theodor Baillet von Latour lynchen und an einer Laterne aufknüpfen sollten –, aber zum Glück wurde er erkannt. »Das ist doch der Sandor!« kreischte eine Frau. Augenblicklich schlug die Stimmung um: »Hoch Sandor! Bravo Sandor!« jubelte die Menge.

Die Revolution vom März 1848 forderte nur relativ bescheidene Bürgerfreiheiten und dennoch den Rücktritt des »Kerkermeisters von Österreich«, Clemens Lothar Wenzel Fürst von Metternich. Die Zeit der Republik war noch nicht gekommen.

Es bildete sich eine schmale Gasse, so daß Graf Sandor und seine zwölfjährige Tochter Pauline unbehelligt weitergehen konnten. Das Mädchen zerbrach sich den Kopf, was all die Leute wohl gegen ihren wunderbaren Großvater, Clemens Metternich, haben mochten und warum der Papa ausgerechnet hier mit ihr spazierengehen mußte. Zu fragen wagte sie nicht.

Die Metternichs, ein altes Grafengeschlecht, stammten aus dem Rheinland, wo sie links und rechts des Stromes begütert waren. Die Familie floh nach Wien, als Napoleon I. das Rheinland okkupierte, und führte zunächst ein Schattendasein am Rand des alteingesessenen Adelskreises. Glücklicherweise war die Gräfin Metternich, zum Unterschied von ihrem unbedeutenden und trägen Mann, gescheit, witzig und einfallsreich. Sie verschaffte ihrem ältesten, knapp zwanzigjährigen Sohn Clemens Zugang zu den wichtigsten Salons und arrangierte seine Heirat mit Eleonore Kaunitz, der Enkelin von Maria Theresias legendärem Staatskanzler. Eleonore besaß keinerlei äußere Reize, aber einen großen Namen, hervorragende gesellschaftliche Verbindungen und ein bedeutendes Vermögen sowie die Fähigkeit, das Schicksal einer kaum beachteten Frau neben einem attraktiven »homme à femmes« würdevoll zu ertragen. Sie gebar fünf Kinder, von denen vier an Tuberkulose starben. Auch sie wurde von der gefürchteten »Wiener Krankheit« vor der Zeit dahingerafft.
Der »schöne Clemens« – mit seinem lockigen Blondhaar, dem zarten Teint, den vergißmeinnichtblauen Augen hatte er das Aussehen eines Cherubin – vertändelte die ersten Ehejahre und sorgte dafür, daß das viele Geld seiner Frau unter die Leute kam, ehe er, neunundzwanzigjährig, Gesandter am Hof zu Dresden, dann in Berlin wurde. In beiden Städten hinterließ er etliche gebrochene Herzen, als er den Posten eines Gesandten in Paris antrat. Der junge Kavalier aus großem Haus war ein gerngesehener Gast am Hof Napoleons I.; er führte, blindlings kopiert, einer buntgemischten Gesellschaft von Parvenues allerfeinste Lebensart vor.
In Paris scheint Metternich den stimulierenden Nervenkitzel großer Politik kennen- und schätzengelernt zu haben: Napoleon trieb ihm die eigene Schwester, Caroline Murat, ins Bett, die dem Österreicher Staatsgeheimnisse entlocken sollte. Dies war das erste diplomatische Waterloo Napoleons, denn nicht Caroline ergatterte Informationen, sondern Metternich konnte mehr nach Wien berichten, als dem französischen Kaiser lieb war. Daß Clemens und Caroline trotz allem eine echte Liebschaft genossen, ergab sich rein zufälllig. Als Caroline, dann schon jeglicher Reize bar, und Königin von Neapel von Napoleons Gnaden, zusammen mit dem Bruder stürzte, fiel sie weich. Metternich verhalf ihr zu einem komfortablen Alterssitz in Österreich . . .

Von seiner Rückkehr nach Wien an wurde er zum wichtigsten und einflußreichsten Politiker Österreichs, zum Staatskanzler mit dem Adjektiv »allmächtig«. Er schuf auf dem Wiener Kongreß für die alten Monarchengeschlechter eine fast sechzig Jahre stabile Neuordnung Europas, die er mit allen ihm zu Gebote stehenden Mitteln aufrechterhielt.

Die »Metternich-Ära« gilt als ein düsteres Kapitel österreichischer Geschichte, in der Unfreiheit, Zensur und Spitzelunwesen bizarre Blüten trieben. Metternichs glänzender Biograph, Raoul Auernheimer, hat vor mehr als fünfzig Jahren erkannt, daß, gemessen an den Terrorregimen unseres Jahrhunderts, der Fürst »ein Tyrann mit Samthandschuhen« gewesen ist.

Daß Metternich noch immer so schlechte historische Zensuren erhält, beruht auf mehreren Faktoren: Er war über alle Maßen gutaussehend; er war intelligenter, gebildeter, charmanter als die meisten seiner Zeitgenossen; er war Liebkind beim Kaiser, aber »eigentlich« doch nur ein gefürsteter kleiner Graf, noch dazu aus dem Ausland! Die schönsten und geistreichsten Frauen des Kontinents waren seine Geliebten. Er war unermeßlich reich und sehr von seinen Qualitäten überzeugt. »Ich habe niemals unrecht gehabt«, sagte er als alter Herr. All diese Eigenschaften zusammen riefen unausrottbaren Neid und Mißgunst auf den Plan.

Auch konnten weiteste Kreise der perfiden Eleganz seiner Außenpolitik keinen Geschmack abgewinnen – Marie Louise, die Tochter des eigenen Kaisers, mit dem Erzfeind und Gottseibeiuns Napoleon I. zu verheiraten!

Viele deutsche Geschichtsprofessoren grollen ihm noch heute, daß er jegliche nationalen Bestrebungen verabscheute und nach Kräften zu verhindern versuchte – als Weltbürger, als Chef der Politik in einem Land, das aus vielerlei Nationalitäten zusammengesetzt war. »Deutschnationale Gefühle waren dem nüchternen Diplomaten fremd . . . er verschaffte Österreich einen im Vergleich zu seinen Leistungen übermäßigen Einfluß«, ärgerte sich Meyers Konversationslexikon 1897 – und ärgern sich deutschnationale Kreise noch heute.

Alte Jungfern beiderlei Geschlechts konnten ihm nicht verzeihen, daß er stets das Angenehme mit dem Nützlichen verknüpfte: Beim Wiener Kongreß war er es, der die politischen Puppen tanzen ließ, und als

»Monsieur Papillon« (Herr Schmetterling) schwebte er von Fest zu Fest, um so manchen Püppchens Blick in seinen unergründlichen blauen Augen versinken zu lassen.
Trotz allem: Er war von Herzen unglücklich, als ihm vier Kinder der Reihe nach wegstarben, und schier untröstlich, nachdem ihn Eleonore für immer verlassen hatte. Zwei volle Jahre brauchte er, bis er sich vom Witwerstand verabschiedete, um eine neue Ehe einzugehen. Er freite eine dreiunddreißig Jahre jüngere Schönheit aus dem niedrigen Beamtenadel, und ihre Mutter war, viele konnten es nicht fassen, eine italienische Opernsängerin! Der Kaiser machte die liebreizende Antoinette hastig zur Gräfin, bevor sie mit dem Fürsten den Bund fürs Leben schloß – ein betrüblich kurzes: Sie starb nach nur zwei Jahren, bei der Geburt ihres ersten Kindes, dem man den Namen Richard gab.
Metternichs Tochter Leontine, die einzig Überlebende seiner fünf Kinder mit Eleonore Kaunitz, war damals gerade achtzehn Jahre alt; sie bemühte sich rührend um das arme Wurm, nicht im entferntesten ahnend, daß sie nicht nur den Stiefbruder, sondern auch ihren zukünftigen Schwiegersohn in den Armen wiegte.
Clemens Metternich heiratete ein drittes Mal, eine ebenso standesgemäße wie dünkelhafte ungarische Gräfin. Sie nahm ihr eigenes Goldbesteck mit, wenn sie, Gott behüte, bei dem jüdischen Bankier Eskeles speisen mußte. Einem berühmten italienischen Archäologen, der bei ihr zum Tee geladen war, ließ sie auf dem Silbertablett ein Paar weißer Zwirnhandschuhe überreichen, da er, vorschriftswidrig, mit »nackten« Händen erschienen war. Der Gelehrte gab es ihr ordentlich zurück. Umständlich nestelte er ein paar Münzen hervor und legte sie mit Grandezza als Bezahlung auf das Tablett. Die Fürstin war aufs höchste indigniert.
Dies mögen Begebenheiten am Rande sein. Schwerer wog indes, daß Melanie Metternich politisch starken Einfluß auf ihren Mann ausübte und ihn so zum reaktionären Schreckensgespenst für die »Achtundvierziger« werden ließ.
Melanie brachte noch vier Kinder zur Welt, zur Freude ihres zweiunddreißig Jahre älteren Mannes. Was immer man über ihn sagen, tratschen, giften mochte: Er war ein ebenso zärtlicher wie vorbildlicher Vater, stets um das Wohl seiner Söhne und Töchter bemüht. Eigent-

lich, sagte er, habe er den Beruf verfehlt. An ihm sei eine Kinderfrau verlorengegangen.

Vor allem schätzte er seine älteste Tochter, Leontine, ein stilles, sanftes Geschöpf, das die Engelhaftigkeit, die ihr Vater als junger Mann nach außen zu verkörpern schien, verinnerlicht hatte. Ausgerechnet sie verliebte sich in den verrücktesten Grafen der Monarchie, Moritz Sandor de Slavenicza, Besitzer der Güter Bajna, Bia und Both in Ungarn. Als der kleine, ungewöhnlich muskulöse Mann um die Hand Leontines anhielt, erteilte ihm Clemens Metternich eine schneidende Abfuhr: »Ich will keine toten Schwiegersöhne«, herrschte er den Grafen an.

Es mußte ja nicht alles wahr sein, was man sich über diesen Sandor erzählte, aber selbst wenn nur ein Bruchteil stimmte, ritt oder kutschierte der junge Mann alltäglich sehenden Auges ins Verderben; nur immerwährende göttliche Wunder bewahrten ihn vor dem Allerschlimmsten. Bis dann einmal das Mirakel ausblieb . . .

Graf Sandor war der international renommierteste Sportsmann seiner Zeit, ein Reiter und Fahrer, der seinesgleichen nicht hatte. Weil sein Vater ihm, aus welchen Gründen immer, verboten hatte, reiten und fahren zu lernen, war er nach dessen Tod bereits siebzehn Jahre alt, als er zum ersten Mal ein Pferd bestieg. Es war der feurigste und unberechenbarste Hengst aus der Zucht von Bajna. Allen Beschwörungen und Warnungen zum Trotz schwang sich der Jüngling in den Sattel und galoppierte davon. Nach Überspringen mehrerer Hecken und Gräben kehrte er heil zum Gut zurück und stieg gelassen vom zitternden, schweißbedeckten Pferd. Er sagte: »Wer reiten erst lernen muß, wird es nie können. Entweder man kann es, oder man kann es nicht.«

Ein ähnliches Bravourstück vollbrachte er bei seiner ersten Ausfahrt mit einem Vierspänner, den er, ohne je zuvor Zügel in der Hand gehabt zu haben, über Stock und Stein lenkte.

Einer vielkolportierten Anekdote zufolge soll er auf einem Ballfest zu Pferd erschienen sein, nachdem er über die Freitreppe geritten war. Nach einer artigen Verbeugung vor den sprachlosen Gästen setzte er durchs offene Fenster wieder ins Freie. Zum Glück lag der Saal im Parterre. Wie Sandor gebaut war, hätte er den Sprung auch aus dem ersten Stock gewagt, denn er war absolut angstfrei und daher auch tollkühn. Ungezählte Brüche der Arme, der Beine, sämtlicher Rippen

und beider Schlüsselbeinknochen legten Zeugnis davon ab. Er schien von einem Drang zur Selbstvernichtung besessen.
Er ritt über die zugefrorene Donau, er ritt, einer Wette wegen, in weniger als einer Stunde von Wien-Matzleinsdorf nach Baden, er fegte im Höllentempo durch die engen Gassen der Wiener Innenstadt, so daß die Menschen auseinanderstoben und der verrückte Graf manche Strafe wegen Gefährdung fremden Lebens zu zahlen hatte. Dennoch wurde er vom einfachen Mann vergöttert – wie heute eine Skikanone oder ein Tennisstar.
Graf Sandor war kein ungebildeter Mensch. Er beherrschte mehrere Sprachen, er spielte leidlich Klavier, sehr gut Zither und komponierte sogar kleine Stücke für sein Lieblingsinstrument – steirische Ländler! Seine Umgangsformen waren tadellos, er spielte nicht, er trank nicht. Auf den Gütern sah man ihn selten, um so öfter im Wiener Prater, wo am Anfang der Hauptallee täglich mehrere Vehikel und zwei, drei Pferde gesattelt bereitstanden. Regelmäßig sammelte sich eine größere Menschenmenge, um ihn bei seiner Ankunft mit Hallo zu begrüßen und gespannt abzuwarten, ob er sich zuerst für einen Wagen oder ein Pferd entscheiden würde.
Einmal fragte ein Fremder, wer denn der Herr sei, den alle so herzlich begrüßten. Moritz war tief gekränkt: »Sie kennen mich nicht? Ich bin doch der Graf Sandor.« – »Den kenn i net«, sagte der Mann und fügte entschuldigend hinzu: »I kumm aus Krems.« Freundlich lud ihn Sandor zu einer »kleinen Spazierfahrt« ein, setzte den beglückten Herrn aus Krems neben sich auf den Kutschbock eines Viererzuges – und raste mit ihm wie von Furien gehetzt davon. Eine halbe Stunde lang zog er die gewagtesten Achterschleifen um Bäume, und sein Fahrgast kletterte am Ende der Fahrt mehr tot als lebendig aus dem Gefährt. Nun wußte er, wer »der Sandor« war.
»Wenn er hoch auf dem Bock eines Viererzuges, den glänzenden Zylinder mit der schmalen Krempe auf dem kleinen Kopf, Haar und Bart kurz gehalten, das Monokel fest eingekniffen . . . herannahte, da rief alles: ›Der Sandor!‹ und hob und reckte die Hälse . . .« schreibt Friedrich Uhl, langjähriger Chefredakteur der »Wiener Zeitung«.
Den Hals nach ihm ausgereckt hat sich offenbar auch die kreuzbrave Leontine Metternich, ansonsten dem Vater gehorsamst ergeben, doch in Sachen Liebe von unerwarteter Starrköpfigkeit. Ein Jahr lang hielt

Oben links: Moritz Graf Sandor
Oben rechts: Leontine Gräfin Sandor
Unten: Graf Sandor, der tollkühne Reiter

Clemens Metternich den bohrenden Bitten seiner Tochter stand – dann gab er seinen Segen. Leontine Metternich und Moritz Sandor heirateten 1835; ein Jahr später, am 29. Februar 1836, wurde die Tochter Pauline geboren, 1838 ein Knabe namens Leon, doch der starb fünfjährig. Pauline blieb das einzige Kind ihrer Eltern.

Sie war nicht hübsch und auch nicht herzig im landläufigen Sinn, dafür aber lebhaft und intelligent. Der berühmte Maler Moritz Daffinger, beauftragt, ein Porträt des Mädchens anzufertigen, stöhnte: »Schiach, schiach. Aber diese Augen!« In der Tat machten ihre riesigen braunen Augen, in denen kleine Goldsprenkel leuchteten, wett, daß sie absolut keine Schönheit im Geschmack ihrer Zeit war. Ihr Mund war viel zu groß, die Brauen dick und dunkel wie bei einem Mann. Was heute rassig ist, war damals häßlich.

Ihr allergrößtes Kapital war eine Flut kastanienbraunen Haares, und als Erwachsene konnte sie den Ruhm für sich in Anspruch nehmen, die formvollendetsten Schultern Europas ihr eigen zu nennen. Pauline war dazu geboren, im »runden Kleid« – dies der Name der schulterfreien, schleppenschleifenden Hoftoilette –, das funkelnde Diadem auf dem hocherhobenen Haupt, in allerhöchsten Kreisen Furore zu machen.

Ihre Erziehung lag fast ausschließlich in den Händen der Mutter, die dank sorgfältig ausgewählter Privatlehrer eine hochgebildete, vielseitig interessierte, anmutige junge Dame aus ihr machte. Schon als Kind bewegte sie sich bei Hof wie der Fisch im Wasser. Ihre Mutter war mit Erzherzogin Sophie befreundet. Pauline und ihr sieben Jahre älterer Onkel Richard spielten mit den Kindern der Erzherzogin – unter ihnen der spätere Kaiser Franz Joseph I.

Aus der Tatsache, daß der halbwüchsige Franz Joseph mit Vorliebe Pauline zur Tanzpartnerin erkor – damals wurden bereits für Kinder große Bälle gegeben – leiteten sich die lange nicht verstummenden Gerüchte her, die kleine Sandor sei seine erste große Liebe gewesen. Er hätte sie nur darum nicht heiraten können, weil sie nicht von königlichem Geblüt war. Als sich das Ehedrama mit Franz Josephs Gemahlin Sisi abzuzeichnen begann, wurde vielenorts gejammert: »Ach, hätte er doch Pauline Sandor genommen . . .«

Diese Fama ist nicht zu erhärten. Wahr ist allerdings, daß Franz Joseph und Richard Metternich, der nur ein Jahr älter war als der spätere Kaiser, in ihrer Jugend enge Freunde waren. Wahr ist auch, daß Franz Joseph zeitlebens keinen Hehl aus seiner Sympathie für Pauline gemacht und ihr selten einen Wunsch abgeschlagen hat.

Für die Charakterbildung seiner Tochter fühlte sich Graf Sandor zuständig, und da stand an erster Stelle die Erziehung zur Furchtlosigkeit, die er mit recht zweifelhaften Methoden zu erzwingen versuchte. Er jagte Hunde mit dem Ruf: »Faß! Faß!« hinter ihr her, er setzte sie vor sich aufs Pferd, um Hürden und Gräben halsbrecherisch zu überspringen. Pauline war demgemäß zeitlebens eine miserable Reiterin und ging Pferden tunlichst aus dem Wege. Auch die eingangs geschilderte Szene, da der Graf seine Tochter mit in den Hexenkessel der Märzrevolution »spazieren« führte, gehörte zu seinem absurden Ertüchtigungsprogramm.

»Ich fürchtete mich sehr vor meinem Vater, denn sein rasches Wesen, sein wildes Dahinjagen, seine Stentorstimme . . . das alles zusammen genommen . . . mußte ein Kind terrorisieren«, bekennt sie in ihren Lebenserinnerungen.

Merkwürdig ist, daß Pauline in diesen Memoiren ihrem Vater ein ganzes Kapitel widmet – mit leisem Grauen fasziniert –, die Mutter hingegen wird stets nur am Rande erwähnt; die Bezeichnung »die liebe Mutter«, »die gute Mutter« klingt mehr nach Pflichtübung als nach echter Zuneigung. Zweifelsohne war Pauline ihrem Vater in vielen Charakterzügen ähnlicher als der in jeder Hinsicht blassen Mutter. Vor allem hatte sie die Unruhe von ihm geerbt, wenn auch in abgewandelter Form. Während der Vater sich in lebensgefährliche Sportabenteuer stürzte, entwickelte die Tochter abnorme gesellschaftliche Aktivitäten; allerdings muß sofort hinzugefügt werden, daß all diese Bälle, Empfänge, Redouten, Routs, Volksfeste zumeist einen respektablen Zweck verfolgten. Sie brauchte sich guten Gewissens nicht den Vorwurf machen zu lassen, vergnügungssüchtig zu sein, wenn sie doch eigentlich dem Vaterland und später den Mitmenschen diente. Was beim Vater nichts als Selbstbestätigung eines zu klein gewachsenen Mannes war, sublimierte die »häßliche« Tochter im Laufe eines langen Lebens zum Dienst am Nächsten.

Das Idol ihrer Kindheit allerdings waren nicht der Vater und schon gar nicht die Mutter, es war ganz allein der Großvater, Fürst Clemens Metternich. »Der bloße Gedanke, ihm zu mißfallen oder ihm nicht zu gehorchen, wäre uns als undenkbares Vergehen erschienen. Alle folgten wir ihm, nicht etwa aus Furcht, sondern aus Liebe . . . Nichts an ihm war kleinlich.« Mit diesen Worten drückte Pauline noch als alte Frau ihre bedingungslose Bewunderung aus.

Zweimal in der Woche saß sie mit der Mutter an der Mittagstafel im großelterlichen Haus. Wenn ihre Eltern ausgegangen oder von Wien abwesend waren, verbrachte sie viele Abende bei den Großeltern, Onkel Richard und den andern Onkeln und Tanten, die durchwegs in ihrem Alter waren.

Pauline hatte nicht weit vom Vaterhaus auf der »Wasserbastei« (ungefähr beim heutigen Ronacher) in die Staatskanzlei, am Ballhausplatz, wo Metternich eine Dienstwohnung innehatte. Er benützte sie nur im Winter. Im Sommer lebte er »auf dem Lande« in seinem reizenden Palais am Rennweg, inmitten ausgedehnter Gartenanlagen (heute italienische Botschaft, und die Gärten sind längst verschwunden).

Die Weihnachtsfeier für die ganze Familie fand stets im Großen Saal der Staatskanzlei statt. Die Kinder erhielten, verglichen mit heutigen Maßstäben, bescheidene Geschenke – außer vom Baron Salomon Rothschild, dem Chef des Wiener Bankhauses, ohne dessen Hilfe Österreich kaum in der Lage gewesen wäre, gegen Napoleon zu kämpfen. Am meisten entzückte Pauline ein »Puppenhaus«; es war so groß, daß sie selbst sich darin bewegen und bequem verstecken konnte.

Großpapa war es, der ihr die Liebe zur Kunst vorlebte und die Hochachtung vor der Wissenschaft. Er machte sie mit Fanny Elßler bekannt und mit Alexander von Humboldt. Wenn das Kind auch noch nicht viel von dem begriff, was der Großvater ihr vermittelte, sog sie dennoch mit allen Poren die Atmosphäre eines Hauses ein, in dem Kunst und Wissenschaft denselben Stellenwert besaßen wie die hohe Politik.

»Der Großpapa muß plötzlich abreisen«, sagte Leontine Sandor am 13. März 1848 zu dem Kind, unmittelbar nachdem es von seinem schrecklichen »Spaziergang« mit dem Vater in das Palais auf der Wasserbastei zurückgekehrt war. Die Mutter weinte dabei so hemmungslos, daß Pauline mit einem Schlag von Angst überflutet wurde. Niemand sagte dem Mädchen, daß der Großvater gestürzt worden war, daß er flüchten mußte wie ein Dieb in der Nacht. Die Mutter kam jeden

Oben links: Clemens Fürst von Metternich
Oben rechts: Pauline liebte den Großvater über alles
Unten: Das Palais Metternich am Rennweg

Morgen mit dick verschwollenen Augen zum Frühstück, und sie lief jeden Augenblick zur Eingangstür, in der Erwartung eines Boten.
Die heißersehnte Nachricht kam nach Wochen des Wartens und löste Jubel aus: Clemens Metternich hatte sich mit Frau und Kindern glücklich nach London durchgeschlagen, allerdings wegen des überstürzten Aufbruchs durch die Hintertür ohne Gepäck und bar aller Geldmittel. Zar Nikolaus, wie alle europäischen Herrscher dem systemerhaltenden Metternich zutiefst verpflichtet, bot sofort eine Überbrückungshilfe von 100 000 Rubel an. Metternich akzeptierte nur unter der Bedingung, daß er das Geld zu gegebener Zeit mit fünfprozentiger Verzinsung zurückzahlen könnte.
Im Frühjahr 1849 übersiedelte Pauline mit ihrer Mutter für mehr als sechs Monate zum Großvater nach Brighton, und sie durfte dort, zum ersten Mal in ihrem Leben, eine Schule besuchen. Es war zwar nur ein exklusives Privatinstitut, aber das Mädchen, das bis dahin mit strengen Hauslehrern in langweiliger Einsamkeit studiert hatte, genoß es, mit Gleichaltrigen die Schulbank zu drücken. So erwarb sie ihr perfektes Englisch, nachdem sie schon seit frühester Kindheit Französisch und Deutsch beherrschte; daß sie auch Ungarisch konnte, versteht sich.
Sie war nun dreizehn, und da Clemens Metternich darauf bestand, Pauline so früh wie möglich im gewandten Umgang mit Erwachsenen zu schulen, durfte sie an seinen Gesellschaftsabenden teilnehmen. Damals noch nicht in der Kunst der geistreichen Konversation geübt, in der sie später unübertrefflich werden sollte, beschränkte sich Pauline auf stummes Beobachten von Menschen und Vorgängen ringsumher.
Naturgemäß interessierte sie sich noch nicht für die große Zahl der Politiker, die den Salon des Großvaters bevölkerten und gelegentlich auch Rat von ihm holten – unter ihnen Benjamin Disraeli, der künftige Premierminister Ihrer Majestät, der Königin Victoria. Pauline sah sich dagegen die Damen und deren Toiletten so genau an, daß ihr noch nach Jahrzehnten Einzelheiten gegenwärtig waren, die das Kind mit grausamer Genauigkeit registriert hatte.
Da gab es die imponierende Fürstin Lieven, ganz in Schwarz, das Haupt von einem breitkrempigen Hut bedeckt, die Augen durch einen grünen Schirm geschützt. Zudem hielt sie meist noch einen Fä-

cher vors Gesicht. Niemand wußte, ob sie jung oder alt aussah. Die Fürstin Bagration hingegen hatte nach Paulines Ansicht »vergessen, alt zu werden . . . Die [einstmals vielbestaunte] blonde Lockenfülle reduziert auf fünf oder sieben gelbe Haare, die Haut wie eine Zitrone, der Körper . . . war ein klapperndes Gerippe . . . Die arme Fürstin bedeckte sich kläglich mit einem Hemd aus feinstem Batist, mit zwei rosa oder lichtblauen Schleifen gebunden . . . und das war alles. Man . . . flehte zum Himmel, daß sich diese leichten Schleifen nicht lösen mögen. Das verwitterte Köpfchen zierte ein Hut, den eine sechzehnjährige Schäferin nur mit Zögern aufgesetzt hätte . . . Die Ärmste machte allerhand neckische Avancen und warf ihm (Clemens Metternich) gerührte Blicke zu . . . Es war ein unbezahlbares Schauspiel, wenn man meinen so würdig und vornehm aussehenden Großvater diese arme Mumie am Arm zum Tisch schleppen sah . . .« Die Dritte im Mumienbunde war die »einst berühmt schön gewesene« Herzogin von Sagan, »die trug sich äußerst elegant und ihrem Alter angemessen«.

Die Pointe der Geschichte hat Pauline in ihren Memoiren allerdings unterschlagen: Alle drei Damen waren ehemalige Mätressen des Großpapas. Diese Affären, die sich manchmal lautstark in der Öffentlichkeit abspielten, boten nicht nur dem europäischen Hochadel jahrelang Gesprächsstoff.

Metternich, noch immer im Exil und von seinen finanziellen Ressourcen abgeschnitten – er lehnte es ab, weiteres Geld zu leihen –, übersiedelte in das billigere Brüssel. Auch dort besuchten ihn Leontine und Pauline Sandor für einige Monate. Mehr noch als in England war das Brüsseler Domizil ein wahres Durchhaus für Künstler, Politiker, Gelehrte und Gesellschaftslöwen.

Belgiens König Leopold war unter ihnen. Seiner Tochter Charlotte, einem entzückenden Kind, nur wenig jünger als Pauline, stand ein tragisches Geschick bevor: Sie heiratete Erzherzog Maximilian, der als »Kaiser von Mexiko« unter den Kugeln eines Erschießungspelotons starb.

Charlotte entschwand bald für immer aus Paulines Gesichtsfeld, aber ein anderer häufiger Gast des Großvaters, der französische Historiker Louis Adolphe Thiers, sollte in ihrem späteren Leben eine kleine, jedoch entscheidende Rolle spielen. Sie bekam ihn in Brüssel nur flüchtig zu sehen, wenn er das Arbeitszimmer des Großvaters betrat oder verließ.

Thiers arbeitete an einer Napoleon-Biographie, die letzten Endes zwanzig (!) Bände umfaßte, und der alte Metternich konnte mit vielen Details aufwarten, vor allem was das legendäre Wortgefecht mit dem Korsen in Dresden betraf. Neun Stunden lang konferierten Metternich und Napoleon; der geriet dermaßen in Rage, daß er seinen Zweispitz vom Kopf riß und Metternich vor die Füße schleuderte. Der Herr aus uraltem Adel traf nicht die geringsten Anstalten, den Hut aufzuheben, und so mußte sich Napoleon wohl oder übel selbst bücken. Diese Episode wurde seinerzeit in den von Napoleon schikanierten Ländern genüßlich weitererzählt.

1851 durfte Clemens Metternich, zur grenzenlosen Freude Paulines, nach Österreich zurückkehren. Er wurde bei seiner Ankunft von vielen Wienern begeistert empfangen. Vergeben und vergessen, daß man in ihm den Kerkermeister der Nation gesehen hatte; er war nun vielmehr der Repräsentant der »guten alten Zeit«, und die Heurigensänger schmachteten mit viel Tremolo in der Stimme: »Erinnern Sie sich noch ans Dreiß'gerjahr . . .?«

Clemens Metternich war gerade rechtzeitig gekommen, um Tochter und Enkelin Stab und Stütze zu sein: Moritz Sandor hatte, seiner Devise »Vorwärts! Und wo kein Weg ist, da springe!« folgend wieder einmal zuviel riskiert und fast alles verloren: Bei einem schweren Sturz schlug er so unglücklich mit dem Hinterkopf auf eine Eisenstange, daß er sich eine Gehirnblutung (oder eine Gehirnquetschung) zuzog. Der ansonsten umgängliche Mann erlitt plötzlich Anfälle von Raserei, wobei er alles zerdrosch, das ihm unter die Hände kam, wenn man ihm nicht rechtzeitig in die Arme fiel.

Er wurde in ein privates Prager Nervensanatorium gebracht. Was man dort mit ihm angestellt hat, ist unbekannt. Jedenfalls war er erschrekkend friedlich und herzzerreißend blöde, als er nach zwei Jahren heimkehrte. Mit leerem Lächeln saß er sinnlos herum, und manchmal erzählte er Geschichten aus der Jugendzeit; immer dieselben.

Clemens wurde Vormund seiner Enkelin Pauline, die nun mehr bei ihm als bei ihrer Mutter lebte. Sie hatte Anteil am bunten gesellschaftlichen Leben im Palais am Rennweg, wo die Salons fast allabendlich überquollen. Der Lärm war kaum erträglich, denn der alte Fürst wurde zunehmend schwerhörig, so daß jedermann zu brüllen anfing, sobald er nur in seine Nähe kam.

1854 war es an Pauline, ihren Großvater zu trösten, denn da verließ ihn auch seine dritte Ehefrau für immer, die hochnäsige Ungarin, die er trotzdem sehr geliebt hatte. Sie starb, laut Paulines Erinnerungen, an einem nicht näher definierten »schweren chronischen Leiden, an welchem sie seit der Geburt ihres letzten Kindes Lothar [also siebzehn Jahre lang!] litt, ohne sich darüber zu beschweren, obwohl es entsetzlich peinlich gewesen sein muß«.

Besagter Lothar trug schwer an der Gewissenslast, letzten Endes am Tod der Mutter schuld zu sein. Seine älteste Schwester war schon verheiratet und fortgezogen; sein Bruder Paul und er blieben noch einige Zeit im Vaterhaus, und auch der Stiefbruder Richard, Paulines Gefährte aus Kindertagen, tauchte von Zeit zu Zeit am Rennweg auf. Er hatte, wie der Vater, die diplomatische Laufbahn eingeschlagen und diente als Botschaftssekretär in Paris.

Anfang 1856 kam er zu einem mehrwöchigen Urlaub heim. Er sprach mit Pauline, wie er immer mit ihr gesprochen hatte, er lachte mit Pauline, wie er immer mit ihr gelacht hatte, er spielte mit ihr vierhändig Klavier, wie er immer mit ihr vierhändig Klavier gespielt hatte, um den Vater und Großvater zu erfreuen.

Irgendwann dazwischen hat der Blitz eingeschlagen und die Herzen der zwanzigjährigen Nichte und des siebenundzwanzigjährigen Onkels in Flammen gesetzt. Sie waren sich sofort einig; es ergab sich nun die groteske Situation, daß der Sohn beim eigenen Vater um die Hand seiner Nichte und dessen Enkelin anhalten mußte. Clemens Metternich hatte nicht die geringsten Einwände, die beiden jungen Menschen, die ihm am nächsten standen, ein Paar werden zu sehen, bedang sich aber aus, daß Pauline ihn weiterhin Großvater und nicht Schwiegervater anredete. Leontine Sandor hegte Bedenken wegen des nahen Verwandtschaftsgrades, aber da ohnehin niemand auf sie hörte, konnte sie die Vermählung der beiden, durch die Leontine die Schwägerin der eigenen Tochter wurde, nicht verhindern.

Bereits am 30. Juni 1856 fand die Hochzeit im Palais am Rennweg statt, allerdings nur in kleinem Rahmen, da es in der Verwandtschaft kurz zuvor einen Trauerfall gegeben hatte. Leontine Sandor konnte sich lange nicht daran gewöhnen, daß ihre Tochter jetzt »die Fürstin

Metternich« war. Nach deren Befinden gefragt, antwortete sie spontan, diese sei doch bereits seit Jahren tot. »Um Gottes willen, das arme Kind!« schrie die Dame, die Auskunft geheischt hatte. Da erst merkte Leontine, daß von ihrer Tochter und nicht von ihrer verblichenen Stiefmutter, der ungarischen Gräfin, die Rede gewesen war.
Pauline war keine Schönheit, Richard bei weitem nicht eine so beeindruckende Erscheinung wie sein Vater – nach den Worten der Erzherzogin Sophie jedoch ein »schmucker« junger Mann. Die beiden ergaben ein ideales Paar: Er war ruhig, nachdenklich, abwägend, sie quirlig, impulsiv und nicht immer Herrin ihrer Gefühle. Richard hat, soweit bekannt, seine Frau kein einziges Mal betrogen, Pauline, obwohl kleinen Flirts nicht abgeneigt, verließ niemals den Pfad ehelicher Tugend. Es wurde eine außergewöhnlich harmonische und glückliche Ehe, wenn auch der Anfang unter keinem guten Stern stand.
Unmittelbar nach der Trauung fuhr das junge Paar von Wien in einem Sonderzug ins mährische Witzomiertitz, wo Leontine Sandor ein aus dem Kaunitzschen Erbe stammendes romantisches Schlößchen besaß. Dort wollten die Neuvermählten die Flitterwochen verbringen. Der Empfang durch die Dorfbevölkerung war überwältigend. Der ganze Ort war auf den Beinen, und auch von fernher kamen die Leute. Triumphbögen waren errichtet, Festreden wurden gehalten, Ehrenjungfrauen säumten den Weg, Kinder streuten Blumen, die Blasmusik spielte laut und mit Inbrunst.
Dem Hochgefühl wurde allzuschnell der Garaus gemacht: Der junge Ehemann erkrankte und war mit einem, wie er verbittert festhielt, »unjugendlichen Leiden« (Rheuma? Neuralgie?) unter großen Schmerzen tagelang ans Bett gebunden. Pauline verlor keine Sekunde die gute Laune. »Sie ist so gut, so liebend, so lustig, wie es kaum eine andere unter den gleichen Umständen geblieben wäre ... Eine gescheite Frau ... zugleich das beste, lustigste Wesen der Welt ...« schwärmte Richard.
Sobald er genesen war, reiste das Paar nach Dresden. Dort hatte Richard zwei Monate vor der Hochzeit seinen Posten als Gesandter angetreten und ein Haus gemietet. »Dein Name macht mir alles leicht«, schrieb er dem Vater.
Richard hatte das Haus nur teilweise eingerichtet. Den Rest besorgte Pauline – trotz ihrer erst zwanzig Jahre umsichtig und perfekt: gemüt-

lich, wie Richard es liebte, elegant nach ihrem Geschmack, und das alles in ausgewogener Harmonie.
Bereits einen Tag nach ihrer Ankunft in Dresden wurde die junge Frau vom königlichen Zeremonienmeister Gustav von Gersdorff besucht und begutachtet. Er war ein freundlicher Herr von schlichtem Gemüt, der Menschen ausschließlich nach ihrem Äußeren beurteilte. »Sie macht gute Toilette«, stellte er fest. Damit war ihr reibungsloses Entree in die sächsische Society gesichert.
Kaum bei Hof vorgestellt, war die junge Frau des österreichischen Gesandten jedermanns Liebling, »wegen ihrer natürlichen Heiterkeit ... von allen auf Händen getragen«, stellte Richard nicht ohne Stolz fest. Die Metternichs wurden ununterbrochen zu Bällen, Festen, Theaterbesuchen, Soireen und Teegesellschaften gebeten. Ebensooft gab es Einladungen in ihrem Haus. Pauline genoß es in vollen Zügen und schrieb der Mutter begeistert: »Du kannst Dir keine Vorstellung machen von all den Festen, die wir hier haben, von der Unmenge Prinzen und dem Wirbel, in dem wir hier leben.« – »Man muß zwanzig Jahre alt sein, um daran Gefallen zu finden«, bemerkte die Mama dazu grämlich.
Im Oktober 1856 besuchte Clemens Metternich Sohn und Enkelin (= Schwiegertochter), beobachtete die beiden und zeigte sich zufrieden über die junge Menage. Er nahm allerdings nicht an größeren Veranstaltungen teil, und er liebte es, mit den beiden allein zu sein und ihrem Klavierspiel zu lauschen – auch wenn er es nicht mehr richtig hörte. Richard hatte inzwischen eigene kleine Kompositionen verfaßt, und auch die fanden die Zustimmung des alten Herrn.
Als der Großvater abgereist war, wurde Pauline von bis dahin nicht gekannter Schwermut befallen. Sie fühlte sich einsam, verlassen, das Haus schien unerträglich leer. »Wie wünschte ich doch, bei Dir zu sein«, schrieb sie an Clemens Metternich, »wie glücklich bin ich, wie dankbar für das Glück, das Du mir geschaffen, für all die Güte ...«
Es ist zu bezweifeln, ob Pauline Metternich je in ihrem Leben einen Menschen so bedingungslos geliebt hat wie den Großvater ...
Ihre Feuerprobe als Gastgeberin bestand die Zwanzigjährige – und zwar mit Glanz! – im November 1856, wenige Monate nachdem sie in ihren »Beruf« als Frau eines Diplomaten eingeführt worden war. Es galt, einen Ball für Erzherzog Karl Ludwig und für dessen sächsische

Braut, Prinzessin Margarethe, auszurichten. (»Sie war nicht hübsch zu nennen, denn sie sah frisch und gesund aus, und es fehlte ihr an Grazie«, lästerte Pauline später.)

Nicht weniger als 1 200 Gäste standen auf der Einladungsliste. Der große Saal der österreichischen Botschaft war entschieden zu klein. Also ließ Pauline, ohne lange zu überlegen, einen Ballsaal anbauen, der nach ihren Entwürfen mit hellblauem und silbernem Atlas ausgestaltet wurde. Alle Räume der Botschaft, auch das Stiegenhaus, waren üppig mit frischen Blumenarrangements geziert – ein absolutes Novum, denn bis dahin verwendete man überwiegend künstlichen Blumenschmuck. Das Buffet war exquisit, die Musik mitreißend, die Hausfrau schien um jeden einzelnen Gast persönlich bemüht. Dresden hatte dergleichen noch nicht erlebt, und man sprach wochenlang vom Fest der Feste bei den Metternichs.

Was die Öffentlichkeit nicht wußte: Pauline und Richard hatten sich mit diesem Ball sowie den meisten der vorangegangenen Veranstaltungen finanziell übernommen. Der Staat, in jenen Tagen eher sparsam, wenn nicht gar knausrig, hatte keinen Gulden zu den offiziellen Festivitäten seines Gesandten beigetragen, und so waren die beiden bald bis über den Hals verschuldet. In reumütiger Offenheit berichtete sie dies dem Fürsten Metternich nach Wien: »Es ist viel leichter, in Geldangelegenheiten Unordnung zu bringen und nichts schwerer, als sie wieder in Ordnung zu bringen«, lautete die tiefschürfende Einsicht.

Der alte Fürst war zwar ein überaus vermögender Mann, aber damals dachte niemand daran, Extravaganzen junger Leute großzügig zu unterstützen, schon gar nicht, deren leichtfertig eingegangene Schulden zu übernehmen. Metternich schickte darum kein Geld, dafür aber einen versierten Buchhalter nach Dresden. Anton Hackler durchleuchtete die wirre Geschäftsgebarung des Paares und erstellte einen Finanzrahmen, an den die beiden sich eisern hielten. Binnen zweier Jahre waren sie schuldenfrei.

Pauline lernte, eine sparsame Frau zu sein, und sie blieb es lebenslang. Allen, mit denen sie geschäftlich zu tun hatte, sah sie scharf auf die Finger. Als sie dahinterkam, daß ein Fleischhauer den Metternichs überhöhte Preise verrechnete, wurde er augenblicklich von der Liste der Lieferanten gestrichen.

»Unser Leben [war] damals nur Frohsinn und Heiterkeit«, schrieb Pauline als alte Dame über ihre Dresdner Zeit. Wie so häufig in Memoiren, hat auch hier die Erinnerung ein wenig gemogelt und geschönt. Es gab gewisse Irritationen, denn allmählich formierte sich eine Anti-Paulinen-Partei im Hofklüngel. Pauline war, auf ihre Art, eine fortschrittliche Person. Obwohl sie, gläubige Schülerin ihres Großvaters, niemals konservative Grundwerte antastete, hat sie doch frische Luft in die muffige Adelsgesellschaft gebracht und Freiräume geschaffen, die bis dahin undenkbar waren.
Am meisten wurde ihr verübelt, daß sie in der Elbe badete und daß sie, viel schlimmer noch, in der Öffentlichkeit rauchte. Die Mutter war entsetzt: »Ich verabscheue alles, was eine emanzipierte Frau ausmacht. Mit einer Zigarre im Mund lädt sie ja die Männer geradezu ein, sich ihr gegenüber schlecht zu benehmen.«
Die Männer wagten gar nicht, sich Pauline gegenüber schlecht zu benehmen, denn »sie empfängt mit Würde«, schrieb Richard nach Wien, verschwieg allerdings, daß die Dresdner Hofgesellschaft auch da Haare in der Suppe bemerkte. Pauline (und auch ihr Ehegespons) fand durchaus nichts dabei, wenn sie Freunde ihres Mannes zum Mittagstisch bat, selbst wenn Richard abwesend war.
Auch ihr loses Mundwerk wurde ihr nicht selten angekreidet. Die Metternichs und ein Kreis junger, ausgelassener Freunde, die oft gemeinsam Theater spielten, Scharaden und Jagden veranstalteten, gingen meist geschlossen zu langweiligen Muß-Empfängen. Geschlossen marschierten sie durch die Salons, und geschlossen verschwanden sie spätestens nach einer Stunde, um privatim weiterzufeiern. Wurde schon dies Pauline verübelt – denn selbstverständlich galt sie als Rädelsführerin –, so war man ehrlich geschockt, als sie bei einer solchen Tour einem ihrer Begleiter gut vernehmbar zuzischelte: »Gehen Sie da nicht hinein, es stinkt nach Exzellenzen.«
Nicht weniger empört wurde die Tatsache registriert, daß die junge Frau lediglich in Begleitung von Freundinnen öffentliche Lokale besuchte, noch dazu so hypermodern und elegant gekleidet, daß sich alle nach ihr umdrehten. Nur *die* Mode konnte sich in Dresden durchsetzen, die von Pauline Metternich »vorgeführt« worden war. Als Gipfel der Geschmacklosigkeit wurde ein riesiges Transparent empfunden – für das sie überhaupt nichts konnte. Es prangte vor dem

Pauline Metternich im »runden Kleid«

Eingang zur österreichischen Botschaft, als Pauline von einer Reise zurückkehrte: »Was den Baiern ihr Bier, das ist Pauline den Dresdner Salons.«
Der Hagel der gegen sie abgefeuerten Giftpfeile hörte erst auf, als König Johann eindeutig für seine Lieblings-Diplomatenfrau Partei ergriff: »Laßt mir meine kleine Metternich in Ruhe. Sie ist jung und heiter und bringt Leben in den Hofball, wenn schon alles verschlafen ist.«
Für eine Weile verschwand die Vielgeliebte und Vielgelästerte aus dem Rampenlicht. Sie erwartete ihr erstes Kind, das am 17. Mai 1857 zur Welt kam. Pauline verhehlte nicht ihre Enttäuschung, daß es ein Mädchen war. Sie hätte dem Großvater so gern einen Erben geschenkt. Kleiner Trost: die Mutter Kaiser Franz Josephs I. erbot sich, die Patenschaft der Kleinen zu übernehmen, die darum auf den Namen Sophie getauft wurde.
Richard war es herzlich gleichgültig, ob Knabe oder Mädchen. Ihm, dessen Mutter im Kindbett gestorben war, ging es vor allem um Paulines Wohlbefinden; er war außer sich, als seine Frau nach der Entbindung schwer erkrankte und er wochenlang um ihr Leben zittern mußte. Die Ärzte versicherten zwar einhellig, daß sie weder vom Kindbett- noch vom Milchfieber befallen sei, wußten aber keine schlüssige Erklärung für die Schübe bedrohlich hoher Temperaturen. Pauline genas schließlich doch, und sie sollte zwei weitere Mädchen ohne Komplikationen zur Welt bringen.
Sophie, die bei der Geburt so groß und so schwer war, daß ihre Mutter befürchtete, eine Riesin in der Wiege liegen zu haben, entwickelte sich prächtig. Ihre Körpermaße wurden normal. Sosehr Pauline sich auf das Kind gefreut hatte – sie überließ Sophie und dann auch deren Schwestern Pasqualine (geboren 1862) und Clementine (geboren 1870), wie es damals in ihren Kreisen üblich war, Legionen von Ammen, Kinderfrauen, Gouvernanten, Hauslehrern, Tanzmeistern und Musikpädagogen. Aus gewisser Distanz hatte sie selbstverständlich immer die Oberaufsicht über die Erziehung der Kinder inne. Sie war *auch* Mutter, in erster Linie aber Ehefrau und Mitarbeiterin des Fürsten Metternich.
Anfang 1859 begann das Wetterleuchten des bevorstehenden Krieges zwischen Sardinien und Österreich. Die Sarden waren die Vorreiter

der italienischen Einigung; Frankreich unter Napoleon III. stand auf der Seite der Italiener. Österreichs Staatenlenker zerschlugen viel politisches Porzellan – gegen den ausdrücklichen Rat von Clemens Metternich. Man holte zwar die Meinung des alten Fuchses ein – tat aber dann genau das Gegenteil dessen, was er vorgeschlagen hatte.

Der Fürst, nun sechsundachtzig Jahre alt, war erstaunlich agil – bis die Entwicklung der Lage mehr und mehr an seinen Kräften zu zehren begann. Ungeachtet dessen ließ er sich genau über die Tagesereignisse informieren; der definitive Ausbruch des Krieges erschütterte ihn sichtlich, wohl auch die Nachricht, daß sein Sohn Richard als Berater ins österreichische Hauptquartier nach Verona beordert worden war. Ob er heil aus dem Krieg heimkommen würde?

Der alte Fürst verfiel, das Ende stand unmittelbar bevor. Die in Wien anwesenden Familienmitglieder knieten um das Bett, als ein Geistlicher ihm die Letzte Ölung spendete. Pauline weinte unhörbar, aber Lothar, der Jüngste, schluchzte laut auf. Clemens Metternich schüttelte schwach den Kopf, so andeutend, daß der junge Herr gefälligst Haltung bewahren möge. Der Arzt fühlte nochmals den Puls, ein winziges Lächeln huschte über das Gesicht des Sterbenden. Er schnippte mit den Fingern, als wollte er sagen, daß es da nicht mehr viel zu fühlen gäbe. Und so war es denn auch. Clemens Metternich starb am 11. Juni 1859. Es blieb ihm erspart, die vernichtende Niederlage der Österreicher in der Schlacht von Solferino miterleben zu müssen.

Richard kehrte unversehrt aus dem unglückseligen Krieg zurück – nun ein reicher Erbe, Herr über Schlösser und Güter im Rheinland und in Böhmen. Noch im Dezember desselben Jahres wurde er auf den heikelsten diplomatischen Posten versetzt, den Österreich in diesem Augenblick zu vergeben hatte: Der erst Dreißigjährige ging als Botschafter nach Frankreich, eben noch verhaßter Kriegsgegner und letzten Endes schuld am Verlust der Lombardei für Habsburg. Daß im Laufe der nächsten Jahre Frankreich zum wärmsten Freund Österreichs werden sollte, lag hauptsächlich an der Verschiebung der politischen Gewichte in Europa. Zu einem gewissen Teil lag es aber auch an Pauline Metternich, die das französische Kaiserpaar und mit ihm Paris im Sturm eroberte.

Obwohl sie nie müde wurde zu betonen, daß Politik sie weder interessiere noch im Grunde etwas angehe, führte sie in Frankreich den

Spitznamen »Madame l'Ambassadeur d'Autriche« (Madame *der* österreichische Botschafter) nicht ganz zu Unrecht; denn Politik wurde (und wird) nicht nur am Konferenztisch, sondern auch im Salon und im Boudoir gemacht – schon gar im Frankreich Napoleons III., dessen schöne, ehrgeizige Frau Eugénie sich mehr als einmal in die Regierungsgeschäfte einmengte, die sie schließlich für kurze Zeit allein führen sollte ...

Eugénie, Tochter eines spanischen Herzogs und einer katholisch-frommen Schottin, war eine standhafte Gegnerin der italienischen Vereinigungsbestrebungen, welche die Existenz des Kirchenstaates bedrohten. Sie stand an der Spitze der österreichfreundlichen Partei – im Gegensatz zur starken Lobby der antiklerikalen »Italiener«, denen es zeitweise gelang, den Kaiser auf ihre Seite zu ziehen. Da Eugénie auf Anhieb größte Sympathie für die um zehn Jahre jüngere Frau des österreichischen Botschafters empfand, kostete es Richard Metternich keine allzugroße Mühe, den Weg für eine französisch-österreichische Aussöhnung zu ebnen.

Am 14. Dezember 1859 machte Metternich Antrittsvisite bei Napoleon III. und überreichte sein Beglaubigungsschreiben.

Am übernächsten Tag – es war einer der kältesten des Jahres – kam Pauline an die Reihe, denn dem seltsamen Protokoll folgend, wurden Botschafterpaare getrennt empfangen. Eben dieses Protokoll verlangte, strafverschärfend, daß Pauline im »runden Kleid«, das heißt schulterfrei, ohne Hut, ohne Schal, ohne Mantel in der gläsernen Hofkutsche zu sitzen hatte, in der sie, feierlich langsam und für die schaulustigen Pariser gut ausgestellt, zu den Tuilerien gefahren wurde. (Zwei Tage später lag sie mit hohem Fieber und Angina im Bett.)

Am Arc de Triomphe hatte sich eine Menschenmenge angesammelt; dabei war, unerkannt, Richard Metternich mit einigen Freunden aus seinen Pariser Jugendtagen, um die Vorbeifahrt seiner Frau zu beobachten. Als sie ihres Mannes ansichtig wurde, lächelte Pauline und winkte ihm zu. Ein neben Metternich stehender Mann sagte: »Die Österreicherin ist aber gar nicht hochmütig.« Richard entgegnete mit todernster Miene: »Sie haben recht. Die Dame ist wirklich nicht hochmütig.«

Im Thronsaal richtete der Kaiser einige Worte an Pauline. Sie hätte die Anrede schweigend entgegennehmen müssen – doch das Temperament ging wieder einmal mit ihr durch; vor den erbleichenden Hofschranzen dankte sie in artigen Worten für die freundliche Aufnahme. Anschließend empfing Kaiserin Eugénie die junge Frau im Kreis ihrer Hofdamen. Die Tochter der bürgerlichen Miß Kirkpatrick kümmerte sich nicht um den protokollarischen Krimskrams: Statt der vorgesehenen zehn Minuten behielt sie die Frau des österreichischen Botschafters fast eine Stunde lang bei sich; die beiden Damen plauderten, als seien sie von Kindesbeinen an miteinander vertraut. An diesem 16. Dezember 1859 begann eine Freundschaft, die sich ein Leben lang bewähren sollte, in guten wie in bösen Zeiten.

Die Metternichs waren in ihrem eigenen Haus noch nicht richtig warm geworden, als sie bereits mehrfach im kleinsten Kreis zu Hof gebeten wurden. Silvester feierten sie ganz allein mit dem Herrscherpaar. Abgesehen von Napoleon, der eher zur Düsterkeit neigte, waren die übrigen drei froh gestimmt. Richard setzte sich an den Flügel und spielte Wiener Walzer. Nach Mitternacht, beflügelt durch etliche Gläser Champagner, hieb er, ein aufrechter Patriot, den Radetzkymarsch in die Tasten, um dann, mit viel Gefühl, die schöne alte Haydn-Hymne: »Gott erhalte, Gott beschütze . . .« zu intonieren, und alle waren bewegt. Ein halbes Jahr zuvor waren die vier Menschen noch »Feinde« gewesen, die jungen Männer ihrer Länder hatten einander totgeschossen . . .

Wenig später erschienen die Metternichs auf einem der vier großen Hofbälle, die das Kaiserpaar alljährlich zu geben pflegte. Pauline erregte Aufsehen und Bewunderung: »Sie war sehr schmal, fast mager, mittelgroß, mit einem großen Dekolleté, die Stirn mit Diamanten geschmückt, in langer Schleppe, von unübersehbarer Anmut, Hoheit und Würde . . . Sie war die Botschafterin, die stolz darauf war, ein großes Land zu repräsentieren. Die Art, wie sie den Kopf trug, hatte etwas von einer Heldin, die fähig war, sich für eine große Sache einzusetzen . . .« lesen wir in den Memoiren der Madame de Carette, Vorleserin der Kaiserin Eugénie. In die Beschreibung vom ersten großen Auftritt der Pauline Metternich mischt sich offensichtlich das Wissen um spätere Ereignisse; denn Anfang 1860 war der Dreiundzwanzigjährigen sicher noch nicht nach Heldenpose, sondern vielmehr nach Amüsement zumute.

Nicht alle Beurteilungen fielen so schmeichelhaft aus wie die der Madame de Carette. Pauline bekam von manchen den Beinamen »belle laide« (schöne Häßliche), Prosper Merimée, Politiker und Dichter (»Carmen«) sowie Anhänger der »italienischen Partei« fanden sie »häßlich wie ein Affe, aber wer sie näher kannte, konnte sich ihrem Charme nicht entziehen . . .«

Wesentlich mehr als die großen Hofbälle mochte Pauline die Feste, die Kaiserin Eugénie allmonatlich im kleinen Rahmen und »nur« für fünfhundert bis sechshundert Gäste gab. Diese Hausbälle standen stets unter einer bestimmten Devise; Pauline stach jedesmal durch ihre geschmackvollen und einfallsreichen Kostüme hervor. Einmal erschien sie als Diana ganz in Weiß und Silber, einer Kreation des jungen, in Paris naturalisierten Engländers Jean Philippe Worth. Pauline hatte ihn entdeckt und bald darauf an Eugénie weiterempfohlen.

Ihrer Vaterstadt hat sie damit keine guten Dienst erwiesen. Worth – er hat den Schnittmusterbogen aus Papier erfunden und damit die Schneiderei revolutioniert – stand am Anfang einer langen Reihe großer Couturiers, die Paris zur Welthauptstadt der Mode gemacht und das bis dahin führende kaiserliche Wien auf den zweiten Platz verdrängt haben.

Pauline liebte Paris schon nach wenigen Wochen uneingeschränkt (»Überall auf der Welt vegetiert man, nur in Paris lebt man«, schwärmte sie), und Paris liebte die außergewöhnliche Diplomatenfrau. »Man konnte sich bald kein Fest ohne Pauline denken«, schreibt Madame de Carette, »so brachte ihre Phantasie Leben in die Gesellschaft.« Da auch Pauline »Redouten« in der österreichischen Botschaft gab, die sie abwechslungsreich und ideensprühend gestaltete, nannte man sie »die Fee«, »die Zauberin«, »die Königin im kaiserlichen Paris«. In späteren Jahren wurde ihr durchaus bewußt, daß all dieser Glanz und Glitzer nicht Selbstzweck sein konnte und durfte, sondern Tünche für die Knochenarbeit im diplomatischen Dienst. Ernüchtert notierte sie: »In Paris ist alles Humbug.«

Die animiertesten Wochen des Jahres fielen in den Juni und in den November, wenn der Hof nach Compiègne übersiedelte, begleitet von einigen wenigen ausgewählten Diplomaten. Die Metternichs waren immer dabei, Pauline stets Tischdame des Kaisers – außer der Doyen des diplomatischen Korps, der britische Botschafter, war mit von der Partie. Dann saß dessen Frau zur Rechten Napoleons.

In dem von Luwig XIV. erbauten Schloß Compiègne mit seinem vierzehn Quadratkilometer großen Park gab es weder Protokoll noch sonst irgendwelchen Zwang, der Umgangston war locker, lebhaft und geistreich. Madame de Carette: »... [Pauline] riß jung und alt mit ihren Ideen hin, war fröhlich und ernst, niemals jedoch banal.«
Und abends wurde gespielt, jedoch nicht Karten und nicht Roulette, sondern – heute undenkbar – man unterhielt sich mit naiven Vergnügungen wie Rätselraten, Schnelldichten, Grammatikwettbewerben (wer macht die wenigsten Fehler in einem schwierigen Diktat?). Es gab Theaterabende und musikalische Soireen, bei denen die Gäste mitwirkten. Richard schrieb die Musik zu einem Singspiel, Pauline trat darin in verschiedenen Rollen auf und erntete frenetischen Beifall.
In Paris brachte die junge Wienerin das Kunststück zuwege, binnen kürzester Zeit wirklich »großen Salon zu machen«, wie es damals hieß. Der frühe Anschauungsunterricht beim Großvater Metternich – wo immer er sich aufhielt, war er Zentrum geistigen Lebens – trug goldene Früchte. Bei den Metternichs trafen einander die Größen der Politik, die Spitzen der Gesellschaft, erlauchte Wissenschaftler und gefeierte Künstler. Besonders fühlten sich Musiker von dem komponierenden Richard und der vorzüglich Klavier spielenden Pauline angezogen. Gounod, Offenbach, Saint Saëns waren regelmäßige Gäste. Franz Liszt, ein Freund des Hauses, eilte in die österreichische Residenz, sobald er nach Paris kam, und er war sich nicht zu schade, mit Pauline vierhändig zu spielen.
Über allem allerdings stand Paulines unvergleichliche Art, Konversation zu machen. »Wie ein Kunstwerk baute sie diese Stunde auf. Sie verwandelte sich, sie verwandelte uns«, staunte Helene von Nostitz, die Frau des sächsischen Gesandten am Wiener Hof.
»Sie verstand es, bei allen Veranstaltungen das österreichische, insbesondere das Wiener Element in den Vordergrund zu rücken. War es Wiener Musik, Wiener Delikatessen, Wiener Kipferl«, berichtet ein anderer Zeitzeuge, ließ aber nicht unerwähnt, daß sie vergeblich versuchte, den Parisern Geschmack an Maiskolben (eines ihrer Lieblingsgerichte) und an Frankfurter Würsteln beizubringen.
Eine ihrer ganz großen Gaben entdeckte und entwickelte sie in Paris: die Gabe, reichen und auch gar nicht so reichen Leuten das

Geld aus der Tasche zu ziehen, um es wohltätigen Zwecken zuzuführen.
Die diplomatischen Vertretungen waren zur damaligen Zeit völlig anders organisiert als heute. Es gab weder Presse- noch Kulturattachées, schon gar nicht Konsularbeamte, die sich gestrandeter Landsleute annahmen. All diese Funktionen übte Pauline Metternich aus, indem sie, allein durch ihr So-Sein wie Da-Sein, (meist) gute Presse für Österreich machte; indem sie österreichischen Künstlern mit Rat und Tat zur Seite stand (siehe Johann Strauß!); indem sie in Not geratenen Landsleuten aus der Patsche half. Beträchtliche Summen organisierte sie für ein »deutsches Spital«, das mittellosen Schweizern, Deutschen und Österreichern gleichermaßen zur Verfügung stehen sollte. Sie veranstaltete dafür in der Botschaft einen Basar, sie rief eine Lotterie ins Leben, und sie gab einen sensationellen Wohltätigkeitsball.
Mit größtem Vergnügen stellte sie ihr Talent zunehmend in den Dienst der guten Sache. Sie war versessen auf ihre Auftritte als Schauspielerin und Sängerin. Der Verdacht liegt nahe, daß Paulines Großherzigkeit Teil ihres brennenden Wunsches war, auf den Brettern zu stehen. »Wäre ich nicht Fürstin, ich wäre Schauspielerin«, ist es ihr einmal entschlüpft.
Einer Gräfin Bubna (Vorname leider unbekannt) verdanken wir die detaillierte Schilderung eines solchen Wohltätigkeitsabends in der österreichischen Botschaft, an dem die Gräfin, zusammen mit Pauline Metternich, Wienerisches – notabene nicht von der feinsten Sorte – vortrug. Pauline hatte eine »Pawlatschen«, eine Bretterbühne, im Saal aufbauen lassen, ein leibhaftiger Prinz begleitete die Damen am Klavier. Unter den Gästen, die dicht gedrängt saßen, befand sich »ein liebenswürdiger, doch mit seinen weichen Körperformen höchst jovial wirkender Herr, nach dem dernier cri gekleidet, der an diesem Abend eine riesenhafte Chrysantheme ins Knopfloch gesteckt hatte, was schon am nächsten Tag von sämtlichen Kavalieren . . . nachgemacht wurde. Dieser Herr, der sich bei der Metternich äußerst wohl zu fühlen schien und behaglich lachte, war Edward Prince of Wales, späterer Beherrscher des größten Reiches der Welt«, berichtet die Gräfin Bubna.
Pauline Metternich war als Bursch verkleidet, eine »Strizzikappe«

schief in die Stirn gerückt, um den Hals ein rotes Tuch, die Gräfin trug ein blaugetupftes Wäschermädlkleid. Das Duo begann mit dem »Lerchenfelderlied«. »Die ärgsten Wiener Pülcher konnten die Mundart vom Donaustrand nicht besser beherrschen als wir beide!«
Beim Lerchenfelderlied handelte es sich um einen Streit zwischen Liebesleuten, der in Handgreiflichkeiten ausartete, um mit einem Versöhnungsbusserl zu enden.
»Unser distinguiertes Publikum geriet in Ekstase . . . Der Beifall steigerte sich womöglich noch, als wir ›Die wahre Liab, die keinen Pfarrer braucht‹ vortrugen, und der Strolch Pauline Metternich nach . . . eindeutigen Zweideutigkeiten mich ans Herz drückte mit der Aufforderung: ›Aber hiazt, Lintscherl, hörst auf, denn sunst muaß i lach'n / Haha, haha, Hollarodio: / Mir bleib'n 's dem Pfarrer schuldi' / Und die Heirat gült ja do!‹ . . .
Da trat unter rasendem Händeklatschen, Beifallsrufen und Blumenwerfen der Prinz von Wales herzlich lachend zur Pawlatschen, küßte erst der Fürstin, dann mir . . . die Fingerspitzen und sagte [aus dem Französischen übersetzt]: ›Welch eine charmante Stadt, Ihr Wien – wo es selbst die Apachen [!] sind.‹«
Der Korb, der diskret auffordernd auf dem Klavier stand, wurde an diesem Abend randvoll mit Goldmünzen und Banknoten, die jungen österreichischen Künstlern zugute kamen.
1861 war ein einschneidendes Jahr für Pauline Metternich. Sie verlor ihre Mutter, und sie erlebte den größten Skandal ihrer bisherigen Karriere.
Das Hinscheiden der Mutter ging so still und unauffällig vor sich, wie Leontine Sandor gelebt hatte, nur die Folgen dieses Todesfalles waren gravierend. Pauline wußte nicht, wohin mit dem kranken Vater, den Leontine bis dahin betreut hatte, ohne sich jemals zu beklagen. So beschlossen die Metternichs, den Grafen Sandor zu sich nach Paris zu nehmen. Einige Monate ging es gut, Moritz Sandor verhielt sich meist unauffällig, doch erforderte der geistig nicht mehr intakte Mann mehr Aufmerksamkeit, als Pauline bei ihren vielen Verpflichtungen aufbringen konnte. Sandor wurde nach Wien zurückgebracht. Von ausgesuchtem Pflegepersonal umhegt, dämmerte er seinem Tod im Jahre 1878 entgegen. Sowohl bei der Überführung des Leichnams in die ungarische Heimat wie auch beim Begräbnis auf dem Gute Bajna, stan-

Pauline in einem ihrer Theaterkostüme

desgemäß im Vierergespann, gingen jedesmal die ansonsten lammfrommen Pferde durch ...

Der große Skandal ereignete sich am 13. März 1861; er hatte eine längere Vorgeschichte. Sie begann, als Franz Liszt einen Freund in Paulines Salon brachte, den er mit dramatischer Gebärde als »den Zukunftsmusiker« vorstellte. Pauline war leicht amüsiert über »das schwache, blasse, kleine Männchen, welches ziemlich zaghaft dasaß«. Richard Wagner war sein Name, und weil Liszt sich so für ihn einsetzte, versprach Pauline, eine Soiree zu veranstalten, auf der die »Zukunftsmusik« vorgestellt werden sollte.

Zur gegebenen Zeit nahmen die geladenen Gäste Platz, und – so Pauline Metternich mit ihren eigenen Worten – »Liszt setzte sich an den Flügel. Die Zaubermusik rauschte dahin, daß man sich in höhere Sphären versetzt meinte. Da erhob Wagner plötzlich die Stimme, und wie etwa ein krächzender Rabe, schrie er das Frühlingslied Siegmunds aus der Walküre, daß einem wirklich Sehen und Hören verging.«

Einmal in Schwung gekommen, war Wagner nicht mehr daran zu hindern, alle übrigen Rollen vorzusingen: »So schrie und spielte und brüllte er wie ein Löwe ...« Und das bis weit in die frühen Morgenstunden!

Trotzdem: Pauline war zutiefst beeindruckt von dieser neuartigen Musik, und sie überredete den französischen Kaiser, »Tannhäuser« in der Pariser Oper aufführen zu lassen. Wie allen Männern fiel es Napoleon III. schwer, Pauline eine Bitte abzuschlagen. Er wies den Intendanten an: »Hören Sie, die Fürstin Metternich interessiert sich für eine Oper namens ›Tannhäuser‹ von einem gewissen Richard Wagner ... Lassen Sie sie geben.« Der Intendant machte ein Gesicht, als hätte er in eine Zitrone gebissen, aber er gehorchte.

Wagner selbst leitete die Proben, und zwar, laut Pauline Metternich, so, »... daß er mit den Musikern im Orchester nicht spielte, sondern sie zu Tode quälte. Er war unausstehlich, und wenn der Befehl, den ›Tannhäuser‹ aufzuführen, nicht direkt vom Kaiser ausgegangen wäre, so dürfte er schwerlich über die Bretter gegangen sein, da Musiker, Sänger, Choristen, Costumiers, Maschinisten und, ich glaube selbst die Laternenanzünder, wild wurden und sich weigerten, den Launen des Meisters nachzugeben.« Die Proben-Probleme blieben nicht ver-

borgen, und das Stimmungsbarometer des Publikums stand schon lange vor der Premiere auf Sturm.
Die vorausgeahnte Katastrophe trat prompt ein. Pauline mußte schon auf dem Weg zu ihrer Loge einen Spießrutenlauf absolvieren. Hunderte starrten sie neugierig bis feindselig an, und die Leute begannen auf den Haustorschlüsseln zu pfeifen, ehe der erste Ton erklungen war. Die Oper ging unter in einem Chaos von »Pfeifen, Johlen, Lachen«; Pauline hatte Mühe, Haltung zu bewahren, als sie an den Logenrand trat, um demonstrativ zu applaudieren.
Die Kritiken waren niederschmetternd; »Tannhäuser ist tot, um nie mehr aufzuerstehen«, schrieb eine Zeitung. Ein anderer Berichterstatter behauptete, die Fürstin Metternich hätte vor Wut und Gram ihren kostbaren Fächer zerbrochen, was diese bis an ihr Lebensende dementierte.
Der Epilog war kostspielig: Da »Tannhäuser« abgesetzt werden mußte, entgingen Wagner die erhofften und fix eingeplanten Tantiemen. Er saß, bar aller Mittel, in Paris fest, weder imstande, die Hotelrechnung zu begleichen, noch eine Fahrkarte in die Heimat zu kaufen. Pauline Metternich, wer sonst, sprang wieder einmal ein. Sie veranstaltete unter Freunden eine Sammlung für den armen Künstler. Die Metternichs spendierten 5 000 Francs, und zu guter Letzt konnte Wagner das beachtliche Sümmchen von 20 000 Francs einstreichen. Stumm und gekränkt reiste er ab. Nicht daß Pauline ein Wort des Dankes erwartet hätte; es war ihr ein Herzensbedürfnis gewesen, dem Meister zu helfen, und Künstler waren, was jedermann wußte, gelegentlich vergeßlich. Aber daß Wagner die Metternichs in einer seiner späteren Schriften nur erwähnte, um sie zu schmähen und lächerlich zu machen (er stellte Richard als aufdringlich und Pauline als strohdumm dar), das hat seinen Schutzengel denn doch ein wenig gekränkt. Eine treue »Wagnerianerin« ist sie dennoch geblieben. Es erfüllte sie mit Genugtuung, daß in späteren Jahren ungezählte Franzosen demutsvoll zu den Bayreuther Festspielen pilgerten.
Eine Facette des Tannhäuser-Fiaskos darf allerdings nicht außer acht gelassen werden. Der Premierenskandal wäre vermutlich nicht so arg ausgefallen, hätte nicht ausgerechnet Pauline Metternich die Initiative zur Aufführung ergriffen. Natürlich war Wagners Musik fremd und schwer zugänglich, natürlich war der Ärger groß, daß nicht, wie seit

Menschengedenken Tradition, punkt halb zehn eine üppige Balletteinlage dargeboten wurde – aber dies alles erklärt die Katastrophe nicht hinreichend. Auch politische Motive spielten eine nicht unwesentliche Rolle, denn die Partei der »Italiener« war vollzählig erschienen, um die Österreicherin und ihren Protegé gehörig zu blamieren. Die Pfiffe auf den Haustorschlüsseln galten ebenso dem Komponisten wie der Repräsentantin eines Staates, der sich gegen die italienische Einigung sperrte und Venetien besetzt hielt.

1866 hatte die italienische Partei Grund zum Jubeln: Österreich war in Königgrätz von Preußen geschlagen worden; im Zuge eines komplizierten Friedensarrangements ging Venetien für Habsburg verloren. Als sie die Nachricht von der österreichischen Niederlage erfuhr, versetzte sich Pauline selbst eine schallende Ohrfeige: »Das ist die Ohrfeige, die wir bekommen haben, dieses Gefühl werde ich nie mehr vergessen.«

Auf ihre spezielle Art begann sie für Österreich zu demonstrieren. Sie ließ sich von Worth ein Kostüm aus grünem Loden schneidern, und sie trug häufig einen »Tirolerhut« – worauf grüner Loden und Tirolerhut (zumindest vorübergehend) in Paris große Mode wurden. Als Worth sie um Rat fragte, wie er ein von ihm kreiertes Braun nennen sollte, das Pauline scheußlich fand, suggerierte sie ihrem Leibschneider, es »Bismarckbraun« zu taufen.

Wie immer auch die politische Lage war, Pauline legte stets Wert auf perfekte Kleidung, und sie war nach wie vor tonangebend in der Mode. Sie war die erste, die der steifen und bewegungshinderlichen Krinoline den Kampf ansagte; alle kopierten das »Metternich-Kleid«, ein Ensemble aus geradem, sehr schmal geschnittenem Rock und farblich kontrastierender, dreiviertellanger Bluse. Ob sie es war, die der Schleppe den Garaus gemacht hat – darüber gibt es widersprechende Berichte.

Die Anti-Österreicher in der Pariser Gesellschaft und ihre Gefolgschaft unter den Presseleuten sowie die Republikaner, die lieber heute als morgen die Monarchie gestürzt gesehen hätten, ließen begreiflicherweise kein gutes Haar an der Österreicherin, die so im Mittelpunkt des Interesses stand und deren ausgezeichnete Beziehungen zum Kaiserhaus kein Geheimnis waren. Sie wurde für die notorische Verschwendungssucht der Kaiserin und den allgemeinen Verfall der

Sitten verantwortlich gemacht. Unter »schlechte Sitten« verstand man auch das offene Wesen Paulines. Daß sie frank und frei ihre Meinung sagte, wurde ihr allerdings nicht nur von ihren Gegnern, sondern auch von Anhängern verübelt.
Prof. Dr. Antoine Barthez, Leibarzt des Kaiserpaares, nannte sie eine »außerordentliche, einmalige junge Frau«, die aber durch ihre zwanglose Art sowohl beim prüden Kleinbürgertum als auch bei den verzopften Hocharistokraten alten Stils Anstoß erregte: Sie besuchte, wie schon in Dresden, ohne »männlichen Schutz« Kaffeehäuser! Sie rauchte in der Öffentlichkeit! Sie trug bei der Jagd und beim Sport Hosen! Horrible! Pauline war, zumindest was ihr Agieren nach außen hin betraf, eine moderne Frau im heutigen Sinn.
1867 war eines der ereignisreichsten Jahre in der Pariser Zeit der Metternichs. Es war das Jahr der Weltausstellung, das Jahr, da Franz Josephs Bruder Maximilian, Kaiser von Mexiko, erschossen wurde, und es war das Jahr, da der österreichische Kaiser zu einem Staatsbesuch nach Paris kam.
Anläßlich der Weltausstellung gab – wie im vorangegangenen Kapitel kurz erwähnt – der österreichische Botschafter einen Ball, zu dem »tout Paris«, einschließlich des Kaiserpaars, geladen war. Und es war mehr als ein Ball: die bewußte Demonstration von Österreichs Macht und Herrlichkeit, trotz Königgrätz, trotz des Verlustes von Venetien. Sogar im Wiener Außenministerium war man sich dessen bewußt und bewilligte einen gigantischen Spesenfonds von 100 000 Francs. Pauline hat ihn so fabelhaft genutzt, »daß Männer, welche seit Jahrzehnten alle Feste in Paris gesehen hatten, versicherten, eine solche feenartige Schöpfung ... nie gesehen zu haben«, schreibt der bereits genannte Wiener Journalist Friedrich Uhl. Pauline habe bewiesen, »die Erste zu sein im Reich des Geschmackes, der Phantasie und der Mode«.
Die Botschaft in der Rue de Grenelle im vornehmen Faubourg St.-Germain war buchstäblich auf den Kopf gestellt und so verändert worden, daß selbst oftmalige Besucher kaum imstande waren, sie wiederzuerkennen.
Ganze Zimmerfluchten hatte Pauline umfunktioniert, Möbel und Teppiche anders arrangiert, durch Wolken von Vorhängen neue Perspektiven eröffnet, mit Blumen, Grünpflanzen und geschickt plazier-

ten Spiegeln und Lichteffekten ein phantastisches Feenreich geschaffen.
Ein vielstimmiges, langgezogenes »Aah« entrang sich den sonst so blasierten Parisern, als die Flügeltüren zum Tanzsaal geöffnet wurden, der nahtlos in den Garten überzugehen schien, wo über Wasserkaskaden bunte Lampions schwebten. Ein Sommernachtstraum par excellence! Dieser Ball vom 28. Mai 1867, zu dessen Gelingen, wie im vorigen Kapitel nachzulesen, Johann Strauß nicht unwesentlich beigetragen hat, war der größte Pariser Triumph der Pauline Metternich; noch wochenlang wurde er besprochen und beschrieben.
Just an jenem Abend ist der temperamentvollen jungen Frau ein schwerer Fauxpas unterlaufen: Bei der Eröffnungsquadrille, getanzt vom Kaiserpaar, den Metternichs, dem Herzog von Edinburgh und Prinzessin Mathilde von Sachsen, der belgischen Königin Marie (sie war eine geborene Habsburgerin) und dem deutschen Kronprinzen Friedrich, flüsterte der Preuße der Wienerin zu, wie glücklich er sei, auf österreichischem Boden zu stehen. Sie erwiderte schneidend: »Das kann ich nicht sagen.« Der Gast war verschnupft.
Im Zuge der Weltausstellung folgte ein Fest dem anderen, Pauline fühlte sich »wie ein gehetzter Hase«. Am 19. Juni brach das hohle Gebilde von hektischer Heiterkeit und aufgesetzter Lebenslust lautlos in sich zusammen: Paulines und Richards Gespiele aus den Kindertagen, Maximilian von Mexiko, war hingerichtet worden. Kaiser Napoleon und seine Frau, die nebulosen Träumen von französischem Einfluß auf dem amerikanischen Doppelkontinent nachgehangen waren, hatten ein gerüttelt Maß an Schuld in diesem Drama.
Sie waren es, die Maximilian dazu überredet hatten, die Krone Mexikos anzunehmen; aber als sich herausstellte, daß er zum Scheitern verurteilt war, ließen sie ihn im Stich. Maximilian verlor das Leben. Seine Witwe Charlotte – Pauline hatte sie noch als Kind in Brüssel kennengelernt – verlor den Verstand; sie blieb bis an ihr Lebensende, sechzig Jahre lang, geistig umnachtet.
Am Rande waren auch die Metternichs in die Tragödie verstrickt. Beide hatten an mehreren Geheimsitzungen teilgenommen, ehe Napoleon Maximilian die Krone Mexikos einredete. Die Warnungen ihrer österreichischen Freunde, die »Böses ahnten«, hatten Eugénie und Napoleon ignoriert. Von schlechtem Gewissen geplagt, eilten die

beiden nun nach Österreich, um Franz Joseph persönlich ihr tiefempfundenes Mitgefühl etcetera etcetera auszudrücken.
Der österreichische Kaiser, mehr der Staatsräson als familiären Gefühlen verpflichtet, kam bereits wenige Monate später zum Gegenbesuch nach Paris, und zwar allein, da Kaiserin Elisabeth guter Hoffnung und daher nicht reisefähig war. Franz Joseph wurde von jubelnden Parisern am 23. Oktober 1867 lautstark empfangen: Frankreich, nun das drohende Erstarken der deutschen Nachbarn fürchtend, hatte sein Herz für Österreich entdeckt und schwor »Revanche pour Sadova«. (Da der Name Königgrätz für französische Zungen unaussprechbar war, mußte ein bedeutungsloses, nahe Königgrätz gelegenes Dörfchen für die neue Parole herhalten.)
Noch am selben Abend gab es in den Tuilerien einen Empfang für Franz Joseph. Am nächsten Tag war er Gast bei seinem Botschafter, und es ereignete sich Unerhörtes: Der stets hastige und gleichgültige Esser delektierte sich sichtlich an dem exzellenten Menü. Bei den berühmten »Lukullus-Trüffeln«, einer Spezialität des Chefkochs, um den Pauline von halb Paris beneidet wurde, langte die Majestät sogar zweimal zu. Kein Mensch konnte sich erinnern, daß das je geschehen wäre. Man erzählte sich noch lange von dem einmaligen Ereignis.
Pauline saß zur Rechten ihres Kaisers – und sie benahm sich schon wieder einmal daneben, indem sie ihn fragte, ob er erlaube, ein Porträt von ihm anfertigen zu lassen, um es in der Botschaft aufzuhängen. Mit ernsten Worten wurde ihr später erklärt: Man dürfe niemals, aber wirklich niemals, die Majestät außerhalb einer offiziellen Audienz um etwas bitten, und überdies müßte jede Bitte vorher schriftlich angemeldet werden. Pauline explodierte: »Den lieben Gott kann ich Tag und Nacht um Gnaden ... anflehen ... und niemand findet etwas dabei. Ich bin sicher, daß der Kaiser nicht schwieriger ist als der Allmächtige.« Sie bekam ihr Porträt.
Die nächsten Zwischenfälle passierten bei einem Empfang in Compiègne. Jedermann wußte, daß Franz Joseph nicht die Gabe des »faire salon« (Salon zu machen) hatte, eine zartfühlende Umschreibung dafür, daß er ein hölzerner Patron war, mit dem man sich nicht flüssig unterhalten konnte. Also mußte er anderweitig beschäftigt werden, und Eugénie bot ein buntes Programm, wie seit Jahr und Tag in Compiègne üblich.

Der erste Eklat war, daß ein junger französischer Aristokrat sich als Kunstpfeifer betätigte. Nie zuvor hatte es ein Sterblicher gewagt, im Angesicht des Monarchen zu pfeifen – aber dieser schien nicht das geringste dabei zu finden. Er war allerdings irritiert, als sein Kabinettschef, Baron Adolf Braun, sich über Paulines Bitte anschickte, ein Lied zum besten zu geben, von Richard Metternich am Flügel begleitet. »Er wird es doch nicht tun?« fragte Franz Joseph besorgt. »Er wird«, antwortete Pauline unbeeindruckt. »Sind Sie sicher? Es wäre peinlich, wenn er sich lächerlich machte.« Baron Braun machte sich nicht lächerlich. Er sang hübsch, und sein Kaiser applaudierte freundlich. Er applaudierte noch viel freundlicher, als Pauline einige ihrer hinreißenden französischen Chansons vortrug.
»Paris ist wie ein Traum, so überwältigend schön habe ich es mir nicht gedacht«, liest man in einem Brief des Kaisers an Elisabeth. Wer Franz Josephs ledernen Stil kennt, muß diese Formulierung als euphorischen Gefühlsausbruch empfinden.
Ab Anfang 1870 wurde immer deutlicher, daß Frankreich eher früher denn später bereit war, »Revanche pour Sadova« zu nehmen. Der Krieg gegen Preußen stand unmittelbar bevor – und Pauline war schwanger. Eugénie riet der Freundin, sich für die letzten Wochen vor der Entbindung der vibrierenden Nervosität von Paris zu entziehen und aufs Land zu gehen. Die Kaiserin besaß in Bougival, einem Dörfchen nahe Versailles, eine reizende kleine Villa, und die Metternichs folgten dem Rat der Kaiserin, Pauline möge dort die Entbindung abwarten. Allerdings bestanden sie darauf, Miete zu zahlen.
Am 27. Juni 1870 gebar Pauline ihre dritte Tochter; sie wurde Clementine genannt. Sophie war nun schon dreizehn, Pasqualine acht Jahre alt, als die kleine Schwester kam. Wie hat Pauline auf die Nachricht reagiert, daß es wieder ein Mädchen war? Sicher war sie nicht entzückt, denn die Metternichschen Besitzungen durften nur in männlicher Linie vererbt werden (Majoratsregelung), und überdies hatte Kaiser Franz Joseph sich als Pate für einen eventuellen Knaben angetragen.
Kaiser Napoleon und Eugénie besuchten Pauline, als sie noch im Wochenbett lag. Es war das letzte Mal, daß Pauline den glücklosen Kaiser der Franzosen sah. Am 19. Juli begann der Krieg gegen Preußen. Napoleon III. zog ins Feld, um, ganz und gar kein Abbild des großen

Paulines Töchter (von links): Pasqualine, Clementine und Sophie

Onkels Napoleon I., eine taktische Stümperei nach der anderen zu begehen. In der Schlacht von Sedan am 1. September 1870 wurde er gefangengenommen, später in Schloß Wilhelmshöhe bei Kassel interniert. Die Verluste an Menschen und Material waren enorm.

Noch ehe es zur entscheidenden Schlacht kam, erschien Marie de Malakoff, die Frau des Marschalls von Frankreich, auch sie eine Freundin der Metternichs, bei Pauline und überreichte ihr, am ganzen Leibe bebend, ein unansehnliches Päckchen, in Zeitungspapier gewikkelt und mit Bindfaden verschnürt. Darin befand sich der persönliche Schmuck der Kaiserin, und Marie de Malakoff flehte Pauline an, die Pretiosen zu verwahren. Pauline fragte nach einem Inventarverzeichnis. Es gebe kein Inventarverzeichnis, sagte Marie. Dann könne sie den Schmuck nicht übernehmen, entschied Pauline.

Marie brach in Tränen aus. Sie bettelte und flehte so lange, bis Pauline sich erweichen ließ und die Kleinodien behielt. Sie versteckte sie fürs erste in den Schuhen ihrer Kinder. Später wurde Eugénies Schmuck bei der Bank von England deponiert, bis er wieder in die Hände der rechtmäßigen Besitzerin gelangte. Auf welchen Wegen er aus Frankreich herausgekommen ist, konnte nie eindeutig geklärt werden. Auf jeden Fall hatten die Metternichs die Hände im Spiel. Die französischen Kronjuwelen blieben von den Bonapartes unangetastet. Sie wurden später versteigert, als die Republik Frankreich in Geldnöten war.

Die Franzosen, felsenfest davon überzeugt, daß allein Napoleon und Eugénie – sie führte während der Abwesenheit ihres Mannes die Regierungsgeschäfte – für das Desaster von Sedan verantwortlich wären, standen auf, um in einem kurzen, aber heftigen Revolutionssturm die Monarchie für immer hinwegzufegen.

Richard Metternich brachte Frau und Kinder nach Boulogne sur Mer, sobald klar war, daß der Krieg für Frankreich eine schlimme Wende nehmen würde. Er selbst harrte in Paris aus und versuchte, der Kaiserin beizustehen, so gut es ging. Rein äußerlich wirkte Eugénie kühl und gefaßt, aber: »Sie ist halb tot vor Erschöpfung«, erklärte Metternich. »Ich würde alles tun, um die Kaiserin zu retten.«

Tatsächlich konnte er der Kaiserin am 4. September einen unschätzbaren Dienst erweisen. Der Pöbel war bereits dabei, die Tuilerien zu stürmen – um dann später zu plündern und alles kurz und klein zu schlagen, was nicht des Raubens wert schien –, aber Eugénie saß starrköpfig hinter dem Schreibtisch ihres Arbeitszimmers. Sie denke nicht daran, feige davonzulaufen. Metternich, assistiert vom italienischen Botschafter, machte ihr klar, daß sie nichts gewinnen, aber sicher ihr Leben verlieren werde, falls sie bliebe. Sie gab nach und ließ sich von den beiden Männern durch einen Hinterausgang in Sicherheit bringen. Auf Schleichwegen gelangte sie nach England, wo sie sich für einige Zeit niederließ.

Auch Pauline und die Kinder schifften sich am 6. September von Calais aus nach England ein. Die junge Frau behielt in diesem entsetzlichen Durcheinander von flüchtenden, um Bootsplätze kämpfenden Menschen einen klaren Kopf, daß es ihr sogar gelang, einen engen Mitarbeiter Napoleons außer Landes zu bringen. Senatspräsident Eugène Rouher saß mutlos in Calais fest, weil er in der Hast seinen Paß in Paris vergessen hatte. Krieg hin, Flucht her – ohne Paß konnte er Frankreich nicht verlassen, und ohne Paß konnte er englischen Boden nicht betreten. Zu seinem Glück reiste Pauline mit angemessenem Troß, sie schmuggelte den Senatspräsidenten unter die Dienerschaft, die en bloc abgefertigt wurde, aufs Schiff. Ein französischer Zollbeamter hatte ihn zwar erkannt, war aber mitleidig genug, ihn augenzwinkernd durchzulassen.

Ein halbes Jahr lang hat sich Frankreich, nun zur Republik geworden, weiter gegen Preußen gewehrt. Am 26. Februar 1871 mußte es endgültig kapitulieren.

Die Metternichs waren mittlerweile nach Paris zurückgekehrt, und Pauline stand, eingekeilt zwischen verbittert schweigenden Zuschauern, auf den Champs-Élysées, als die Preußen einmarschierten. Zu einer Begleiterin machte sie eine leise Bemerkung. Unbedacht hatte sie deutsch gesprochen – und wurde dann auch prompt als »sale allemande« (dreckige Deutsche) angepöbelt. Wütend replizierte sie, nun auf französisch: »Ich bin keine Deutsche. Ich bin Österreicherin, auch wir sind von Preußen geschlagen worden.«

Da nun die Machtverhältnisse geändert waren und statt des Kaisers ein Präsident an der Spitze des Staates stand, mußte Metternich im Mai 1871 erneut ein Beglaubigungsschreiben überreichen, diesmal beim großen alten Mann der französischen Politik, Louis Adolphe Thiers, demselben Thiers, der vor langer Zeit Paulines Großvater in

Brüssel für die Napoleon-Biographie interviewt hatte. Die Unterredung verlief in korrekter Höflichkeit.
Nun war zwar die Monarchie abgeschafft, die Republik ausgerufen, doch das steife Protokoll war lebendig wie nie zuvor: Die Frau des Botschafters mußte ihrerseits Visite bei Madame Thiers machen (laut Pauline eine »hochnäsige Person«), eine säuerliche alte Dame, deren ganze mausgraue Erscheinung ein lebender Protest gegen den Schick und den Luxus des Zweiten Kaiserreichs war. Die vorgeschriebene Besuchszeit wurde diesmal um keine Sekunde überschritten.
Zwei Monate später – die Metternichs waren gerade auf Urlaub in Wien – ließ sich der französische Botschafter bei Richard melden und erklärte unter vielen Entschuldigungen und verbalen Kratzfüßen, daß der Österreicher in Paris Persona non grata geworden sei. Metternich reichte sofort seine Demission ein.
Aber die bürokratischen Wege bis zum endgültigen Abschied waren so lang, so unüberschaubar und verschlungen, daß Richard und Pauline sehr wohl noch einmal nach Paris zurückkehren mußten. Der österreichische Botschafter machte am 31. Dezember 1871 bei Präsident Thiers Abschiedsvisite; vierzehn Tage später hatten die Metternichs ihren schönen, lustigen Haushalt aufgelöst und kehrten für immer nach Wien zurück.
Madame Thiers wird Pauline keine Träne nachgeweint haben, aber Madame de Carette war betrübt: »Die Fürstin Metternich hat in der Pariser Gesellschaft Erinnerungen hinterlassen, die niemals verblassen werden.« Sie ist heute noch an der Seine ein Begriff, viel mehr als in ihrer Heimat, denn sie verkörperte ein Stück französischer Geschichte.
Meyers Konversationslexikon schickte noch Jahre später Pauline Metternich ein paar handfeste Schmähungen hinterher: »Die Fürstin, eine Freundin der Kaiserin Eugénie, nicht ohne Geist und Phantasie, machte sich durch ihre Teilnahme an den frivolen Exzentrizitäten der vornehmen Damen bekannt, während M. allzusehr Schleppenträger der Napoleonischen Politik war.«
An dieser Stelle muß unbedingt eine Geschichte vorgezogen werden, die sich erst ungefähr zu der Zeit, da das Meyer-Lexikon erschien, abgespielt hat:
Der deutsche Kaiser Wilhelm II. war 1895 auf Staatsbesuch in Wien,

Richard Fürst von Metternich mit seiner Frau Pauline, um 1870

und er bestand darauf, die »gefährliche Preußenfresserin« kennenzulernen. Schon Bismarck hatte seinerzeit mit grimmiger Hochachtung von der »kleinen Metternich« gesprochen, die viel mehr Einfluß auf die Politik ausübte, als man von einer Dame vermuten könnte. Wilhelm II. also ließ sich Pauline Metternich vorstellen. Als er nur wenige Worte mit ihr gewechselt und wenige Blicke in ihre lachenden braunen Augen mit den berühmten Goldsprenkeln getan hatte, war er schon bereit, sich in die lange Reihe ihrer Schleppenträger einzufügen. Er habe sich noch nie so gut amüsiert wie bei der Metternich, vertraute er seinem Botschafter, Graf Philipp Eulenburg, an: »Und da muß man nach Wien reisen. In Berlin gibt es so was nicht«, ärgerte sich der deutsche Kaiser.

Doch zurück in die späten Januartage des Jahres 1872. Pauline zählte sechsunddreißig, Richard dreiundvierzig Jahre, und beide waren jetzt gewissermaßen arbeitslos, denn der Fürst quittierte den diplomatischen Dienst. Er widmete sich der Verwaltung seiner Güter und Schlösser in Böhmen und im Rheinland, wo sich die Familie abwechselnd in der schönen Jahreszeit aufhielt. Höchste Befriedigung brachte ihm später das Ehrenamt eines Präsidenten der Gesellschaft der Musikfreunde, das er gewissenhaft und effizient ausfüllte. Das Ehepaar Metternich sah man regelmäßig in der Direktionsloge des Goldenen Saales im Musikvereinsgebäude.

Pauline brauchte nicht lange zu suchen, bis sie die ihr angemessene Tätigkeit gefunden hatte, bei der sie ihre schier unstillbare Sehnsucht nach darstellerischer Entfaltung mit der Verwirklichung hochgesteckter Ziele vereinen konnte.

Die Sozialgesetzgebung stak noch in den Kinderschuhen. Arme, Alte, Kranke waren auf private Hilfe angewiesen. Clemens Metternich hatte darum bereits 1817 einen »Verein zur Unterstützung der Notleidenden« ins Leben gerufen, und gegen Ende des Jahrhunderts gab es allein in Wien 250 Wohlfahrtsvereine, fast durchwegs von Frauen geleitet und verwaltet.

Clemens Metternich wies das Ansinnen, daß er als Staatskanzler durch aus Steuern gespeiste öffentliche Fürsorge das Los der Ärmsten wirksamer erleichtern könnte, entschieden zurück. Er vertrat den Standpunkt, daß der dafür notwendige Apparat viel zu kompliziert, zu träge und durch seinen ihm innewohnenden Drang zur Selbstver-

mehrung zu aufwendig sei. Wenn man helfen wolle, müsse dies rasch, gezielt, unbürokratisch vor sich gehen. Das brächte mehr und sei obendrein billiger.
Pauline, unverbrüchlich an den Lehren und Ideen des Großvaters festhaltend, wäre niemals auf die Idee gekommen, daß es andere als private oder kirchliche Möglichkeiten gab, Nächstenliebe zu praktizieren. Sie nützte diese Möglichkeiten bis an die Grenzen des Denkbaren aus. So beliebt sie war – so gefürchtet war sie als unerbittliche »Schnorrerin«. »Ich bin Gewohnheitsbettlerin«, pflegte sie zu sagen. Die satirische Zeitung »Der Floh« zeigte einmal ein Rudel flüchtender Männer, verfolgt von einem geldgierigen Damenkomitee, an der Spitze Pauline Metternich. Es war nicht das einzige Mal, daß das markante Gesicht der Fürstin in einer Karikatur verewigt wurde.
Auch der Kaiser war vor ihr nicht sicher. Wenn sie es für notwendig befand, ihm das Protektorat über eine ihrer Veranstaltungen anzutragen, weil nur dann der Erfolg gesichert war, dann ließ sie sich zur Audienz vormerken. Sie konnte sicher sein, keine vergebliche Bitte zu tun.
Mehr noch. Eines Tages ließ die Majestät anfragen, ob ein Gegenbesuch angenehm wäre. Welch eine Frage!
Um zwei Uhr nachmittags des vereinbarten Tages fuhr die Hofequipage beim Palais am Rennweg vor: Der Kutscher mußte, einem Pfadfinder gleich, zuerst die Route auskundschaften, die Fahrzeit genau berechnen – um dann wieder in Richtung Hofburg zu entschwinden. Alle wußten, was dieses Manöver zu bedeuten hatte: Es besagte, daß zwei Stunden später der Kaiser vorfahren würde. Binnen kurzem war die Straße schwarz vor Menschen. Die Schaulustigen wurden von pickelbehaubten Polizisten auf die Plätze verwiesen, sämtliche Fahrzeuge eine halbe Stunde vor Eintreffen des Kaisers zur Prinz-Eugen-Straße umgeleitet. Punkt vier Uhr traf Franz Joseph im Palais Metternich ein. Der Besuch dauerte exakt zwanzig Minuten. Was die Fürstin und der Kaiser, die als Halbwüchsige so oft miteinander getanzt hatten, beredet haben, ist nicht überliefert.
Den Vorwurf, sie dränge sich beim Kaiser auf, hat sie immer scharf zurückgewiesen: »Warum ist es unmöglich, dem Kaiser eine Bitte vorzutragen? Dieser infernale Servilismus bei uns! Die Pest, der Fluch der allerhöchsten Herrschaften ist ihre Umgebung. Bei den Souverä-

nen heißt sie Kamarilla, bei den Ministern sind es die Sektionschefs ...«

Pauline Metternich war gewitzt genug, die von ihr eingetriebenen Riesensummen (dem Bankier Nathaniel Rothschild hat sie einmal eine Million Gulden entlockt) nicht »mit der Gießkanne« auszuteilen und versickern zu lassen. Vielmehr förderte sie gezielt Einzelprojekte.

»Der Tag, an dem die Fürstin ihr Interesse und ihre Fürsorge diesem Institut zuwandte, ist ein Markstein in der Geschichte dieser Anstalt«, heißt es in einem Jahresbericht der Allgemeinen Poliklinik, der sie zu einem komplett ausgestatteten Krankenhaus samt Schwesternschule verholfen hat. Die Wiener Rettungsgesellschaft, moderne Unfallstationen für das Allgemeine Krankenhaus sowie ein »Verein zur Verhinderung der Staub- und Rauchplage« wären ohne sie kaum je über das Planungsstadium hinausgelangt.

Pauline war streng dem christlich-patriarchalischen Kodex des Verantwortungsbewußtseins für den Nächsten verbunden; daran hielt sie sich auch im privaten Bereich. Auf ihren ungarischen Gütern – sie war nach dem Tode des Vaters 1878 Alleinerbin – zahlte sie den Untergebenen Arzt, Apotheke und Spital; es gab Kinder- und Schulgeld sowie – sehr fortschrittlich – Leistungsprämien. Je höher die Einnahmen, desto größer der Zusatzverdienst für Mitarbeiter: Paulines Güter florierten ungemein.

Aus heutigem Wissen – oder, besser gesagt Nichtwissen – über verborgene Zusammenhänge ist es schwer zu beurteilen, ob Pauline so spendenemsig war, weil sie sich damit gesellschaftlich sanktionierten Zugang zu den Gefilden der darstellenden Kunst verschaffte, oder ob ihre karitative Tätigkeit Anlaß war, sich künstlerisch zu produzieren. Wie dem auch sei – ihre Lust am Theaterspiel muß unbändig gewesen sein. Sie bestand darauf, in den Metternich-Schlössern Plaß und Königswart, wo sich die Familie für einige Monate des Jahres aufhielt, Laienspielgruppen zu bilden. Wer von den Gutsbeamten und deren Familienmitgliedern fähig war, auch nur einen geraden Satz hervorzubringen, mußte mitmachen – an der Spitze die Schloßherrin selbst, versteht sich.

Die Wiener Wohltätigkeitsabende – mit sehr gesalzenen Eintrittspreisen – fanden teils in Adelspalais (Liechtenstein, Auersperg, Schwarzenberg) oder im Kleinen Musikvereinssaal statt. Die Veranstaltungen

in den Häusern der Aristokratie wurden gestürmt, denn es war für den Normalbürger die einzige Gelegenheit, einen Blick in das Interieur der großen Welt zu tun.
Meist wurden eigens für diese Abende geschriebene und komponierte Werke dargeboten, aber auch »normale« Bühnenstücke – etwa eines Arthur Schnitzler. Aus einer Pantomime »Der Puppenladen«, für die Richard Metternich die Musik zusammengestellt hatte, ging das berühmte Ballett »Die Puppenfee« hervor, mit der Musik von Joseph Bayer; dieser hat übrigens, alternierend mit Joseph Hellmesberger und anderen prominenten Dirigenten, die musikalische Betreuung von Paulines Soireen besorgt.
Sie selbst war immer die Hauptattraktion: Wenn ihr Name auf dem Programmzettel stand, waren die Vorstellungen sofort ausverkauft. Sie war die einzige unter den Darstellern aus den Kreisen des Adels, die mit größter Professionalität spielte. »Es hieße, Pauline Metternich zu tief stellen, wenn man sagen wollte, sie besitze großes schauspielerisches Talent. Sie besitzt mehr . . .« schreibt die »Wiener Zeitung«. Ein anonymer Zeuge berichtet: »Die Hauptperson bei diesen Vorstellungen ist immer die Fürstin Metternich. Sie singt Couplets in unverfälschtem Wienerisch oder Chansons in bestem Französisch und entwickelt einen ›Hamur‹, der das glänzende Licht dieses weiblichen Universalgenies zeigt. Ein Lied, von der Metternich vorgetragen, ist ein Ragout mit Paprika, eine Sauce piquante und ein Quodlibet feinster Nuancierung der Pointen . . . Als Coupletsängerin steht die geniale Aristokratin unerreicht da.« Burgtheaterdirektor Adolph von Wilbrandt stellte sie ohne Ironie auf eine Stufe mit der umjubelten Operettendiva Josefine Gallmeyer.
Pauline wußte genau: die Mitspieler aus ihren eigenen Kreisen waren allesamt so blutige Laien, daß sie leicht zum Gespött werden konnten. Darum verpflichtete sie für jede Vorstellung einige »echte« Schauspieler und Regisseure (Franz Jauner, Karl von Bukovics unter anderen), und alle wirkten um Gotteslohn mit. Weibliche Darsteller aus der großen Theaterwelt wurden bezeichnenderweise selten gebeten, dafür aber männliche Publikumsmagneten wie Adolf von Sonnenthal, die Nummer eins des Burgtheaters, und Hugo Thimig, der Star unter den Komikern.
Paulines Favorit war eindeutig Sonnenthal, über den Felix Salten ein-

mal geschrieben hat, er sei der genialste und idealste Gentleman, der je auf einer deutschsprachigen Bühne gestanden sei.

Sonnenthal übersah es ohne Wimperzucken, wenn sich seine hochherrschaftlichen Partner auf der Bühne wie Tölpel benahmen, und er beflügelte Paulines Spiel spürbar. Die Fürstin und der Schauspieler waren bis zu Sonnenthals Tod im Jahre 1909 eng befreundet. Ihr Briefwechsel atmet Geist und Gefühl, Respekt vor der Persönlichkeit des anderen.

Das Verhältnis zu Hugo Thimig – Vater des unvergeßlichen Dreigestirns Helene, Hans und Hermann Thimig – war nicht so innig, obwohl die Familien auch privat miteinander verkehrten. In seinen Memoiren finden sich einige gar nicht schmeichelhafte Passagen über Paulines Veranstaltungen: »Die aristokratischen Vorstellungen sind nun gottlob zu Ende. So interessant der Verkehr mit der geist- und temperamentvollen Metternich war ... das Ganze blieb doch eine undankbare Geschichte, und die siebzehn Proben dieses Dilettantenkrams ekelten mich bis ins Herz hinein an ... Die ganze Sauce hocharistokratischen Anstrichs konnte die Leere und die Dürftigkeit der gebotenen Kunstgenüsse nicht bemänteln.«

Dabei wollte Pauline gerade von Thimig so sehr anerkannt werden. Sie schrieb ihm: »Je öfter ich die Bretter betrete, je mehr sehe ich ein, wie schwer es ist, auch nur in der kleinsten Rolle erträglich zu sein. Nach jeder Vorstellung fühle ich mich entmutigt ... An Feuer und Temperament gebricht es mir nicht, aber ... am Können.« Die Antwort Thimigs, wenn es denn je eine gegeben hat, kennen wir nicht.

1879 wurde Pauline zum ersten Mal Großmutter – Tochter Sophie hatte im Jahr zuvor einen Fürsten Oettingen geheiratet. Die Fürstin war entzückt über den Enkel Franz – und zugleich verunsichert. Auf der Stelle wollte sie ihre Bühnentätigkeit aufgeben, denn nur zu bald würde das Publikum »die alte Fürstin« nicht mehr estimieren. Ihr Burgtheaterkavalier Sonnenthal überredete sie, bei der Stange zu bleiben, und sie befolgte – wahrscheinlich nur zu gern – seinen Rat. Schließlich war sie erst dreiundvierzig Jahre und weit davon entfernt, »die alte Fürstin Metternich« zu sein.

Elf Jahre später allerdings trat sie abrupt und für immer ab: Ihre zweite Tochter, Pasqualine, verheiratet mit einem Grafen Waldstein-Wartenberg, war, erst 28 Jahre alt, zusammengestürzt und binnen weniger Minuten gestorben. »Kein Laut, kein Schrei, kein Seufzer«, wehklagte Pauline. Die Diagnose lautete: Embolie. Eine Obduktion wurde nicht durchgeführt.

Nach angemessener Trauerzeit wandte sich Pauline Metternich mit vermehrtem Einsatz ihrer Lebensaufgabe zu. Die Aristokratin aus einer Gesellschaftsschicht, die seit jeher darauf bedacht war, ihren Kreis möglichst exklusiv zu halten, kam zu der bahnbrechenden ökonomischen Einsicht, daß als sichere Einnahmequelle nur die breite Masse tauge; das hieß, buchstäblich Krethi und Plethi an den Metternich-Festivitäten zu beteiligen und dafür kleine Münze in großer Menge einzunehmen. Sie veranstaltete bis weit ins hohe Alter Bälle und Redouten, inszenierte Maskenfeste und Gartenpartys für Tausende.

Eine einzige Veranstaltung, die ihr besonders am Herzen lag und auf die sie besonders stolz war, wurde zum finanziellen Debakel – wobei allerdings angemerkt werden muß, daß zwar die reine Kostenabrechnung negativ ausfiel, der Nutzen, den der Fremdenverkehr, Handel und Wandel zogen, unberücksichtigt blieb. Der Begriff der »Umwegrentabilität« war noch unbekannt, wenngleich der Kreis um Pauline Metternich nahe daran war, ihn zu erfinden, wie wir später sehen werden.

Die »Musik- und Theaterausstellung« von 1892 mit ihren Rahmenveranstaltungen, gewissermaßen eine Vorläuferin der »Wiener Festwochen«, war die erste Exposition dieser Art überhaupt. In der prachtvoll gestalteten Rotunde wurde ein Resümee aus der Musik- und Theatergeschichte von der Antike bis zur Gegenwart gezogen. Am 7. Mai 1892 eröffnete der Kaiser diese »einzigartige Erscheinung der Kulturgeschichte der Völker« (»Neue Freie Presse«), eine Veranstaltung, »die wohl nie mehr ihresgleichen finden dürfte«, (so ein Zeitzeuge, der berühmte Musikwissenschaftler Guido Adler). Adler mag recht behalten haben: Nie mehr sah man so viele Original-Exponate, Instrumente, Kostüme, Autographen, Wiegendrucke von unschätzbarem Wert an einer Stelle versammelt.

Pauline hatte ihre Beziehungen zu den Großen dieser Welt spielen lassen (1 800 Briefe!), um der Ausstellung auch ein umfangreiches Rahmenprogramm zu bescheren. Renommierte Wissenschaftler trafen einander auf Symposien, die berühmtesten Orchester, Opern- und

Bühnenensembles aus der Alten und der Neuen Welt konnten in einem eigens dafür errichteten Theater besichtigt, gehört und bestaunt werden. Von diesem Theater- und Musikfestival aus traten Pietro Mascagni und Friedrich Smetana ihren Siegeszug über die internationalen Opernbühnen an. Hofoper und Hofburgtheater nahmen nicht teil, da der Obersthofmeister Fürst Hohenlohe aus Gründen, die noch zu erörtern sind, das ehrgeizige Metternich-Spektakel nicht zu unterstützen gedachte.

900 000 Besucher, viele aus dem Ausland, wurden in den ersten drei Monaten gezählt, dann ließ der Zustrom schlagartig nach, das Defizit war unaufhaltsam. Daß Handwerk und Hotellerie, seit Jahren in einer Flaute liegend, sich beträchtlich erholen konnten, zählte damals noch nicht.

Pauline war tief deprimiert. Sie kam zu der auch heute noch gültigen Erkenntnis, daß mit Hochkultur keine Geschäfte zu machen waren, und sie bereute es, das Angebot des Zirkusdirektors Hagenbeck ausgeschlagen zu haben, der sich mit einer Tierschau und einer volkstümlichen Revue samt Schwertschluckern und Indianertänzen zur Mitwirkung an der großen Sache angetragen hatte.

Seltsamerweise ist von dieser kulturellen Pionierleistung der Pauline Metternich so gut wie nichts in Erinnerung geblieben, hingegen fällt fast jedem Wiener, auch unserer Tage, beim Nennen ihres Namens spontan das Wort »Blumenkorso« ein.

Nach dem Vorbild der »Blumenschlachten von Nizza«, die sie aus ihrer Zeit in Frankreich kannte, organisierte Pauline Metternich am 29. und 30. Mai 1886 zum ersten Mal ein »Frühlingsfest im Prater«. (Der Name hat sich nicht gehalten. Dieses und später folgende Feste, die auch noch in der Zwischenkriegszeit abgehalten wurden, hießen im Volksmund »Blumenkorso«.)

Blumengeschmückte Wagen sollten am ersten Tag über die Prater Hauptallee fahren, am selben Abend und am nächsten Tag war ein Volksfest angesagt. Der Eintrittspreis betrug pro Wagen fünf Gulden, Zuschauer hatten fünf Kreuzer zu entrichten.

Das Fest begann am 29. Mai um drei Uhr nachmittags mit dem Defilee der Wagen. Bereits ab zwei Uhr spielten mehrere Militärkapellen, und schon lange vorher strömten die Menschen in dichten Scharen herbei, versorgten sich bei den Buden, in denen junge adelige Damen

Blumen verkauften, mit »Munition«. Flatternde Fahnenwälder unter strahlendem Frühlingshimmel bildeten die eindrucksvolle Kulisse.
Wer nicht Lust hatte, in den Prater zu marschieren, konnte ab dem frühen Vormittag in der Stadt die langsame Zufahrt der Equipagen zum Prater bestaunen; oft mußten sie stundenlang in praller Hitze warten, ehe sie in die Hauptallee einfahren durften.
Nie zuvor hatte man Kutschen in derartiger Pracht gesehen, der ganze Prater schien ein Feengarten, und einmal mehr wurde die Schöpferin dieses Kunstwerks der Unterhaltung eine »Zauberfee« genannt.
Angeführt wurde der Korso vom Kronprinzenpaar, gefolgt von den Kutschen des Adels, durchwegs geschmückt in den Wappenfarben. Die Equipage der Metternichs war ganz in Gelb gehalten, ein Baldachin aus gelben Rosen wölbte sich über den Fahrgästen, die Radfelgen waren mit Blumen durchzogen, die Peitschenstiele der Kutscher (in gelber Livree) blumengekrönt. Neureiche Bürger protzten mit teurer exotischer Blütenüppigkeit, selbst kleine Handwerker hatten Fiaker gemietet und eigenhändig verziert, um bei diesem grandiosen Fest der Wohltätigkeit und der Eitelkeit dabei zu sein.
Die Wiener, im dichten Spalier, brachen in »Ahs« und »Ohs« aus. Besonders üppig und augenfällig (nicht immer geschmackvoll!) drapierte Kutschen ernteten spontanen Applaus.
Höhepunkt der Auffahrt war die Blumenschlacht, Bouquets flogen hin und her, wurden aufgefangen, wieder zurückgeworfen – ein Lachen und Schreien und wirres Durcheinander. Erstaunlicherweise wurde niemand verletzt.
Das Volksfest verlief laut und turbulent, und jedermann sang begeistert den neuesten Schlager: »'s gibt nur a Kaiserstadt, / 's gibt nur a Wien, / 's gibt nur a Fürschtin, / d' Metternich Paulin'.«
Die finanzielle Ausbeute dieses ersten Blumenkorsos war beachtlich. 2 790 Eintrittskarten für Kutschen waren verkauft worden, 267 973 Billets an Zuschauer. Jeder vierte Wiener war im Prater gewesen!
Hofrat Franz Xaver Neumann-Spallart, studierter Statistiker und Mitglied des Praterfest-Komitees, wollte offenbar die »Umwegrentabilität« der Veranstaltung erheben. Alle Teilnehmer erhielten Korrespondenzkarten und wurden gebeten, diese ausgefüllt zurückzusenden – auch anonym. Gefragt wurde nach den Ausgaben für Sattler, Wagen, Mieten, Damenoberbekleidung (inklusive Fächer und Schirme), Her-

renoberbekleidung, Livreen, Blumen, Körbe, Praterrestaurants und Kaffeehäuser. Die Ergebnisse dieser Umfrage sind verschollen.
Bereits ein Jahr später, am 4. und 5. Juni 1887, fand das nächste Frühlingsfest statt, das, weniger wetterbegünstigt, dennoch ausgezeichnet besucht war. Selbst aus den fernen Kronländern strömten Gäste herbei, und es mußten Sonderzüge eingeschoben werden. Der Reingewinn war zufriedenstellend.
Sogar der Kaiser nahm an diesem zweiten Blumenkorso teil – und neuerlich kam Pauline mit der Etikette in Konflikt. Fürst Konstantin Hohenlohe-Schillingfürst, der Obersthofmeister, warf ihr vor, dem Publikum zugewinkt und solchermaßen Hoch- und Jubelrufe provoziert zu haben. Beifallskundgebungen, die nicht dem Kaiser galten, so wurde die Fürstin vom Fürsten weiter belehrt, seien nicht gestattet. Sie möge in Zukunft derartige »Demonstrationen« verhindern, forderte Hohenlohe. Wie dies allerdings zu bewerkstelligen wäre, verriet er nicht. Pauline entgegnete dem Fürsten, er möge doch dafür sorgen, daß der Kaiser sich mehr in der Öffentlichkeit zeige und endlich seine lächerliche kleine »Incognito-Kutsche« verließe, dann würde er erleben, wie man dem Kaiser und nicht ihr zujuble.
Pauline hatte wieder einen Punkt in ihrer Dauerfehde mit Hohenlohe gewonnen. (Sie bezeichnete ihn als »chronischen Grantscherben«.) Den nächsten Punkt kassierte sie zwei Jahre später, als der Turmhügel im Türkenschanzpark – dessen Anlage sie kräftig mitfinanziert und zu dessen Ausgestaltung sie mit Pflanzen aus den Metternichschen Gärtnereien beigetragen hatte – den Namen »Paulinenhöhe« erhielt. Der nach Hohenlohe benannte, im Prater aufgeschüttete »Konstantinhügel« hatte endlich das entsprechende Pendant gefunden. »Wenn der Konstantinhügel aus Wut zusammenbricht, kann ich es ihm nicht verargen«, triumphierte Pauline.
Dennoch: Sie konnte nicht verhindern, daß bis zu Hohenlohes Tod im Jahre 1896 der Blumenkorso nicht mehr stattfinden durfte. Der Obersthofmeister gab einfach die Prater Hauptallee, die kaiserlicher Privatbesitz war, nicht frei. Daß der Poliklinik Unsummen entgingen, störte ihn anscheinend nicht. Nach seinem Ableben schrieb Pauline: »Leider hatte die Seele nicht Platz, in dem kleinen Körper groß zu werden.«
Die Rivalität zwischen den Häusern Metternich und Hohenlohe-

Ausfahrt zum Blumenkorso

Schillingfürst scheint auf den ersten Blick verwunderlich, denn beide hoben sich auf ziemlich gleiche Weise vom Durchschnitt der übrigen Adelsgesellschaft durch Toleranz und Großzügigkeit ab, beider Salons waren weit offen für Intelligenz und Kunst.

Die Hohenlohes wirkten aktiv am geistigen Konzept der Ringstraße mit, fast alle großen Architekten gingen bei ihnen aus und ein und diskutierten ihre Pläne mit dem Fürstenpaar. Pech für die Metternichs: Sie saßen während jener heroischen Zeit in Paris, und als sie nach Wien zurückkamen, war dieser Vorsprung des Hohenlohe-Salons nicht mehr einzuholen.

Auch Franz Liszt und Richard Wagner verkehrten bei den Hohenlohes. Während Pauline vom hochverehrten Komponisten des »Tannhäuser« nichts als üble Nachrede erntete, schenkte er Marie Hohenlohe ein Autograph – denn mit ihr war er um etliche Ecken »verwandt«: Maries Mutter, die schöne polnische Prinzessin Carolyne Iwanowsk, war als bereits reife Dame ihrem Ehegemahl, dem Fürsten Seyn-Wittgenstein, Maries Vater, durchgebrannt, um mit Liszt eine Lebensgemeinschaft einzugehen. Liszt wiederum war Wagners Schwiegervater, Marie Hohenlohe daher, im weitesten Sinn, die Schwägerin von Richard Wagner. Auch dieser Bonus war nicht wettzumachen.

Die Abneigung der Hohenlohes gegen die Metternichs, das heißt, insbesondere gegen Pauline, war subtilerer Natur. Sie richtete sich vor allem gegen das manchmal als skandalös empfundene Auftreten der Fürstin. Wenn sie sich als Sängerin und Schauspielerin öffentlich produzierte – das mochte um des guten Zweckes willen noch zu tolerieren sein; aber wie sie sich daheim in großer Gesellschaft aufführte, das mußte Befremden auslösen und abstoßen. Pariser Sitten und politische Meinungsäußerungen! Dé-gou-tant!

Einer von Paulines vielen Bewunderern, der bereits erwähnte Graf Philipp Eulenburg, hat einen solchen privaten Gesellschaftsabend im Palais Metternich beschrieben: Zuerst unterhielt die Hausfrau ihre Gäste mit einer Pantomime. Sie zeigte, wie sie und Kaiserin Eugénie, auf zwei niedrigen Hockern sitzend, einem schottischen Herrn in Nationaltracht beim Billardspiel zusahen. Den Höhepunkt der Vorführung bildete, zum quietschenden Vergnügen des Publikums, die Darstellung des Gentleman, wie er sich niederbeugte, um das Queue zielführend zu stoßen und gleichzeitig durch die komischsten Verdrehungen und Verrenkungen seiner Sitzfläche versuchte, den Damen einen Blick in das nicht vorhandene Darunter seines Kilts zu verwehren. Später parodierte sie den »schönen Karl«, Wiens beliebten Bürgermeister Karl Lueger, hielt als Lueger eine pathetische Rede, um ihm als Pauline Metternich zu erwidern: ».. . . Aber schließlich wurde die Sache ernst, und mit flammenden Augen und lauter Stimme sprach sie erstaunlich gut und politisch richtig . . .« (Eulenburg). Man kann sich vorstellen, was Pauline gesagt hat; sie verabscheute den populistischen Kleinbürger und Antisemiten Lueger mit allen Fasern ihres Herzens.

Paulines Salon war einer der ersten, wenn nicht überhaupt der erste unter denen der Hocharistokratie, in dem Juden ganz selbstverständlich verkehrten. Den Spitznamen »Nôtre Dame de Zion« hatte sie nicht ohne Grund erhalten. Die strenggläubige Katholikin war allerdings auch nicht ganz frei von religiösem Antisemitismus, der jedoch nichts gemein hatte mit dem rassistischen Judenhaß, der damals gerade aufkam. Ein Getaufter war für sie und ihresgleichen kein Jude mehr.

Nach einem Konzert im Musikverein erzählte sie ihrem Freund Nathaniel (»Nathi«) Rothschild, »Nix wie Juden« seien neben, vor und hinter ihr gesessen. Baron Rothschild schwieg, sah sie nur fest an, und sie schlug sich auf den Mund: »Pardon, das hätte ich nicht sagen dürfen. Aber warum lassen Sie sich nicht endlich taufen, daß man ungeniert über Juden reden kann?« Der Bankier erwiderte trocken: »Was würde das an der Sache ändern? Ich wäre dann eben ein getaufter Jud'.« Die Metternich replizierte heftig: »Aber ja, genau darauf kommt es an.« Sie konnte nicht ahnen, daß es einige Jahrzehnte später tatsächlich nicht mehr darauf ankommen würde.

Jedenfalls war es undenkbar, daß auf einem ihrer Feste das passierte, was der englische Diplomat Sir Horace Rumbold verwundert in seinen Memoiren festgehalten hat: »Man vermag sich kaum eine schlimmere Feuer- und Wasserprobe vorzustellen, als jene, die z. B. Mademoiselle Louise de Rothschild durchzustehen hatte, wenn sie [in Wien] . . . Bälle und Soireen [besuchte]. Da war sie nun, ein sehr reizvolles Mädchen, bestens erzogen, wie alle Damen aus ihrer Familie, klug, von feiner Lebensart und vom Schicksal mit den schönsten

Hoffnungen begünstigt – doch manche der jungen Prinzessinnen und Comtessen würdigten sie kaum eines Wortes oder eines Kopfnickens, und selten fand sie einen Tanzpartner, es sei denn einen von uns Ausländern.«

Man versuchte Sir Horace einzureden, daß die jungen Leute einen Bogen um Louise de Rothschild machten, um nicht in den Geruch der Mitgiftjägerei zu geraten; doch ihr sonstiges Verhalten strafte sie Lügen: Selbstverständlich wurde keine Prinzessin, keine Comtesse, selbst keine junge Dame aus bürgerlichem Haus geschnitten, nur weil sie eine Millionenerbin war ...

Pauline Metternich machte vom Zeitpunkt ihrer Rückkehr aus Frankreich die Rothschilds salonfähig, nachdem sie in Paris freundschaftlichen Kontakt mit der Bankiersfamilie gepflogen hatte. Bettina aus der französischen Linie heiratete Albert, den Chef des Wiener Hauses, und sie war, samt Ehemann und Schwager Nathaniel, gerngesehener Gast im Palais Metternich.

Nathaniel blieb unverheiratet, und Pauline arrangierte viele seiner Feste, bei denen sie den Platz der Hausfrau einnahm. »Nathi« Rothschild hatte sich in der Theresianumgasse ein entzückendes Palais erbauen lassen, seine Sammlung alter Meister (Van Dyck, Rembrandt, Frans Hals, Tiepolo) genoß internationale Anerkennung.

Nicht minder berühmt waren die von seinem französischen Koch kreierten und mit Früchten (Kirschen und Erdbeeren im Januar!) aus den Rothschildschen Glashäusern garnierten Buffets. Fürstin Nora Fugger schreibt in ihren Lebenserinnerungen: »Ich konnte mich oft des Lachens nicht enthalten, wenn ich sah, wie die stolzesten Damen des höchsten Adels ihre antisemitischen Gefühle über Bord warfen und sich die herrlichen Erdbeeren gut schmecken ließen ...«

1895 war das Jahr der Katastrophen im Leben der Pauline Metternich. Am 1. März erlag Richard einem Hirnschlag. Nur zehn Wochen später wurde ihr ältester Enkelsohn Franz, noch nicht einmal siebzehn Jahre alt, von einer Lungenentzündung dahingerafft.

Richards Tod stürzte sie zum ersten Mal in ihrem Leben in Ratlosigkeit und Verzweiflung. »Was wäre ich denn ohne ihn geworden; er hat doch erst aus mir gemacht, was ich bin«, klagte sie, und sie hatte so unrecht nicht: Der stille, noble Mann, der niemals seinen kühlen Kopf verlor, bot den idealen Ausgleich zu ihrem manchmal ungezü-

gelten Temperament. Richards Tod hat sie so mitgenommen, daß sie nicht fähig war, ins böhmische Plaß zu fahren, wo ihr Mann in der Familiengruft beigesetzt wurde.
Da Pauline keinen Majoratserben geboren hatte, ging der Familienbesitz an Richards Halbbruder Paul über; wenn sie auch, laut Testament, auf lebenslanges Wohnrecht im Rennweg-Palais sowie den Schlössern in Böhmen und im Rheinland pochen konnte, waren es nun doch nicht mehr ihre, sondern die Heimstätten von Paul, seiner Frau Melanie (Pauline konnte sie nicht ausstehen) und deren Kindern.
Sie raffte alle Kraft zusammen, packte ihre persönlichen Sachen und zog aus. Bis zur Fertigstellung eines eigenen kleinen Palais in der Jacquingasse ging sie für zwei Jahre auf Reisen. Die unverheiratete Tochter Clementine teilte das Zigeunerleben, das die beiden kreuz und quer durch Europa führte, so auch nach Cannes, wo Pauline ein tränenreiches Wiedersehen mit ihrer Freundin, der Ex-Kaiserin Eugénie, feierte.
Als das Haus in der Jacquingasse stand, kehrte die Witwe nach Wien zurück, und es wurde ein neuer Anfang gemacht, sozusagen als neuer Mensch mit einem neuen Namen: Pauline nahm den Namen ihres Vaters an, da sie die letzte Sandor war. Sie und ihre Tochter Clementine hießen von da an Metternich-Sandor.
»Fürstin Metternich hat nun ihr kleines Palais bezogen und gibt gemütliche Diners. Vor einigen Tagen hatten wir das Einweihungsdiner . . . Sie war klassisch amüsant – etwas scharf im Urteil über die hiesige Gesellschaft, was diese ihr gelegentlich wiedergibt«, hielt Graf Eulenburg fest.
Zahllose Gäste füllten bei zahllosen Anlässen das neue Haus mit Leben, und alle waren entzückt über das geschmackvolle Ambiente, das Architekt Armand Bauque geschaffen hatte. Allerdings war es eher ein französisches denn ein wienerisches Domizil, und die Vermutung liegt nahe, daß Pauline Erinnerungen an Paris zu pflegen wünschte, wo sie die unwiederbringlich große Zeit ihres Lebens verbracht hatte.
Trotz allgemeiner Beteuerungen, daß Pauline Metternich-Sandor wieder »ganz die alte« geworden wäre, gab es doch schleichende Veränderungen, die allmählich aus der nun Einundsechzigjährigen eine »ganz Alte« machten.

Nach Richards Tod setzten körperliche Beschwerden ein, die sie allerdings zu ironisieren versuchte: »Wie ein altes Klageweib sitze ich in der Gesellschaft meines Rheumatismus«, scherzte sie bitter. Später war sie zeitweilig unfähig, Stiegen zu steigen und mußte getragen werden. Nach einer Reise schimpfte sie, man habe sie in den Zug »hineingeschmissen«. Viel lästiger noch war die zunehmende Schwerhörigkeit – ein Erbe ihres Großvaters Clemens Metternich.
Wenn man den Lebensweg der Pauline Metternich aus heutiger Distanz zu rekonstruieren versucht, zeigt sich ein Phänomen, das ihre Umwelt nicht in diesem Ausmaß bemerkt haben dürfte. Da sie ihre geistige *Regsamkeit* behalten zu haben schien, fiel wenig auf, daß sie ihre geistige *Elastizität* verloren hatte: Sie war zwar immer noch wissensdurstig, büßte aber die Fähigkeit ein, Neues zu verstehen, Ungewohntes zu verarbeiten und zu akzeptieren. Den künstlerischen Umwälzungen des Fin de siècle stand sie, die bis dahin so aufnahmebereit gewesen war, fassungslos abwehrend gegenüber. Sie mochte sich in ihrem Auftreten jugendlichen Schwung bewahrt haben – geistig alterte sie rapide. Das Stadtbild Wiens hat, zumindest in einem Fall, die Folgen ihrer Verbohrtheit noch heute zu büßen.
Otto Wagner, einer der bedeutendsten Architekten aus dem Kreis der »Secession«, sollte Anfang unseres Jahrhunderts neben der Karlskirche ein Museum errichten, wogegen das konservative Wien Sturm lief. Einem von Pauline Metternich heftig angetriebenen »Aktionskomitee des Vereins zum Schutz und zur Erhaltung der Kunstdenkmäler Wiens und Niederösterreichs« gelang es, das Projekt zu Fall zu bringen, und sie jubelte: »Ich danke Gott, daß dieser schreckliche Otto Wagner wieder abgeblitzt ist, fürchte aber immer, daß er wieder erstehen wird, weil er ein Günstling Luegers sein soll.«
Paulines Befürchtungen bewahrheiteten sich nicht. Ob sie allerdings mit dem Klotz einverstanden gewesen wäre, der anstelle des verhinderten Otto-Wagner-Baues nach dem Zweiten Weltkrieg neben die Karlskirche gestellt wurde, ist zu bezweifeln. Pauline Metternich mag hinter ihrer Zeit zurückgeblieben sein – geschmacklos ist sie in keiner Phase ihres Lebens gewesen.
Adalbert Seligmann, Kulturchef der »Neuen Freien Presse«, Paulines Freund und Partner in endlosen Kultur-Diskussionen, schreibt: »Mit ihrem wahrlich nicht geringen Temperament ... säbelte [sie] reihen-

weise ihre Opfer nieder, stach, hackte, bohrte ganze Bataillone von Pionieren der Moderne in Grund und Boden.«
Aber immer noch besuchte sie, einem unstillbaren Verlangen gehorchend, alle erreichbaren Ausstellungen. Wer zu ihrer Begleitung abkommandiert war, versuchte sich zu drücken, denn regelmäßig kam es zu unliebsamem Aufsehen, wenn die Fürstin mit der für eine Schwerhörige typischen Lautstärke ihrer Abscheu Ausdruck verlieh.
Die modernen Künste, so befand sie, hätten »nur am Häßlichen Vergnügen«. Über alles liebte sie, wir wissen es, Richard Wagner und konnte nicht genug von seiner Musik bekommen – Mahler und Schönberg hingegen waren ihr ein Greuel: »Diese Sucht nach Neuem ist die Krankheit unserer Zeit«, grollte sie. Hatte sie wirklich vergessen, wie kompromißlos sie einstmals Richard Wagners »Sucht nach Neuem« gefördert und unterstützt hatte?
Während eines Aufenthalts in München ging sie ins Theater und berichtete: »Ich habe den ›Fuhrmann Henschel‹ [von Gerhart Hauptmann] hier im Schauspielhaus aufführen sehen . . . Das ist crasse – brutal – roh und der Dialog enthält nicht ein geistreiches Wort, nicht einen schön ausgedrückten Gedanken.« Es röche, so schrieb sie schaudernd weiter, im ganzen Saal förmlich nach Sauerkraut und schlechtem Tabak, die Hanne sei namenlos schmutzig, und es gäbe eklige Wäsche zu besichtigen. Sollte das Stück je in Wien aufgeführt werden, sei sie sicher, daß man »hinlaufen [werde], um zu sehen, ob es denn wirklich so scheußlich anzusehen ist – daran zweifle ich ebenso wenig wie daran, daß alle Abonnenten und das feinere Publikum entsetzt fliehen werden . . .«
Auch die Feste der Pauline Metternich zugunsten der Poliklinik und der Rettungsgesellschaft, die fulminant inszenierten alljährlichen »Metternich-Redouten« in den Sophiensälen, brachten Jahr für Jahr eine Menge Geld, aber keine künstlerischen Innovationen. Pauline Metternich hatte, Fluch des Alters, die Fähigkeit verloren, sich weiterzuentwickeln. Dem Publikum machte es nichts aus; es liebte diese seit Jahren unveränderten Spektakel, die unter den verschiedensten Mottos standen. »Im Paradeisgartl«, »Japanische Kirschblüte«, oder »Gold und Silber«, ein Fest, das Franz Lehár durch den dafür komponierten Walzer gleichen Namens unvergeßlich machte.
Der letzte dieser Kostümbälle fand 1911 statt, da Pauline Metternich

bereits fünfundsiebzig Jahre alt war. Er stand unter der Devise »Bosnische Redoute« – ein makabrer Zufall. Nur drei Jahre später starb der österreichische Thronfolger in Bosnien von Mörderhand. Der Erste Weltkrieg begann, und mit ihm versank die Welt der Pauline Metternich für immer.

Sie, die sonst so sensibel gewesen war, spürte nicht, welch schreckliches Ende dem Großreich Österreich-Ungarn bevorstand, sonst hätte sie nicht bei Kriegsausbruch in blindem Patriotismus geschrieben: »Ich freue mich, daß unser Österreich endlich einmal wider Kruzitürken und Chinesen [?] hinausdonnert.«

Ihr achtzigster Geburtstag wurde 1916 gefeiert – kriegsbedingt ohne großen Pomp. Am meisten freute sie, daß ihre Freunde 80 000 Kronen für die Poliklinik gesammelt hatten. Kaiser Franz Joseph bedachte sie mit einem für seine Verhältnisse überaus herzlichen Schreiben, in dem er sie »aufs wärmste beglückwünschte«, »dankbare Anerkennung« für »Ihr edles Wirken« aussprach und schloß: »In aufrichtiger Hochschätzung Ihr wohlgeneigter Franz Joseph.« Neun Monate später war der Monarch, mit dem sie als Kind gespielt und getanzt, in Paris als junge Frau gelacht hatte, tot. Es wurde immer einsamer um die alte Fürstin.

Sie verließ kaum noch das Haus, und sie litt schrecklich unter der Kälte in den hohen Räumen. Sie hatte zwar, neben der damals extravagant modernen Zentralheizung, vorsichtshalber ein paar Kachelöfen setzen lassen, doch auch da gebrach es bald an Heizmaterial. In dicke Decken gehüllt saß sie im Lehnstuhl und strickte mit klammen Fingern Babyjäckchen für Waisenkinder.

Nach Kriegsende lernte Pauline Metternich am eigenen Leib die Not kennen. Die Verbindung zu ihren ungarischen Gütern war unterbrochen, sie hatte keine Realeinkünfte mehr, und verschämt wurde kleinweise das kostbare Inventar ihres Hauses verkauft oder, wenn es sich um weniger wertvolle Stücke handelte, verheizt. Die erzielten Preise waren lächerlich gering – alle Leute warfen damals Antikes auf den Markt, aber Butter, Mehl, Zucker und Speck waren rar und unverschämt teuer.

Pauline Metternich erhielt dennoch gelegentlich Besuch. Die Gäste brachten ihre Verpflegung selbst mit: Ersatzkaffee und Keksersatz aus undefinierbaren, sägespäneartigen Ingredienzien.

Die alte »Fürschtin Paulin'«

Eines Tages gab es sogar ein Konzert. Vier greise Musiker spielten Quartette von Mozart und Haydn für das greise Publikum. Die greise Fürstin lächelte unverbindlich freundlich, denn sie hörte nichts.
Beim »Gott-erhalte«-Satz von Haydns »Kaiserquartett« fingen alle zu schluchzen an. Pauline stupste den alten Grafen Wilczek und trompetete: »Erinnern Sie sich noch an unseren ersten Ball?« Der Graf nickte. Er besann sich genau: Pauline trug das Kostüm einer Marketenderin, und als er sie zum Tanz aufforderte, sagte sie schnippisch: »Pfui, mit kleinen Buben tanze ich nicht.« Der Graf war damals sieben, Pauline acht Jahre alt.
1920 starb ihre liebste Freundin, die gewesene Kaiserin von Frankreich, Eugénie, im Alter von vierundneunzig Jahren an den Folgen einer Staroperation. Die beiden alten Damen hatten während des ganzen Krieges über Schweizer Freunde brieflichen Kontakt gehalten. Nach dem Zusammenbruch fragte Eugénie die Freundin, ob sie ihr finanziell aushelfen könnte. Paulines Antwort wissen wir nicht, aber so, wie sie lebte, dürfte sie keine Unterstützung angenommen haben.
Am 21. September 1921 erlitt sie einen Schwächeanfall. Wie der Großvater war sie dennoch geistig hellwach. Tag und Nacht von Ärzten und Schwestern der Poliklinik sowie ihren beiden Töchtern betreut, sprach sie gelassen über den bevorstehenden Tod. Er ereilte sie am 28. September im Schlaf.
Pauline Metternich-Sandor wurde, wunschgemäß, ohne großes Aufheben auf ihrem Gut Bajna neben den Eltern begraben. Warum sie sich nicht an der Seite ihres heißgeliebten Richard und ihres verehrten Großvaters beisetzen ließ, bleibt im dunkeln.

Der Diltsch

Adele Sandrock 1863–1937

»Kind – es ist wirklich besser, über Deine Kunst nichts zu sagen – da können alle Worte der Begeisterung nicht nachklettern. Warum kann man so einen Abend nicht aufbewahren wie irgendein tiefes Buch oder ein herrliches Bild? Warum werden die Leute in hundert Jahren keine Ahnung haben, wie Du gespielt hast, während sie ohne weiteres erfahren können, wie Goethe geschrieben hat? Ich beklage meine Urenkel . . . Du bist einzig und groß.«

Der dies am 18. Mai 1894 geschrieben hat, war zwar ein ziemlich verliebter Mann, die Leidenschaft für die angesprochene Dame hatte ihm jedoch keineswegs den Sinn für die Realität getrübt. Arthur Schnitzler, damals ein junger Arzt und ein noch unbekannter Literat, sagte seiner Angebeteten, der Schauspielerin Adele Sandrock, auch unverblümt, wenn ihm ihr Spiel nicht gefallen hatte. Das kam allerdings nur selten vor.

Hundert Jahre sind nun fast verstrichen. Schnitzler konnte nicht ahnen, daß ein schwacher Abglanz dessen, was die Sandrock einmal gewesen sein mag, den so tief bedauerten Urenkeln erhalten geblieben ist.

Im Nachmittagsprogramm des Fernsehens kann man gelegentlich in alten Schwarzweißfilmen eine tief zerfurchte alte Frau bewundern, die in der Rolle einer »komischen Alten« die peinliche Lächerlichkeit solcher Chargen durch souveräne Selbstironie ersetzt; manchmal verkörpert sie auch herrische Fürstinnen oder leidende Mütter.

Fast unglaublich, aber wahr: 1936 wurden nicht die kapriziöse Lilian Harvey, nicht die statuarisch schöne Brigitte Helm und auch nicht die mitreißende Brigitte Horney zur beliebtesten Filmschauspielerin

Deutschlands gekürt, sondern die damals dreiundsiebzigjährige Sandrock. Nach einem abgrundtiefen Sturz in Hunger und Not war sie noch einmal in die lichten Höhen spektakulären Ruhms aufgestiegen. Welch ein Leben!
Als sie 1937 endgültig und unwiderruflich von dieser Welt, von der Bühne und vom Film abtrat, trauerte buchstäblich eine ganze Nation um sie. Als Tote geriet sie, die unsterbliche Geliebte zweier berühmter jüdischer Schriftsteller, ins lautstarke Reklamegetriebe des berüchtigten deutschen Propagandaministers Dr. Joseph Goebbels.
Welch ein makabrer Schnörkel der Weltgeschichte!

Unter Applaus hätte sich (um ein Haar) ihr erster Auftritt vollzogen, denn sie wurde in Rotterdam am 19. August 1863 unmittelbar nach einer Theatervorstellung geboren, in der Nans Sandrock den Hagen die Hauptrolle verkörperte. Angeblich hatte, außer der Garderobiere, niemand vom Zustand der Mimin gewußt, so geschickt soll sie gekleidet gewesen sein.
Adele war das jüngste von sieben Kindern; die vier ältesten waren früh gestorben. Schwester Wilhelmine war zwei, Bruder Christoph ein Jahr älter als sie.
Vom Vater, Wilhelm Sandrock, ist nicht viel mehr bekannt, als daß der Sohn des Bürgermeisters von Gotha in Thüringen ursprünglich Berufsoffizier war. Er quittierte den Dienst und übersiedelte nach Holland, nachdem er sich in die Schauspielerin Nans den Hagen verliebt hatte, die ihr Metier nicht aufgeben wollte. Wilhelm Sandrock übte einen nicht näher eruierbaren Kaufmannsberuf aus. Die Familie muß in guten Verhältnissen gelebt haben, denn sie führte ein großes Haus, an Personal war kein Mangel.
Vater Sandrock hielt seine Kinder in militärischem Drill. Sie mußten gerade ausgestreckt ihm Bett liegen, die Hände sozusagen an der Hosennaht. Des Nachts kam er mehrmals nachsehen, ob die Sprößlinge auch steif wie die Bretter im Bett lagen; wenn nicht, wurden sie unbarmherzig wachgerüttelt. Es ist nicht erstaunlich, daß Adele den Vater aus diesem – und sicher auch aus anderem – Grund in ihren Memoiren nur flüchtig erwähnt, daß nie auch nur ein Funken Sympathie für diesen Mann durchschimmert, den sie einmal lapidar als »schön« bezeichnet.

Vater Sandrock mit den Kindern (von links): Christoph, Adele und Wilhelmine

Um so stürmischer verehrte sie die Mutter. Sie hing an ihr mit einer Hörigkeit, die später die Beziehungen Adeles zu anderen Menschen – vor allem zu Männern – zutiefst beeinflußte. Diese Abhängigkeit riß auch nicht in Phasen ihres Lebens ab, da die Mutter wie ein Klotz am Bein ihrer Tochter hing, mehrmals nahe daran, deren Leben zu zerstören.

Als Kind war Adele außergewöhnlich zart. Sie wurde literweise mit Lebertran traktiert, und die Mutter zog ihre schwächliche Jüngste den älteren Geschwistern eindeutig vor. »Dilly«, so ihr Kosename, spielte kaum je mit den Geschwistern. Sie saß im Zimmer der Mutter und wartete auf deren Erscheinen und deren überschwengliche Zärtlichkeiten.

Die Bindung wurde noch tiefer, als Dilly im Alter von sieben Jahren aus Versehen einen Kessel mit siedendem Wasser umstieß und sich bis zu den Knien verbrühte. Sie laborierte mehr als ein Jahr an den schweren Verbrennungen, ehe sie überhaupt wieder gehen konnte.

Und just in jener Zeit verschwand der Vater über Nacht! Den Kindern wurde gesagt, daß er das rauhe Rotterdamer Klima nicht vertragen hätte und darum nach Berlin gezogen sei. Der wahre Grund der überstürzten Flucht ist nicht bekannt geworden. Nans Sandrock lief ständig mit verweinten Augen herum. Der große Haushalt wurde aufgelöst. Die Mutter mußte die Kinder in Internate schicken, weil sie sich keine Dienstboten zu deren Betreuung mehr leisten konnte. Ihre schauspielerischen Erfolge müssen demgemäß nicht so glanzvoll gewesen sein, wie Adele das später in ihren Memoiren zu suggerieren versuchte.

Dilly erlebte die Kälte des Internats als Alptraum. Nur der Gedanke, daß sie alle vier Wochen Ausgang bekam, um die Mutter zu besuchen, gab ihr Kraft: »Ich liebte meine Mutter abgöttisch. Schon ihr bloßes Erscheinen versetzte mich in einen Taumel der Glückseligkeit, für den es keine Worte gibt.«

So abrupt, wie die Katastrophe über die kleine Familie hereingebrochen war, so abrupt wendete sich das Blatt, als der Vater – Adele war zehn – die Seinen nach Berlin holte. Eine große, elegante Wohnung erwartete sie, die Bilder der Mutter waren mit Blumen umkränzt, eine Tafel war zum Empfang festlich gedeckt.

Adele verstand nichts mehr, und sie blieb von nun an ständig auf der

Hut vor den Wechselfällen des Schicksals. In diesen entscheidenden Entwicklungsjahren hat sich wohl der Kern ihres Charakters gebildet, der sie die Maxime ihres Lebens später so formulieren ließ: »Ich hasse die beiden Worte ›Reue‹ und ›Dank‹. Es würde mir ein Stück Lebens kosten, sollte ich eingestehen, daß ich bereue, und ich könnte es nicht über die Lippen bringen, das Wort ›danke‹ . . . Niemand hat mir geholfen, und so brauche ich auch niemand zu danken.«

Die Kinder, die neben ihrer Muttersprache recht gut Französisch und Englisch beherrschten, konnten kein Wort Deutsch, aber sie lernten es schnell, so daß die Mädchen in der Schule bald an Schüleraufführungen teilnehmen konnten. Sie beschlossen, Schauspielerinnen zu werden – nachdem Dilly ihren ursprünglichen Plan, Zirkusreiterin zu werden, verworfen hatte.

Die Mutter, die eben selbst erst Deutsch gelernt und ein Engagement in der »Urania«, einem Vorstadttheaterchen, gefunden hatte, gab den Mädchen Unterricht. Mit sechzehn stand Adele zum erstenmal an der Seite ihrer Mutter auf den Brettern der »Urania«; sie hatte sich den hochtrabenden Künstlernamen »d'Artois« zugelegt, den sie dann aber gleich wieder abstreifte. Sie muß Eindruck gemacht haben, denn ein Agent empfahl sie zum Vorsprechen nach Meiningen.

Meiningen – na und? Ein 12 000-Seelen-Nest mit einem kleinen Hoftheater.

Meiningen! Adele samt Mutter waren überwältigt. Denn: Meiningen (im heutigen Thüringen gelegen) wurde von Herzog Georg regiert, im Volksmund der »Theater-Herzog« geheißen, in Wahrheit ein echter Theaternarr und ein begnadeter Regisseur. Er machte »Die Meininger« für die kurze Spanne von knapp zwei Jahrzehnten zu einer der bedeutendsten Theaterkompanien Deutschlands; sie gaben zahlreiche, vielbejubelte Gastspiele im In- und Ausland, bis nach London kamen sie gar.

Wer in Meiningen engagiert war, brauchte sich um seine Zukunft keine Sorgen mehr zu machen. So hieß es allgemein, und so dachte auch Adele, als sie dem Herzog vorgesprochen hatte und engagiert worden war. Diese günstige Prognose mochte für andere zutreffen, Adele war die Ausnahme von der Regel. Ihre Karriere verlief von Anfang an in heftigen Kurven, und sie endete mehr als einmal in einer Sackgasse.

Sie erhielt einen Dreijahresvertrag, nahm tränenreich Abschied von »Mutti«, und sie absolvierte brav die Ochsentour durch kleine und kleinste Rollen. Sie hatte bereits an Gastspielen in Wien und in Budapest teilgenommen, ehe sich ihre erste große Chance ankündigte: die Perdita in Shakespeares »Wintermärchen« an der Seite, man höre und staune, des damals schon großen und berühmten Josef Kainz. Der aber würdigte den noch hageren, unfertigen Backfisch kaum eines Blickes und sagte nein. Nein, mit der würde er nicht spielen. Der Herzog bettelte und bat – ein Machtwort war dem eigenwilligen Künstler gegenüber unangebracht –, doch Josef Kainz ließ sich nicht erweichen.

Adele spielte die Perdita nicht. Zutiefst getroffen in ihrem Stolz und ihrem Selbstbewußtsein, erlitt sie den ersten von ungezählten Nervenzusammenbrüchen und magerte lebensbedrohend ab. Nach zweijähriger Tätigkeit verließ sie Meiningen.

Zurück in Berlin, siegte jugendlicher Optimismus über die Verzweiflung ob der erlittenen Schmach. Sie begann mit zorniger Besessenheit Rollen zu studieren, spielte der Mutter, in ein Bettuch gehüllt, die Sappho vor, und die tat den prophetischen Ausspruch: »Kind, du wirst noch einmal die Nachfolgerin der Wolter.«

Charlotte Wolter war, um einen Ausdruck der Opernwelt zu gebrauchen, die Primadonna assoluta des deutschsprachigen Theaters. Die Kleineleutetochter aus Köln, die einstmals als Schankmädchen gearbeitet hatte und noch immer nicht orthographisch richtig schreiben konnte, war *die* klassische Tragödin des Burgtheaters und überdies Ehefrau eines irischen Grafen.

Adele, keineswegs überzeugt, daß sie jemals an der Burg spielen würde, reiste vorerst mit Mutter und Schwester nach St. Petersburg, wo Wilhelmine am Deutschen Theater im Engagement war.

Die Reise lohnte sich. Adele sprach einem Agenten vor; sie wurde an das Deutsche Theater in Moskau vermittelt. Dort spielte die Achtzehnjährige bereits Hauptrollen. Luise in »Kabale und Liebe«, Ophelia in »Hamlet«.

Ihr gezaustes Selbstvertrauen begann sich eben zu festigen, als der Traum auch schon wieder zu Ende war. Nachdem Zar Alexander II. am 13. März 1881 einem Attentat zum Opfer gefallen war, mußten sämtliche Theater wegen der dreimonatigen Hoftrauer sperren. Adeles zweiter Nervenzusammenbruch war weniger folgenschwer als der erste – wenn man davon absieht, daß sie von diesem Zeitpunkt an zur Kettenraucherin geworden ist; ein Laster, das nicht zu ihrer Beliebtheit in der sogenannten guten Gesellschaft beitrug und das ihr ständig zum Vorwurf gemacht wurde.

Sie reiste nach St. Petersburg zurück, lernte dort eine Baronin Hahn de St. Quentin kennen, die an dem ebenso eigenwilligen wie unterhaltsamen Mädchen Gefallen fand. Diese engagierte Adele als Gesellschafterin und zigeunerte mit ihr (samt Zofe und Diener) durch Spanien und Frankreich. Die Baronin scheint Adele sehr geliebt zu haben, denn sie gab ihr in Paris einen überaus großzügigen Scheck, als das Mädchen erklärte, sie wolle dortbleiben, ihr Französisch perfektionieren und ihr Glück als Schauspielerin versuchen. Daraus wurde nichts, denn: »Du weißt, wie Mutti sich kränkt, wenn Du nicht bei ihr bist«, schrieb Wilhelmine. Adele packte ihre Koffer (samt Scheck) und fuhr heim zu Mutti.

Kurz gastierte sie am Deutschen Theater in Berlin, bekam dort aber ebensowenig ein fixes Engagement wie anschließend am Wiener Stadttheater, wo sie nicht über einige kleine Rollen hinauskam. Niemand ahnte noch etwas von ihrem wahren Talent. Sie wirkte unausgegoren, war abrupt in den Bewegungen. Das breitflächige Gesicht mit der großen Nase und den schmalen Lippen war wenig anziehend. Ihre gutturale Stimme, die das Deutsche mit einem (später geschätzten) Hauch von Akzent artikulierte, löste Befremden aus.

Wieder einmal saß Adele auf der Straße. Kein Agent wollte sie vermitteln, kein Theater sie haben, obwohl sie bereit war, für einen Gagen-Bettel von 50 Gulden monatlich zu spielen.

Ein Hoffnungsschimmer kam aus Wiener Neustadt. Das dortige Theater war bereit, sie für 20 (!) Gulden im Monat zu engagieren, aber sie mußte sich auch verpflichten, Operettenpartien zu übernehmen.

Noch zögerte sie, noch gab es einen Vorsprechtermin am Burgtheater für sie und Wilhelmine. Die Schwester wurde genommen, Adele fiel glatt durch. Statt des üblichen Nervenzusammenbruchs ergriff sie die Flucht nach Wiener Neustadt.

Die Wiener Neustädter, diese von oben herab angesehenen »Provinzler«, begriffen als erste, daß sich auf ihrer kleinen Bühne Abend für

Abend ein Wunder an Schauspielkunst ereignete. Sie wurde zur Diva, wenn auch nur zur Diva einer Kleinstadt mit 25 000 Einwohnern, die außer einer »lebhaften Industrie« (Meyers Konversationslexikon von 1897) kaum Attraktionen zu bieten hatte. Hin und wieder allerdings verirrte sich ein Kritiker aus Wien ins tiefe Niederösterreich, um erstaunt festzustellen, daß sich dort ein Talent in der Stille bildete.

So bekam die Sandrock ein Angebot vom Deutschen Theater in Budapest und konnte nun endlich einem großstädtischen Publikum zeigen, was sie zu bieten hatte. Direktor Stanislaus Lesser jubelte: »Ich bin ein alter Theaterhase, aber ein solches Spiel ist mir, seitdem ich beim Fach bin, doch noch nicht vorgekommen.«

Diesmal war es kein Kaisermord, diesmal war es ein verheerender Theaterbrand, der Adeles Höhenflug abrupt unterbrach. Die arbeitslos gewordenen Schauspieler hielten sich mit Gastspielen kreuz und quer durch Ungarn über Wasser. So auch Adele – wie immer in Begleitung der Mutter.

Sie befand sich, allem Malheur zum Trotz, in einer hoffnungsfrohen Phase. Überschäumend vergnügt durchtanzte sie die Nächte mit »feschen Honved-Offizieren«, lesen wir in ihren Lebenserinnerungen, »und es kam manchmal vor, daß auf einem der großen, festen Tische Tschardasch getanzt wurde«.

Mehr wissen wir nicht über Adeles Privatleben in jener Zeit, wenn wir auch, in genauer Kenntnis ihres späteren Weges, vermuten dürfen, daß es nicht nur beim »Tschardasch«-Tanzen mit den feschen Honved-Offizieren geblieben ist; so wie wir auch zwischen den Zeilen zu lesen glauben, daß ihr der »jugendliche Liebhaber« in Wiener Neustadt, mit dem sie in »Romeo und Julia« auf der Bühne ungeniert lebensechte Küsse tauschte, mehr gewesen sein mag als ein x-beliebiger Kollege.

Das große (berufliche) Glück kündigte sich mit einem kleinen Fetzen Papier an, einem Telegramm schier unglaublichen Inhalts.

Von ihrer strapaziösen und finanziell wenig ergiebigen Tournee zurück in Budapest, ereilte die Sandrock ein Ruf ans Theater an der Wien, dessen Direktor Franz Jauner sich unmittelbar vor der Premiere mit der Hauptdarstellerin des von ihm inszenierten Stückes »Der Fall Clemenceau« von Alexandre Dumas zerkracht hatte. Der Kritiker Heinrich Glücksmann – nomen est omen – hatte Adele in

Budapest gesehen; er empfahl sie an Jauner. Dem blieb keine Wahl, denn in der Eile fand sich kein Ersatz für die gefeuerte Protagonistin. Premiere war am 5. Oktober 1889. Die bis dahin völlig Unbekannte gestaltete in dem Kolportagestück die Wandlung eines bedingungslos liebenden Unschuldslammes zur Grande Cocotte, die am Ende ihr junges Leben unter den Messerstichen des gehörnten Ehemannes aushaucht, mit herzzerreißender Glaubwürdigkeit. Das zutiefst ergriffene Publikum brachte ihr Ovationen dar, und Hunderte bereiteten ihr am Bühnenausgang einen tumultuarischen Empfang; die große Charlotte Wolter gratulierte perönlich: »Endlich ein wirkliches Talent!«

»Als ich am nächsten Morgen die Augen aufmachte, war ich die berühmte Sandrock«, schrieb Adele später.

Die bescheidene Dreizimmerwohnung des Hauses Getreidemarkt 15, die Adele mit ihrer Mutter bezogen hatte, bekam das Aussehen eines mittleren Blumenladens, und täglich, nach jeder Vorstellung, kamen neue Buketts hinzu.

Plötzlich regnete es Angebote. Adele entschied sich für das soeben eröffnete Deutsche Volkstheater, als bürgerliches Gegenstück zum kaiserlichen Hofburgtheater konzipiert und auf Anhieb erfolgreich – nicht nur weil es jungen Autoren offenstand (Ibsen, Hauptmann, Anzengruber, Halbe, Sudermann), sondern weil es auch viele Werke im Geschmack eines breiten Publikums bot: parfümierte Konversationsstücke, Herz-Schmerz-Dramen, handfest Komödiantisches.

Die Sandrock hatte mit Bedacht das Deutsche Volkstheater gewählt. Von dort aus wollte sie dem Burgtheater, wo man sie so schnöde abgelehnt hatte, beweisen, was sie konnte, und das arrogante Hoftheater würde schon sehen, was es sich hatte entgehen lassen.

Ihren grandiosen Einstand feierte sie am 30. Dezember 1889 in einem Drama von Ludwig Ganghofer, »Die Hochzeit von Valeni«, das trotz unübersehbarer Schwächen zum Publikumsmagneten wurde. Der Dichter hatte ihr in dem Reißer die Rolle einer leidenschaftlich liebenden und hassenden Zigeunerin auf den Leib geschrieben. Er sollte nicht der einzige Autor bleiben, der sich dieses Zugpferdes bediente, um Furore zu machen. Einer von ihnen würde in nicht allzu ferner Zukunft Arthur Schnitzler heißen und, der Sandrock sei Dank, selbst die konservativen Besucher des Burgtheaters erobern . . .

Es gab sogar einmal einen Skandal, als Hermann Sudermanns »Sodoms Ende« durchfiel, weil, so behauptete der Dichter, die Sandrock nicht, wie vertraglich vereinbart, die Hauptrolle übernommen hatte. Sudermann klagte das Deutsche Volkstheater, die Sandrock spielte – äußerst widerwillig – den ihr zugedachten Part. Plötzlich kam das Stück an!

Es war gar nicht lange her, da hatte man Adele Sandrock nicht für 50 Gulden im Monat haben wollen – und nun bot man ihr Spitzengagen. Sie kam schließlich auf ein Jahreseinkommen von 22 000 Gulden, Gastspielreisen nicht mitgerechnet. Viel Geld für jemanden, der damit umzugehen versteht, aber eine Lappalie für eine Frau, die sich rasch an einen aufwendigen Lebensstil in äußerstem Luxus gewöhnte und die ihre Mutter – später zeitweise sämtliche Mitglieder der Familie – durchfütterte.

Auch mußte sie, wie damals üblich, für die Bühnengarderobe selbst aufkommen. Gerade in diesem Punkt dokumentiert sich die tief in ihr verborgene Unsicherheit, der ewig nagende Zweifel am eigenen Talent. Wie sonst ist zu erklären, daß die Sandrock für ihre äußere Erscheinung auf der Bühne mehr ausgab als die meisten ihrer Kolleginnen zusammengenommen? Sie ließ ausschließlich bei Drecoll arbeiten, dem führenden Couturier im Haus Kohlmarkt 7, gegenüber dem Hofzuckerbäcker Demel. Im Lauf der Jahre ließ sie ein Vermögen bei dem Hofschneider, dessen Kundenkreis sich aus den Damen der Hocharistokratie und der Hochfinanz zusammensetzte.

Binnen Jahresfrist stand sie bereits bei Gott und der Welt so hoch in der Kreide, daß sie fürchten mußte, eines Tages im Schuldturm zu landen. Das Rettungsseil warf ein Agent, der ihr ein Gastspiel in New York mit der sagenhaften Abendgage von 1 000 Dollar zu vermitteln versprach. Adele sagte auf der Stelle ja, ihr Direktor, Emmerich von Bukovics, setzte dem ein unwiderrufliches Nein entgegen – vergeblich.

Die Sandrock machte sich klammheimlich aus dem Staub. Sie fühlte sich durchaus im Recht, denn sie brauchte das Geld dringend – und damit basta! Der Luxusdampfer »Normannia« sollte sie, samt zweiundzwanzig Schrankkoffern, von Hamburg nach New York bringen. Begleitet wurde sie von der Mutter und von ihrem Bruder Christoph. Der war ein zwar ambitionierter, jedoch wenig gefragter Maler gewor-

Mutter Sandrock mit Wilhelmine, Christoph und Adele, um 1890

den, und es sollte nicht das letztemal sein, daß er sich an die erfolgreiche Schwester hängte.

Es wurde eine Höllenfahrt bei Windstärke zehn. Mutter Sandrock, von panischer Angst gebeutelt, forderte vom Steward ein großes Bettlaken, um sich mit ihren beiden Kindern zu verknüpfen, auf daß sie wenigstens gemeinsam ins nasse Grab sinken könnten.

»Das einzige, was uns Courage einflößen konnte, war ab und an ein stärkendes Schlückchen«, berichtete die Sandrock, nicht ohne unerwähnt zu lassen, daß die Getränkerechnung zum Schluß die stolze Summe von 700 Mark erreicht hatte. Sie wurde zum Glück vom Agenten bezahlt, denn Adele und ihre Angehörigen hatten, neben der Traumgage, »alles frei«.

Diese wenigen Sätze in Adeles Memoiren sind der einzige Hinweis darauf, daß nicht nur sie, sondern auch die übrigen Familienmitglieder kaum einen erfreulichen oder unerfreulichen Anlaß vorübergehen ließen, ohne gelegentlich auch mehr als »ein stärkendes Schlückchen« zu nehmen. Es gibt zuverlässige Zeugen dafür, und einer von ihnen ist Arthur Schnitzler, der die Trinksitten im Hause Sandrock sogar in einem Einakter verewigen sollte ...

Noch auf dem Schiff, vor der Einfahrt in den New Yorker Hafen, gab die Sandrock ihre erste Pressekonferenz. Mit untrüglichem Instinkt für wirksame Eigenwerbung machte sie den Reportern weis, sie sei aus Wien »durchgegangen, um die Amerikaner zu besuchen«. Die lieben Amerikaner dankten es ihr mit reichlichen Vorschußlorbeeren bereits beim Empfangsbankett – sie erschien in einem hautengen weißen Atlaskleid von Drecoll.

Das Gastspiel verlief, wie kaum anders zu erwarten, aufs äußerste befriedigend. Dennoch war die Sandrock unruhig, von Heimweh geplagt, und sie schlitterte in eine tiefe Depression, als publik wurde, daß die »Normannia« bei der Heimfahrt nach Hamburg Schiffbruch erlitten hatte.

Die Stimmung wechselte schlagartig, nachdem sie ein Telegramm aus Wien erhalten hatte: »ADELE KEHRE SOBALD WIE MÖGLICH ZURÜCK STOP ALLES VERZIEHEN STOP DIE DIREKTION DES DEUTSCHEN VOLKSTHEATERS«

Am 5. Mai 1891 stand sie wieder auf der heimischen Bühne, und sie registrierte mit Genugtuung den Auftrittsapplaus, der sie minutenlang

daran hinderte, auch nur ein einziges Wort zu sagen. Nach der Vorstellung wurden, zum erstenmal in ihrer Karriere, die Pferde der Kutsche ausgespannt. Junge Männer zogen den Wagen zu ihrem Haus – nicht mehr auf dem Getreidemarkt, sondern in der näher gelegenen Babenbergerstraße. Wilhelmine hatte dort für Schwester und Mutter ein vielzimmriges Luxusappartement eingerichtet, da sich Adele aufgrund des Dollarsegens in einer Dreizimmerwohnung nicht mehr standesgemäß untergebracht fühlte. Die Voraussetzung für neue Schulden war somit ohne größere Schwierigkeiten gegeben, um so mehr, als nun auch Vater Sandrock häufig bei der berühmten Tochter logierte und sich von ihr freihalten ließ. Wenig später übersiedelte die ganze Sippe auf eine noch vornehmere Adresse am Opernring ...
Sosehr sich Direktor Bukovics die Hände reiben mochte, daß sein Star wieder heimgefunden hatte, so sorgenvoll mußte er in die weitere Zukunft blicken, obwohl er bereits daran war, eine neue Attraktion für das Haus aufzubauen: die vielversprechende Helene Odilon. Wer aber garantierte, daß die Odilon ein vollwertiger Ersatz werden würde?
Adeles Vertrag lief 1895 aus, und es bestand nicht die leiseste Hoffnung, daß sie ihn verlängern würde, weil sie bereits in »festen Händen« war. Sie würde vom Deutschen Volkstheater umgehend an die Burg überwechseln, um den verwaisten Thron der legendären Heroine Charlotte Wolter einzunehmen und solcherart das ehrgeizigste Ziel ihrer Künstlerlaufbahn erreichen. Das war mit dem neuen Burgtheaterdirektor bindend vereinbart.
Er hieß Max Burckhard, war Jurist mit einem Lehrauftrag an der Universität, Ministerialsekretär im Unterrichtsministerium und der krasseste Außenseiter, den man sich auf dem Sessel eines Burgtheaterdirektors vorstellen konnte. Um seine Bestellung rankten sich die seltsamsten Gerüchte. Eines davon besagte, er wäre aus purem Versehen berufen worden, und zwar weil der Unterrichtsminister in der Person Burckhards einen kompromißlos fortschrittlichen und daher unbequemen Beamten loszuwerden wünschte. Bei einer Kegelpartie hätte der Minister seinen Freund, Baron Josef Bezecny, Intendant der Hoftheater und zugleich Gouverneur der Bodencreditanstalt, gebeten, Burckhard in der Bank unterzubringen. Der Baron, ganz ins Spiel vertieft, hätte nur mit halbem Ohr zugehört und Burckhard den augenblicklich vakanten Posten des Burgchefs gegeben.

Der Dichter und Kritiker Hermann Bahr – übrigens lange mit Wilhelmine Sandrock liiert – verbreitete hingegen eine ganz andere Version. Man habe sich auf Burckhard geeinigt, weil er zwar ein musischer Mensch war – er hatte in jungen Jahren sogar ein Theaterstück geschrieben –, aber sicher zu unerfahren und darum zu schwach, um an der Burg Wesentliches zu verändern und der heranstürmenden jungen Dichtergeneration Zutritt in die heiligen Hallen starrer Tradition zu gewähren. Welch ein Irrtum!

Eine seiner ersten Taten war es, Adele Sandrock, diese schockierend modern lebende und spielende Diva, für 1895 zu verpflichten. Sogleich erntete er harsche Rügen von seiten der alteingesessenen Mimen, die um keinen Preis Neues und Gewagtes akzeptieren wollten. Einen »Kulturesel« nannte ihn Hugo Thimig, Wortführer des Ensembles, in seinem Tagebuch, dazu einen »frivolen Direktor«, der die Burg zum Star-Theater machen würde.

Der »frivole Direktor« war vom braven Thimig, der später ein vorbildlicher Familienvater mit den berühmten Kindern Hermann, Hans und Helene werden sollte, durchaus in des Wortes wahrster Bedeutung gemeint.

»Max Burckhard war damals ungefähr fünfunddreißig Jahre alt, mittelgroß, gut gewachsen, nachlässig elegant; ein feingeschnittenes Gesicht, klare, kecke Augen. Freundlich, doch kurz angebunden, sehr empfänglich für Humor. Von Frauen geliebt, Frauen umschwärmend«, heißt es in den Lebenserinnerungen von Bertha Szeps-Zuckerkandl, deren Salon weit über die Grenzen Wiens berühmt war.

Wann genau Burckhards Liaison mit Adele Sandrock begann, ob vor oder nach Vertragsabschluß, ist nicht mehr feststellbar. Es war für die Sandrock eine von vielen Affären, die nicht sehr tief ging, und sie war in dem Augenblick beendet, als sie sich Hals über Kopf in Arthur Schnitzler verliebte. Sein Schauspiel »Das Märchen« sollte am Deutschen Volkstheater uraufgeführt werden, Hauptrolle: »Frl. Sandrock«, wie es damals auf dem Theaterzettel hieß.

Der Arzt hatte bereits mehrere Prosastücke und Theaterszenen geschrieben. Einiges erschien gedruckt, drei Einakter wurden vor kleinerem Kreis gespielt. »Das Märchen«, von einer großen Bühne herausgebracht, sollte, so hoffte der Dichter, den Durchbruch bringen.

Es ist ein melancholisches Stück mit autobiographischen Zügen: Der

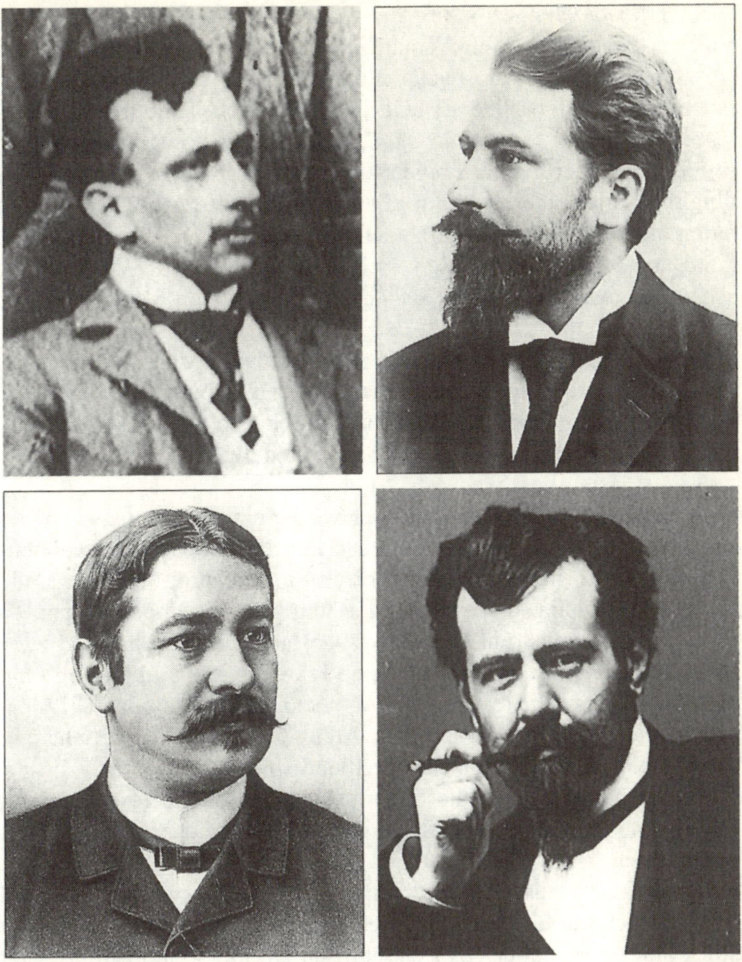

Oben links: Felix Salten
Oben rechts: Arthur Schnitzler
Unten links: Max Burckhard
Unten rechts: Hermann Bahr

Dichter Fedor Denner ist mit der Schauspielerin Fanny Theren verbunden, einer Frau »mit Vergangenheit«, wie man damals Damen umschrieb, die sich vom »gefallenen Mädchen« nur durch ihren sozialen Status unterschieden; beide wurden vom Kleinbürgertum verachtet. Schnitzler wußte sehr wohl, daß dies ein böses Vorurteil war, eine Diskriminierung der Frauen – wer hatte je von einem »gefallenen Jüngling« oder einem »Mann mit Vergangenheit« gehört? Dennoch waren auch bei ihm, diesem klugen und einsichtigen Menschen, Verstand und Gefühl zwei völlig verschiedene Dinge.

Schnitzler geißelt in seinem Schauspiel die doppelte Moral – aber er verhielt sich selbst genauso wie sein fiktiver Dichter, der es nicht verwinden kann, daß Fanny vor ihm schon anderen Männern »gehört« hat. Schnitzler war, nach zahlreichen anderen Affären, zur Zeit, da er »Das Märchen« niederschrieb, mit der Schauspielerin Mizi Glümer zusammen; er liebte sie – und er haßte sie dafür, daß er nicht der erste war, der sie »besaß«.

Seine Beziehung zu Mizi befand sich wieder einmal an einem von vielen Tiefpunkten, als er die Sandrock bei der Probenarbeit kennenlernte: sie eine hochbusige, junonische Erscheinung, er ein gerade mittelgroßer Mann mit feinen Zügen und wunderschönen Augen.

Er war schon längst auf sie aufmerksam gemacht worden, und zwar ausgerechnet von Olga Waissnix, eine Frau, die er nie »besessen« hat und um so verzweifelter anbetete: ». . . kommen Sie bald nach Wien, und wäre es auch nur, um sich ›Die Affäre Clemenceau‹ anzusehen, in welcher die Sandrock einfach hinreißend spielt«, schrieb sie ihm.

Schnitzler hatte Adele seither mehrfach auf der Bühne gesehen, meist bewundert. Als Luise in »Kabale und Liebe« fand er sie allerdings »schrecklich«.

Er war beglückt, als er erfuhr, daß sie die Fanny spielen sollte, und die Sandrock war absolut auf der Höhe ihrer Kunst. Dennoch fiel das Stück am 1. Dezember 1893 rasselnd durch. Die Zeitungen erregten sich über »sittliche Verwahrlosung«, »Cochonnerie« (Schweinerei) und »krankhafte Phantasien«. Selbst Schnitzlers Freund Hermann Bahr konnte sich nicht zu eindeutiger Stellungnahme durchringen: ». . . zwei Akte lang durfte der Neid sich nicht regen. Zwei Akte lang siegte der Dichter. Da stand schirmend die Sandrock neben ihm, wie mit einem hellen Schwert neben guten Helden die Pallas Athene . . .«

– »Das Märchen« erlebte nur zwei Aufführungen. Schnitzler mußte befürchten, daß seine Laufbahn als Dramatiker zu Ende war, ehe sie noch recht begonnen hatte.
So betrüblich dieser Mißerfolg war, so erfreulich gestaltete sich die persönliche Begegnung zwischen dem Dichter und der Schauspielerin. Die Initiative ging eindeutig von ihr aus. Er war, wie er später selbst einbekannte, noch viel zu schüchtern, um einer so berühmten Frau ernsthaft den Hof zu machen.
In einer Probenpause sagte sie (wir wissen es aus Schnitzlers Tagebuch): »Das geht mir schon die ganze Zeit im Kopf herum – ist das nicht eine Geschichte, die Sie selbst erlebt haben? . . . Ich bin so eine Person, die das imstand ist – wenn ich mich in einen verlieb, komm ich einfach zu ihm.«
Ein paar Tage später fand er in seiner Manteltasche einen Zettel: »Sie sind ein süßer kleiner Mensch. Das sagt Ihnen Fanny.« Schnitzler fühlte sich überaus geschmeichelt, ermutigt und erregt.
Zur Premiere schickte er ihr Rosen. Auch sie überreichte ihm Blumen: »Kommen Sie morgen um zwölf zu mir.«
Dieser erste Besuch endete vorerst nur mit »rasenden Küssen« (Schnitzler), denn Schwester Wilhelmine beendete durch ihr unerwartetes Erscheinen das Tête-à-tête.
Fünf Tage lang benahmen sich dann beide wie die Wahnsinnigen und wechselten ellenlange romantische Briefe, ehe sie beide am Ziel ihrer Wünsche landeten. Wie aufregend die erste Nacht auch gewesen sein mag, das wache Hirn des Dichters registrierte jeden Satz, und mancher davon ist später in die Szene »Der Dichter und die Schauspielerin« im »Reigen« eingeflossen. So zum Beispiel auch der berühmte Seufzer der Frau: »Bist du wem untreu – tröst dich, ich auch . . .«
Sie sahen einander fast täglich, dennoch wurde der ausführliche Briefwechsel nicht beendet. Adele: »Du hast neue Quellen in mir erschlossen, ich liebe Dich mit einer Gluth und Tiefe, die ich nie so kannte, Du bist mir mehr als ein geliebter Mann, in Dir finde ich meinen Lebensinhalt, den Gott, den ich verloren . . .«
Nach einer stürmischen Liebesnacht sagte Adele etwas für sie sehr Typisches: »Wenn du mir etwas schenkst, fliegst du zum Fenster hinaus.« Sie hat von keinem ihrer Liebhaber, auch nicht von Schnitzler, der ihre wirklich große Liebe werden sollte, außer Bildern und Blu-

men, Geschenke angenommen, immer getreu dem Motto: »Keine Reue, keine Dankbarkeit.«

Sie verlangte etwas anderes. Sie verlangte von ihrem »Thuri«, daß er ihr mit Haut und Haaren gehöre, und mehr als einmal hat sie ihn unumwunden zur Heirat aufgefordert. Ihre Liebe war noch keine drei Tage alt, da quälte sie ihn mit furiosen Eifersuchtsausbrüchen. Wie sie nur allzubald herausgefunden hatte, war seine Beziehung zu Mizi Glümer noch keineswegs beendet, eine neue, mit Marie Reinhard (von ihm in den Tagebüchern praktischerweise als »Mizi II« apostrophiert), sollte sich schon in wenigen Monaten anbahnen.

Je fester sie sich an ihn klammerte, desto drängender befiel ihn das Verlangen, sich ungebunden auf freier Wildbahn zu bewegen. Es kam vor, daß er, wenn sie auf der Bühne stand, unauffällig seine Loge verließ, um rasch, rasch, ein Abenteuerchen mit irgendeinem »süßen« und weniger strapaziösen Mädel zu absolvieren. Beim Schlußapplaus war er wieder auf seinem Platz. Dem Tagebuch vertraute er an: »Sag ich die Wahrheit, das liebste wäre mir ein Harem; und ich möchte weiter gar nicht gestört sein . . . Warum kann ich sie nicht alle haben, jede für mich allein, jede ohne Lüge, und jede ohne Qual für sich und die anderen.«

»Ob Diva oder Choristin, ob Vorstadtmädel oder Modistin, Dir bleibt sich alles gleich«, hieß für Adele die bittere Wahrheit.

Als der Freund ihr zu entgleiten drohte – und das begann schon nach wenigen Wochen –, wurden ihre seitenlangen Ergüsse an ihn noch überschwenglicher, noch exaltierter. Die Dreißigjährige formulierte nach Backfischart; einmal notierte sie eine Ziffer mit drei Seiten füllenden Nullen, um die Größe ihrer Liebe darzustellen, und dann noch wohlgezählte 187mal »lieb, lieb, lieb . . .«

Eine Facette dieser komplizierten Liebesgeschichte ist rätselhaft. Adele bezeichnet Schnitzler meist als »Kind«, »mein liebes Kind«, »süßes kleines Reh« und unterschreibt mit »Diltsch«. *Der* Diltsch. Er nennt sie »Dilly«, es kommt aber auch vor, daß er »Diltsch« verwendet, und zwar wieder *der* Diltsch. Der Schauspielerin Rosa Retty (später wird sie Rosa Albach-Retty heißen) stellt Adele den Geliebten so vor: »Das ist mein süßer kleiner Zwerg, der Doktor Schnitzler.«

Es muß in dieser Affäre auch so etwas wie eine verborgene, keinem der Beteiligten bewußte Mutter-Sohn-Komponente gegeben haben, die Sandrock im ganzen Auf und Ab ihres verwickelten Liebeslebens vom heimlichen Wunsch nach einem Kind beseelt gewesen sein. Dies wird viel später noch einmal in einer Episode zum Vorschein kommen, in dem ein heißgeliebter, mißratener Neffe eine für Adele äußerst schmerzhafte Rolle spielt...

Schnitzler war nicht nur enerviert, weil »der Diltsch« ihn mit allen Mitteln an sich zu binden versuchte, er vergab ihr auch nicht ihr durch und durch männliches Verhalten ungenierter Promiskuität. Der Mann, der »Das Märchen« geschrieben und darin die Engstirnigkeit seiner Geschlechtsgenossen angeprangert hatte, mochte sich das eigene Fehl-Fühlen nicht eingestehen. Also warf er ihr vor, was man in ähnlichen Situationen allen Partnern vorhält, die man überdies noch satt hat: Sie verstehe ihn nicht, sie könne seinen geistigen Gratwanderungen nicht folgen, sie habe ihn enttäuscht, denn er hätte sich in ihr ein intellektuelles Pendant erhofft.

Aber er muß sehr wohl von Anfang an gewußt haben, was jedermann klar war: Dilly war eine sehr gescheite Person, jedoch alles andere als eine Intellektuelle. Sie war durch und durch Sinnenmensch. Sie besaß die Kraft einer Löwin – dies auch einer ihrer Spitznamen – und daher den Mut, gesellschaftliche Konventionen mißachtend, nach ihrem Gutdünken zu leben. Vielleicht verbarg sich dahinter auch ein Stück Rebellion gegen die Mutter, die – zumindest nach außen hin – mit aufgehobenem Zeigefinger gerne den Moralapostel spielte.

Im Grunde war Adele immer Schauspielerin, die einem Publikum großes Theater, manchmal auch Schmiere, bot – selbst wenn dieses Publikum nur aus einem einzigen Mann bestand. Nachzulesen im »Reigen« und in dem Einakter »Halb zwei«, der einen nächtlichen Disput zwischen einem liebesüberdrüssigen Mann und einer besitzergreifenden Frau wirklichkeitsgetreu nachzeichnet: laut Schnitzlers Tagebuch die fast wörtliche Niederschrift einer nächtlichen Auseinandersetzung mit Dilly.

Bereits zwei Wochen nachdem sie seine Geliebte geworden war, analysierte Schnitzler unbarmherzig: »Dilly! – Was ist das? Doch eigentlich nicht viel anders und nicht viel besser als geschmeichelte Eitelkeit. Die große Künstlerin!«

Dilly hingegen schrieb, von Liebe verblendet: »Du mein einzig geliebter süßer Junge ... ich kann nicht von Dir lassen, ich bin Dir ver-

fallen ganz und gar . . . ich bin rasend, wenn ich Dich nicht sehe. Ich küsse Dich . . . die Nacht hindurch, ich zerbeiße Deinen göttlichen Mund, ich träume, daß Du mir gehörst (sic!). Dein Dich vergötternder, anbetender Diltsch.«
Zwei Tage später: »Wo bist Du jetzt um 2¾ Uhr – Wo lungerst Du herum – warum habe ich Dich nicht ganz für mich?« Den nächsten Brief unterzeichnete sie mit: »Dein Hund, Dein treuer, Dein Diltsch.« Sie machte ihm eine wüste Eifersuchtsszene, nachdem sie Briefe der Glümer in seiner Manteltasche gefunden hatte. Seine Ausreden, seine matten Erklärungen überschrie sie, und er kam zu dem Schluß: »Ich verstehe Dich nicht, Du verstehst mich nicht – die alte Liebesconjugation« – um gleich darauf erneut ihrem Zauber zu verfallen: »Ich bete, bete Dich an. – Ich liebe, liebe Dich. – Dämon, liebes Kind, Engerl, Tragödin, Genie, Fratz, Canaille, süßes Herz, fascinierende Person, gefährliches Wesen, herziger Schatz – ich küsse Deine wilden, milden Augen . . .« In einem weiteren Brief: »Du bist der schlagendste Milderungsgrund, wenn einmal der Schöpfer dieser Welt in den Anklagezustand versetzt werden sollte . . .«
Im Tagebuch allerdings liest man: »Plötzlicher Haß zuweilen und der Gedanke: Ich will ein junges, frisches Mädel.« Die fixe Idee vom frischen jungen Mädel sublimierte sich schließlich in einem neuen Theaterstück, das zunächst den Titel »Das arme Mädel« erhielt, dann aber als »Liebelei« über alle großen Bühnen gehen sollte. Während die Beziehung zum »Diltsch« sich mühsam dahinschleppte, im Sommer 1894, begann Schnitzler mit der Niederschrift.
Ein weiteres Bühnenwerk, der Einakter »Das Haus Delorme«, entstand in jenen Tagen in seinen Grundzügen. Vorbild ist das Haus Sandrock, in dem Schnitzler Zeuge, aber auch Darsteller von mehr als einer turbulenten Szene gewesen ist. Dillys verwickelte Familienverhältnisse, ihre problematische Beziehung zur Mutter, die Art und Weise, wie Schnitzler in die häuslichen Dramen hineingezogen wurde, haben sicher viel zum Erlöschen seiner Liebe beigetragen.
Schnitzler war zeitweise fast täglich bei den Sandrocks. Die Wohnung war zwar groß, doch blieb es unvermeidlich, daß die in ihr ständig oder zeitweise wohnenden Menschen (Adele, die Mutter, der Bruder Christoph, der Vater sowie Köchin, Zofe und Stubenmädchen) einander begegneten und aneinandergerieten.

Dieses Foto hat Dilly Arthur Schnitzler gewidmet

Gelegentlich kam es vor, daß Dilly nicht daheim war, wenn Schnitzler sie besuchen wollte. Dann stürzte sich die Mutter auf ihn, um ihm, dem Arzt und Seelenkenner, ihr Herz auszuschütten. Mehr als einmal beklagte sie sich über die Tochter, deren freies Leben sie nicht begreifen wollte (»Ich bin immer tugendhaft gewesen!«), und stets jammerte sie über die »financielle Deroute« der Familie.
Dilly hingegen deutete dem Liebhaber mehrmals an, daß die Mutter ihr böse sei, weil sie sich an die Männer verschenkte, ohne »etwas davon zu haben«.
Erschwerend kam hinzu, daß die Sandrocks, wie schon angedeutet, alle oft mehr tranken, als ihnen guttat. Es kam vor, daß Dilly den Freund aus diesem Grund nicht empfangen konnte.
Der 60. Geburtstag von Nans Sandrock am 22. Juni 1894 endete in einem allgemeinen Dusel, und Alkohol war mit im Spiel beim großen Eklat vom 1. Oktober 1894, den Schnitzler im Tagebuch minutiös festhielt – wohl schon im Hinblick darauf, daß darin genug dramatischer Stoff für einen Einakter, eben jenes »Haus Delorme« steckte. (Das Stück sollte viele Jahre später in Berlin uraufgeführt werden, doch sämtliche Schauspieler weigerten sich, in dieser Satire über ein desolates Familienleben mitzuwirken, weil die Parallelen mit der Kollegin Sandrock und ihren Angehörigen zu offensichtlich ins Auge sprangen.)
An jenem 1. Oktober war Schnitzler bei Dilly im Bett. Und nun mag der Dichter selbst weitererzählen:
»Im Vorzimmer Poltern, Rufen ›Adele‹. Ich nervös. Sie schaut nach, auf mein dringendes Verlangen. Ich warte im Bett, werde ungeduldig, kleide mich dann an. Dilly kommt zurück ... ›Mutter ist betrunken‹ ... Poltern, Rufen. – Mutter. Ich öffne. Die Mutter sagt: ›Herr Doktor, gehen Sie heute, Sie sehen, daß sie betrunken ist.‹ Dilly: ›Mutter, komm herein.‹ Mutter: ›Ja, das wäre anständig gewesen, wenn Sie heute weggegangen wären, da Sie ja sowieso alle Nächte dableiben ... Ich bin ja die Hurenwirtschaft gewöhnt – aber jetzt wohnt der Christel da – das ist ein Ehrenmann!‹ – Dilly rasend: ›Mutter, geh jetzt.‹ ... Mutter: ›Sie gehören ja überhaupt nicht in das Haus, Sie sind ja nicht einmal von unserem Glauben.‹ Ab. Dilly, rasend: ›Ah, in dem Haus bleibe ich nicht ... so macht sie's immer ... Sie möchte mich immer verkuppeln‹ ... Das Kammermädchen erscheint: ›Sie

[die Mutter] hat schon bei der Baronin soviel getrunken und jetzt mit dem jungen Herrn 2 Flaschen Champagner. Jetzt macht sie sich Essigumschläge.‹ – Dilly: ›Ich geh aus dem Haus. Ich erschieße diese Frau . . .‹ – . . . Ich bin überzeugt, daß sie zu Hause bleibt«, beendet Schnitzler die Eintragung.

Schnitzler irrte: Dilly verließ das Haus tatsächlich, um sich in Baden in einem kleinen Hotel einzumieten. Verzweifelt schrieb sie dem Geliebten: »Nun – ich betrete das Haus nicht mehr – ich bin von nun an eine fremde Person für meine Mutter und meinen Bruder . . . *Dich* soll ich lassen, um die brutalen Handlungen meiner Leute, die ich erhalte? Nein – eher einen Selbstmord begeh'n als diesen Bestien einen Narren abzugeben . . .« Im nächsten Brief: »Zwölf Jahre so gemartert zu werden ist wohl genug – aber nun auch nicht einen Schritt weiter.« Eine Woche später war sie wieder daheim, ausgesöhnt mit Mutter und Bruder.

Das Karussell begann sich aufs neue zu drehen – Streitereien, Schlußmachen für immer und ewig. Dilly war es, die, am Ende ihre Kraft und ihrer Geduld, dem Geliebten den Abschied gab, ihn nie, nie, nie wiedersehen wollte, ihm höhnische Briefe schrieb (per »Sie«!), aber am nächsten Tag bettelte sie wieder um Liebe und winselte um Vergebung.

Schnitzler hielt die Dinge eher in Schwebe, und das aus gutem Grund. »Liebelei« war vom Burgtheater angenommen worden, Dilly würde an die Burg wechseln, und Dilly war hingerissen von der Rolle der Christine, des armen kleinen Mädels, das sein Herz hoffnungslos an einen Jüngling verloren hat, um dann in einem erschütternden Ausbruch enttäuschter Liebe zu erkennen, daß sie ihm eben nichts anderes war als eine flüchtige Liebelei. Der Dichter hütete sich, alle Brücken zur begnadeten Menschendarstellerin Sandrock vor der Uraufführung von »Liebelei« abzubrechen.

Ihre Abschiedsvorstellung am Deutschen Volkstheater gab sie am 27. Januar 1895. Der Erfolg war so gewaltig, die Nachfrage nach Karten so groß, daß Direktor Bukovics kurzerhand den Spielplan über den Haufen warf und vier weitere »Abschiedsvorstellungen« folgen ließ.

Es wurde die Komödie »Kameraden« des damals geschätzten Autors Ludwig Fulda gegeben, in deren Mittelpunkt eine exzentrische Frau

namens Thekla steht; sie angelt sich einen Liebhaber und verliert ihren Mann an ein naives junges Mädchen.
Die Attraktion des Abends war die Sandrock; sie legte eine fulminante Parodie auf ihre berühmten erotik-schillernden Femmes fatales hin. Eine weitere Attraktion war aber zweifelsohne der Darsteller des Liebhabers – nicht sosehr wegen seiner Leistung, sondern weil er, das sah jedes Kind, in der Maske des Dr. Schnitzler erschien. Selten zuvor hatte sich das Publikum so königlich amüsiert. Niemand, auch sie selbst nicht, konnte ahnen, daß die Sandrock mit dieser ihrer ersten Lustspielrolle den Grundstein legte für ihre zweite, Jahrzehnte später beginnende Karriere als »komische Alte« im Film.
Als sie nun wirklich zum letzten Mal auf der Volkstheater-Bühne stand, waren alle in Tränen aufgelöst; die vier Wagen voller Blumen wie das Ausspannen der Pferde waren obligatorisch.
Bereits sieben Tage später hatte Adele im Burgtheater Premiere – eine heute, im Zeichen des exzessiven Regietheaters, unvorstellbare Vorgangsweise. Die Sandrock hatte die »Maria Stuart« bereits in ihrem Repertoire – was sollte schieflaufen?
Knisternde Spannung lag über dem bis auf den letzten Platz gefüllten Haus. Buchstäblich toute Vienne war anwesend, an der Spitze, fast geschlossen, der Hof, um den Einstand der »Löwin« an der ersten Bühne des deutschsprachigen Raumes mitzuerleben.
Man hätte eine Stecknadel fallen hören können, als die Sandrock die Szene betrat, aber der im Deutschen Volkstheater übliche Auftrittsapplaus blieb hier aus. Schon Minuten später brach der Sturm los. In der letzten Pause blieben die Zuschauer auf den Plätzen, statt im Foyer zu promenieren, und klatschten – bei geschlossenem Vorhang – den ganzen Zwischenakt durch. Zum Schluß gab es nicht weniger als dreißig Vorhänge, ganz allein für die Sandrock, denn nur neu engagierte Ensemblemitglieder durften sich verneigen. Hedwig Bleibtreu, auch sie noch nicht lange an der Burg und bereits Liebkind der Wiener, war in der Rolle der Königin Elisabeth in Ehren untergegangen. Die Sandrock hat sich vom ersten Tag an in der Burg nicht beliebt gemacht.
Direktor Burckhard rutschte anfangs nervös auf seinem Dienstsitz (Parkett rechts, zweite Reihe, Ecke) hin und her, wurde dann aber immer ruhiger und gelöster. Er eilte hinter die Bühne, um der Sandrock mitzuteilen: »Kindele, Kindele, Sie haben gesiegt. Der Kaiser hat mit

Adele Sandrock als Maria Stuart am Burgtheater (links oben), in Dumas' »Die Affäre Clemenceau« am Theater an der Wien (rechts oben) und als Hamlet im Raimundtheater

dem Applaus zuerst angefangen.« Dies kam der Verleihung eines hohen Ordens gleich. Des Kaisers Begeisterung mag Adele vorübergehend darüber hinweggetröstet haben, daß es diesmal keine Blumen von Schnitzler gab. Das hatte einen speziellen, sehr delikaten Grund, von dem später zu erzählen sein wird.
Am nächsten Tag waren die Zeitungen voll von Berichten über Adele Sandrock – in der »Abendpost« allerdings eher in einem mißlichen Zusammenhang: Es war die Konkurserklärung der Schauspielerin, und in Wien kursierten wilde Gerüchte – von Mama Sandrock gezielt ausgestreut –, daß Schnitzler seine Geliebte ruiniert hätte, sie habe ihm so viele teure Geschenke gemacht, daß für Adele und ihre Familie nichts übriggeblieben sei.
Daran war selbstverständlich kein einziges Wort wahr, vielmehr hatten Adeles und ihrer Familie Verschwendungssucht sie in das finanzielle Desaster gezogen, das dann doch irgendwie bereinigt werden konnte. Ihre Roben, allein für Maria Stuart, waren fürwahr von königlichem Format (und Preis). Allein am schwarzen, über und über mit Perlen und Silberfäden bedeckten Taftkleid, das Adele in der Sterbeszene trug, sollen 35 Stickerinnen des Ateliers Drecoll eine Woche lang gearbeitet haben.
Die Kritiken waren zunächst noch zurückhaltend, abwartend. Lediglich die »Arbeiter-Zeitung« war mit einem endgültigen Urteil rasch zur Hand: »Die Wolter ist sie nicht und wird sie niemals werden.« Was eindeutig abfällig gemeint war, entpuppte sich als reine Wahrheit. Nein – eine Wolter war sie nicht. Sie war etwas aufregend Neues, ganz anderes. Man hatte dergleichen noch nicht gesehen. Friedrich Mitterwurzer, *der* Star des Burgtheaters, Adeles häufigster Partner, drückte es in einem Satz aus: »Sie hat einen Vulkan im Leib.«
Bereits ihre nächste Rolle in Ibsens »Klein Eyolf« überzeugte die Presse. Von da an lag ihr nicht nur das Publikum, sondern fast die gesamte Kritikergilde zu Füßen. Was dem Deutschen Volkstheater, das Ibsen für Wien »entdeckt« hatte, nicht geglückt war, brachte die Sandrock an der Burg zustande: Ibsen wurde ernst genommen und anerkannt.
Der Dichter war bei der Premiere zugegen. Er dankte der Sandrock für ihre Darstellung der Rita Almers aufs äußerste bewegt; sie hatte mit ihrer verhaltenen Erotik, mit ihrer strahlenden, üppigen Erschei-

nung in jeder Nuance dem Bild entsprochen, das Ibsen beim Schreiben des Stückes vorgeschwebt war.

Ihre Lady Macbeth wurde von Bahr in den Himmel gehoben (»Sie ist nie so mächtig, so grimmig gewesen«), und die »Wiener Allgemeine Zeitung« staunte: »Das war ein Seelengemälde von seltener Energie.« Nur die »Neue Freie Presse« zierte sich noch, immer die Marmor-Klassik der Wolter vor Augen, und rügte Adeles »unruhiges, zigeunerhaftes Spiel«. Aber mit ihrer »Medea« hat sie dann auch jenes Blatt überzeugt: »In dieser genialen Frau scheinen alle Gewalten unserer dramatischen Kunst versammelt.«

Ein abschließendes Urteil fällte ein Kritiker, der die Sandrock noch selbst in ihrer Glanzzeit bewundert hatte, im »Neuen Wiener Journal« vom 1. Mai 1931 mit einem ausführlichen Rückblick auf ihre Burgtheater-Zeit: »Und was man im reinen Pathos der Wolter nie gefunden, fand man im ungezügelten, von unartikulierten Zwischenlauten durchsetzten Spiel und in den großen, von Ausdruck überreichen Augen der Sandrock. Wien besaß eine Heroine mit Sex-Appeal.«

Die »Heroine mit Sex-Appeal« hatte zwar die Zuschauer und die Zeitungsleute fest in der Hand, den Geliebten zu halten war sie hingegen nicht fähig. Er ließ sich weder davon beeindrucken, daß Dilly (angeblich) ihr Burgtheaterengagement im letzten Augenblick von der Annahme der »Liebelei« zur Uraufführung abhängig gemacht hatte, noch von der ältesten aller weiblichen Listen, die allemal eingesetzt werden, wenn ein Liebhaber sich aus dem Staub zu machen beginnt: Dilly versuchte ihren »Thuri« eifersüchtig zu machen. Der dafür ausersehene Partner war der junge Kritiker und Essayist Felix Salten, ein enger Freund Schnitzlers.

Sie hatte ihn schon vor Monaten kennengelernt, und zwar auf eine recht kuriose Weise: Mit Freunden saß sie im berühmten Literatencafé Griensteidl, als sich ihr von hinten jemand zu nähern versuchte; der junge Mann wollte ihr ein Theaterstück überreichen, von dem er hoffte, daß sie darin die Hauptrolle spielen und es damit zum Erfolg führen werde. Er ging dabei so tolpatschig ans Werk, daß er zwei Kannen umstieß. Milch und Kaffee ergossen sich über Dillys teures Drecoll-Kleid. Wütend sprang sie auf und zischte: »Aha – ein Dramatiker!« Es klang wie eine Beschimpfung. Aber Felix Salten war ein charmanter Mann. Die Diva vergab ihm bald, und sie wurden recht gute Freunde.

Am 2. Februar 1894 – die taufrische Beziehung zwischen Dilly und Schnitzler schlitterte eben in eine bedrohliche Krise – vermerkte der Dichter im Tagebuch, daß Dilly mit Salten kokettiert hätte.

Elf Monate später, als auch die Sandrock begriffen haben mußte, daß der Geliebte kaum mehr an ihr interessiert war, erwischte er die beiden beim »Fußeln«, und Schnitzler, leicht irritiert, stellte den Freund zur Rede. Salten versprach, ihn zu unterrichten, »sobald es zu etwas gekommen« sein würde. Haben sich die beiden, in allerschönster Männerkumpanei, über Dilly lustig gemacht?

Am 27. Januar 1895 – Adele hatte eben die erste »Abschiedsvorstellung« im Deutschen Volkstheater mit Bravour und erregendem Triumph hinter sich gebracht – war Salten, wie er Schnitzler minutiös berichtete, die ganze Nacht bei der Schauspielerin – es sei aber »nichts passiert«.

Dennoch war es ihr gelungen, Schnitzler aus der Reserve zu locken: Er machte Dilly eine Szene, und sie beteuerte: »Ich hab dich nicht betrogen.« Schnitzler spielte weiter den Beleidigten, aber er war keineswegs beeindruckt, als Adeles Schwester Wilhelmine bei ihm vorsprach und ihn bestürmte, Dilly zu verzeihen, ansonsten würde sie in die Donau gehen.

Einen Tag später machte ihm Hermann Bahr seine Aufwartung: Dilly ließ ausrichten, sie werde die Christine in »Liebelei« nicht spielen, falls der Freund sie weiter ignorierte. Die barsche Antwort: »Ich lasse mich nicht erpressen!«

Nach Adeles überwältigendem Burg-Einstand erschien sie beglückt, in Hochstimmung, bei Bahr, um mit ihm zu feiern, und auch Schnitzler war mit von der Partie. Noch immer dramatisch aufgeheizt, beteuerte sie ein übers andere Mal ihre Unschuld, bis Schnitzler, mitten in der Nacht, Salten aus dem Kaffeehaus holen ließ und die beiden konfrontierte – eine echte Schnitzler-Szene. Dilly warf sich weinend vor Salten auf die Knie und bestürmte ihn, die Wahrheit zu sagen. Salten blieb dabei: Es sei nichts passiert in jener Nacht. Schnitzler war unversöhnlich. Dilly mußte erkennen, daß sie verspielt hatte. Sie *mußte* es erkennen, aber sie nahm es nicht zur Kenntnis.

Sie pokerte weiter. Zwei Tage später wurde sie tatsächlich Saltens Ge-

liebte, und dieser hatte nichts Eiligeres zu tun, als beim Freund einen detaillierten Bericht abzuliefern. Überrascht notierte Schnitzler, daß er nun tatsächlich eifersüchtig sei.
Eine Eifersucht ohne Konsequenzen, wofür ein Dialog Zeugnis ablegt, den Schnitzler im Tagebuch festgehalten hat. Die beiden seltsamen Liebesleute fuhren in den Prater.
Dilly steigt schluchzend aus dem Wagen: »Ich bin so krank.«
Arthur: »Soll ich dich vielleicht bedauern?«
Dilly: »Ich habe ja nichts getan.«
Arthur: »Genug, oder ich gehe.«
Dilly: »Was soll ich machen? Ich liebe ja nur dich.«
Arthur: »Dein Verhältnis mit Salten fortführen.«
Dilly: »Laß es genug sein, gib mir einen Hoffnungsschimmer.«
Arthur: »Möglicherweise in einigen Monaten und Jahren, wenn du einen anderen Liebhaber hast, aber den Salten betrüg ich nicht, das fände ich geschmacklos.«
Ausbruch von ihr: »So, jetzt fahr' ich wirklich zum Salten, und heut Nacht wird er bei mir schlafen.«
Arthur – lacht sie aus.
Das ist der Stoff, aus dem später einmal der »Reigen« gemacht werden wird . . .
Während einer anderen Auseinandersetzung warf sie ihm, Stück für Stück, seine Bilder vor die Füße, riß das Medaillon mit seinem Konterfei von der Halskette. Er sah bewegungslos zu, und als sie sich ausgetobt hatte, nahm er gelassen ein Bild, das sie übersehen hatte, von der Wand und schmetterte es zu Boden.
Adele gab nicht auf. Sie führte ein weiteres Treffen herbei, diesmal vor dem Kunsthistorischen Museum. Wieder kam es zu einem hitzigen Wortwechsel, und plötzlich sackte sie wie ein Stück Holz zusammen. Passanten eilten herbei, hoben sie auf, schoben sie in einen Fiaker, eine fremde Frau fuhr mit ihr. Schnitzler stand daneben, als ginge ihn dies alles nichts an.
Die Antwort war wieder einmal ein Abschiedsbrief von Dilly: »Wenn Sie sich nach Ihrem Benehmen von heute einbilden, daß ich in Ihrem Stück spielen werde, dann irren Sie sich . . . Sie elendes, brutales Wesen . . .«
Aber bereits am nächsten Tag überfiel Mutter Sandrock den Dichter

in seiner Wohnung in der Frankgasse, demütig; er möge doch, bitte, bitte, zu ihrer Tochter zurückkehren. Vergeblich. Auch Adeles Schwur: »Mich wird nie mehr ein Mann berühren. Salten war der letzte ...« ließ ihn kalt.

Von da an schlief das Verhältnis fast völlig ein – sieht man von einigen verzweifelten Briefen Dillys ab, die ohne Echo blieben.

Die beiden sahen einander erst im September 1895 wieder, als am Burgtheater die Proben zu »Liebelei« begannen. Schnitzler war stets dabei, und er fand »Dilly außerordentlich«. Nach der Generalprobe: »Die Weiber weinten alle ...«

Bei der Uraufführung am 9. Oktober war das ausverkaufte Haus gerührt, bewegt. Die Sandrock, durch und durch kein »süßes Mädel«, spielte grandios gegen den eigenen Typ. In ihrer großen Szene im dritten Akt, mit dem kläglichen »Wer bin denn ich?«, die mit dem Fenstersprung endet, hatte sie endgültig für sich – und für Schnitzler – gesiegt. Hermann Bahr bewunderte die »unbeschreibliche Größe« der Sandrock, alle übrigen Kritiker schlossen sich diesem Urteil in mehr oder weniger blumigen Worten an.

Was die Liebe der Schauspielerin zu ihrem Dichter betraf, wollte und wollte sie nicht aufgeben. Sie bombardierte ihn mit Briefen: »Ich will wallfahrten und beten, daß ich wieder glücklich werde. Ich habe schwer an Dir und an mir gesündigt – ich habe Dich, den Mann, den ich verbrecherisch liebte, elend und heimtückisch hintergangen – Dich habe ich befreit – mich habe ich unglücklich gemacht.«

Ihre Worte gingen ins Leere. Schnitzler war längst mit Mizi Reinhard (Mizi II) so glücklich oder so unglücklich, wie dieser ewig Getriebene nur sein konnte.

Aber die Zeit war nicht fern, da Dilly nicht mehr Liebe, sondern ein paar Kronen erbetteln würde, um das blanke Überleben zu retten ...

Der Stern des Burgtheaterdirektors Max Burckhard war unaufhaltsam im Sinken, sein endgültiger Sturz nach dem plötzlichen Tod seines – neben der Sandrock – zugkräftigsten Darstellers Mitterwurzer unaufhaltsam. Mit dem Direktor wurde auch Adele Sandrock in den Abgrund gerissen.

Man hatte Burckhard schon immer angekreidet, sich nur um seine Stars zu kümmern, das Repertoire ausschließlich auf diese abzustimmen und die übrigen Schauspieler zu vernachlässigen. Nun holte er

als Mitterwurzers Nachfolger wieder einen Hausfremden: Josef Kainz.
Burckhard war nicht beliebt bei seinen Schauspielern, Burckhard war nicht beliebt bei Hof, weil er zuviel »Modernes« brachte und sich nicht um die Meinung von »denen da oben« kümmerte. Er war auch nicht beliebt in den meinungsbildenden »besseren« Kreisen, die ihm Niveaulosigkeit vorwarfen: Dialekt auf der Bühne der heiligen Burg (Hauptmann, Schnitzler)! Und dann öffnete er noch dem »gewöhnlichen Volk« die Tore, indem er spottbillige Sonntagnachmittag-Vorstellungen einführte.
»Der Faden der edlen Burgtheatertradition riß ungefähr zu Beginn der neunziger Jahre unwiederbringlich entzwei . . .« klagte der greise Adolf von Sonnenthal, jahrzehntelang die Nummer eins des Hauses. Selbst die Kritik ließ Burckhard zuletzt gänzlich fallen: »Die Burg hat keinen Ton, die Burg hat keinen Stil«, ätzte Hermann Bahr.
Burckhard mußte Anfang 1898 gehen. Nachfolger wurde Dr. Paul Schlenther, ein trockener Ostpreuße, allerdings Wunschkandidat von Hugo Thimig, der die Anti-Burckhard-Front, aber auch die Anti-Sandrock-Clique anführte.
Die Sandrock hatte mit Mitterwurzer ihren vertrautesten Kollegen, Mitstreiter und Verbündeten im Ensemble verloren. Nun fiel mit Burckhard auch die letzte Stütze. Die Intrigen gegen sie, bisher hinter ihrem Rücken, wurden nun in aller Öffentlichkeit gesponnen. Ohne Zweifel: Sie war stark, heftig und eigenwillig, bei den Kollegen verhaßt. Sie war Burckhards Geliebte gewesen, daher immer verdächtig, nur darum engagiert worden zu sein. Sie war eine harte, kompromißlose Arbeiterin und verlangte von allen anderen Darstellern die gleiche Disziplin.
Jedem sagte sie, rüde und ungeschminkt, die Meinung ins Gesicht. Sie rauchte. Sie sprach in schockierender Offenheit über Sexualität (auch über ihre eigene). Hermann Bahr nannte sie noch nachsichtig »unsere Bajadare«; andere gaben ihr weniger dezente Beinamen.
Jedem Eingeweihten war klar, daß mit der Ära Burckhard die Ära Sandrock zu Ende gehen würde. Schlenther buckelte nach allen Seiten (». . . der geschickteste Höfling, der je Burgtheaterdirektor war«, charakterisierte ihn die Theaterwissenschaftlerin Dr. Margarethe Zellinger); er brauchte die »Löwin« nur ein ganz klein bißchen zu reizen

– und er konnte sicher sein, daß ihr explosives Temperament den Rest besorgen würde.
Ganz fein fädelte er es ein, indem er zuerst Adeles ausgeprägten Familiensinn schmerzlich traf: Schwester Wilhelmine, brav, unauffällig, erhielt nach vierzehn Jahren treuer Dienste keine Verlängerung ihres Vertrages. Adele reagierte empört – und noch exzessiver als erwartet. Es gelang ihr, eine Audienz beim Kaiser zu erhalten, dem sie vortrug, wie abscheulich man die Schwester behandelt habe. Die Majestät versprach, sich des Falles anzunehmen. Das Ergebnis stand nach vierzehn Tagen fest. Es blieb bei der Kündigung, aber Wilhelmine erhielt eine Gnadenpension von 2 300 Gulden jährlich.
Eine Gnade! Adele wollte keine Gnade, sie wollte Recht, auch für sich. Sie tobte, als Schlenther sie langsam, aber konsequent kaltzustellen begann. Sie durfte nicht mehr die »Maria Stuart« spielen, an ihre Stelle trat die bläßliche Hedwig Bleibtreu. Man verweigerte ihr die bereits zugesagte »Jungfrau von Orleans«, und Schlenther speiste sie mit kleinen und kleinsten Rollen ab. Schließlich wies er ihr, der erst Fünfunddreißigjährigen, eine Mutterrolle zu. Adele Sandrock sollte – ausgerechnet in dem Schnitzler-Stück »Das Vermächtnis« – die Mutter der einundvierzigjährigen Stella Hohenfels darstellen!
Es gibt keinen authentischen Bericht, nur vage Gerüchte, wie sich die Sandrock Schlenther gegenüber verhalten hat, aber man kann es sich ziemlich gut vorstellen – wenn auch nicht unbedingt wahr sein muß, daß sie in der Direktionskanzlei einen Sessel zertrümmert und dem Chef des Hauses eine schallende Ohrfeige versetzt hat . . .
Am 18. Oktober 1898 spielte sie in einer schwach besuchten Nachmittagsvorstellung die »Medea«. Gleich darauf hielt sie den Kündigungsbrief in Händen. Schlenther hat ihr sogar die traditionelle Abschiedsvorstellung verweigert.
Bahr schrieb über ihr letztes Auftreten: »Die paar Leute, die da waren, sind ganz toll geworden mit Stampfen und Toben, das war kein Beifall, das war eine Ekstase.«
»Eine Schauspielerin wie Adele Sandrock ist wohl von keiner Bühne vom Range des Burgtheaters nie so abgefertigt worden«, liest man, schlecht formuliert, jedoch eindeutig in der Aussage, im »Neuen Wiener Journal«. Max Burckhard äußerte sich: »So hat denn Adele Sandrock das Burgtheater wirklich verlassen. Das ist wahrscheinlich nicht

gut für Adele Sandrock, ist aber gewiß nicht gut für das Burgtheater.« – »Frl. Sandrock wurde ... aus dem Verband des Burgtheaters entlassen. Trotz ihres starken Talents war sie kein Gewinn für uns«, meinte hingegen Hugo Thimig.

Von Schnitzler ist kein Kommentar bekannt. Weder in den erhalten gebliebenen Briefen noch im Tagebuch nimmt er ausdrücklich zum Abgang seiner Exgeliebten Stellung.

»Für Naturen wie die Sandrock gibt es keine Heimat ...« schrieb das »Neue Wiener Journal«. Eines der Motive für ihr nun folgendes Ahasver-Leben nannte sie selbst: »Ich brauche den Applaus, deshalb lebe ich ...«

Sie reiste, ruhelos, dem Applaus nach und dem Geld. Zuerst nach Graz, Berlin, dann wieder nach Wien, wo sie am Raimundtheater gastierte und noch einmal das treu ergebene Wiener Publikum scharenweise anlockte. Ihre »Kameliendame« war hinreißend, ihr »Hamlet« eine Sensation, und nach der Vorstellung wurde, zum letztenmal, das Ritual des Pferdeausspannens vollzogen. Jeder wollte aber auch ein Andenken. Zuerst verschenkte sie alle Blumen, dann zerriß sie ihre Handschuhe und streute die Fetzen unter die Menge.

Es folgte ein irrwitziges Tourneeprogramm durch Deutschland, Holland und Rußland. Fast jeden zweiten Abend stand sie auf einer anderen Bühne, aber nicht immer gab es den ersehnten Applaus, das dringendst benötigte Geld. Sie gestand offen, daß gelegentlich »... mehr Personen auf der Bühne als im Zuschauerraum anwesend waren«. Einmal ging der Impresario mit der Kasse durch. Kein Grund für Adele, ihren Lebensstil zu ändern. Sie fuhr stets mit mindestens zwanzig Koffern, mit Mutter und Zofe, erster Klasse, versteht sich.

Zum Glück mußte sie nur noch die Mutter miterhalten. Der inzwischen verheiratete Bruder Christoph hatte sich in Deutschland als Maler und Schriftsteller eine bescheidene Existenz geschaffen, die Schwester Wilhelmine Unterschlupf im Raimundtheater gefunden. Der Vater war gestorben. Wie es Adele gelang, das dennoch aufwendige Leben zu bestreiten, ist bis heute unklar.

1901 führte sie eine Tournee durch Serbien und Ungarn, und dabei traf sie – nach zwei, drei belanglosen Affären – den Mann, der ihr half, Arthur Schnitzler zu verschmerzen.

Schon im Jahr davor hatte sie versucht, das Trauma aufzuarbeiten, als sie das – nie aufgeführte – Schauspiel »Vergeltung« schrieb. Der Schlüsselsatz, den sie einer Schauspielerin namens Lia Rosen in den Mund legt, lautet: »Du hast kein Ballettmädel vor dir, das monatlich sein Abschiedssouper feiert, keine Choristin, keine Nähmamsell . . .«

Der Neue war wieder ein Literat, wieder ein Jude, neun Jahre jünger als sie. Er betete die große Künstlerin seit frühester Jugend an und hatte sich sogar ihren Namen in den rechten Oberarm tätowieren lassen. Damals kannten ihn die meisten nur unter seinem bürgerlichen Namen Sandor Friedrich Rosenfeld, von Beruf war er eigentlich Leutnant; der hochgerühmte Roda Roda, Hervorbringer von Traumauflagen, wurde er erst später. Wesentlich bekannter war zu jener Zeit seine Schwester Gisel Kuhn-Rosenfeld. Sie war die zweite Österreicherin, die in der Schweiz zum Doktor der Medizin promoviert worden war, und sie übte eine segensreiche Tätigkeit als Amtsärztin für Moslem-Frauen in Bosnien aus.

Rosenfeld war nicht eben ein Vorzeige-Offizier der österreichisch-ungarischen Armee. Er nahm sich zu viele Freiheiten heraus, er hatte ständig disziplinäre Schwierigkeiten, er besaß ein loses Mundwerk, und er führte eher das Leben eines Bohemien denn das eines diensteifrigen Soldaten.

In seiner extravagant schwarz dekorierten Wohnung in der kroatischen (damals zu Ungarn gehörenden) Garnison Esseg verkehrten Schauspieler, Schriftsteller und andere in den Augen hoher Militärs zwielichtige Personen. Man feierte ausgelassene Feste mit zumeist nicht gesellschaftsfähigen Mädchen bis zum Morgengrauen.

Auch der Theaterarzt Dr. Kaiser gehörte zu den häufigen Besuchern, ein großmäuliger Provinz-Casanova. Als die Sandrock in Esseg gastierte, versprach Dr. Kaiser, er werde die göttliche Diva einmal zu Rosenfeld mitbringen. Der junge Mann konnte sein Glück kaum fassen. Tagelang bereitete er sich auf das einmalige Ereignis vor, stellte die Wohnung auf den Kopf, schmückte sie mit Blumen, verspritzte himmlische Duftwässer und sorgte für ein exquisites Büffet.

Adeles Auftritt in Rosenfelds Heim war kurz und unverbindlich, aber er zehrte noch Wochen von dem Erlebnis, das ihn zuinnerst aufgewühlt hatte. Er reiste der Angehimmelten nach Belgrad, wo sie gastierte, nach. Die dienstliche Rüge wegen Überschreitung der Ur-

Sandor Friedrich Rosenfeld, alias Roda Roda

laubszeit ertrug er freudvoll, denn Adele hatte ihm ein Wiedersehen in Budapest versprochen.
Ein Wiedersehen unter denkbar tragischen Umständen: Unmittelbar davor war Rosenfelds Vater bei lebendigem Leib im Bett verbrannt, nachdem er vermutlich eine Kerze umgeworfen hatte. Am Tag des Begräbnisses bestellte Adele den untröstlichen Sohn ins Hotel Royal – und er folgte ihrem Ruf, zerrissen von Liebesglut, Trauer und schlechtem Gewissen. »Ich war der Frau schon hörig und leibeigen – ihre Fußtritte selbst waren Liebkosungen . . .« bekannte er erst etliche Jahrzehnte später.
Just in jener Nacht wurde sie seine Geliebte. In den Budapester Tagen lernte er die durch so viele Jahre aus der Ferne Angeschwärmte näher kennen. Wir verdanken ihm eine, so will es scheinen, einigermaßen objektive Charakteristik, die uns Schnitzler, viel zu sehr mit sich selbst beschäftigt, schuldig geblieben ist: ». . . eine starke, durchs Leben geprüfte Frau, vor allem Künstlerin mit unbeherrschten Trieben – anspruchsvoll in der Liebe und königlich freigiebig zugleich – sieghaft, groß an Gebärden und doch nebenan im Zagen. Sie hatte Nietzsche und Seneca gelesen; umsonst: die Wetterherrin fürchtete sich vor Mäusen, fürchtete abergläubisch den heiligen Antonius und ließ sich von üblen Vorzeichen um den Mut bringen – ein Gefäß, erfüllt mit Tyrannenstolz und Verfolgungswahn . . .«
Nach Esseg zurückgekehrt, in Glück und Seligkeit schwimmend, erwartete ihn eine niederschmetternde Überraschung: Dr. Kaiser, der Theaterarzt, brüstete sich, einen Liebesbrief von Adele Sandrock zu besitzen. Als Rosenfeld es erfuhr, stürmte er, wutschäumend, in Begleitung einiger Kameraden zu Dr. Kaiser, um ihn – drei Uhr nachts! – zur Rede zu stellen. Der Arzt konnte auftrumpfen: Es gab den Brief tatsächlich – aber es gab ihn nicht mehr lang im Besitz Dr. Kaisers. Rosenfeld nahm ihn an sich und enteilte.
Die groteske Szene hatte ein noch viel groteskeres Nachspiel. Rosenfeld mußte sich vor einem Militärtribunal wegen – Raubes (!) verantworten, wurde aber freigesprochen. Seine Kameraden bestätigten unisono, daß Dr. Kaiser das kompromittierende Papier freiwillig herausgegeben hätte.
Damit nicht genug, beschäftigte sich auch noch ein Offiziers-Ehrenrat mit der Angelegenheit. Auf die Frage, warum Leutnant Rosenfeld

sich so für die Dame ins Zeug gelegt habe, erwiderte er kühn, diese Dame sei seine Braut!

Noch wußte die »Braut« nichts von ihrem Glück, sie war aber nicht abgeneigt, eine feste Bindung mit Rosenfeld einzugehen. Der hatte inzwischen den Dienst quittiert, um in Wien als freier Schriftsteller zu leben und Adele immer nahe zu sein.

Sie scheint ihn tatsächlich geliebt zu haben – wenn auch vermutlich nicht im gleichen Ausmaß wie Schnitzler. Vor allem wollte sie von ihrer Mutter loskommen, die sie ebenso liebte wie haßte, denn Nans Sandrock klebte wie eine Klette an der Tochter. Die Mutter war – was Rosenfeld sehr irritiert hat – auch hier allgegenwärtig, die Mutter plante und organisierte für die Tochter, keinen Schritt konnte Adele ohne die Mutter tun.

»Befreie mich von meiner Mutter. Ich fürchte niemanden und nichts hienieden als sie und ihren Zorn«, bestürmte sie den Bräutigam, dem sie sich in einer feierlichen Verlobungsszene versprochen hatte. (Damals gab die Mutter noch ihre Zustimmung.) An ihm hat es gewiß nicht gelegen, es war Adele, die nicht imstande war, die Fesseln zu sprengen, nachdem die alte Dame sich plötzlich gegen eine Heirat aussprach. Den Inhalt des (diktierten?) Abschiedsbriefes hat Rosenfeld festgehalten:

»Oh, meine Mutter! Eine Frau, die nichts vom Leben hatte als Kummer um mich, die mich von Kind auf betreut hat, und sie soll ich um eines Kerls willen verlassen? Lieber brech' ich alle Eide – doch mit dem Fluch der Mutter trete ich nicht vor den Altar. Wenn die Frau mein Glück in dieser Heirat sähe, wäre sie die erste, uns zu segnen. Ich wünsche Dir ein besseres Los, denn Du bist gut ...«

In ihrer Autobiographie liest sich das so: »Ich bin immer der Ansicht gewesen, daß eine Künstlerin ... nicht heiraten soll. Entweder leidet die Kunst, oder es leidet der Mann ... Auch meine Mutter war gegen eine Heirat, und wenn sich ein Neugieriger heranwagte, konnte er schnell schauen, daß er weiterkam ... [sie war] für mich mein ganzes Leben lang die Nummer eins, und ich hätte sie niemals eines Mannes wegen verlassen. Sie war und sie blieb bis zu ihrem Lebensende mein Glück und meine Seligkeit ... Eine tiefe, sehr tiefe Neigung trug ich im Herzen, aber diese geht mit mir ins Grab, und niemand wird erfahren, wem sie gegolten hat.«

Die Sandrock bestand lebenslang darauf, mit »Fräulein« tituliert zu werden. Noch als würdige Matrone wurde sie zornig, wenn man sie respektvoll mit »Gnädige Frau« anredete.
Im Herbst 1902 kehrte sie ans Deutsche Volkstheater, Schauplatz ihrer ersten Triumphe, zurück – unter demütigenden Bedingungen: Die Gage der zur Provinzdiva herabgesunkenen Schauspielerin betrug nun nur noch 7 000 Gulden. Am Burgtheater hatte man ihr mehr als das Dreifache gezahlt.
Sie war ihrer selbst unsicherer denn je, und sie fürchtete sich dermaßen vor dem ersten Auftritt, daß sie einer »Nervenkrise« wegen der Generalprobe von Ibsens »Rosmersholm« fernbleiben mußte. Als sie die Premiere bravourös hinter sich gebracht hatte, kniete sie nieder und küßte die staubigen Bühnenbretter.
Noch immer konnte sie sich nicht einschränken, noch immer behielt sie ihre kostspielige Wohnung in einem Palais in der Ölzeltgasse. Zur Kur nach Franzensbad wollte sie im Sommer 1903 auch fahren, weil sie sich »krank, überanstrengt, bleichsüchtig und nervenleidend« fühlte.
Zum ersten, aber nicht zum letzten Mal bestürmte sie den »lieben, besten Thuri« um ein Darlehen; 300 Gulden würden reichen. Er schickte ihr das Geld, und sie eilte zu ihm, um sich persönlich zu bedanken – und wohl auch, um Schnitzlers Frau Olga und seinen kleinen Sohn Heini zu besichtigen. Peinlich berührt mußte die Familie mit ansehen, wie die Sandrock »heulend« ihr Schicksal beklagte.
Nach der Saison 1903/04 wurde ihr Volkstheatervertrag nicht mehr verlängert; sie hatte zuviel von ihrer einstmaligen Ausstrahlung, ihrer kassenfüllenden Anziehungskraft verloren.
Es folgte ein Schritt schierer Verzweiflung: Schon lange hatte sie Gesangsunterricht genommen, und im Sommer 1904 wagte sie sich als »Margarete« in Gounods gleichnamiger Oper auf die Bad Ischler Sommerbühne, überzeugt, als Opernsängerin reüssieren zu können. Es wurde eine klägliche Blamage vor einem ebenso erlesenen wie neugierig-skeptischem Publikum und meilenweit angereisten Journalisten. Sie war wohl glänzend in der Darstellung, doch ihre Stimme erreichte kaum die ersten Parkettreihen. Auch Kaiser Franz Joseph I. wohnte dem Fiasko bei. Nach der Vorstellung bedankte er sich huldvoll bei der Möchtegern-Sängerin. Sie habe ihm sehr gut gefallen,

sagte er, nur leider habe er gar nichts gehört. Die übrigen Kommentare waren weniger zartfühlend.
Ein Engagement an Max Reinhardts Deutsches Theater in Berlin gab ihr neuen Mut. Die Wiener Wohnung wurde aufgelöst, ein Domizil in Berlin-Charlottenburg, Leibnizstraße 60, gemietet. Zehn (!) Zimmer, angestopft mit Möbeln, Teppichen, Spiegeln, Nippes und wehmütigen Erinnerungen an bessere Tage. Die Wände bedeckt, die Vitrinen gefüllt mit Rollenbildern, Theaterzetteln, Zeitungsausschnitten, vertrockneten Blumen und verstaubenden Lorbeerkränzen.
Die Mutter und die Schwester, auch sie ohne Engagement, zogen mit ihr; die drei lebten von Wilhelmines kleiner Gnadenpension und Adeles magerer Gage. Reinhardt hatte keine rechte Verwendung für den Star von gestern, er beschäftigte die Sandrock nur in Nebenrollen. 1910 erneuerte er Adeles Vertrag nicht mehr, und sie bat Dr. Schlenther demütig um Wiederaufnahme in den Verband des Burgtheaters. Er antwortete nicht einmal.
Was muß es sie gekostet haben, nun an den »lieben, sehr werthen Doctor Arthur Schnitzler« zu schreiben, mit der Bitte, der berühmte Autor möge doch ein kleines Stück für sie verfassen: »Die Sache muß immerhin literarisch sein. Schreiben Sie mir eine Sache mit wenig Personen oder eine Soloszene, die für mich paßt, tragisch oder lustig, aber schreiben Sie was – denn dann bin ich gemacht, und mir steht die Welt offen und ich brauche nicht zu hungern. Ich brauche die Sache in 4 Wochen, bis dahin werde ich mich über Wasser zu halten versuchen, länger geht es nicht ... Also Sie haben mein Leben in Ihrer Hand. Mit einem von Ihnen verfaßten Manuskript komme ich überall an ...«
Schnitzler schrieb kein Stück für die Sandrock, aber er versuchte, dem neuen Burgtheaterdirektor, Baron Alfred Berger, ein Engagement der Mimin schmackhaft zu machen. Dazu Hugo Thimig: »Baron Berger hat mir mitgeteilt, daß die Clique: Bahr, Schnitzler, Salten ihn drängten, Adele Sandrock wieder zu engagieren. Er könnte diesem Druck schwer widerstehen ...« Nun – Thimig und das übrige Ensemble, soweit es noch mit der Sandrock zusammengearbeitet hatte, machten Baron Berger so stark, daß er dem Druck sehr wohl zu widerstehen vermochte. Sie kam nicht an die Burg zurück.
1911 gab sie noch einmal ein Gastspiel in Wien, und zwar an der

»Kleinen Bühne« in der Wollzeile (heute »Simpl«). Sie spielte die »Medea« von Euripides – unter Qualen. Denn niemand hatte ihr gesagt, daß in dem kleinen Kellertheater die Zuschauer an Tischen saßen und während der Vorstellung von flinken Kellnern zum Essen und zum Trinken animiert wurden. Vergebliche Plage: Die Direktorin blieb die Gage kalten Herzens schuldig, wohl nach dem Motto: »Wer fällt, dem muß man stürzen helfen . . .«

Schnitzler besuchte eine der Vorstellungen. Er fand, Dilly sähe aus »wie eine Hebamme«.

Nach Berlin zurückgekehrt, verfaßte Adele am 23. März 1911 einen demütig-wehmütigen Brief: ». . . Herr Doctor Schnitzler – ich weiß jetzt nicht, was ich anfangen soll! Ich bitte Sie, leihen Sie mir 1 000 Kronen . . . Lieber Herr Doctor – helfen Sie mir, ich bitte Sie innig. Ich hungere bereits, denn ich bin aus Wien gekommen mit Nichts . . . Bitte antworten Sie mir – denn sonst bleibt mir nur das Ende . . . – In Verzweiflung Ihre total gebrochene Adele Sandrock.«

Schnitzler hat geantwortet. Er schickte 100 (!) Kronen.

Die Sandrock hielt sich mit Lesungen in obskuren Lokalitäten notdürftig über Wasser, mitleidige Kollegen steckten ihr hin und wieder eine milde Gabe zu. Die damals bereits bekannte Schauspielerin Tilla Durieux – sie nannte Adele eine »Löwin mit zerzaustem Fell« – war dabei, eine eigene Truppe zu bilden und bot ihr einen Vertrag mit 75 Mark monatlich. Das Projekt zerschlug sich, der Erste Weltkrieg kam dazwischen.

In einem neuerlichen Schnorr-Brief an Schnitzler schildert Adele ihre Situation: »Ich liege täglich bis drei Uhr nachmittags im Bett, nur um den Tag nicht zu erleben – dann krieche ich heraus und sitze stumpfsinnig bis abends, esse eine saure kalte Milch und krieche um sieben Uhr abends wieder ins Bett. Das ist mein Leben.«

Wieviel Geld ihr Schnitzler diesmal geschickt hatte, ist aus ihrem Antwortschreiben vom 10. September 1914 nicht ersichtlich: »Theurer Freund! Innigen Dank. Ich finde Ihre Güte rührend. Es sind furchtbare Tage jetzt. Herzlichst Ihre Sandrock. 1 000 Grüße Ihrer lieben Frau.«

Endlich erbarmte sich doch wieder ein Theateragent und verschaffte ihr eine Tournee durch Österreich, wobei allerdings die meisten großen Städte ausgespart blieben. Die Mutter war zum erstenmal nicht

Adele in mittleren Jahren

dabei; sie fühlte sich leidend, und Adele kam sich recht hilflos vor. Sie reiste von Provinzbühne zu Provinzbühne, wo sie sich noch einmal im alten Glanz sonnen konnte:
»Iglau (ohne Datum). Geliebte teure Mutti und Willy! ... das war ein herrliches Gastspiel! Wahnsinnige Triumphe an beiden Abenden, total ausverkauft und rasender Erfolg: die Schauspieler haben mich vergöttert. Der Regisseur sagte: ›So eine Medea habe ich noch nie gesehen.‹ ... Iglau ist auf über mich!«
In den Memoiren heißt es abschließend: »So kehrte ich ... mit Ruhm beladen nach Berlin zurück. Ich hatte etwas verdient, so daß ich nun bei größter Sparsamkeit (sic!) ein paar Monate zusehen konnte, wie sich nun alles entwickeln würde, denn es war ja Krieg.«
Die Entwicklung war betrüblich: Wieder war Adele ohne Engagement. Wilhelmines Burgtheaterpension wurde aus unbekannten Gründen nicht mehr überwiesen. Die Sandrocks hungerten. Sie blieben die Miete schuldig und waren mehrfach vom Hinauswurf bedroht. Zeitweise überließen sie Teile der großen Wohnung Untermietern, deren rüdes Benehmen sie entsetzte.
Adele stieg nun so weit hinab, daß sie sich für einen Film engagieren ließ. Film war damals das Letzte für eine seriöse Schauspielerin; dennoch animierte sie Schnitzler, ein Drehbuch für sie zu verfassen. Eine Zumutung!
Schnitzler hatte sich Adeles ersten Film angesehen und merkte an: »Mit O [seine Frau Olga] im Kino. Ein fürchterliches Stück ›Die Beichte des Verurtheilten!‹ – Adele Sandrock in der Hauptrolle – ein altes gedunsenes Weib und bettelarm.« Man schrieb das Jahr 1915, das »alte, gedunsene Weib« war zweiundfünzig Jahre alt.
Weitere Filmangebote gab es zunächst nicht, und so nahm denn die einstmals vergötterte Sandrock das Angebot eines in Berlin lebenden Wiener Gastwirtes an, der sie noch aus ihrer großen Zeit kannte. Für 50 Mark monatlich und freiem Tisch betätigte sie sich vor den schmausenden Gästen als Vortragskünstlerin.
1917 starb, tief betrauert, die Mutter – Unterernährung dürfte mit im Spiel gewesen sein. Adele, die wieder einmal in einer Vorstadtschmiere auftrat, brach auf offener Bühne zusammen, weil sie tagelang nichts zu sich genommen hatte. Der Hauseigentümer drohte wieder einmal, die säumige Mieterin auf die Straße zu setzen, als das lan-

gersehnte Wunder eintrat: Der Schauspieler und Theaterdirektor Friedrich Kayßler gab ihr einen Vertrag und passable Rollen.
Wie der Phönix aus der Asche stieg die Sandrock fast buchstäblich über Nacht empor, wieder Liebling des Publikums und der Kritik: »Ja, Adele Sandrock ist legendarisch erneuert. Sie kann neuerdings entdeckt, sie muß gelobt werden als die echte Darstellerin moderner Leidensmütter, die man heute auf deutschen Bühnen sehen kann.« (Zitiert nach Adele Sandrock: »Mein Leben«, ohne nähere Quellenangabe.)
Plötzlich war sie wieder gefragt, plötzlich regnete es interessante Angebote ans Deutsche Theater Berlin, ans Schauspielhaus München, nach Hamburg und Wien. Eleven bestürmten sie, Unterricht zu geben, und so erschloß sich eine weitere Einnahmequelle. Die Zeit der Not war endgültig überstanden.
1922 hielt sich Schnitzler in Berlin auf, als dort zum erstenmal »Das weite Land« gegeben wurde. Damals hat er Dilly, den Diltsch, getroffen. Über die Umstände dieser letzten persönlichen Begegnung ist nichts Näheres überliefert. Es gibt nur eine dürre Notiz in seinem Tagebuch: »Adele Sandrock, Dilly, jetzt hier engagiert, begrüßt mich u. fällt mir um den Hals.«
Noch einmal erwähnt er die einstige Geliebte am 5. Mai 1931, nachdem er sie bei ihrem Gastspiel im Volkstheater auf der Bühne gesehen hatte: ». . . die Sandrock als alte Lady [in Wildes »Bunbury«] – uralt – grotesk – mit selbstironischem Pathos.«
Sie erspähte ihn auch durch das Guckloch im Vorhang und seufzte erschüttert: »Gott – ist der Mensch alt geworden . . .« Wenige Monate später war er tot . . .
Unter Adele Sandrocks Eleven befand sich ein hübscher, begabter Junge, den sie vor allen liebte. Es war ihr Neffe Edgar, Sohn ihres Bruders Christoph.
»Ich werde den Augenblick nie vergessen, als mein Bruder ihn mir vor vielen Jahren nach Wien brachte. Mein Herz flog dem Kleinen im Sturm zu, er hatte es schon in der ersten Sekunde unseres Beisammenseins erobert, und ich wußte nicht, was ich alles anstellen sollte, um ihm meine Zuneigung zu beweisen . . .«
Am liebsten hätte sie den Knaben für immer bei sich behalten, doch der Bruder entschied anders. Edgar kam in ein Internat, aber Tante

Adele verlor ihn keinen Tag aus den Augen und überhäufte ihn mit – meist materiellen – Beweisen ihrer Liebe.

Da Edgar bereits als Kind schauspielerisches Talent gezeigt hatte, war es ihr selbstverständlich, seine Ausbildung in die Hand zu nehmen. Sie verschaffte ihm das erste Engagement – nach Meiningen, wo sie selbst ihre Laufbahn begonnen hatte. Das dortige Theater unterstand nun zwar keinem herzoglichen Regisseur mehr, aber es besaß noch immer einen guten Ruf. Stolz registrierte Adele den Ausspruch des Meininger Intendanten: »Ich habe noch nie einen Anfänger gesehen, der so fertig auf der Probe erschienen ist wie Ihr Neffe.« Ein glänzendes Zeugnis, auch für die Lehrerin und Tante.

Was dann passiert ist, läßt sich nur erahnen: »Als ich kurze Zeit darauf wieder nach Berlin fahren mußte und er [Edgar] sich selbst überlassen blieb, war es aus mit seinem Fleiß, er machte Dummheiten und vernachlässigte sein Studium.« Kein Wort, welcher Art diese »Dummheiten« waren.

Edgar verließ Meiningen (mußte es verlassen?), spielte einige Wochen in Bad Pyrmont, bekam dann ein Engagement nach Braunschweig. Kurze Zeit später schloß er sich einer Truppe an, die zu einer Tournee nach Südamerika aufbrach.

Edgar schrieb aus Buenos Aires, daß er gedenke, sich »selbständig zu machen«. Was er zu tun beabsichtigte, warum er die Theatergruppe verlassen hatte, erwähnte er nicht.

Eine Zeitlang scheint er sich, von der Tante mit einer kompletten Garderobe überreich ausgestattet und mit Geld versehen, über Wasser gehalten zu haben. Er schrieb »liebe, nette Briefe«. Was er eigentlich trieb, teilte er nicht mit. Nach ein paar Monaten blieben die Nachrichten aus. Adele bombardierte ihn mit Briefen – sie blieben unbeantwortet. Und dann kam ein Schreiben der Tante mit dem Vermerk zurück: »Il est parti.« (Er ist abgereist.) Im postamtlichen Deutsch heißt das: »Unbekannt verzogen.«

Die Sandrock war außer sich. Da es, wie sie wußte, in Argentinien keine Meldepflicht gab, stellte sie private Nachforschungen an. Sie alarmierte die deutsche und die holländische Botschaft, sie setzte Annoncen in Zeitungen und ließ Aufrufe über den argentinischen Rundfunk verbreiten. Nichts. Den Gedanken, selbst nach Südamerika zu fahren und auf eigene Faust eine Suchaktion zu unternehmen, verwarf sie schließlich. Sie fühlte sich nicht mehr jung und spannkräftig genug für ein derart strapaziöses Abenteuer.

Niemals konnte sie eine Umarmung des kleinen Edgar vergessen, als er ihr zugeflüstert hatte: »Liebe Tante, warum darf ich nicht bei dir bleiben?« Bis zuletzt gab sie die Hoffnung nicht auf, doch noch ein Lebenszeichen von ihm zu erhalten. Nicht Schnitzler, nicht Salten, nicht Roda Roda: Es war Edgar, der noch der alten Frau als Stachel im Fleisch blieb. Möglicherweise war Edgar das einzige männliche Wesen, das sie uneingeschränkt, aufopfernd und selbstlos geliebt hat. Auch die erneut über ihr zusammenschlagenden Wogen des Ruhmes konnten letzten Endes den Schmerz um diesen verlorenen »Sohn« nicht lindern.

Die Sandrock war immer eine besessen Schaffende. Aber kaum je zuvor war sie dermaßen rastlos tätig wie nach dem Unglück mit Edgar: Arbeit als betäubende Droge.

Sie spielte pausenlos Theater, ging aber keine festen Bindungen mehr ein, sondern verpflichtete sich nur für Gastspiele. Das Zeitungs-Echo war phänomenal: »Die Sandrock ragt in unsere Zeit hinein als ein Gipfelpunkt vergangener Tage«, schreibt das als äußerst kritisch gefürchtete »Hamburger Fremdenblatt«. Die deutsche Theaterzeitschrift »Rampe« meint: »Sie ist eine wirkliche Humoristin, eine wirkliche Tragödin.«

Es genügte ihr längst nicht mehr, nur reproduzierende Künstlerin zu sein. Sie analysierte in Artikeln und Essays grundsätzliche Themen ihres Metiers. Was in den zwanziger Jahren publiziert wurde, könnte kurioserweise auch heute, siebzig Jahre später, geschrieben sein.

Mit Vorliebe zieht sie über das Regietheater her, wenn sie schreibt: »Ein für sich Ausarbeiten der künstlerischen Aufgabe gibt es nicht – man ist Pagode, eine Puppe wird gedrillt – alles Regie, abgezirkelt, festgenagelt, und wehe dem empfindenden, denkenden Künstler, der gegen diese Regel verstößt.«

An anderer Stelle nimmt sie »das zu Größenwahn gediehene Gehabe der sogenannten modernen Schriftsteller« aufs Korn, um im nächsten Absatz sofort wieder ihre Giftpfeile gegen die Regisseure abzuschießen: »Mit der wechselnden Tagesnatürlichkeit der Straße wurden verdichtete, klassische Gestalten gesprochen, und mit den Händen in der Hosentasche fordert Marquis de Posa Gedankenfreiheit! So wurden die Meisterwerke unserer Dichter als Agitationsmittel verwendet, um niedrige Instinkte zu wecken ... Ich habe in dieser Entartungsmanier bewußt nicht mitgetan ... Meine Maria Stuart, meine Medea, Sappho, Orsina, Elektra und Eboli waren keine Passantinnen, die man in der Friedrichstraße auf und ab gehen sieht, sie waren Gestalten, die ich nach Ewigkeitsmodellen zu formen mich bemühte.« – »Entartungsmanier« prangerte die Sandrock keineswegs in der Nazizeit an, da alles Avantgardistische in Bausch und Bogen verurteilt wurde, sondern in einem Artikel vom 26. Januar 1920 in der »Berliner Mittagszeitung«.

Pessimistisch sah sie die Zukunft des Theaters, und so verwundert es nicht, daß sie sich immer mehr dem Film zuwandte. Sie kümmerte sich nicht darum, daß sie von manchen Kollegen scheel angesehen wurde, die, zumindest in der Anfangszeit, dieses Medium als einer großen Schauspielerin unwürdig erachteten. Sie erklärte: »Die meisten Menschen behaupten ... Film ist keine Kunst! Ich behaupte, Filmen ist eine große Kunst. Man muß nur verstehen, seine Aufgabe künstlerisch anzupacken.«

1915 hatte sie – aus purer Not – ihren ersten Film gedreht. Bis zu ihrem Tod im Jahre 1937 sollten es 164 werden, und es kam oft vor, daß sie untertags zwölf Stunden lang im Babelsberger Atelier stand, um am Abend mit dem Taxi, durch Riechsalz gelabt, ins Theater zu hetzen. »Workaholic« nennt man so etwas jetzt.

Die meisten ihrer Filme sind heute längst vergessen, wenn nicht gar verschollen. Manche flimmern gelegentlich noch über den TV-Schirm oder werden in Kinos gezeigt, die auf Nostalgisches spezialisiert sind. Die heute noch bekanntesten: »Der Kongreß tanzt« und »Amphitryon«.

Die Liste ihrer berühmten Partner und Partnerinnen ist ellenlang. Es finden sich Namen wie Wolf Albach-Retty, Hans Holt, Hermann Thimig, Hans Albers, Heinrich George, Emil Jannings, Hans Moser und Heinz Rühmann; Käthe Dorsch, Olga Tschechowa, Anny Ondra, Käthe Gold, Luise Ullrich, Lilian Harvey, Marianne Hoppe und Magda Schneider.

Die Sandrock war nun wohlhabend. Aber sie hatte ihre Lektion gelernt und war im Alter sparsam, gelegentlich sogar knausrig. Weder kaufte sie – wie die meisten ihrer gut verdienenden Kollegen – eine

Adele Sandrock, wie man sie aus unzähligen Filmen kennt

Villa im Grunewald, noch leistete sie sich ein eigenes Auto. Ein Taxi, so meinte sie, täte es auch, und zum Filmen würde sie ohnehin mit dem Produktionswagen geführt. Außerdem müßte sie, hätte sie ein eigenes Vehikel, einen Chauffeur anstellen, denn sie fühlte sich zu alt, um selbst noch fahren zu lernen. Der Chauffeur aber würde bestimmt ein Verhältnis mit ihrer Köchin anfangen, am Ende müßte dann sie, die Sandrock, die Alimente bezahlen.

Was Liebesangelegenheiten betraf, war sie im Alter ganz anderen Sinnes geworden. Wenn sich ein Mädchen bei ihr um eine Stellung bewarb, lautete die erste Frage: »Hast du einen Schatz?« Sagte sie ja, dann befahl ihr die zukünftige Dienstgeberin: »Laß ihn laufen, mein Kind. Es kommt nichts dabei heraus. Er verdreht dir nur den Kopf, und du bist dann für die Arbeit untauglich.« Sagte das Mädchen nein, und die Sandrock kam dahinter, daß es doch einen »Schatz« gab, flog es auf der Stelle. Die weiblichen Angestellten lebten keusch im Hause Sandrock. In Zeiten steigender Arbeitslosigkeit waren fixe Posten kostbarer als jeder »Schatz«.

Außerdem war es eine große Ehre, bei Deutschlands beliebtester Filmschauspielerin beschäftigt zu sein. Wie groß ihre Popularität war, hat sie in der Autobiographie anschaulich geschildert.

Waren es auf dem Höhepunkt ihrer Bühnentätigkeit Dutzende, vielleicht Hunderte, die ihr am Bühnenausgang huldigten und ihr die Pferde ausspannten, so stauten sich Tausende in hysterischem Überschwang vor dem Bahnhof, als sie im Januar 1936 zur Erstaufführung ihres Films »Alles hört auf mein Kommando« nach Leipzig kam.

Das Auto, das sie unter normalen Verhältnissen binnen zweier Minuten zum Hotel gebracht hätte, brauchte zwei Stunden, um sich durch den dichten Kordon zu quälen. Junge Männer warfen sich vor die Räder, um sie an der Weiterfahrt zu hindern, junge Mädchen sprangen kreischend auf die Trittbretter, weil sie ihr Idol ganz aus der Nähe sehen und ihm vielleicht für den Bruchteil einer Sekunde die Hand drücken wollten. Als sie endlich, aufgelöst, ihr Hotel erreicht hatte, tobte die Menge so lange auf der Straße, bis sie sich auf dem Balkon zeigte und winkte. Beifallsstürme, wie sie am Abend im Kino rasten, hatte sie in ihren besten Theatertagen nicht erlebt.

Am 3. Februar 1936 reiste sie nach Wien, um am Film »Puppenfee« mitzuwirken. Am 16. März stand sie bereits für »Die Fledermaus« in

Berlin vor der Kamera. Acht Tage später begannen die Aufnahmen zu dem Film »Flitterwochen«. Anny Ondra und Hans Söhnker spielten die Hauptrollen, die Sandrock verkörperte eine ihrer tragikomischen Schwiegermütter.
Mitte April fuhr sie nach Chemnitz, um sich an drei Abenden ihrem Publikum zu präsentieren, das ihr mit den üblichen Emotionen Beifall spendete. Ein paar Tage blieben ihr dann in Berlin zur Erholung. Sie wollte ausgeruht sein; sie haßte es, so alt auszusehen, wie sie war, denn für den 27. April war ein Fototermin geplant. Zusammen mit zwei prächtigen Pudeln sollte sie in ihrem Studio für eine Filmzeitschrift posieren.
Ein lausiger Teppich machte alle Pläne zunichte. Ein lausiger Teppich beendete die Karriere und das Leben der Adele Sandrock.
Er lag im Salon, war uralt und ziemlich zerschlissen, aber sie hing an ihm, weil er noch von ihrer Mutter stammte. Freunde spöttelten über den »alten Lappen« und überredeten sie, sich einen repräsentativen Perser anzuschaffen. Wilhelmine war dagegen. Sie meinte, man sähe ohnehin nicht allzu viel von den Schäden, es lägen doch einige Brükken darüber. Adele hatte bereits einen neuen Teppich bestellt, machte aber den Auftrag wieder rückgängig. Hat eine innere Stimme sie gewarnt?
Der pfiffige Händler bestürmte sie jedoch, sich seinen schönen Perser wenigstens an Ort und Stelle einmal anzusehen. Er würde ihn ganz unverbindlich in die Leibnizer Straße bringen und aufbreiten. Sie könnte es sich dann immer noch überlegen. Die Sandrock stimmte zögernd zu. Am Tag, ehe der Händler kam, ließ sie den alten Teppich zusammenrollen und, damit nur ja niemand darüber stolpern könnte, über Nacht in der geräumigen Toilette deponieren.
Am Morgen des 27. April 1936 fand das Hausmädchen ihre Herrin auf dem kalten Boden des Klosetts liegend, halb bewußtlos, den Schlafrock völlig durchnäßt, weil sie im Fallen einen Krug mit Wasser umgerissen hatte.
Schreiend lief das Mädchen zu Wilhelmine. Die beiden Frauen bemühten sich vergeblich, Adele aufzuhelfen. Immer wieder entglitt ihnen der schwere Körper. Wilhelmine alarmierte eine Nachbarin und deren Sohn. Zu viert schafften sie es, Adele auf den Unglücksteppich zu legen und sie wie einen Sack ins Schlafzimmer zu schleifen. Zu

viert gelang es ihnen, die gottserbärmlich stöhnende Frau ins Bett zu hieven.
»Wo warst du?« flüsterte Adele der Schwester zu, »ich habe die ganze Nacht nach dir gerufen, aber du kamst nicht.« Weinend entschuldigte sich Wilhelmine: »Ich konnte dich nicht hören, alle Türen waren geschlossen, und du weißt ja, daß ich hinten schlafe.«
Kein Geringerer als Geheimrat Prof. Dr. Ferdinand Sauerbruch – als bahnbrechender Chirurg stand er damals auf dem Gipfel seines Ruhmes – wurde ans Krankenbett gebeten. Er ließ die Verletzte sofort in die Privatstation der Charité bringen, wo der Schenkelhalsbruch kuriert werden sollte. Damals hat man noch nicht operiert. Man ließ die Patienten »abliegen«.
Zunächst ließ sich die Genesung vielversprechend an, eine Lungenentzündung unterbrach den Heilungsprozeß nur vorübergehend. Die Anteilnahme ihrer Bewunderer stärkte Adeles vorsichtigen Optimismus. Tausende Briefe und Telegramme trafen aus aller Welt ein, das Krankenzimmer bot kaum Platz für die Unmengen bunter Buketts. »Die schönsten Blumen«, so erfahren wir aus der Feder Wilhelmine Sandrocks, »kamen stets von Herrn Reichs- und Propagandaminister Dr. Joseph Goebbels. Er nahm großen Anteil an dem Unglück meiner Schwester und ließ sich häufig nach ihrem Ergehen erkundigen.«
Monate später sagte die Sandrock, nun schon deutlich geschwächt, auf die Blütenpracht blickend: »Ist es nicht merkwürdig? Mit Applaus bin ich zur Welt gekommen, mit Applaus scheide ich von ihr.« Die Beteuerungen ihrer Schwester, sie werde sicher bald wieder gesund und sie sollte, bitte, keinen Unsinn reden, wischte Adele mit einer Handbewegung weg. Tatsächlich scheint sie ab einem gewissen Zeitpunkt keinen Lebenswillen mehr gehabt zu haben. Sie weigerte sich, den Anweisungen Sauerbruchs zu folgen und ein paar Schritte zu wagen. Als der Arzt darauf bestand, hing sie kläglich an den Armen zweier Schwestern; sie wurde mehr geschleift, als daß sie sich selbst bewegte.
Eine neuerliche Lungenentzündung reduzierte die angeschlagene Gesundheit der Sandrock weiter, die zu allen anderen Übeln auch noch eine schwere Diabetikerin war. Sie verlor den Appetit vollkommen und wurde schließlich zum Pflegefall. Ein paar Monate vegetierte sie

noch auf einer internen Station, dann nahm die Schwester sie nach Hause. Am 30. August 1937 starb Adele Sandrock an Herzversagen. Rasch, geschickt und schlau hat Goebbels die Volkstümlichkeit der Toten als Vehikel für seine Propagandamaschinerie benützt.

Nachdem der Leichnam drei Tage lang in der Charlottenburger Wohnung aufgebahrt worden war – an die viertausend Menschen zogen schweigend, manche auch weinend, am Sarg vorbei – ließ Goebbels im Theater in der Saarlandstraße eine prunkvolle Gedächtnisfeier aufziehen.

Es wurde Wagner und Beethoven gespielt, Kolleginnen der Verblichenen deklamierten die Monologe von Medea und Sappho, und Eugen Klöpfer, eine der Theatergrößen seiner Zeit, sprach den Nachruf. Zum Schluß betrat Wilhelmine Sandrock die Bühne, bedankte sich bei allen für die Anteilnahme, insbesondere bei Goebbels, der sie persönlich zum Beginn der Veranstaltung in den Saal geführt hatte. Er zog auch in der Folge diskret die Fäden.

Wilhelmine wünschte, daß ihre Schwester in Wien, auf dem Matzleinsdorfer Friedhof, an der Seite ihrer Eltern, begraben würde. Ein problematisches Anliegen, denn Österreich, das sich 1937 noch immer dagegen stemmte, vom großen deutschen Bruder vereinnahmt zu werden, unterlag einer ruinösen Bestrafung: Hitler hatte die sogenannte 1 000-Mark-Sperre verfügt. Das heißt, jeder Deutsche, der nach Österreich reisen wollte, mußte die damals so gut wie unerschwingliche Summe von eintausend Mark hinblättern, was natürlich keiner tat, wenn er nicht unbedingt mußte. Darüber hinaus war es unmöglich, für Privatreisen Devisen zu erhalten. Die Folge war, daß Österreichs Fremdenverkehr, besonders in den vorwiegend von Deutschen frequentierten westlichen Bundesländern, in Agonie lag.

Der Überführung standen somit schier unüberwindlich scheinende Hindernisse im Weg. Sie wurden über Anordnung von Goebbels mit leichter Hand beseitigt. Mehr noch: Der Trauerkondukt für Adele Sandrock gestaltete sich durch Goebbels' geschickte Regie zu einem wohl ausgetüftelten Propagandazug für das Dritte Reich.

Es wurde ein Konvoi aus drei Wagen zusammengestellt. Im ersten befand sich der Sarg, der zweite war bis unters Dach mit Kränzen beladen, im dritten wurden Wilhelmine und drei weitere Hinterbliebene chauffiert.

Am 4. September 1937 brach der kleine Trauerzug auf, für die Nacht wurde in Regensburg Station gemacht, und am 5. ging es weiter, die Donau entlang, durch die Wachau, nach Wien. Die im Untergrund agitierenden Führer der verbotenen Nationalsozialisten waren offenbar aus Berlin rechtzeitig informiert worden und hatten in den Dörfern und Städten, durch welche die beliebte Schauspielerin geführt wurde, die Menschen von dem großen Ereignis benachrichtigt. In dichtem Spalier säumten sie die Straßen und erwiesen der Toten die letzte Reverenz – mit zum Hitlergruß hoch erhobenen Armen. Felix Salten und Roda Roda, die damals noch in Wien lebten, müssen sich halb totgelacht haben, als sie es erfuhren. Vielleicht aber ist ihnen das Lachen im Halse steckengeblieben ...
In Wien angekommen, wurde der Sarg um das Burgtheater geführt, vorbei am Volkstheater und am Theater an der Wien, endlich zum Matzleinsdorfer Friedhof, wo anderntags das Begräbnis stattfand.
Der Gottesacker war schwarz vor Menschen, und Hunderte, die keinen Platz gefunden hatten, warteten vor dem Tor auf Einlaß nach der Grablegung. Es wurden viele Reden gehalten, und auch der deutsche Botschafter, Franz von Papen, hielt eine Ansprache, legte einen Kranz Hitlers nieder. Wieder flogen viele Hände in die Luft.
Damit war der Fall für Goebbels erledigt, sein Interesse an der Sandrock erloschen. Die Schwierigkeiten, die sich auftürmten, als Wilhelmine von einem Wiener Bildhauer ein Grabdenkmal gestalten lassen wollte, wurden nicht ausgeräumt, Devisen nicht bewilligt. Wilhelmine sah schon ihren Traum, das Denkmal zu Adeles 75. Geburtstag enthüllen zu lassen, in Nichts zerrinnen. Was dann weiter geschah, schildert sie selbst so:
»Da geschah über Nacht ein Wunder. Man kann es nicht anders nennen. Durch die geniale Politik unseres Führers und Reichskanzlers Adolf Hitler fielen am 12. März 1938 die Grenzen. Österreich kam zum Reich und in kürzester Zeit waren alle Hindernisse beseitigt ... Die Enthüllung ... an Adeles fünfundsiebzigstem Geburtstag fand unter der größten Beteiligung aller Persönlichkeiten der Behörden, der Kollegen, der Presse und nicht zuletzt der Wiener Bevölkerung statt ...«
Salten und Roda Roda haben sicher nicht mehr gelacht. Sie waren auf dem Sprung in die Emigration.

Blaustrumpf

Rosa Mayreder 1858–1938

Am 28. Januar 1876 feierte Franz Obermayer, Inhaber des Bier- und Gasthauses »Zum Winter« in Wien, Landskrongasse 3, den 65. Geburtstag. Die Wohnräume, unmittelbar über dem Lokal gelegen, quollen über von fröhlich feiernden Gratulanten: die Frau, die dreizehn Kinder, dazu Schwiegerkinder, Enkel, Freunde, Bekannte.
Es war ein ununterbrochenes Kommen und Gehen, reichlich floß der Champagner. Niemandem fiel auf, daß die siebzehnjährige Tochter des Hauses, Rosa, ein stämmiges Mädchen mit einem bis an die Kniekehlen reichenden blonden Zopf, sich mehr als die anderen bediente. Ein Glas nach dem anderen goß sie randvoll, leerte es in einem Zug. Der Alkohol wirkte offenbar nicht so schnell wie erhofft, doch als er wirkte, kam es sehr plötzlich. Sie fiel um wie ein Stock und erwachte erst vierundzwanzig Stunden später in ihrem Bett, ohne die geringste Ahnung zu haben, wie sie da hineingekommen war. Sie schlug die Augen auf, sah die besorgten Gesichter der Mutter und der Schwestern über sich schweben und schloß die Augen sofort wieder; dann war ihr für viele Stunden sehr schlecht.
Rosa Obermayer hatte sich systematisch betrunken, weil sie in jener Phase ihres Lebens noch immer nichts sehnlicher wünschte, als ein Mann zu sein, ein richtiger Mann, nach dem Motto »Wer niemals einen Rausch gehabt, der ist kein braver Mann«. Es stand für sie fest, daß sie irgendwann einmal die Probe aufs Exempel machen müßte – der Geburtstag des Vaters war der gegebene, unauffällige Anlaß.
Von ihrem heroischen Selbstversuch wußte niemand, ausgenommen Karl Mayreder, Freund eines ihrer Brüder. Karl war reife neunzehn und seit ihren frühen Kindertagen der einzige Mensch, der ihr zu-

hörte, der sie ernst nahm und mit dem sie alle ihre manchmal ein wenig krausen Einfälle besprechen konnte. Als Karl ihr nach dem Trunkenheitsexzeß zu erklären versuchte, daß es außer dem unangenehmen Alkoholrausch den höchst erfreulichen Liebesrausch gebe, war sie entsetzt. Sie schwor, daß sie den Alkoholrausch nie, nie wiederholen und den Liebesrausch erst gar nicht ausprobieren werde. Einmal sei für allemal genug. Den ersten Eid hat sie gehalten, den zweiten nicht nur einmal gebrochen.

Franz Obermayer, Gastwirt und zweifacher Hausbesitzer, war ein angesehener, betuchter Mann, Er wußte es zu schätzen, denn er hatte eine erbärmliche Kindheit und Jugend hinter sich. Sein Vater war ein kleiner Bäcker im oberösterreichischen Eferding gewesen; Franz hatte keine Erinnerung an ihn, denn der Vater war gestorben, als er erst drei Jahre alt war. Mit elf Jahren verlor er die Mutter, auch sie behielt er nur in verschwommener Erinnerung. Den größten Eindruck von der Eferdinger Kindheit hatte ihm die Küchenmagd hinterlassen, mit der er das Bett teilte, in dem sie jeweils in der Nacht von Samstag auf Sonntag auch noch ihren Liebhaber empfing . . .

Franz wurde nach dem Tod der Mutter von seinem ältesten Bruder aufgenommen, der in der Josefstadt ein bescheidenes Wirtshaus betrieb, aber er ersetzte ihm weder Vater noch Mutter, sondern war nur ein strenger Lehrherr und Meister. Franz arbeitete bis spät in die Nacht, er schlief auf einer Strohschütte unter dem Dach. Im Winter erwachte er nicht selten unter einer feinen, leichten Decke aus Schnee. Die Schule besuchte er nur sporadisch, er konnte mit Mühe lesen und schreiben. Im Rechnen war er gut.

Der Bruder war tüchtig und konnte bald ein Gasthaus in der Stadt, und zwar in der Rotgasse, erwerben. Auch Franz ging es ab nun viel besser. Nicht daß sich an seinem harten Arbeitstag etwas geändert hätte, aber er durfte, wie die anderen Kellner auch, in der Wirtsstube schlafen. Wenn die letzten Gäste gegangen waren, wurden die Sitzbänke hochgeklappt, darunter befanden sich Matratzen und Bettzeug, das niemals gelüftet wurde. Franz schlief wie in einem Sarg, aber er mußte nicht mehr fürchten, eines Tages mit erfrorener Nasenspitze aufzuwachen.

Seit er in Wien war, sparte er jeden Viertelkreuzer, jeden Kreuzer, je-

den Gulden. Er kümmerte sich nicht um Mädchen, er suchte keine Vergnügungen, er rauchte nicht, und wenn er, der später als der beste Bierwirt in der Stadt geschätzt werden sollte, einen Schluck nahm, dann nur zum Verkosten und um ihn wieder auszuspucken.
Franz Obermayer blieb in der Fron des Bruders, bis er bereits die Dreißig überschritten hatte. Dann reichte das Ersparte, aufgefettet mit einem Kredit des Bruders, um das im Volksmund so genannte »Winterbierhaus« zu erwerben – eine heruntergekommene Spelunke in der Landskrongasse, deren Besitzer soeben Bankrott gemacht hatte.
Später kaufte er das ganze Haus »Zum Winter«, einen fünfstöckigen Barockbau, der seinen Namen von einer Steinfigur an der Hausecke zur Tuchlauben hatte. Die Skulptur stellte einen Mann dar, der sich die Hände über einem Kohlenbecken wärmte; sie war das letzte Überbleibsel eines ursprünglich gotischen Hauses.
Teils aus purer Sparsamkeit, teils weil der Junge aus dem Dorf ein angeborenes Gespür für Stil und Flair besaß, ließ Obermayer das Gasthaus renovieren, veränderte aber nichts. Das barocke Gewölbe mit den stämmigen Stützsäulen blieb so, wie es war, die gescheuerten Holztische bekamen keine Tischtücher, Sessel und Bänke waren blankgesessen.
Das Winterbierhaus verfügte über zwei große Anziehungspunkte: das gepflegte Bier und die vorzügliche Küche, die tagtäglich neben einunddreißig fixen Hauptspeisen (Nierenbraten 42 Kreuzer, die halbe Portion 32) noch durchschnittlich zwanzig Tagesgerichte anbot. Das Lokal war täglich vom Morgen bis spät in die Nacht geöffnet, die Klientel setzte sich aus einfachen Bürgern, später in zunehmendem Maß aus sogenannten besseren Herrschaften zusammen, für die es ein Extraservice gab. Die Speisekarte vermerkte die Öffnungszeiten von Museen und Galerien sowie die Audienzzeiten des Kaisers und der Erzherzoge.
Wenn wir dem berühmten Feuilletonisten der »Neuen Freien Presse«, Ludwig Speidel, glauben dürfen, der einen Hymnus auf das Winterbierhaus verfaßte, war es durch Jahrzehnte Treffpunkt der Crème von Schauspielern, Malern, Bildhauern, Universitätsprofessoren, Anwälten, Medizinern: ». . . auch hohe Offiziere saßen in der Tafelrunde«, notierte Speidel mit einiger Verwunderung, denn Militärs

pflegten zu Kaisers Zeiten nur in ihren eigenen, streng abgegrenzten Kreisen zu verkehren.
Der Aufschwung des Winterbierhauses war nicht allein Franz Obermayers Tatkraft zu verdanken. Auch seine Frau Magdalena hatte einen erklecklichen Anteil daran. Sie kommandierte die Küche, und sie soll ein strenges, energisches Regiment geführt haben.
Sie war fünfundzwanzig, als sie den elf Jahre älteren Obermayer heiratete, und um etliche Ecken mit ihm verwandt. Ob er sie geliebt hat, wissen wir nicht; sicher ist, daß er sich ihrer Tüchtigkeit sehr wohl bewußt war, und er nützte ihre hervorragende Arbeitskraft bis zum letzten aus.
Magdalena brachte in zehn Ehejahren acht Kinder zur Welt. Bei der Geburt des letzten ging sie qualvoll zugrunde, nachdem bereits die beiden vorangegangenen Entbindungen sie fast das Leben gekostet hatten. Damals hatte der Arzt dem Ehepaar dringend von weiterem Nachwuchs abgeraten – doch Vater Obermayer ließ sich nicht beeindrucken. Er meinte, man müsse der Natur ihren Lauf lassen. Am frühen Tod seiner Frau fühlte er sich keineswegs mitschuldig, eine Einstellung, die ihm seine Tochter Rosa zeitlebens verübelt hat.
Obermayer suchte für seine mutterlosen Kinder ein Mädchen zur Unterstützung einer bereits altgedienten Kinderfrau. Unter anderen stellte sich eine siebzehnjährige Blondine namens Maria Engel – und mit dem sanften Wesen eines solchen – vor. Der sechsundvierzigjährige, fast vollglatzige, von Blatternnarben übersäte Mann geriet bei ihrem Anblick in den Rauschzustand eines späten Frühlings und machte ihr sofort einen Heiratsantrag; vier Wochen später war sie tatsächlich seine Frau. Sie hatte kaum eine andere Wahl, denn ihr Vater, ein Großhandelsvertreter, war kurz zuvor um sein ganzes Vermögen gekommen. Die Heirat mit dem Bierwirt war die letzte Chance, die sie vor dem Absturz ins gesellschaftliche Nichts bewahrte.
Obermayer war dermaßen verliebt, daß er ohne Wenn und Aber den Wunsch seiner jungen Frau akzeptierte, sich niemals, in welcher Form auch immer, um das Gasthaus kümmern zu müssen. Die angenehme Nebenerscheinung war, daß im Privathaushalt zwar kräftig getafelt, aber nicht gekocht wurde; die Speisen kamen aus der Gasthausküche. Den Gästen der Familie drückte man die Speisekarte in die Hand, und sie konnten nach Gusto wählen.

Pünktlich ein Jahr nach der Hochzeit, am 30. November 1858, gebar die achtzehnjährige Maria Obermayer ihr erstes Kind, eine Tochter, die auf den Namen Rosa getauft wurde. Sieben weitere Kinder sollten im Laufe der nächsten fünfzehn Jahre folgen.

Franz Obermayer hat mit zwei Ehefrauen sechzehn Kinder gezeugt, dreizehn davon überlebten, sieben Söhne und sechs Töchter. Der Altersunterschied zwischen dem ältesten Sohn und der jüngsten Tochter betrug neunundzwanzig Jahre. Franz Obermayers Enkel spielten mit seinen eigenen kleinen Kindern.

Rosa, die Älteste aus der Ehe mit Maria Engel, stand genau in der Mitte der Kinderschar, sie gehörte weder ganz zu den Großen noch ganz zu den Kleinen – vielleicht liegt darin eine der Wurzeln für ihre spätere Außenseiterstellung innerhalb des Familienverbandes.

Ihre früheste Kindheit war zunächst ungetrübt. Die Geschwister scheinen sich im allgemeinen gut verstanden zu haben, sie alle waren kerngesund, obwohl die hygienischen Verhältnisse im Haus, nach heutigen Begriffen, miserabel waren. Die Zimmer, hoch und stockdunkel, wurden niemals gelüftet, auch wenn sich in dem ganzen Haus ein Mief, teils aus der Gasthausküche, teils aus den vorsintflutlichen Toilettenanlagen verbreitete. Wurden die Gerüche zu übel, dann entzündete die Mutter ein »Franziskerl«, ein schwärzliches Pulver, das intensiv und weihrauchähnlich roch.

Einmal im Jahr wurde »ein Bad geführt«, das heißt, ein Wagen mit Bottichen voll heißem Wasser fuhr vor, Knechte schleppten eine hölzerne Badewanne und dann das Wasser in den Salon – darin badete die ganze Familie. Ob, wie in anderen Häusern üblich, auch die Dienstboten (bei den Obermayers waren es drei Stubenmädchen) an dem Badefest teilhaben durften, ist nicht überliefert. Die Haare wurden nie gewaschen, dafür täglich mit einer Mischung aus Schmalz und Kräuteressenzen massiert und dann trockengebürstet. Rosas Haar war so lang, daß sie darauf sitzen konnte, und es wuchs so üppig, daß es nur mit größter Mühe zu bändigen war.

Außer Erkältungen und verdorbenem Magen hat keines der Kinder je eine Krankheit durchgemacht, aber wenn sich eines nicht wohl fühlte, wurde sofort der Arzt gerufen. Ein neuer Doktor, der die einzelnen Kinder noch nicht kannte, kniff die siebenjährige Rosa in die Wange, in der Annahme, sie sei die Patientin und habe Zahnweh. Sie hatte mitnichten Zahnschmerzen, sie war nur ein sehr gefräßiges Kind und daher dicker als ihre Geschwister. »Wenn ich nur essen kann, bin ich zufrieden«, pflegte sie zu sagen.

Die jeweils fünf jüngsten Kinder standen unter der Fuchtel der Kinderfrau Hanni, die insgesamt sechsunddreißig Jahre im Hause Obermayer diente. Ihr zur Seite stand ein Kindermädchen und, falls gerade ein Neugeborenes zu stillen war, eine Amme. Die älteren Kinder wurden von Hauslehrern (für die Knaben) und Gouvernanten (für die Mädchen) betreut.

Mit den fünf Kleinsten fuhr Hanni, samt Kindermädchen und Amme, in den Prater, um sie »auszulüften«. Pünktlich um drei Uhr wurde die ganze Gesellschaft in einen Fiaker verladen, der am Eingang des Praters eine Stunde lang wartete, bis seine Fahrgäste den obligaten Spaziergang durch die Hauptallee hinter sich gebracht hatten.

Die Kinder langweilten sich entsetzlich. Einzige Abwechslung in diesem täglichen Einerlei bot die pünktliche Begegnung mit Erzherzog Franz Karl und Erzherzogin Sophie, den Eltern des Kaisers Franz Joseph, die ebenfalls im Prater zu promenieren pflegten. Die Mädchen vollführten einen Knicks, die Jungen einen Kratzfuß, während Hanni fast in die Knie sank.

Es war das aufregendste Erlebnis ihres langen Dienstbotendaseins, als die Erzherzogin sie einmal ansprach und fragte, wem denn die Kinder gehörten: »Kaiserliche Majestät, ich werfe mich zu Füßen. Diese Kinder gehören dem Herrn von Obermayer, der das Wirtshaus in der Landskrongasse hat«, lautete die rasche Antwort. Bis an ihr Lebensende rekapitulierte die Hanni diesen Beweis ihrer Schlagfertigkeit und sonnte sich im Nachruhm der erzherzoglichen Huld.

Mit Schuleintritt hörten die Nachmittagsspaziergänge auf. Der Vater meinte, daß die Kinder auf dem Schulweg genug frische Luft bekämen, und im übrigen sollten sie am Nachmittag lernen.

Im dunklen, muffigen Haus in der Landskrongasse empfanden die Kinder den Winter als lähmend und bedrückend, und sie sehnten den Monat Mai herbei, wenn sich mit großem Aufwand an Menschen und Material der Umzug in die Sommerfrische vollzog. Bis zu Rosas zehntem Lebensjahr residierte die Familie fünf Monate lang in einem gemieteten Haus in Hetzendorf. Die Knaben mußten von dort mit dem Stellwagen in die Schule fahren. Die Mädchen brauchten ihr Som-

merparadies nicht zu verlassen; der Vater meldete sie von der Schule ab, in der festen Überzeugung, daß Mädchen genug wüßten, wenn sie die Schule nur sieben Monate des Jahres besuchten.
Manchmal fuhr auch Rosa in Hannis Begleitung in die Stadt. Es war jedesmal ein aufregendes Abenteuer, wenn am Linienwall, nahe dem heutigen Westbahnhof, die Passagiere von der Zollwache kontrolliert wurden. Alles Eßbare, das aus Niederösterreich nach Wien eingeführt wurde – und Hetzendorf gehörte damals noch zu Niederösterreich –, unterlag der »Verzehrsteuer«. Die Beamten waren raffiniert und wohl auch ein bißchen lüstern; sie stachen mit langen Holzstäben unter die Krinolinen der kreischenden Damen, auf der Suche nach Wurst, Käse und Speck. Die Hanni war noch schlauer: Sie versteckte die Konterbande so, daß sie niemals entdeckte wurde.
Als Rosa zehn wurde, erwarb der Vater, unaufhaltsam auf dem Weg zum Reichtum, ein geräumiges Haus mit parkähnlichem Garten auf der »Hohen Warte« in dem winzigen Dorf Unterdöbling. Das Haus lag stolz und frei im Grünen, der Blick schweifte ungehindert zum Donaustrom bis zu den blauen Hügeln bei Preßburg. Praktischerweise hatte Obermayer die gesamte Inneneinrichtung der Villa mitgekauft, was sich jedoch als Fehlinvestition erwies.
Kaum war die Familie eingezogen, wurde sie überfallsartig von Wanzen-Heerscharen heimgesucht, die aus allen Fugen und Ritzen, aus Vorhängen, Sofas und Matratzen hervorbrachen. Die meisten Möbel mußten entfernt, Fenster und Türstöcke herausgerissen, Parkettböden ausgewechselt werden. Es sollte noch Jahre dauern, bis das Haus endgültig wanzenfrei war.
Die Kinder verbrachten die meiste Zeit des Sommers im weitläufigen Garten bei Spielen und Erkundungen; sie waren angehalten, jedes für sich, ein Stückchen Erde zu kultivieren, und alle waren glückliche Besitzer eines »grünen Daumens« – alle, bis auf Rosa. Ihr Fleckchen Erde war entweder voll Unkraut oder verdorrt, nichts, das sie gesät, wollte je aus dem Boden hervorkommen.
Wann die Vertreibung durch den Geist aus dem Paradies der Kindheit genau begann, ist nicht feststellbar. Aber schon ziemlich früh wunderten sich die meisten, daß Rosa lieber mit den Brüdern als mit den Schwestern spielte, daß sie sich mehr für die Käfer- und Schmetterlingsexperimente der Jungen interessierte als für die Puppen der

Mädchen. Immer häufiger zog sie sich auf einen verschwiegenen Platz in der äußersten Ecke des Gartens zurück, um zu lesen. Sie verschlang wahl- und hemmungslos alles, was ihr in die Hände geriet: Kinderbücher, Liebesromane, Schulbücher der älteren Geschwister, dann Klassiker und Philosophen. Sie bestürmte die erwachsenen Geschwister und die Eltern mit manchmal wirr scheinenden Fragen über halb oder gar nicht Verstandenes. Anfangs erntete sie nichts als Befremden, später Ablehnung. Sie möge sich gefälligst nicht wichtig machen, sie sei ein Mädchen und sollte andere Dinge im Kopf haben. Antwort auf ihre Fragen bekam sie so gut wie nie.

Ähnlich erging es ihr in der Schule, wo der Vortrag der Lehrer stets dort aufhörte, wo es begann, interessant zu werden. Rosa empfand den Unterricht als oberflächlich, kein Thema wurde fundiert ausgearbeitet, die Prüderie grenzte ans Lächerliche. Als in Naturgeschichte die Fische durchgenommen wurden, wollte Rosa auch die »Walfische« dazuzählen; sie wurde belehrt, daß diese keine Fische seien. Was denn, wollte sie wissen. Die Lehrerin errötete heftig und erklärte, das könne sie nicht sagen, Rosa sei noch zu jung, um dies zu erfahren; sie werde die Wale in der Oberstufe lernen. Die Lehrerin drückte sich um die schwierige Frage, wie man einer Zwölfjährigen die Säugetiere erklären könnte . . .

In den oberen Klassen fand Rosa endlich einen Mentor, ihren Deutschprofessor, der die außerordentlichen Begabungen des Mädchens erkannte und nach Kräften förderte. Ihr zuliebe setzte er es durch, Logik und Psychologie in den Lehrplan einzubauen, zwei Fächer, in denen sie brillierte. Das half ihr allerdings nicht über den Makel hinweg, in Handarbeiten eine Niete zu sein.

Es war im zweiten oder dritten Sommer nach dem Einzug in das Haus auf der Hohen Warte, als sie von den Eltern die Erlaubnis erbettelte, sich unter dem Dach ein Refugium einrichten zu dürfen, das mit alten Möbeln notdürftig ausgestattet wurde. Nun besaß die Dreizehnjährige ein Denk- und Studierzimmer, das sie mit großgemalten Sinnsprüchen tapezierte, so wie heute Teenager ihre Wände mit Popstar-Posters zieren. Noch als alte Frau konnte sie sich einiger dieser Sprüche entsinnen, die ihr Innerstes bewegten und ihren Gedanken Richtung gaben: »Vor mir der Tag und hinter mir die Nacht . . .«, oder »Der Gott, der mir im Busen wohnt/ Kann tief mein Innerstes

erregen,/ Der über allen Kräften thront,/ Er kann nach außen nichts bewegen.«
Dieser Vers war Ausdruck ihrer sehr früh beginnenden Schwierigkeiten mit Fragen des Glaubens. Was sollte es, um alles in der Welt, bedeuten, wenn man ihr immer wieder vorhielt: »Die Mutter Gottes weint, wenn Mädchen pfeifen.« Vergeblich versuchte sie zu ergründen: War die Mutter Gottes wirklich so kleinlich, oder war es die Kirche, die der Mutter Gottes Kleinlichkeit unterstellte? Oder wurde, dritte Möglichkeit, das Ansehen der Mutter Gottes zum alltäglichen Erziehungsgebrauch verschlissen, wie der Schwarze Mann, der Krampus oder ähnliche Figuren zum Kinderschrecken?
Vor allem die Mutter versuchte, mit derartigen Sprüchen Rosa und ihre Schwestern auf die einzig akzeptierte Frauenrolle festzulegen, die sich bereits im äußeren Erscheinungsbild darzustellen hatte: die Füße klein und zierlich (darum mußten die Mädchen immer zu enge Schuhe tragen und waren zeitlebens unfähig, längere Strecken zu wandern); der Teint von vornehmer Blässe (niemals ohne Hut und Sonnenschirm ausgehen!); die Hände zart und feingliedrig (kein Geräteturnen, das macht grobe Hände); die Taille eng (Mieder!); Busen und Hüften üppig gerundet (wenn nötig: Wattepolster).
Maria Obermayer zog bedenkenlos die Söhne den Töchtern vor, und an letzter Stelle rangierte – so hat sie es zumindest empfunden – Rosa, deren geistige Ambitionen einen ständigen Stein des Anstoßes bildeten. Mehr als einmal wurde ihr vorgeworfen, sich zum »Blaustrumpf«* zu entwickeln. Sie werde schon sehen, was dann passiert: die Haare würden ihr ausfallen (männliche Glatzköpfe galten damals als Folge geistiger Anstrengung), ihre weiblichen Rundungen würde sie verlieren. Weder das eine noch das andere war der Fall. Rosa behielt ihre ungewöhnliche Haar- und Leibesfülle zeitlebens. Daß man sie der Unsittlichkeit zieh, als sie sich ab dem achtzehnten Lebensjahr

* »Blaustrumpf« – »Blue stocking«, im England des späten 18. Jahrhunderts Beiname des Konversationszirkels von Lady Elizabeth Montague; er wurde von dem stets mit blauen Strümpfen bekleideten Philosophen Stillingfleet dominiert. Erst ab Mitte des 19. Jahrhunderts mutierte »Blaustrumpf« zum Schimpfwort für intellektuelle und daher »unweibliche« Frauen.

Rosa Obermayer

dem Mieder verweigerte, nahm sie gelassen hin. Sie war Kummer gewöhnt.
Bis zum Überdruß mußte sie sich von der Mutter vorhalten lassen, daß allein der Mann im Geistigen zu Hause sei, daß die Frau nur durch Gatten oder Söhne Zutritt zu höheren Wissenssphären erwerben könne. Viele Jahre später war es darum für Rosa ein Schock, als sie einen seit Menschengedenken verschlossenen Schrank öffnen mußte, zu dem nur die Mutter den Schlüssel besaß. In Reih und Glied, offensichtlich viel gelesen und gebraucht, standen da die Werke der klassischen Weltliteratur, Lexika und linguistische Nachschlagewerke. Irgend jemand mußte irgendwann die nach geistiger Nahrung lechzende Seele dieser Frau zerbrochen haben . . .
Wir erinnern uns: Maria Engel war siebzehn und stand vor dem Abgrund ihrer bürgerlichen Existenz, als sie Hals über Kopf Franz Obermayer heiratete, und der war nicht nur ein Selfmademan, er war auch ein Patriarch vom alten Schrot und Korn. Frau und Kinder hatten aufs Wort zu parieren, und wenn sie es nicht taten, gab es »Krawall«, wie es im Familienjargon hieß. Versuchte die Mutter, für eines der Kinder, das gerade den Zorn des Vaters erregt hatte, einzutreten, endete die Szene meist mit einer Flut von mütterlichen Tränen.
»Die Frau ist für den Mann da«, war einer der Kernsprüche des alten Obermayer. Darum gab es im Haus so viele dienende Hilfskräfte: Die Frau hatte ausschließlich dem Wohl des Gebieters zur Verfügung zu stehen, die Kinder wurden auf den zweiten Platz verwiesen.
Zum patriarchalischen Auftreten gesellte sich Konservativismus im weiteren häuslichen Bereich. Niemals wurden – sehr zum Leidwesen der Damen des Hauses – moderne Möbel angeschafft (bis dann alle über den reichen Bestand an Biedermeiermöbeln glücklich waren). Das Haus in der Landskrongasse war eines der letzten Wiens, in dem Gasbeleuchtung erstrahlte.
Neben der patriarchalisch-konservativen gab es aber auch eine sehr liberale Seite des Franz Obermayer. Er war stolz, der »Achtundvierziger-Generation« anzugehören, jener Generation also, die 1848 den bürgerlichen Aufstand gewagt – und verloren hatte. Er war protestantisch, seine beiden Ehefrauen gehörten der katholischen Glaubensgemeinschaft an. Die Söhne wurden in der Religion des Vaters, die Töchter katholisch erzogen. Toleranz war geboten.

Politisch interessiert, versäumte er kaum eine Sitzung des Hohen Hauses (vor dem Ringstraßenbau befand sich übrigens das Parlament am Beginn der Währinger Straße in einem alten Fachwerkbau). Seine unübersehbare Erscheinung gehörte schließlich zum politischen Alltag, und der Bierwirt aus der Landskrongasse wurde mehrfach in der Parlamentsberichterstattung erwähnt.
Sosehr er häufig den patriarchalischen Wüterich herauskehrte, sosehr war er im Grunde ein fürsorglicher Vater, persönlich bescheiden bis zur Selbstverleugnung, bereit, für die Kinder alles zu geben. Die Jungen gingen ins Gymnasium und studierten, die Mädchen besuchten teure Privatschulen für Höhere Töchter. Sie erhielten eine großzügige Mitgift. Auf die Sommerreisen der Eltern nach England, Frankreich und Italien wurden Söhne und Töchter abwechselnd und gleichberechtigt mitgenommen. Söhne *und* Töchter mußten schwimmen lernen – man konnte nie wissen, was eine Schiffahrt an Überraschungen bereithielt.
Mit Hilfe des Vaters und gegen den Willen der Mutter konnte es Rosa schließlich durchsetzen, ein wenig mehr lernen zu dürfen, als ihr traditionell eigentlich zustand. Jahrelang hatte sie, zunehmend verbittert, mit angesehen, wie die Brüder, oft unterstützt von hochqualifizierten Hauslehrern, durch das Schottengymnasium und durch das Studium geschleust wurden. Nun durfte sie dabeisein, wenn die Brüder mit ihren Privatlehrern Latein und Griechisch rekapitulierten. Vom Zuhören allein behielt sie mehr als die Brüder durch hartes Büffeln.
Sie war vierzehneinhalb und überdrüssig der ständigen Querelen um ihre Person, als sie beschloß, ihre Erziehung in die von ihr erstrebte Richtung selbst in die Hand zu nehmen. Es war dies der erste Schritt, den ein halbes Kind in die Emanzipation tat, von der sie, streng abgeschirmt von der Außenwelt, noch nicht die geringste Ahnung hatte. Daß bereits in aller Welt, und sogar in Österreich, seit der Jahrhundertmitte Frauen begonnen hatten, um ihre Rechte zu kämpfen, wußte sie nicht einmal vom Hörensagen.
»Kraft meiner Wesensart dem alten Weiblichkeitsideal ausgesetzt, aber zugleich durch die äußeren Umstände seinen Gesetzen ausgeliefert, nahm ich den Kampf gegen seine Übermacht als ein ganz isoliertes, ganz auf mich selbst gestelltes Einzelwesen auf, ohne Anleitung von außen, aber dennoch mit dem unbeirrbaren Bewußtsein, im

Recht zu sein und etwas Höheres zu verteidigen . . .« schrieb sie mehr als dreißig Jahre später.

Der erste Punkt ihres handgestrickten Programms galt der Stählung der Willenskraft, um den Körper den Anforderungen des Geistes gefügig zu machen. Sie übte Askese, indem sie sich zwang, auf einem Brett zu schlafen, ganze Mahlzeiten auszulassen (welch ein Opfer für dieses gefräßige Kind!) oder stundenlang kerzengerade stillzustehen. Sie ging sogar, was sie ansonsten tunlichst vermied, freiwillig zum Zahnarzt und ließ sich – damals noch ohne Betäubung – zwei Stockzähne auf einmal reißen.

Und sie begann Tagebuch zu führen; nicht um den täglichen Kleinkram zu registrieren, sondern um mit sich ins reine zu kommen und um ». . . ein edles Weib zu werden, gebildet nach dem Ideale, das in mir lebt.« Denn: »Das Weib ist nicht bestimmt, sich stolz zu erheben und in sich selbst die Kraft zu suchen, die es beseelen soll. Dem schmiegsamen Efeu gleich soll sie sich an ihrem Mann wie an eine starke Eiche hinaufranken.« Aus den Anfangsseiten dieses Tagebuches spricht nicht nur die Mutter mit unüberhörbarer Stimme, auch die Anschauung des Vaters ist zwischen den Zeilen herauszulesen, wenn es heißt: »Die Frau soll nicht allein Gefährtin des Mannes sein, sondern in gewissen Fällen seine Dienerin. Es ist schon so von Natur bestimmt, und der Frau wird nichts von ihrer Freiheit genommen, wenn sie dem Manne dient . . .«

Nach nur vier Monaten Tagebuchschreibens sowie korrekter Analyse ihrer Lebensumstände, und zwar ziemlich genau zu ihrem fünfzehnten Geburtstag, heißt es dann schon allerdings: »Wie sehr haben sich meine Ansichten geändert.« Und später weiter: »Ist es denn auszuhalten? Zuerst bedauert man uns Mädchen, daß uns die Genüsse verschlossen bleiben, die das griechische Geistesleben demjenigen bietet, der Griechisch lernt – dann sagt man, daß es für ein Weib genüge, einige wenige Dinge gründlich zu kennen . . . Ein Paradies ist uns verschlossen – und warum? Weil es eben so das Herkommen ist, weil die Weiber nicht dazu bestimmt sind.«

Rosas Gedanken kreisten keineswegs nur um das eigene Ich. Die Fünfzehn-, die Sechzehnjährige dachte ausführlich nach über Religion, Seele, Gott, Darwin, Spiritismus, Materialismus, Kunst, Staat, Gesellschaft; die Unendlichkeit der Höllenstrafen bei Lessing, Goe-

thes Mephisto, Hauffs Satan – alles in allem ein buntes Kaleidoskop, das sich in ihrem Kopf ununterbrochen neu formte. Viele ihrer Ideen waren völlig unreflektiert, basierten auf wahllos Zusammengelesenem und entbehrten jeder Information von außen, aus der realen Welt.
»Ich sehe meine Brüder widerwillig lernen – ich gäbe Jahre meines Lebens, dürfte ich an ihrer Stelle sein . . . Da sagen die andern immer, wie doch das Los der Weiber auf Erden jämmerlich sei – aber mich verlacht man, verspottet man, weil ich es mir verbessern will.«
Die Familie fand sich dann doch seufzend mit der Tatsache ab, daß Rosa aus der weiblichen Art geschlagen war, und hörte auf, sie zu verspotten. Dem Hohn folgte aber nichts anderes als achselzuckendes Bedauern: Wie schade, daß sie nur ein Mädchen und daß leider, leider ein bedeutender Mann an ihr verloren war.
Die Vorstellung ist darum so abwegig nicht, daß Rosa sich eine Zeitlang nichts sehnlicher wünschte, als ein Mann zu sein. In diese Phase fiel auch die eingangs geschilderte Szene der konsequent herbeigeführten Besäufnis. Später fand sie für sich eine intellektuell elegantere Lösung: Sie war der Überzeugung, daß sich die Natur mit ihr einen grausamen Scherz erlaubt und in den Körper einer Frau den Geist eines Mannes gesteckt hatte. Sie fühlte sich erhaben über alle anderen Frauen und gleichberechtigt mit den Männern. Es sollte noch eine Weile dauern, bis sie die Wahrheit, die ganze Wahrheit erfaßt hatte: daß sie durch und durch Frau war und trotzdem den Männern geistig um nichts unterlegen – wenn man sie nur ließ.
Einige eigentümliche Züge ihres komplizierten Wesens zeigten sich schon in den frühen Tagebüchern deutlich: Der ständige Kampf zwischen ihren hochgesteckten Zielen und dem, was sie tatsächlich zustande brachte, machte ihr ebenso zu schaffen wie ihre übergroße Verletzlichkeit. Sie konnte sich tagelang kränken und in mürrisches Schweigen verfallen, wenn sich jemand über sie lustig machte oder sie sich ungerecht behandelt fühlte. Sie empfand es als beschämende Schwäche, daß ihr die geringste Rührung sofort Ströme von Tränen entlockte; dagegen kämpfte sie so lange an, bis es ihr gelang, stets eine gelassene Maske zu zeigen. Das sollte ihr den Vorwurf der Gefühllosigkeit eintragen.
Es war nun nicht so, daß Rosa Tag und Nacht ihr Innenleben sezierte und an ihrem Verhalten feilte; sie konnte auch ausgelassen und sprü-

hend heiter sein, vor allem an den Samstagabenden, wenn bei Obermayers offenes Haus war und sich alle Kinder, Schwiegerkinder und deren ausgedehnter Freundeskreis in der Landskrongasse oder auf der Hohen Warte versammelten. Es wurde gegessen, getrunken, gespielt – knifflige Gehirnakrobatik in den dunklen Winterstuben, sportliche Unterhaltung im Sommergarten.

Gelegentlich fanden auch Liebhaberaufführungen der damals sehr geschätzten Ritterstücke statt. Zwei enge Freunde eines der Obermayer-Söhne, Karl und Julius Mayreder, beide zunächst Realschüler, später Architekturstudenten, fungierten als Bühnenbildner, Dramaturgen und Regisseure. Karl betätigte sich auch als Schauspieler, ebenso wie die zwei Jahre jüngere Rosa. Sie liebte die komischen Rollen mehr als die ernsten – vermutlich, weil ein Lacher an falscher Stelle sie gekränkt hätte.

Karl Mayreder war ihr der liebste unter den Freunden des Bruders. Er war einer der ganz wenigen, wenn nicht der einzige, der nichts dabei fand, wenn sie, kaum fünfzehn Jahre alt, mit fliegenden Zöpfen Kegel schob, um in der nächsten Minute, noch hochrot und atemlos, ihn in eine tiefschürfende Diskussion über Goethes »Wilhelm Meister« zu verwickeln. Hinzu kam noch, daß Karl ein anziehender junger Mann war, eine lange, schlanke Erscheinung mit strahlenden Augen von einem seltenen, tiefen Blau und einem schönen, blonden Bart – alle Mädchen schwärmten damals für schöne blonde Bärte. Rosa besaß einen ausgeprägten Hang zu außergewöhnlich gut aussehenden Männern, und das sollte ihr (und ihm) noch manchen Schmerz bereiten . . .

Karl war der einzige, der um die erste – natürlich unglückliche – Liebe Rosas wußte. In allen Stadien der Verzweiflung war er stets zur Stelle, sie zu trösten. Mit dreizehn hatte sie die Leidenschaft für einen jungen Mann ergriffen, von dem es hieß, daß ihn noch keine Frau »erobert« hätte. Was ihr an diesem Umstand so imponierte, wußte sie später selbst nicht zu sagen, jedenfalls beschloß sie, ihn für sich zu gewinnen, und zwar nicht mit den üblichen Waffen einer Frau, sondern durch ihren überlegenen Verstand.

Volle vier Jahre war ihr Tun und Trachten auf dieses Ziel gerichtet. Sie sah den Jüngling selten, sprach fast nie mit ihm, und er beachtete sie überhaupt nicht. Aber je aussichtsloser ihr Beginnen war, desto mehr erhob sie ihr Idol – dies übrigens der Titel eines ihrer ersten Romane – zum Mann aller Männer, und sie scheute keine Mühe, keine Intrige, ja selbst keine Lüge, um einen Weg zu finden, ihm wenigstens nahe zu sein.

Als ihr endlich klarwurde, daß alles vergeblich gewesen war, weil sich der Angebetete doch von einer anderen »erobern« ließ, verlor sie den Appetit, und sie, die stets rundliche Rosa, wurde so mager, daß ihr die Kleider am Leibe schlotterten. Die Familie befürchtete, das arme Kind sei von der Bleichsucht (Anämie) befallen.

Nur Karl Mayreder wußte die Wahrheit, er hörte sich das Lamento des Mädchens mit stetiger Geduld und Gelassenheit an. Eines Tages klagte sie ihm wieder ihr Leid, und zwar ausgerechnet auf dem Grinzinger Friedhof, wo die beiden auf dem Randstein einer Gruft saßen. Wie es dann weiterging, mag Rosa mit ihren eigenen Worten berichten:

»An diesem Ort der Abgeschiedenheit fühlte ich mich selbst abgeschieden von dem Glück und der Hoffnung eines Lebensabschnittes, der für immer hinter mir lag, und Tränen stürzten mir aus den Augen. Da faßte eine Hand nach der meinen, und als ich aufsah, begegnete ich dem Blick aus milden blauen Augen, die mit einem rätselhaften Ausdruck hingegebener Teilnahme auf mir ruhten . . . Die Sprache dieser himmlischen Augen wurde im Laufe dieses Sommers immer beredter, bis ich endlich . . . nicht mehr darüber zweifeln konnte, daß abermals die Liebe an mich herangetreten war.«

Zwei Jahre später, Rosa war neunzehn und Karl einundzwanzig, verlobten sich die beiden, mit dem Segen von zwei überglücklichen Elternpaaren. Karls Eltern besaßen das bis weit in unser Jahrhundert von der bürgerlichen Gesellschaft hochgeschätzte Restaurant »Matschakerhof« im Zentrum der Stadt – also schienen die beiden jungen Leute aus dem haarscharf gleichen Milieu wirklich füreinander bestimmt.

An baldige Heirat war nicht zu denken. Karl mußte erst »etwas werden«, um »eine Familie erhalten zu können«, wie das damalige Credo hieß. Außerdem war ihm, einem der fleißigsten und begabtesten Studenten der Technischen Hochschule, ein langfristiges Stipendium für Studien in Italien gewährt worden.

Merkwürdigerweise fiel es niemandem ein, Rosa in ihre zukünftigen

»Pflichten als Hausfrau« einzuweisen. Sie war seit ihrer Geburt von Dienstboten umgeben; ihre Mutter mußte sich nie um die Organisation des Haushalts kümmern, denn das Essen erschien, wie von Zauberhand, täglich aus der Gasthausküche, und auch die Villa auf der Hohen Warte wurde zwar nicht mit tischfertigen Speisen, aber mit allen gewünschten Nahrungsmitteln versorgt. Den Rest erledigte die Köchin.

Keines der Obermayer-Mädchen hatte einen Begriff vom Wert des Geldes und wie damit umzugehen sei. Wie wir aus späteren Tagebuchaufzeichnungen erfahren werden, hat Rosa ihre häusliche und wirtschaftliche Ignoranz nicht als nachteilig empfunden – sie verfügte über eine reiche Mitgift, Personal gab es stets im Überfluß. Den Kopf zerbrach sich hingegen ihr Mann . . .

Das Warten auf Karls Heimkehr aus Italien verkürzte sich Rosa mit angenehmem Zeitvertreib. Sie spielte viel und hervorragend Klavier, brachte es sogar bis zur Konzertreife. Ein bereits fix geplantes öffentliches Konzert in Salzburg unterblieb aus unbekannten Gründen.

Überdies war Rosa eine recht begabte Malerin, von zwei anerkannten Meistern privat ausgebildet, da öffentliche Kunstschulen den Mädchen verschlossen waren. Es gab Zeiten, da ist »der Malteufel in sie eingeschossen«, wie Karl Mayreder es auszudrücken pflegte. Sie entzog sich für Tage oder gar Wochen der Gesellschaft ihrer nächsten Angehörigen, malte mit Leidenschaft, geradezu verbissen. Später sollte sie sich mit derselben Intensität dem Schreiben zuwenden.

Rosa arbeitete in Aquarell und Pastell, seltener in Öl. Ihre Themen waren Blumen, Früchte, Landschaften im Stil ihrer Zeit. Sie besaß zweifelsohne großes Talent, ein Genie war sie ebenso zweifelsohne nicht. Soweit sich rekonstruieren läßt, hat sie im Laufe der Jahre ungefähr hundert Bilder gemalt, von denen sie die meisten an Freunde verschenkte. Sechsundzwanzig hat sie zu gutem Preis verkauft, was ihren Vater ärgerte: »Meine Tochter hat es nicht nötig, Geld zu verdienen.« Immerhin fand ihr Werk soviel Beachtung, daß sie gebeten wurde, Ausstellungen im Wiener Künstlerhaus, in Dresden, in Berlin und die Weltausstellung in Chikago zu beschicken.

Ihre liebste Beschäftigung indes war das Verfassen von Briefen an Karl Mayreder, den sie immer öfter zärtlich Lino (vom italienischen »Carlino«) nannte, im damals wirklich fernen Italien. Bei der Lektüre

dieser Ergüsse greift man sich an den Kopf: Ist es wirklich dasselbe Mädchen, das in seinen Tagebüchern mit Nietzsche hadert oder sich zu ihm bekennt, Schopenhauer zu widerlegen versucht und Richard Wagner vergöttert, um ihm später schlechte Zensuren zu erteilen?
Aus den Briefen Rosa Obermayers spricht erstens exaltierte Verliebtheit und sprechen zweitens die literarischen Hausgöttinnen des konservativen, aber geistig eher schlichten Bürgertums: Eugenie Marlitt und Nataly von Eschstruth, die in ihren Romanen schwülstige Romantik und keimfreie Liebe absonderten.
Also schrieb Rosa an ihren Vielgeliebten: »Mein süßer, süßer Karl! Dein Brief aus Verona hat mich aufs tiefste bewegt! Daß ich bei Dir sein könnte, ach, nur eine Minute lang, nur einen Blick in Deine holden, seelenvollen Augen, nur ein Wort von Deinen teuren Lippen, nur ein schmerzlicher, wonnevoller Kuß . . .« Wenige Wochen vor seiner Heimkunft: »Bald möchte ich jauchzen, daß Deine Rückkehr so nahe bevorsteht, möchte es allen Menschen . . . zurufen, es dem Wind . . . den Bäumen . . . der Sonne zurufen: Er kommt, er kommt zurück. Dann sitze ich wieder trübselig und rechne die Tage, die Nächte der Trennung, zähle die Stunden . . . und überlasse mich dem dumpfen Mißmut hilfloser Ungeduld.«
Er kam endlich, und er beendete sein Studium mit Glanz und Glorie. Eine Stellung im Atelier des berühmten Ringstraßenarchitekten Heinrich von Ferstel (Votivkirche, Universität) sowie beamtete Beschäftigung als Assistent der Technischen Hochschule schufen das erwünschte solide Fundament für die Ehe. Die pompöse Trauung fand am 28. Juli 1881 in der Wiener Peterskirche statt.
Das junge Paar bezog zunächst eine Mittelklassewohnung in der Florianigasse im achten Wiener Gemeindebezirk, aber schon kurze Zeit später eine größere und elegantere in der Plößlgasse auf der Wieden. Demonstrative Krönung der Wohlhabenheit sollte schließlich eine Sommervilla in Purkersdorf bei Wien werden.
Die Ehe zwischen Lino und Rosa ließ sich konventionell an. Da war die Wohnung einzurichten, der Haushalt zu installieren, das Personal anzulernen. Während der Ehemann seinem Beruf nachging, das heißt genauer: seinen beiden Berufen, besuchte Rosa Damenjours und tauschte artig Kochrezepte aus.
Rosa führte ihre Tagebücher weiter, in denen sie über Gott und die

Rosa und Karl Mayreder kurz nach der Hochzeit

Welt nachsann, unter anderem über Richard Wagner, den sie einstmals glühend verehrt hatte, dann aber, wegen seiner Hinwendung zum Mystizismus, verbunden mit Verzicht auf sinnliche Liebe im »Parsifal«, nicht mehr verstehen konnte. Sie schrieb dem Meister einen ausführlichen Brief, an dessen Inhalt sie sich später nicht mehr erinnern konnte. Die Antwort Richard Wagners an »Herrn R. Mayreder« ist erhalten geblieben, und darin heißt es unter anderem: »Nur noch ein paar Jahre Geduld; schlagen Sie sich alles aus dem Kopf, was Sie an mir und von mir beängstigt . . . Reifen Sie! Dann besuchen Sie mich einmal, und alles wird in Ordnung kommen . . . Ergebenst Richard Wagner.« Es konnte nichts in Ordnung kommen zwischen Rosa und Richard – er starb, ehe sie der Einladung nach Bayreuth Folge leisten und den Irrtum über ihr wahres Geschlecht aufklären konnte. Ihre Beziehung zu Wagners Musik blieb weiter getrübt.

Im zweiten Ehejahr erwartete Rosa ein Kind, aber die Schwangerschaft endete fatal. Was genau sich zugetragen hat, bleibt im dunkeln, denn Rosa erwähnt die Totgeburt ihres ersten und einzigen Kindes nur am Rande. Fest steht, daß sie zuvor ein tagelanges Martyrium durchmachte, und es folgten jahrelange Beschwerden nicht näher definierter Natur. Eines stand fest: Rosa und Lino würden nie mehr ein Kind bekommen können. Aber anscheinend hat das weder ihn noch sie sehr bekümmert, denn beide waren mit rastloser Tätigkeit randvoll ausgefüllt. »Du wärst kein guter Vater geworden, denn du warst ja nie zu Hause . . .« pflegte sie ihn später manchmal zu necken.

Erste Unstimmigkeiten gab es, wie in den meisten Ehen, ums liebe Geld. Anscheinend hat Karl zunächst allein über seine und ihre Einkünfte aus der Mitgift verfügt – und das hat sie rasend gemacht. Im Tagebuch heißt es: »Geld! Geld! Mein und Dein! . . . Karl sorgt sich, so oft er seine Brieftasche öffnen muß . . . ich überwinde jedesmal eine Scheu, so oft ich ihn um Geld anzureden gezwungen bin . . . Daß ich kein Mann bin, daß ich nie frei werden kann! Hätt' ich nur die Freiheit, ich würde sie ihm ja ohne Zögern hingeben. Oh, diese halbe Freiheit ist nur das halbe Leben . . .«

Eine weitere Enttäuschung: Sie hatte gehofft, als verheiratete Frau viel mehr geistigen Bewegungsraum und intellektuelle Ansprache zu haben als im Elternhaus, mußte aber bald erkennen, daß dem nicht so war. Die Mayreders verkehrten hauptsächlich in Künstler- und Hoch-

schulkreisen, die Gespräche drehten sich in erster Linie um künstlerische und Hochschulbelange. Dazu Rosa: »Die Unterhaltung stand im übrigen wie in allen Schichten der Wiener Gesellschaft auf recht niedrigem Niveau und schöpfte vor allem aus dem Erzählen von Anekdoten . . .«
Sie fiel unliebsam auf, wenn sie versuchte, die Konversation auf sie interessierende »geistige Angelegenheiten« zu lenken. Einmal äußerte sie sich in scharfgeschliffenen Worten über einen lasziven Witz, worauf sie ein Herr abkanzelte: »Sie verkennen Ihre gesellschaftliche Stellung, gnädige Frau. Als verheiratete Frau haben Sie kein Recht auf solche Prüderie.«
Durch Julius, den Bruder Karl Mayreders, wurde das Paar in eine völlig andere Clique um Marie Lang und ihren Mann, einen Rechtsanwalt, eingeführt. Das Ehepaar führte in der Villa »Bellevue« auf dem Cobenzl ein offenes, gastfreundliches Haus, in dem vor allem Anhänger der theosophischen Lehre verkehrten. Rosa dachte zu realistisch, um sich mit dem Gedanken anzufreunden, daß es übersinnliche Phänomene gebe, mit deren Hilfe man sinnlich nicht wahrnehmbare Materie erforschen könne. Sie formulierte es bündig: »Was mir die Theosophie als Gewinn brachte, waren nicht Erkenntnis, sondern Menschen.« Wenn sie mit denen auch nicht immer einer Meinung war, so war es ihr doch angenehm, der sterilen Wiener Gesellschaft mit ihren ewigen Histörchen entronnen zu sein.
Besonders gern unterhielt sich Rosa im Haus der Langs mit einem außergewöhnlich gescheiten jungen Mann, der soeben an einer Ausgabe von Goethes naturwissenschaftlichen Schriften arbeitete. Der Gesprächsstoff versiegte nie, denn auch Rosa hatte sich seit ihren frühen Mädchenjahren mit Goethe auseinandergesetzt.
Vollends von dem Jüngling eingenommen war die junge Frau, nachdem sie ihm Proben ihrer ersten literarischen Versuche gezeigt hatte. Begeistert rief er aus: »Sie begehen eine Sünde, wenn Sie sich Ihrer schriftstellerischen Begabung auch nur eine Minute durch die Malerei entziehen.« Daß er dann prompt drei ihrer Manuskripte verlor, tat der Freundschaft keinen Abbruch.
Schon eher störte sie der Umstand, daß ein Mensch von so hohem Intellekt ausgerechnet mit Theosophen verkehrte, deren Weltanschauung Rosa suspekt war. Sie vermied es peinlich, dieses Thema mit ihm

zu diskutieren – bis sie zufällig dahinterkam, daß er in gleicher Weise von ihr dachte, und beide herzlich lachten.
Der vielversprechende junge Mann hieß Rudolf Steiner, und er verehrte Rosa Mayreder bis zu seinem Tod als eine der bedeutendsten Frauengestalten seiner Zeit, wohingegen Rosas Wertschätzung für Steiner in dem Augenblick zerrann, da er sich doch den Theosophen zuwandte, um daraus eine eigene Denkschule, die Anthroposophie, zu entwickeln. »Was er sagt, läßt sich in drei Kategorien fassen: Geistreiche Aphorismen, ... leeres Gerede in vorrätigen Phrasen und unverständliche Andeutungen übersinnlicher Fähigkeiten aus einem Gebiete, in dem die Kontrolle des wissenschaftlichen Denkens, auf das er sich beruft, völlig versagt«, schrieb sie nach dem Besuch eines seiner Vorträge.
Unter eher kuriosen Umständen kam die Zusammenarbeit Rosas und schließlich die Bekanntschaft mit einer anderen Berühmtheit zustande, mit dem Komponisten Hugo Wolf, der ebenfalls zum großen Freundeskreis der Marie Lang gehörte. In den späten achtziger Jahren des vorigen Jahrhunderts war sein Ruhm als Liederkomponist noch sehr jung und machte sich finanziell kaum bemerkbar. Wolf fristete sein Dasein als wenig beschäftigter Musikkritiker, und er wurde reihum von Freunden durchgefüttert. Er träumte davon, eine Oper zu schreiben, weil es ihn reizte, sich in einem anderen Genre zu versuchen, aber auch, weil er auf raschen und reichen Geldsegen hoffte. Einige Zeit plagte er sich selbst mit einem Textbuch – Richard Wagner, der Dichter-Komponist, war sein Vorbild –, doch bald gab er auf, denn das Dichten war seine Sache nicht.
Nun ging es zu wie in einer Commedia dell'arte. Seine und Rosas gemeinsame Freunde sprachen sich ab, nahmen die Wolfsche Textvorlage, die Novelle »Der Dreispitz« des damals sehr bekannten spanischen Schriftstellers und Politikers Pedro de Alarcón, und sie traten an Rosa mit der Bitte heran, daraus ein Libretto zu gestalten. Sie hatte zu jenem Zeitpunkt schon einiges geschrieben, aber noch nie einen Operntext verfaßt. Die Aufgabe reizte sie; binnen weniger Monate lag Wolf das fertige Buch unter dem Titel »Der Corregidor« vor. Er las es durch – und wies es brüsk zurück. Nicht im Traum denke er daran, solch einen Schwachsinn zu vertonen. Durch die Freunde bekam Rosa ihr verschmähtes Werk zurück, regte sich aber nicht weiter auf.

Eine von Rosa Mayreder gemalte Landschaft. Das obere Bild stammt von Karl Mayreder: Hugo Wolf, am »Corregidor« arbeitend

Sie fand, daß es gut war, also mußte der Komponist, den sie noch immer nicht kannte, der Ignorant sein.
Und dann trafen Wolf und Rosa Mayreder im »Griensteidl«, dem berühmten Literaten- und Künstlercafé, zufällig zusammen. Kein Treffen war es, sondern vielmehr ein veritabler Zusammenstoß, obwohl kein Wort über das unglückselige Textbuch gesprochen wurde; man debattierte ausschließlich über das neue Ibsen-Stück »Hedda Gabler«, wobei es hoch und hitzig herging und Rosa Mayreder Hugo Wolf zunächst als einen rüden Menschen kennenlernte, »der dem weiblichen Geschlecht nicht sehr geneigt ist«. Sie trennten sich in grimmiger Höflichkeit.
Während Rosa sich längst anderen Projekten zuwandte und kaum mehr an ihr zurückgestoßenes Musenkind dachte, verbiß sich Wolf mehr und mehr in die fixe Idee, eine Oper schreiben zu müssen. Wieder griffen Freunde hilfreich ein, wieder ließen sie eine neue Fassung schreiben, diesmal von Franz Schaumann, Obmann des Richard-Wagner-Vereines. Alle waren hingerissen von diesem neuen Libretto des »Corregidor« – alle, bis auf Hugo Wolf.
Marie Lang fiel nichts Besseres ein, als Wolf neuerlich den Mayreder-Text vorzulegen mit der Bitte, ihn sich noch einmal sorgfältig anzusehen. Wolf las – und er war begeistert: »Ein Wunder, ein unerhörtes Wunder ist geschehen. Der langersehnte Operntext hat sich gefunden. Frau Rosa Mayreder, eine geniale Frau, hat das Kunststück zuwege gebracht, die Novelle in ein äußerst wirkungsvolles Opernbuch umzuwandeln und sich künstlerisch auf der Höhe des Dichters zu bewegen«, schrieb er einem Freund. »Was ich Ihnen schulde, kann freilich niemand so gut ermessen als gerade nur ich mit meiner armen Musik, die sich an dem Herzblut ihrer Schwester Poesie vollgesogen hat«, ließ er Rosa Mayreder wissen.
Rosa wurde von Hugo Wolf überfahren: Sie hatte ihren Text als einen ersten Entwurf verstanden, an dem noch viel zu ändern war, auch hätte sie gerne das Versmaß gewechselt. Doch Wolf fand das Buch perfekt, verlangte nur da eine Kürzung, dort eine Einfügung.
Er komponierte die Oper, wie von Sinnen, in nur drei Monaten, hatte sich von der Außenwelt vollkommen abgeriegelt und sah nur seine Noten. Man konnte an seiner Wohnungstür lärmen, läuten und pochen, soviel man wollte – Wolf hörte es nicht, konnte es nicht hören,

denn er hatte seine Ohren de facto versiegelt. Das von ihm erfundene »Antiphon« bestand aus zwei maßgefertigten silbernen Stöpseln, die den äußeren Gehörgang vollkommen abdichteten. Eine Spange verband die Stöpsel, so daß sie nicht ins Innere des Ohres abgleiten konnten.

Zwischen dem Ehepaar Mayreder und Hugo Wolf hatte sich eine enge Freundschaft entwickelt, denn Lino und Rosa hatten verstehen gelernt, daß sich hinter dem schroffen Wesen Wolfs eine zarte, empfindsame Seele verbarg; man müsse einen Künstler wie ihn mit anderen Maßstäben messen als andere Leute, entschied Rosa. Er hatte vorübergehend bei den Mayreders gewohnt, bis Rosa ihm in ihrer Nähe ein eigenes Domizil gefunden und eingerichtet hatte. Da saß er nun über seiner ersten Oper.

Das Werk war fast fertig, nur mit der Orchestrierung haperte es noch, es war höchste Zeit, Verbindungen anzuknüpfen und auszunützen, um ein Haus für die Uraufführung zu finden – da ließ Hugo Wolf alles liegen und stehen, übersiedelte in die Villa von Freunden nach Perchtoldsdorf und begann einen neuen Liederzyklus zu komponieren.

Wieder sprangen Bekannte ein, verhalfen zur Uraufführung des »Corregidor«, die am 24. Mai 1896 in Mannheim stattfinden sollte. Erst viel zu spät, als die Proben längst im Gange waren, riß sich Wolf von seinen Liedern los, kam nach Meiningen, wo es auf der Stelle nichts als Krach und Ärger gab. Die von einem Grazer Freund eilig angefertigte Instrumentierung strotzte von Fehlern, einige Sänger behaupteten, die Partitur sei unsingbar, der Dirigent, eine Mimose, drohte tagtäglich mit der Demission. Zweimal mußte die Premiere verschoben werden, bis sie endlich am 7. Juni 1896 über die Bühne ging – unmittelbar vor der Sommerpause.

Wolf lehnte es ab, sich befrackt in die Proszeniumsloge zu setzen, den neugierigen Blicken des Publikums ausgesetzt. Er flüchtete, im hellen Sommeranzug, auf die Galerie, saß wie gelähmt in der hintersten Reihe und konnte es nicht fassen, als bereits nach dem ersten Akt vielversprechend freundlicher Beifall erklang. In der Pause, als immer deutlicher wurde, daß der »Corregidor« ein Erfolg werden würde, kamen die Mayreders und einige andere Freunde auf die Galerie. »Als er mich gewahr wurde«, beschreibt Rosa die Szene, »stand er auf, sah mich stumm an – dann fiel er mir um den Hals und brach in Tränen aus.«

Der Schlußapplaus zwang dann doch den kleinen schmächtigen Mann vor den Vorhang. Er sah, sehr bleich, über die Köpfe der Zuschauer hinweg, als nähme er all den Jubel und Trubel um seine Person gar nicht wahr.

Warum dem »Corregidor« kein durchschlagender Dauererfolg beschieden war, blieb vielen rätselhaft. Das Textbuch hält sich ziemlich streng an die Vorlage des »Dreispitz« – eine verwickelte Liebes- und Eifersuchtskomödie um eine schöne Müllerin, einen schlauen Müller und einen übertölpelten Bürgermeister. Es wird verkleidet und versteckt – der rechte Stoff für amüsante Unterhaltung. Die Musik ist lyrisch, leicht, beschwingt und enthält viele eingängige Melodien. Wolf-Enthusiasten geben dem Mayreder-Text die Schuld, Mayreder-Anhänger finden die Musik denn doch zu kompliziert.

Wolf war berauscht von seinem Durchbruch auf der Opernbühne. Er gönnte sich im August einen langen Urlaub am Traunsee und schrieb an Rosa: »Sie haben seit dem Bestehen unserer herzlichen Freundschaft soviel Sonnenschein über meine bisher dunkle Existenz ausgebreitet, daß mir vor der Zukunft bange wird . . . Sollten die gewissen neidischen Götter nicht eifersüchtig auf den Glücklichen sein?«

Dumpfe Vorahnung der unmittelbar bevorstehenden Katastrophe! Wenige Monate nach der Niederschrift dieser Zeilen gelangte Wolf ins fortgeschrittene Stadium der Paralyse, sein Geist verfinsterte sich immer mehr. Die Mayreders und seine langjährige Freundin, Melanie Köchert, standen ihm bis zu seinem Ende im Februar 1903 treu zur Seite.

Im selben Jahr, da »Der Corregidor« uraufgeführt wurde, erschien in Dresden der erste Novellenband aus der Feder Rosa Mayreders unter dem Titel »Aus meiner Jugend«. Sie hatte bis dahin – neben dem Tagebuch – schon eine Menge geschrieben, aber noch nichts veröffentlicht.

Ihre ersten literarischen Versuche, die sie als Halbwüchsige unternahm, kleine Sketches für Familienfeste, fanden noch freundlichen Beifall von seiten der Verwandtschaft. Als sie aber, ihrer intellektuellen Bestrebungen wegen, immer heftiger kritisiert wurde, hütete sie sich zu verraten, daß sie nicht nur malte, sondern nachts, beim Ker-

zenschein, Seite um Seite mit den hitzigen Ausgeburten ihrer Phantasie füllte.
Sie war siebzehn, als das Raimundtheater, damals unter der Leitung des späteren Burgtheaterdirektors Heinrich Laube, einen Lustspielwettbewerb veranstaltete. Rosa beschloß, sich daran zu beteiligen. Sie war sicher, wenn schon nicht den ersten, so doch wenigstens den zweiten oder dritten Platz zu erringen, um so über Nacht eine berühmte Autorin und als Wunderkind gefeiert zu werden. Beschämt müßte die Familie einsehen, wie unrecht sie ihr getan, sie würde nicht mehr den letzten, sondern den ersten Platz im Herzen der Mutter einnehmen.
Den ganzen Winter über arbeitete sie wie besessen und in größter Heimlichkeit; vorsichtshalber verfaßte sie gleich zwei Stücke: ein romantisches um einen Puppenspieler und seine kindliche Gehilfin, die in Wahrheit eine entführte Komtesse war, und ein satirisches um einen kleinbürgerlichen Popanz, der seine Familie tyrannisiert und sich dabei lächerlich macht. Ein ungeliebter Onkel diente als Vorbild für diese Figur.
Sie schickte die Arbeiten unter einem Pseudonym ein. Sechs lange Wochen fieberte sie dem Urteil entgegen – es war enttäuschend: Die Zeitungen berichteten ausführlich über die drei Gewinner; über das junge Genie, das gleich zwei Stücke eingesandt hatte, verloren sie kein Wort. Rosa bekam ihre Werke nie zurück, denn sie hatte ihre Adresse nicht angegeben.
Rosa war tief deprimiert und marterte sich mit Selbstzweifeln. Ob die Familie nicht doch recht hatte und sie nichts weiter war als ein aufgeblasenes Mädchen, das sich wichtig machte . . . ? Einige Tagebuchseiten lang war sie fast bereit aufzugeben, bis sie sich stoische Fassung verordnete und den Grundsatz, sich durch Mißerfolge nie von einem Vorhaben abbringen zu lassen.
Es bedurfte oft nicht geringer Überwindung, an diesem Prinzip festzuhalten, denn wie ein roter Faden zog sich durch ihre schriftstellerische Tätigkeit die von ihr nicht verschuldete Tücke des Objekts. So wie Rudolf Steiner gleich drei ihrer ersten Manuskripte verschlampt hatte, gingen später eingeschriebene Päckchen verloren, verschwanden Manuskripte in den Verlagen, machten Verleger bankrott, starben Lektoren. Freunde, die vermittelnd eingriffen, hatten plötzlich Prozesse am

Hals und ganz andere Sorgen, kurz, es war ein Leidensweg, bis dann doch etliche Bücher erschienen.
»Damals war die Auflehnung gegen das bürgerliche Lebensideal eine Tat – heute wirkt sie befremdlich und altmodisch«, schrieb Rosa Mayreder Jahrzehnte später über ihre ersten Werke.
Es waren zunächst Novellen (»Der Letzte«, »Sonderlinge«), später Romane (»Idole«, »Pipin«, »Zwischen Himmel und Erde«), denen zu guter Letzt das Odium des Altbackenen anhaftete. Vergeblich sucht man in diesen Texten die kämpferische Aufsässigkeit, die scharfe Analyse, die strenge Logik, die ihre späteren Essays auszeichneten und in denen sie sich als Sozialkritikerin und Kulturphilosophin von Format erwies.
Der Stil in ihren belletristischen Werken ist, dem der Zeit entsprechend, ziemlich weitschweifig, es wird wohl kleinbürgerliche Engstirnigkeit kritisiert, doch das Hauptthema bleibt Liebe, und zwar in ihrer unerfüllten Form und im Unvermögen, das Erotische ins Geistige zu sublimieren. Wer Rosa Mayreders Lebensgeschichte kennt, kann die autobiographischen Züge nicht übersehen. Obwohl sie sich streckenweise als scharfe Beobachterin erweist, fehlt es ihr doch an Distanz. Es wird wohl nicht nur an den widrigen Umständen liegen, daß Rosa Mayreders Werke nicht in die vorderste Reihe der österreichischen Literatur vorstießen – von der Weltliteratur ganz zu schweigen.
Unverdaulich scheint uns Heutigen ihr Haupt-Opus, an dem sie buchstäblich jahrzehntelang gefeilt hat und dessen Hauptfigur sie offenbar als weibliches Pendant zu Goethes »Faust« verstanden haben wollte. »Anda Renata – ein Mysterium in zwei Teilen und zwölf Bildern« nennt sich dieser monumentale Text in Blankversen (!). Die Titelheldin, wie Faust eine ewig Suchende, gerät in die Fänge des »Aschmedai« (= Satan), mehr noch, sie wird von ihm ganz besessen, stürzt beim Hexensabbat ins Reich der Sinne und verliert sich an einen Unwürdigen. Reine Liebe bringt schließlich Erlösung, aber nicht Glück, sondern Tod.
Schlichte, starke Ausdruckskraft strahlen ihre Lebenserinnerungen aus, vor allem der erste Teil, »Das Haus in der Landskrongasse«. Darin gibt Rosa Mayreder ein präzises, plastisches Bild des bürgerlichen Wien in der zweiten Hälfte des 19. Jahrhunderts und ihrer eigenen Entwicklung von der nach Anpassung strebenden höheren Toch-

Marianne Hainisch
Rudolf Steiner

ter zur selbstbewußten intellektuellen Einzelgängerin. »Das Haus in der Landskrongasse« ist erst 1948, zehn Jahre nach ihrem Tod, erschienen, der zweite, leider durch viele Wiederholungen überfrachtete Teil der Autobiographie, »Mein Pantheon«, wurde gar erst 1988 publiziert.

Überhaupt noch nicht gehoben ist der Schatz ihrer Essays, in dem mancher verborgene Edelstein funkelt. Aus diesen Texten ist spürbar, daß Rosa Mayreder eine profunde und vorausschauende Denkerin war. Es scheint nicht von ungefähr zu kommen, daß ihr Wirken als Essayistin zeitlich mit ihren ersten Kontakten zur Frauenbewegung zusammenfällt. Wieder war es Marie Lang, die vielseitig Interessierte, welche die Verbindung zwischen Rosa Mayreder und den Vorkämpferinnen des Feminismus herstellte.

Eine von ihnen war Marianne Hainisch. Sie starb, fast hundert Jahre alt, 1936, und was von ihr bis heute im Bewußtsein älterer Zeitgenossen nachschwingen mag, ist die undeutliche Erinnerung an eine sehr alte Dame, von der man mit nachsichtiger Hochachtung und leisem Spott sprach. Ach – war das nicht die Mutter des ersten österreichischen Bundespräsidenten? War es nicht sie, die 1926 den Muttertag in Österreich einführte? Und schuf sie nicht 1929 eine Frauenpartei, die bald darauf sang- und klanglos untergegangen ist? Irgendwann, in fernster Vergangenheit, muß sie zu diesen komischen Frauenrechtlerinnen und Friedenskämpferinnen um Bertha von Suttner gehört haben. Blaustrümpfe. Mannweiber. Wenn eine Frau nur will, dann setzt sie sich schon durch und braucht den ganzen Feministinnen-Hokuspokus nicht, gelt?

Die letzten Bilder der Marianne Hainisch zeigen ein zusammengesunkenes Hutzelweiblein, in dessen fast totem Gesicht nur noch die Augen ein bißchen leben. Unwillkürlich erhebt sich die Frage, warum man von berühmten Frauen und Männern meist nur die Altersbilder zu sehen bekommt, so, als wäre der Fortschritt dieser Welt von Greisen bewerkstelligt worden.

Dieses »Hutzelweiblein« Marianne Hainisch war, als sie mit einunddreißig Jahren in das Abenteuer der Frauenemanzipation einstieg, eine Frau von höchster Rasse und Klasse. Die – für damalige Zeiten äußerst ungewöhnlich – offen getragene, aber nicht ondulierte Lokkenpracht verlieh ihr etwas Amazonenhaftes, eine hohe Stirn und das

ausgeprägte, leicht gespaltene Kinn verhießen Tatkraft. Der Mund war sinnlich einladend, der Blick ernst, kühl, abweisend – eine faszinierende Mischung.
Marianne Hainisch wurde in Baden bei Wien als Tochter eines Industriellen geboren; wohlhabend und liberal, gehörte er gesinnungsmäßig zu den klassischen »Achtundvierzigern«. Vater Perger konnte es sich leisten, seine Kinder privat unterrichten zu lassen, und neben allem erdenklichen Wissen wurde ihnen Toleranz eingeprägt: Es waren stets drei Lehrer gleichzeitig beschäftigt, einer mußte katholischer, einer evangelischer und einer jüdischer Konfession sein.
Marianne heiratete mit achtzehn Michael Hainisch, einen ebenfalls begüterten Fabriksherrn, der in Aue, am Fuß des Semmerings, eine Baumwollspinnerei betrieb. Das Paar bekam zwei Kinder, lebte in angenehmsten Verhältnissen, teils in Aue, teils in Wien. Marianne war wissensdurstig und gescheit. In der Einsamkeit von Aue studierte sie naturwissenschaftliche und philosophische Werke, ihre Wiener Jours waren dafür berühmt, daß dort nur selten Gesellschaftslöwen und »interessante« Frauen anzutreffen waren, sondern vorwiegend Repräsentanten des hochgeistigen Wien.
Sie war glücklich, voll ausgefüllt und hatte von der Frauenbewegung niemals gehört. Der amerikanische Bürgerkrieg brachte die Wende. Als 1861 Brüder auf Brüder zu schießen begannen, hatte das schwerwiegende Folgen für die europäische Wirtschaft; die Baumwolle aus Übersee blieb aus, Spinnereien und Webereien machten reihenweise Bankrott.
Auch Michael Hainischs Betrieb geriet in Kalamitäten. Jahrelang saß die Sorge so eng mit der Familie zu Tisch, daß sich auch eine zwar hochgebildete, aber letzten Endes weltfremde Person wie Marianne Hainisch nicht der bangen Frage nach dem Morgen und Übermorgen verschließen konnte. Zum Glück gelang es Michael Hainisch, seinen Betrieb über die schweren Jahre zu retten. Andere Familien jedoch hatten weniger Fortune. Die Hainisch schreibt darüber:
»An einem schönen Sommertag kam eine junge Freundin zu mir, deren Mann die Familie nicht mehr ernähren konnte, sie wollte Brot schaffen und holte sich bei mir Rat. Aber obwohl wir beide uns von morgens bis abends den Kopf zermarterten, konnten wir für die Frau, die mehrere Sprachen sprach und sehr musikalisch war, keine Er-

werbsmöglichkeit ausfindig machen. Das erschütterte mich, denn unsere Arbeiterinnen konnten sich und ihre Kinder ernähren, wenn sie Witwen wurden. Warum konnten wir Bürgerlichen nichts erwerben? Freilich handelte es sich um Erwerbsmöglichkeiten, die höheren Lohn und eine der sozialen Stellung des Mannes entsprechende Position gewähren sollten. Nun wurde mir klar, daß bürgerliche Mädchen für einen Erwerb vorbereitet werden mußten. Ich war tief ergriffen und wurde an diesem Tag zur Frauenkämpferin.«

Hainisch hat das Problem der bürgerlichen Frau in einem Satz zusammengefaßt: Die Arbeiterin konnte sich und ihre Kinder, wenn auch erbärmlich schlecht, so doch irgendwie mit ihrer Hände Arbeit durchbringen. Der Frau aus bürgerlichem Haus war, wollte sie nicht ihren sozialen Status verlieren, diese Möglichkeit versperrt.

Ihre Bildung war bruchstückhaft, nur darauf ausgerichtet, eine perfekte Hausfrau zu werden und in der Gesellschaft ein wenig plappern zu können. Noch 1893 wurde mit Inkrafttreten des neuen Reichsvolksschulgesetzes die Zahl der Rechenstunden für Mädchen drastisch verkürzt und durch Handarbeitsstunden ersetzt. Blieb ein Mädchen unverheiratet, dann führte es bis ans Lebensende am Rande des Familienverbandes ein ungeliebtes Schattendasein, in der steten Sorge, nur ja keine »unnütze Esserin« zu sein.

Die einzigen Schulen, in denen Frauen höhere Bildung, verbunden mit der Aussicht auf eine Lebensstellung, vermittelt wurde, waren seit 1869 die Lehrerinnenbildungsanstalten, allerdings mit argen Schönheitsfehlern: Weibliche Lehrer verdienten, bei gleicher Qualifikation und Stundenzahl im Unterricht, um dreißig Prozent weniger als männliche; sie hatten keinerlei Aufstiegschancen, und sie waren zu lebenslangem Zölibat verurteilt. Wenn sie heirateten, verloren sie den Posten und zugleich sämtliche Pensionsansprüche.

Schon Jahre vor Ausbruch des amerikanischen Bürgerkrieges kamen viele bürgerliche Familien, durch die industrielle Revolution ihrer manufakturellen Existenzgrundlage beraubt, in arge Bedrängnis. Wenige junge Männer waren imstande, Familien zu gründen, mehr Mädchen blieben »sitzen«.

Der Staat hat sich damals um derlei private Dinge nicht gekümmert, Eigeninitiative war vonnöten. So gründeten denn Iduna Laube, Ehefrau des späteren Burgtheaterdirektors, und die Schriftstellerin Augu-

ste Littrow-Bischoff 1866 den »Frauenerwerbsverein«, dessen Schule Frauen eine solide Berufsausbildung vermitteln und neue Berufsmöglichkeiten erschließen sollte.
»Die Frau soll zu jedem Beruf berechtigt sein,« forderte Marianne Hainisch auf der dritten Generalversammlung des Frauenerwerbsvereins. Was heute harmlos klingt, war so ziemlich das Radikalste, das eine Frau bis dahin jemals öffentlich ausgesprochen hat. »Zu *jedem* Beruf berechtigt«, das war eine kühne, eine aberwitzige Forderung zu einer Zeit, da es für ausgeschlossen galt, daß Frauen eben wegen ihrer Weiblichkeit – das heißt Minderwertigkeit – höhere Aufgaben erfüllen könnten. Marianne Hainisch stieß unerbittlich nach: Die Frauen sollten, gemeinsam mit den Knaben, Gymnasien besuchen dürfen, die Hochschulen müßten ihnen offenstehen, ebenso akademische Laufbahnen.
Stürmische Proteste von (fast) allen Seiten. Koedukation und gemeinsames Studium von Burschen und Mädchen fördere den ohnehin schon rasanten Sittenverfall, die Institution der Ehe sei gefährdet, wenn bürgerliche Frauen einen Beruf ergriffen (von den Arbeiterinnen war natürlich nicht die Rede). Sollten Mädchen Zutritt zur Universität erhalten, dann werde die ganze Wissenschaft verweiblicht, das heißt verweichlicht, überdies sei das Frauenhirn größeren Anstrengungen nicht gewachsen.
Frauen wie Dr. Anna Bayer wurden in diesem Zusammenhang nicht erwähnt, obwohl sie immerhin Amtsärztin in Bosnien war, das damals noch zu Österreich gehörte. Sie hatte, wie viele ambitionierte Frauen auch, in der Schweiz studiert, und die österreichischen Behörden mußten nolens volens die Dienste dieser Frau Doktor in Anspruch nehmen, da sich die moslemischen Frauen in Bosnien der Untersuchung durch einen Mann verweigerten.
Acht Jahre nach Marianne Hainisch' Appell für bessere Mädchenbildung durften weibliche Wesen als Externistinnen die *Reifeprüfung* ablegen, die *Reifeklausel* verweigerte man ihnen. Sie waren damit automatisch vom Hochschulstudium ausgeschlossen.
Erst 1892 konnte – mit privaten Mitteln – ein Mädchengymnasium gegründet werden, durfte sich aber nicht als solches bezeichnen. Es hieß »gymnasiale Mädchenschule«. Als die ersten fünf Mädchen zur Reifeprüfung antraten, fielen sie allesamt durch. Eine von ihnen

stürzte sich in die Donau, konnte aber gerettet werden. Sie trat, zusammen mit den anderen vier, zur Wiederholungsprüfung an – vorsichtshalber in Prag. Alle fünf bestanden das Examen mit Auszeichnung!

Ab 1897 wurden Frauen zum Studium zugelassen, aber nur an der philosophischen Fakultät. Die weiteren Sparten kamen erst im Lauf der Jahre hinzu, manche erst nach dem Ersten Weltkrieg. Berühmt ist die Anekdote von jenem namentlich nicht überlieferten Universitätsprofessor, der zu Beginn einer Vorlesung mit allen Anzeichen des Abscheus und des Ekels sagte: »Meine Herren, was, glauben Sie, habe ich soeben auf den Stufen unserer geheiligten Alma mater gefunden? – Eine *Haarnadel!*«

Marianne Hainisch hatte zwei tapfere Mitstreiterinnen, die vorerst getrennt von ihr marschierten: Die beiden Lehrerinnen Auguste Fickert und Marie Schwarz, zunächst nur auf die Verbesserung der eigenen Situation bedacht, gründeten einen »Verein der Lehrerinnen und Erzieherinnen«, der sich für die Gehaltsgleichheit mit männlichen Kollegen, die Chance auf beruflichen Aufstieg und Abschaffung des Defacto-Zölibats der Lehrerinnen stark machte. Später forderten Fickert und Schwarz, ebenso wie Hainisch, Zugang zu allen Bildungsstätten. Aus dem »Verein der Lehrerinnen und Erzieherinnen« ging 1892 der »Allgemeine österreichische Frauenverein« hervor, der bereits starke politische Akzente setzte – obwohl die Zugehörigkeit zu politischen Vereinen Frauen untersagt war. Dieser Verein trat außer für Mädchenbildung auch für den Achtstundentag, Gleichberechtigung der Geschlechter auf allen Ebenen und Frauenwahlrecht ein.

1902 gründete Marianne Hainisch den »Bund österreichischer Frauenvereine«, in dem alle über die Monarchie verstreuten Frauengruppierungen zu einer Organisation zusammengefaßt wurden. Die linken Frauen, also die Sozialdemokratinnen, verweigerten die Teilnahme am Bund, weil ihnen, das heißt ihren Parteioberen, Klassenkampf vor Frauensolidarität ging. (Im nächsten Kapitel wird darüber mehr zu berichten sein.) Auch die Frauen aus dem konservativen Lager traten dem Frauenbund nicht bei, weil sie mit den drei »K« – Küche, Kinder, Kirche – in der Mehrzahl (noch) hochzufrieden waren.

Rosa Mayreder war von Anfang an Mitglied des »Allgemeinen österreichischen Frauenvereins«, und sie gehörte bald, zusammen mit Auguste Fickert und Marie Lang, dem Vorstand an. Zehn Jahre später zog sie sich aus dem Vereinsleben zurück. Sie fühlte sich mehr als Theoretikerin der Frauenfrage. Die praktische Durchführung war ihr zu zeitaufwendig und verlor sich, so meinte sie, allzuoft in Nebensächlichkeiten.

Zusammen mit Fickert und Lang gab Rosa Mayreder eine Zeitschrift heraus, »Dokumente der Frauen« für die »freigesinnte, bürgerliche Frau«. Das Blatt erschien zweimal monatlich und konnte sich mit Mühe behaupten, denn es enthielt keine Zeile dessen, was auch noch heute einen Großteil der Frauenzeitschriften ausmacht. Keine Mode, keine Kosmetik, kein Kochrezept, keine Familienberatung, keine Kurzgeschichte, kein Horoskop, dafür sehr viel Theoretisches über den Ist- und Soll-Zustand der weiblichen Position im bürgerlichen Leben, Berufsberatung, Rechtsfragen, Erziehung, Rezensionen. Am Rande sei vermerkt, daß Rosa selbst eine überaus elegante Erscheinung und Mode ihr durchaus nicht gleichgültig war. Lediglich bei der Arbeit an der Staffelei und am Schreibtisch gestattete sie sich legere Kleidung, ansonsten war sie, wie man in Wien zu sagen pflegt, »wie aus dem Schachterl«.

In »Dokumente der Frauen« bildete die Berufstätigkeit das Hauptthema, und die Frauenberufe wurden, kritisch beleuchtet, detailliert vorgestellt. Immer wieder brachten die »Dokumente« drastische Beispiele für die Notwendigkeit, daß Mädchen etwas lernten. Die Ausgabe vom 1. April 1900 berichtete von einem Familienvater, der aus einem finanziellen Desaster keinen Ausweg mehr wußte und sich umbrachte. Seine drei erwachsenen, aber unverheirateten Töchter, von denen keine einzige in der Lage war, sich selbst zu erhalten, versuchten kollektiven Selbstmord zu begehen. Eine starb, die anderen wurden gerettet. Über ihr weiteres Schicksal ist nichts bekannt.

Viele, auch bürgerliche Frauen, die vor dem Nichts standen, fielen in ihrer Verzweiflung der Prostitution anheim. Zwangsläufig wurde die käufliche Liebe damit auch zum Thema für die Frauenbewegung. Rosa Mayreders erster öffentlicher Auftritt am 13. Januar 1894 im Alten Wiener Rathaus in der Wipplinger Straße, also einen Steinwurf vom väterlichen »Winterbierhaus« entfernt, galt dem Protest der Frauenbewegung gegen die geplante Errichtung von Bordellen.

Die Argumentation für und wider die Bordelle war ein Herumreden um den heißen Brei, denn weder die Befürworter noch die Gegner wagten es, gewisse Tatsachen beim Namen zu nennen. Die einen sagten, Bordelle wären unverzichtbar, weil die meisten jungen Männer erst im reiferen Alter imstande seien, eine Familie zu gründen, und sie müßten doch irgendwo Gelegenheit haben, ihre »natürlichen Triebe« auszuleben.

Wenn dem so wäre, argumentierten Mayreder und ihre Kombattantinnen, dann würde doch eher das Konkubinat erblühen, Freudenhäuser wären dazu absolut nicht notwendig.

Die heikle Frage, warum das Gros der Männer, die mit Prostituierten verkehrten, sich vorwiegend nicht aus armen, ledigen Jünglingen, sondern aus situierten Ehemännern zusammensetzte, wurde niemals diskutiert – zumindest nicht öffentlich.

Die Frauen plädierten auch dafür, die obligate Prostituiertenkontrolle abzuschaffen. Solange nur Frauen, nicht aber die Männer, die mit ihnen verkehrten, überprüft würden, sei die ganze Aktion zwecklos und nur diskriminierend für die Frauen.

Eine diesbezügliche Petition an das Parlament wurde abschlägig beantwortet. Die Antragstellerinnen mögen den »armen Mädchen und Frauen Arbeit und Brot verschaffen«, dann würde sich das ganze Problem von selbst erledigen.

Rosa Mayreder griff auch die theoretische Seite des ganzen Komplexes heraus: »Niemals und unter keiner Bedingung wird die Frauenbewegung den Kampf gegen eine Einrichtung aufgeben, durch die das Weib zu einer bloßen Sache herabgewürdigt wird. Diese Auffassung des Weibes liegt ja dem Wesen der Prostitution zugrunde . . . Wo diese Auffassung herrscht, wird das Weib an sich *in jeder Frau herabgesetzt;* und wie hoch auch eine Frau als Person sich erhebe, das Weib an sich als Geschlechtswesen bleibt in ihr doch erniedrigt.« Aus der ein wenig umständlichen Diktion des ausgehenden vorigen Jahrhunderts in unsere heutige Sprache übersetzt, wetterte Rosa Mayreder als eine der ersten heftig dagegen, in der Frau ein bloßes Sexualobjekt zu sehen.

Rosas Auftritt im Alten Rathaus wurde von der Presse ausgiebig kommentiert; immerhin war sie eine Dame der Wiener Gesellschaft, und Damen der Wiener Gesellschaft gaben damals im allgemeinen noch blauäugig vor, den Begriff Prostitution überhaupt nicht zu kennen.

»Es mag meiner rückständigen Erziehung zugute gehalten werden«, mokierte sich ein Redakteur der »Wiener Klinischen Rundschau«, »wenn ich finde, daß weder die Prostitution noch venerische Krankheiten Gegenstände der Besprechung und öffentlichen Beratung für Frauen und Mädchen sind.«
Rosas ältester Bruder, im Café Griensteidl darauf angesprochen, ob »diese Mayreder« nicht seine Schwester sei, sagte kaltblütig, daß er diese Person überhaupt nicht kenne.
Rosa Mayreder ist in der Folge oftmals öffentlich aufgetreten; sie hielt Vorträge über alle Facetten der Frauenfrage, sie sprach in Klubs und in Volksbildungsheimen, später setzte sie sich auch vehement für die Friedensbewegung Bertha von Suttners ein – aber keine ihrer Reden hat dermaßen viel Staub aufgewirbelt wie die erste vor einem schokkierten Publikum im Alten Rathaus.
Daß man sie eine »Emanzipierte« hieß, wies sie empört zurück, denn zu ihrer Zeit verstand man darunter eine enthemmte und sittenlose Person, die sich nichts aus der Meinung ihrer Umwelt machte. Auch als »Frauenrechtlerinnen« wollten sich Mayreder und ihr Kreis nicht verstanden wissen. Es ging ihnen um viel mehr als um die Erkämpfung männlicher Rechte, womöglich um den Preis, das weibliche Selbst aufzugeben.
Rosa Mayreder hat das sehr anschaulich herausgearbeitet. Ihre Essays und ihre drei aus diesen Essays entstandenen Hauptwerke »Zur Kritik der Weiblichkeit«, »Geschlecht und Kultur« sowie »Die Krise der Väterlichkeit« basieren auf einer faszinierenden Grundidee: Demnach sind die Menschen erstens Geschlechtswesen, von der Natur zur Fortpflanzung bestimmt, und zweitens eigenständige geistige Individuen, die des eigenen Freiraumes bedürfen. Je ausgeprägter das Geschlechtswesen hervortritt, desto größer der Unterschied zwischen dem (aggressiven) Mann und der (unterwürfigen) Frau. Beide stellen, nach Mayreder, (noch) den überwiegenden Teil der Menschheit. Der Mann diktiert – unter anderem auch, was von Natur aus weiblich zu sein hat –, die Frau gehorcht und akzeptiert das ihr auferlegte Rollenbild.
Als Ideal schweben Rosa Mayreder Männer und Frauen vor, bei denen sich Geschlechtlichkeit und geistige Individualität die Waage halten. Die Frauen müßten sich nur darauf besinnen, daß sie außer Ge-

schlechtswesen auch eigenständige Persönlichkeiten sind, dann könnten sie den Primat des Mannes abschütteln.

Erst wenn aus männlichen und weiblichen Eigenschaften einerseits und dem Geistigen andererseits eine Synthese entstehe, könne sich die tiefste Sehnsucht nach vollkommener Menschlichkeit erfüllen.

Genau umreißt Mayreder die herkömmlichen, geschlechtsbetonten Frauentypen: »Der Mann ist ihr Inhalt, ihr Oberhaupt, ihr Eigentümer ... Deshalb lieben sie die starke Faust, die befehlen und verbieten, drohen und bezwingen kann. Sie sind es auch, die dem Mann ihres Herzens die Illusion bestätigen, daß sie sein Werk und Geschöpf sind ...«

Die selbstbewußte Frau der Zukunft hingegen sollte so beschaffen sein: »An die Stelle der Unterordnung tritt die Gemeinsamkeit auf Grundlage einer Wesensergänzung ... Die lustbetonte Vorstellung ist nicht diejenige des Dienens auf der einen und des Herrschens auf der anderen Seite, sondern die Vorstellung der Gleichheit.«

Fazit: »Nur dann, wenn die Frauen allgemein begreifen, daß ihre Mission im sozialen Leben eine andere sein muß als die der Männer, wenn sie den herrschenden Männerwerten ihre eigenen gegenüberstellen, werden sie mit dem Eintritt in das politische Leben ein neues Blatt im Buche der Weltgeschichte aufschlagen.« Und: »Ohne Mitwirkung der Frau als ebenbürtige Gefährtin ist die Gemeinsamkeit, auf der das Ideal einer höheren Menschlichkeit ruht, nicht zu verwirklichen.«

Warnend blickt Mayreder in die Zukunft: »Alle wirtschaftlichen Errungenschaften würden sehr wenig an dem innerlichen Verhältnis der Geschlechter ändern, und der selbständige Erwerb wäre nur eine neue Form der Abhängigkeit der Frau, wenn nicht ganz andere Entwicklungseinflüsse zu ihren Gunsten wirken werden ... Man wird erst wissen, was die Frauen sind, wenn ihnen nicht mehr vorgeschrieben wird, was sie sein sollen.«

Ihren Kritikern schreibt Mayreder ins Stammbuch: »Welche Tätigkeiten ein Weib auch ergreifen mag, es kann nie seine Weiblichkeit gefährden, denn die Weiblichkeit bleibt unter allen Umständen die Eigenheit des weiblichen Körpers ... Deshalb ist es ganz überflüssig, die Frauen auf ihre ›Natur‹ zu verweisen und sie vor Versündigung zu warnen. Was gegen die Natur ist, kann sich nicht lebendig behaupten.

Das Leben allein wird uns lehren können, ob die Natur mit uns ist oder nicht.«

Rosa Mayreders Stimme hatte einiges Gewicht. Gegen den tausendfachen empörten Aufschrei von seiten der Feminismusgegner war sie nur ein leises Hüsteln. Seit die Frauen begonnen hatten, die bestehende Ordnung in Frage zu stellen, wurde nichts unterlassen, sie zu beleidigen, anzuschwärzen und lächerlich zu machen. Im folgenden eine kleine Blütenlese:

Ein Dr. E. F. Eberhard sieht in einem bibeldicken Pamphlet »Feminismus und Kulturuntergang« bereits das Ende der Welt gekommen. Er behauptet: »Bei unvoreingenommener [!] Betrachtung der den Geschlechtern zugewiesenen Stellung kann nicht verkannt werden, daß die Natur dem Mann die Führerrolle zuwies ... Die Frauenbewegung ... will die Geschlechter ihrer natürlichen Stellung entreißen, will das Weib in männliche Bahnen leiten und den Mann von der Führerstellung verdrängen ... Die Emanzipationsbewegung gründet sich demnach auf die Entartung der Geschlechtscharaktere und somit auf die Entartung schlechthin.«

Vom Allgemeinen begibt sich Dr. Eberhard später ins Detail und kommt zu folgender Einsicht: »Dem Mann wird zum Vorwurf gemacht, daß er leichter dem Mißbrauch alkoholischer Getränke zuneigt als das Weib und im Rausche manches Unheil anrichtet. Das trifft zu, aber auch hier läßt sich feststellen, daß der Alkoholismus vorwiegend in den untersten Volksschichten grassiert, wo das soziale Elend oft dazu verführt, Betäubung im Rausch zu suchen. Zudem findet dieses Übel in der weiblichen Genuß- und Putzsucht ihr Gegenstück, die schon manchen Mann zugrunde gerichtet hat.«

Der Leipziger Mediziner Prof. Dr. Paul Möbius, Verfasser des vielbeachteten Werkes »Über den physiologischen Schwachsinn des Weibes«, hat herausgefunden: »Das eigentliche Charakteristische im Leben des gesunden Weibes ist das, daß die Geschlechtsaufgabe den Mittelpunkt bildet, auf den sich alles bezieht. Nur das, was mit dem Geschlechtlichen zusammenhängt, weckt sein Interesse.« Auch dürfte man den Frauen das Lügen nicht verbieten, denn »die Lüge ist die natürliche Waffe der Frau«.

Die schnelle Auffassungsgabe des Weibes, belehrt ein Dr. Adam Ander, stelle keine geistige Funktion dar, sondern sei auf den angebore-

nen Mutterinstinkt zurückzuführen; dieser sei überlebensnotwendig, wenn es für das Muttertier gelte, blitzschnell Gefahren für die Brut zu erkennen und abzuwenden.
Auch Prof. Dr. Cesare Lombroso macht Animalisches aus: Das Weib an sich sei geistig und körperlich minderwertiger, stumpfer und *tierähnlicher* in seinen Empfindungen als der Mann.
Otto Weininger, der Wiener Kulturphilosoph, dekretiert: »Der tiefstehende Mann steht noch unendlich hoch über dem höchststehenden Weib.« Außerdem habe das absolute Weib kein Ich. Die Frau sei nichts als ein rudimentärer Mann, und: »Niemals kann eine Frau frei sein, denn sie steht unter dem Bedürfnis, vergewaltigt zu werden.«
Im Protestchor fehlt es natürlich nicht an schrillen weiblichen Stimmen. So behauptet etwa eine Psychologin namens Laura Marholm: »Im Mann beginnt das Leben des Weibes, und im Manne beschließt sie es. Denn der Mann macht das Weib zum Weibe. Der Mann gibt ihm die große Gesundung und die große Selbstachtung durch die Mutterschaft. Der Mann gibt ihm die kosenden Händchen und die frisch duftenden Blüten seiner Kinder. Je höher des Weibes Geist und Seele entwickelt ist, desto weniger kann es dem Mann entraten . . . er ist der einzige Sinn ihres Lebens. Denn des Weibes Inhalt ist der Mann.«
In dem Buch »Krank am Weibe« befindet eine Käthe Sturmfels: »Die Herrschaft der Frau ist die einzige Veranlassung der Frauenbewegung. Die Frau will obenhin kommen, sie will am liebsten die ganze Welt bemuttern und bestimmen.«
Sehr viele selbsternannte Experten wußten mit apodiktischer Gewißheit, was die Natur und die Bestimmung der Frau sei – einer allerdings wußte es nicht. Professor Sigmund Freud sagte einmal zu einer seiner Schülerinnen, sehr nachdenklich: »Die große offene Frage, für die ich trotz dreißig Jahre langer Studien über die Seele der Frau keine Antwort fand, ist folgende: Was will die Frau?«
Auch wenn es der große Freud nicht wußte – viele Männer waren sehr wohl über die Wünsche ihrer Frauen informiert. Sie reagierten eindeutig, so wie etwa Gustav Mahler, der unmittelbar vor seiner Eheschließung mit der äußerst begabten Komponistin Alma Schindler schrieb: »Wie stellst Du Dir ein komponierendes Ehepaar vor? Hast Du eine Ahnung, wie lächerlich und später herabziehend vor uns

selbst so ein eigentümliches Rivalitätsverhältnis werden muß? Bedeutet es für Dich einen Abbruch Deines Lebens, und glaubst Du, auf einen Dir unentbehrlichen Höhepunkt des Seins verzichten zu müssen, wenn Du Deine Musik ganz aufgibst, um die Meine zu besitzen und auch zu sein? ... Du hast von nun an nur einen Beruf: mich glücklich zu machen! Verstehst Du mich, Alma? ... Du mußt Dich mir bedingungslos zu eigen geben – die Gestaltung Deines zukünftigen Lebens in allen Einzelheiten innerlich von meinen Bedürfnissen abhängig machen und nichts dafür wünschen als meine Liebe.«
Das Resultat dieser befohlenen Unterwerfung ist ein Jahr später in Alma Mahlers Tagebuch nachzulesen: »Mir ist oft, als ob man mir die Flügel beschnitten hätte. Gustav, warum hast Du mich flugfrohen, farbfrohen Vogel an Dich gekettet, wo Dir doch mit einem grauen, schwereren, besser geholfen wäre? ... Seit Tagen und Nächte webe ich wieder Musik in meinem Inneren. So laut, so eindringlich, daß ich es beim Sprechen unter den Worten fühle und in der Nacht nicht einschlafen kann. Gestern sagte ich Gustav, daß es mich schmerze, daß er so gar kein Interesse bezeige für das, was in mir vorgeht, und daß ihm mein Musikwissen nur so lange passe, als ich es für ihn verwende. [Alma erledigte für ihren Mann die Kopier- und Instrumentierarbeiten.] Er sagte: ›Weil deine Blütenträume sich nicht erfüllt haben ... es liegt nur an dir ...‹ Gott, wenn einem so unbarmherzig alles genommen wird. Gustav lebt sein Leben, und ich habe auch das seine zu leben.«
Nach zwölf Monaten heißt es in Alma Mahlers Tagebuch: »Mir graut so vor Mahler, daß ich mich fürchte, wenn er nach Hause kommt ... Wenn er doch nie mehr nach Hause käme ...«
Alma Mahler-Werfel ist in ihrem späteren Leben oft grausam mit den Männern umgesprungen. Professor Freud hätte vielleicht herausfinden können, wo die Wurzeln dieses von vielen als skandalös empfundenen Verhaltens lagen ...
Alma Mahler war – das geht eindeutig aus ihren Tagebüchern hervor – anpassungswillig und kompromißbereit; sie hätte nur einen winzigen Freiraum zur Entfaltung ihrer großen Begabung gebraucht. Den hat Mahler ihr nicht gewährt, er duldete keine eigenständige Individualität neben sich, und er ging mit den meisten Männern seiner Zeit konform.

Wie, so erhebt sich die Frage, funktionierte um die Jahrhundertwende die Beziehung zwischen einer exemplarischen Vorkämpferin für Frauenrechte und einem erfolgreichen Architekten und Hochschulprofessor? Wie entwickelte sich die Ehe zwischen Rosa Mayreder und ihrem Mann »Lino«?

An dieser Stelle ist einiges nachzuholen. Während wir Rosa Mayreders Aufstieg zu einer der Galionsfiguren des frühen Feminismus verfolgten, haben wir Karl »Lino« Mayreder ein wenig aus den Augen verloren. Als wir uns das letztemal mit ihm beschäftigten, war er Assistent bei Heinrich Ferstel und Assistent an der Technischen Hochschule. Mittlerweile war er Hochschulprofessor geworden, unterhielt, zusammen mit seinem Bruder Julius, ein eigenes Atelier, und beide waren gefragte Architekten. Sie bauten private Villen und öffentliche Gebäude in Wien und den Kronländern, sie hatten selbst eine Reihe von Schülern, und einer von ihnen hieß Adolf Loos. Um die Jahrhundertwende hat Loos das Interieur eines Frauenklubs im Trattnerhof gestaltet, das heute leider nicht mehr existiert.

Karl Mayreder gewann als Dreißigjähriger den zweiten Preis bei der Ausschreibung eines Generalregulierungsplanes (= Stadtplanung) für Wien. 1894, mit achtunddreißig Jahren, war er der Chefarchitekt für die Wiener Generalregulierung, ebenso entwarf er die Generalregulierungspläne für Brünn und Baden. Bei der Vergabe der gleichen Vorhaben für Salzburg, Antwerpen, Köln, Agram und Sarajevo fungierte er als oberste Prüfungsinstanz.

Er zählte zu den hervorragendsten Architekten seiner Zeit, war einer der angesehensten Hochschullehrer, Begründer der Lehrkanzel für Städtebau, und schließlich wurde er Dekan der Architekturfakultät, zuletzt Rektor der Technischen Hochschule. Aufs glänzendste widerlegt Mayreders beruflicher Werdegang die These mancher Radikal-Feministinnen, wonach große Männerkarrieren ohne die dienende Mithilfe einer Frau im Hintergrund so gut wie unmöglich seien.

Rosa Mayreder übte keinen fördernden Einfluß auf die Berufslaufbahn ihres Mannes aus. Es ist nicht einmal sicher, ob sie wesentlich daran Anteil nahm, denn in ihren Tagebüchern wird Linos Schaffen fast nie erwähnt. Hingegen ist Rosas künstlerischer und philosophischer Höhenflug so gut wie undenkbar, wäre ein anderer Mann an ihrer Seite gestanden. Nicht nur, daß Lino nichts für sich forderte, hat er ihr mit sehr viel Takt und Feingefühl jede nur denkbare Unterstützung angedeihen lassen und ihr aus manchem seelischen Tief herausgeholfen. Bereits als Neunzehnjähriger hat er, wie erinnerlich, Rosa über ihre Jugendliebe hinweggetröstet.

Die nächste Leidenschaft, von der wir wissen, packte Rosa ungefähr zur gleichen Zeit, da sie in der Frauenbewegung aktiv zu werden begann und Lino den wichtigen Posten als Chef der Wiener Stadtregulierung übernahm. Der Name des Mannes ist nicht bekannt. Die unglückliche Beziehung hat auch nur kurz gedauert. Lino war es wieder, der seiner gelieben Rosa aus dem Elend heraushalf.

Einmal mehr wird deutlich, wie sternenweit Theorie und Praxis auseinanderklaffen: Rosa Mayreder schuf in ihrer Phantasie eine »neue Frau«, die kraft ihres Intellekts das rein Geschlechtliche des Weibchens in sich überwindet und in wunderbarer Harmonie Geist und Sex austariert, um an der Seite eines kongenialen Partners dem Menschheitstraum von Vollkommenheit nahe zu kommen.

Den kongenialen Partner, den hatte Rosa, und sie wußte es auch zu schätzen; nur: ihr eigener überragender Intellekt war mehr als einmal dem unberechenbaren Diktat des Sexus ausgeliefert.

Das nächste Drama, das Rosa und Lino gleichermaßen bewegen und bedrücken sollte, bahnte sich 1902 an, als Rosa vierundvierzig Jahre alt war und, zumindest nach damaligen Begriffen, im Matronenalter stand. Aber sie fühlte sich ganz anders: »Ich fand dort eine Gesellschaft älterer Damen – vielleicht waren die meisten darunter kaum älter als ich; aber das seltsame Gefühl der Jugend, das mein Ich-Bewußtsein begleitet ... machte mich fremd und befangen ...«

In dieser Damengesellschaft also war es, daß ihr das Schicksal wieder einmal begegnete: »... ein Mann, eine große Gestalt mit einem blondgrauen Scheitel und blondem Bart ... Sein Prager Deutsch berührte mich unsympathisch.« Dennoch: »... empfand [ich] eine Art Geborgenheit bei meinem Nachbarn, der auch, als wir vom Tisch aufstanden, an meiner Seite blieb.«

Sie traf ihn erst nach einem halben Jahr wieder, als er ihr plötzlich und scheinbar aus heiterem Himmel einen offiziellen Besuch abstattete. Daß sie ihn dazu selbst aufgefordert hatte, war ihrem Gedächtnis entschwunden. Er kam nun immer öfter, erklärte, inzwischen ihre Bücher und Essays gelesen zu haben, und zeigte sich beeindruckt.

Dann wieder vier Monate Pause. Sie reiste nach Paris zu einem ihrer Brüder, sie fuhr mit ihrem Mann nach Oberitalien, und vier Wochen nach ihrer Rückkehr meldete sich Ministerialrat Dr. Paul Kubin, der Mann, dessen Prager Deutsch sie einst gestört hatte, neuerlich zu einem Besuch an. Man plauderte länger als gewöhnlich. Es war Mitternacht, ehe Dr. Kubin sich, überschwenglich dankend, verabschiedete; am liebsten bliebe er bis zum Morgengrauen, sagte er. Zwei sehr leidenschaftliche Handküsse für die gnädige Frau . . .

»Ich trat ins Schlafzimmer, voll von einem tiefen Glücksgefühl, dessen Grund seine lang ausgedehnte Anwesenheit zu sein schien. Von da an begann ich ständig an ihn zu denken.«

Kubin wurde nun regelmäßiger Gast im Hause Mayreder, man unternahm gemeinsame Spaziergänge. Als das Trio einmal Rast auf einer Wiese machte, erkannte Rosa die Wahrheit: »Seine herrliche Gestalt lag im fließenden Licht ausgegossen . . . und in unbarmherziger Klarheit stand die Erkenntnis vor mir, daß dieser schöne Leib ganz andere Anziehung auf mich ausübte, als ich mir bisher gestehen wollte . . .«

Fünf Tage später gingen die beiden ohne Lino in der Umgebung des Krapfenwaldls spazieren, und was dann passierte, könnte keine Eschstruth und keine Marlitt inniger beschrieben haben: ». . . [ich] sagte ›Gehen wir lieber.‹ – ›Nein‹, antwortete er und beugte sich langsam über mich in einem Kuß, der wie ein Ausruhen nach einer langen Sehnsucht war. Dann sah er mir mit tiefem Ernst, fast mit Schwermut in die Augen, ganz stumm. ›Paul‹, sagte ich unhörbar und legte meine Hände besinnungslos auf seine Schultern. Da drückte er mich an sich und küßte mich noch einmal, lange, lange . . .«

Das Ende dieses Tages allerdings hätten weder Eschstruth noch Marlitt zu denken gewagt: »›Nun. Wie war's heute?‹ fragte Lino arglos beim Nachhausekommen. ›Frag lieber nicht‹, antwortete ich bedrückt; da wußte er schon, was geschehen war. Ich erzählte es ihm in allgemeinen Umrissen . . . ›Nimmst du es mir übel, Lino?‹ Er verneinte: ›Aber ich muß mich erst wieder an die Nebenregierung gewöhnen . . .‹«

Fünf Tage später, bei einem neuerlichen Treffen zwischen Rosa und Paul, brachte dieser das Gespräch vorsichtig auf den hintergangenen Ehemann. Er habe zwar seine eigenen Vorstellungen von der Treue, meinte Paul, doch sei es ihm, hm, unangenehm . . . Rosa entgegnete kühl, daß er sich keine Sorgen zu machen brauchte, Lino wisse alles. Kubin war perplex, als sie ihm auseinandersetzte, daß sie vor Lino keine Geheimnisse hätte und daß sie auch nicht gewillt sei, »diesen gütigen und vertrauensvollen Menschen zu belügen«. Kubin rang um Worte: »Wie kann er denn – er gibt seine Einwilligung?« Rosa: »Er erlaubt mir nichts, er verbietet mir nichts. Ich bin ganz frei, zu tun, was ich will, denn er betrachtet mich nicht als sein Eigentum.«

Als bei Paul die erste Leidenschaft verflogen war, klagte Rosa im Tagebuch über seine Kälte, seine Gleichgültigkeit. Die Sechsundvierzigjährige durchlitt die Qualen einer unerfahrenen Sechzehnjährigen: »Er ist nicht gekommen. Ich habe gewartet, gewartet – o diese Höllenpein des Wartens ... Ich horche auf jedes Läuten mit fieberhafter Unruhe, ich horche mit meinem ganzen Organismus, jeder Nerv horcht in bebender Anspannung. Und es ist immer wieder nichts. Die Minuten schleichen dahin, eine Viertelstunde vergeht, eine halbe Stunde – endlich wird es halb sieben: jetzt kommt er nicht mehr. Die Anspannung löst sich in Tränen auf. Und dazu ist man sechsundvierzig Jahre geworden ...«

Lino, der schon neunundzwanzig Jahre zuvor die Siebzehnjährige aufgerichtet hat, ist sogleich wieder zur Stelle: »Sei doch nicht traurig ... Wenn du so traurig bist, gehe ich hin und sage es ihm.«

»Was müßte man dir geben, daß du es ihm wirklich sagen solltest«, wollte sie wissen.

Lino: »No, no, treibe es nicht zu arg mit der Traurigkeit, sonst tue ich es wirklich.«

»O, Lino, ich beneide dich. Warum kann ich denn nicht sein wie du, nur ein Wesen so gern haben wie du mich?«

Darauf Lino – immer nach Rosas Tagebuchaufzeichnungen: »Du armes, armes Herz! Du mußt eben mehr erleben als ich – damit mußt du dich trösten.«

Konsterniert stellte Rosa in den folgenden Monaten fest, daß Lino »sich wie ein junger Liebhaber benimmt« und ihr geliebter Paul »wie ein alter Ehemann«.

Das Verhältnis blieb natürlich nicht verborgen, die Mitglieder der weitverzweigten Sippen Obermayer und Mayreder hatten reichlich Gesprächsstoff und Grund zur Entrüstung. Rosas Bruder erklärte, daß »etwas geschehen« müßte, denn erstens sei Rosas Affäre ein

Skandal, zweitens Lino nicht der Mann, etwas dagegen zu unternehmen, und drittens sei Paul der Rosa überhaupt nicht würdig, man habe ihn schon in Begleitung von Prostituierten gesehen. Und das der Rosa, dieser unermüdlichen und engagierten Kämpferin gegen die Prostitution!

Es war nicht allein der Umgang mit Dirnen, der Rosa Mayreder gegen Paul aufbrachte. Langsam dämmerte ihr selbst: »Ich liebe einen Mann, dessen Wesen mit dem meinigen nicht harmoniert ... Das Bedürfnis nach Liebe, ihm nahe zu sein ... wird durch das Gefühl der Disharmonie nicht aufgehoben.«

Später wurde ihr klar: »Deutlicher als je empfand ich sein Wesen wie ein Gift, das sich zersetzend in das meine ergossen hatte; meine Liebe erschien mir in dieser Stimmung tiefster Selbstverachtung als ein entehrendes Armutszeugnis für meine Intelligenz und meinen Charakter.«

Eines Abends saß sie mit Lino beisammen, den Kopf an seine Schulter gelehnt, und er fragte: »Gemütlich ... wiewohl nur der erste allein da ist und der zweite nicht?«

Rosa dazu wörtlich: »Da überwältigte mich die Einsicht in meine Narrheit so sehr, daß ich nur ›mein Gott, mein Gott‹ sagen konnte und die Tränen mir über die Wangen liefen. Nach ein paar Minuten merkte Lino mein Verstummen: ›Wie? Etwas Salziges in meinem Schnurrbart?‹ rief er erstaunt; und dann tröstete er mich ...«

Rosa hatte indes weiterhin Schwierigkeiten, mit ihren inneren Konflikten fertig zu werden. Die von ihr selbst diagnostizierte und mehrfach beklagte Eigenschaft des »Angerührtseins« trat wieder stärker zutage. Als Lino sie einmal neckte, daß sie einen Schnurrbart bekäme, fuhr sie ihn an: »Du wirst dich daran gewöhnen müssen, daß ich nicht ewig jung bleibe.«

Er antwortete »auf das liebevollste«, wie sie im Tagebuch ausdrücklich betont: »Das habe ich doch nicht so gemeint. Glaubst du denn, ich hätte etwas gesagt, wenn es mir nicht gefiele?«

Lino war also in seine Frau noch immer so verliebt, daß er sogar ihrem Schnurrbart Reize abgewinnen konnte. Am nächsten Tag entschuldigte sie sich bei ihm. Er nahm sie in die Arme: »Wie kannst du nur glauben, daß mir an deinem Altwerden etwas liegt? Das existiert doch nicht für mich. Du wirst mir immer gleich gut gefallen. Aber künftig

Das Ehepaar Mayreder

werde ich dich nur anschauen und dich gern haben und gar nichts sagen . . .«

1909 glaubte sie, ihre Freiheit wiedergewonnen zu haben: »Ich habe den Eindruck, daß meine Leidenschaft für ihn [Dr. Kubin] völlig erloschen und er in die Reihe meiner Freunde zurückgetreten ist. Ein leichter Widerwille, mit ihm zusammenzukommen, eine Empfindung des Unbehagens wie nach einem Rausch, namentlich bei Erinnerungen – nichts mehr sonst . . .«

Doch die scheinbar erloschene Glut glomm immer wieder auf. Rosa wurde zunehmend gereizt. Lino, der in seinem Atelier und auf der Hochschule voll ausgelastet war, sich auch noch um den Bau der Sommervilla in Purkersdorf kümmerte, ging nicht mit der bisherigen Intensität auf ihre Gefühlsschwankungen ein. Das leuchtete ihr schließlich ein: ». . . ich begreife, daß Lino dieser endlosen Leiden aus unverbesserlicher Zuneigung müde ist, nachdem er jahrelang die äußerste Teilnahme bewiesen hat. In dieser Einsicht verberge ich ihm, daß ich innerlich nicht so völlig über Bi [= Kosename für Paul Kubin] hinaus bin, als ich vorgebe . . .«

Erst in der Jahresbilanz, zu Silvester 1910, vermerkte Rosa, daß sie von ihrer Leidenschaft »völlig genas«.

Noch eineinhalb Jahre des einigermaßen störungsfreien Zusammenlebens waren dem Ehepaar gegeben. Rosa schrieb, reiste umher und hielt Vorträge. Wann immer er es ermöglichen konnte, war Lino unter den Zuhörern und zeigte sich jedesmal beeindruckt von den hohen Geistesgaben seiner Frau. Er selbst kam, seiner vielen Verpflichtungen wegen, kaum je zum Entspannen.

Im Spätsommer 1912 unternahm das Paar eine Bildungsreise durch Süddeutschland, die unter keinem guten Stern stand. Es regnete pausenlos, es war bitter kalt, die meisten Hotels erwiesen sich als unbequem oder lärmbelastet. Lino, ansonsten die strahlende Heiterkeit in Person, war dauernd verstimmt. Eine schwere Erkältung kam hinzu; die Reise wurde vorzeitig abgebrochen.

Zurück in Wien kristallisierte sich heraus, daß Lino sich Sorgen machte und schwankte, ob er die ihm angebotene Lehrkanzel für Propädeutik der Baukunst, die ihm angeboten worden war, annehmen sollte oder nicht. Nachdem er sich positiv entschieden hatte, schien der Druck von ihm gewichen. Er war wieder der alte.

Schon wenige Tage später klagte er über Magenschmerzen. Er fühlte sich abgeschlagen und grenzenlos traurig.
Am 2. Oktober 1912 brach jenes Leiden mit voller Wucht aus, das sich zweiundzwanzig Jahre zuvor schon einmal kurz angekündigt hatte, dann aber verschwunden war, so daß sich niemand mehr so recht daran erinnern konnte. 1890 hatte Lino unter unerklärlichen Depressionen und Angstvorstellungen gelitten, sich aber nach wenigen Wochen wieder wohl gefühlt, so daß diese vorübergehende Irritation von allen bagatellisiert worden war.
Am 2. Oktober 1912 jedoch war auf der Stelle klar, daß Lino etwas anderes angefallen hatte als ein vorübergehendes Unwohlsein. Rosa konnte an diesem Tag nicht mehr schlafen, stand leise auf, um ins Badezimmer zu gehen, als sie Lino plötzlich laut stöhnen und weinen hörte. Besorgt lief sie zu ihm, fragte, was ihm fehle, und er schluchzte: »Ich habe solche Angst vor der Zukunft.«
Rosa ließ den Hausarzt kommen, der stellte allerdings nach gründlicher Untersuchung nur einen nervösen Erschöpfungszustand fest, organisch sei der Professor völlig gesund. Der Arzt verordnete Tapeten- und Klimawechsel, am besten wäre es, Lino führe nach Süden oder zumindest auf den Semmering. Er entschied sich für den Semmering. Am Abend besuchten Rosa und Lino ein Theater, man gab ein Lustspiel von Bernard Shaw, Lino unterhielt sich glänzend. Er konnte sich überhaupt nicht erklären, wieso er am Morgen in so schlechter Verfassung gewesen war. Die Reise auf den Semmering unterblieb.
Nach kurzer Beruhigung kam es im November zu einem dramatischen Rückfall, und Rosa war überzeugt, ihr Mann hätte den Verstand verloren. Er deklamierte lauthals Monologe aus klassischen Schauspielen, fluchte wenig später wie ein Kapskutscher, drohte an, sich umzubringen, verhieß Rosa eine Tracht Prügel und verkroch sich schließlich im Kleiderschrank. Dann kam er wieder heraus, legte sich ins Bett und verfiel in schweren Schlaf. Nach dem Aufwachen war er ruhig und klar, wußte genau, wie wahnsinnig er sich aufgeführt hatte, war aber ratlos, was zu tun sei.
Drei Wochen eines ewigen Auf und Ab. Konsultationen mit sichtlich ratlosen Ärzten und eine völlig verzweifelte Rosa: »Unser Leben ist zerstört... Alle guten Eigenschaften, die ich an ihm liebte, sind erloschen; alle Mängel, sein Kleinmut, seine Ängstlichkeit, bis zur Kari-

katur gesteigert. Selbst in den Momenten, wo er mir überschwenglich dankt, mich um Verzeihung bittet, sich an mich als seine Rettung klammert, kann ich das Gefühl der Fremdheit nicht loswerden ... Ich sage mir, daß es schlimmere Krankheiten, schwerere Geschicke rings um mich gibt – und doch! Gibt es ein härteres Geschick als diese Zerstörung der Persönlichkeit? Wurzelt nicht in der Persönlichkeit die Liebe, die sie einflößt?«

Die Ärzte wußten keinen anderen Ausweg, als Karl Mayreder in ein privates psychiatrisches Sanatorium in Gainfarn, nahe Baden, einzuweisen. Merkwürdigerweise hatten sie nichts dagegen, daß sein Bruder Ludwig und seine Frau ihn begleiteten und auch bei ihm blieben. Der Bruder reiste nach wenigen Tagen ab, Rosa war von sechs Uhr früh bis kurz vor Mitternacht mit ihrem Mann beisammen, aß mit ihm, unternahm mit ihm Spaziergänge in die Umgebung. »Furchtbare Stunden«, notierte sie, »in denen er weint, flucht, mit den Fäusten an die Wände schlägt, den Kopf in alle Ecken steckt und mich dazwischen immer krampfhaft umarmt, um mich gleich wieder wegzustoßen.«

Nach zehn martervollen Tagen entschlossen sich die Ärzte, Rosa aus der Umgebung ihres Mannes zu entfernen. Sie reiste nach Wien, »weinend, mit dem Gefühl der gänzlichen Vernichtung«.

Nach wenigen Wochen kehrte Lino heim. Geheilt?

Wenn wir uns an Rosas Tagebücher halten, dann war er es nicht, denn sie strotzen vor herzzerreißenden Geschichten von einem Ehehimmel, der nun zu einer Ehehölle geworden sei. So soll Lino einmal dezidiert gesagt haben, er wünsche, daß seine Frau zugrunde gehe, sie habe ihn sein ganzes Leben lang erdrückt. Seine Bewunderung für sie sei zu groß gewesen.

Rosa wurde bitter und gallig: »Das Schlimmste ist, daß ich in der Vorstellung der Pflichterfüllung durch diese langwierige und aufreibende Krankenpflege keine Erhebung finde ... Denn ich kann als meine Pflicht nur meine Arbeit betrachten, und alles, was mich daran hindert, war immer das Feindliche und Verhaßte.«

Also nicht geheilt?

In den Archiven der Technischen Universität zu Wien weiß man nichts von einem länger andauernden Krankenstand. Professor Mayreder war nur im Wintersemester 1912 krankheitshalber beurlaubt, dann hielt er wieder Vorlesungen. Hat niemand etwas gemerkt? Die vorhandenen Unterlagen geben keine Auskunft. Mayreder löste lediglich sein privates Atelier auf, um sich ganz der Hochschule widmen zu können.

Das häusliche Drama ging indes weiter. Ein berühmter Arzt gab dem nächsten die Türklinke in die Hand. Letzten Endes sollen es fünfzig Kapazitäten gewesen sein, die sich vergeblich bemühten, die Ursache für Linos Leiden zu finden. Der weltbekannte Psychiater Wagner-Jauregg war unter ihnen sowie ein Physiologe, der bei Lino »fehlgeleitete sexuelle Kräfte« feststellte. In ihrer Verzweiflung wandte sich Rosa an einen steirischen Wunderheiler namens »Höllerhansl«, der anhand einer Flasche Urin eine Ferndiagnose stellte. Er tippte auf »Brandflüssigkeit« im Körper des Patienten und verordnete dreimal täglich Einreibungen mit dem Höllerhansl-Wasser, das bei Leiden aller Art heilsam sein sollte.

»Fünfzig Ärzte und keine einzige treffende Diagnose«, klagte Rosa in ihrem Tagebuch.

Einer der medizinischen Gurus wartete gleich mit drei Diagnosen auf. Es war niemand Geringerer als Professor Sigmund Freud. Er sagte zunächst das, was alle sagten, nämlich daß Rosa nicht die richtige Frau für Lino wäre und daß er sie im Grunde seiner Seele hasse. Dann änderte Freud seine Meinung und erklärte, die Erkrankung hänge mit Rosas Klimakterium zusammen. Lino müsse endgültig alle Hoffnungen auf einen Sohn begraben, und darum sei er so schwermütig.

Der medizinisch unbedarfte Lino hatte keine Ahnung, wovon der Professor sprach; er fragte seine Frau, was es denn mit dem Klimakterium auf sich habe. Rosa klärte ihn auf.

Gleich gab es Vorhaltungen von seiten Freuds. Der Professor belehrte seinen Patienten, daß er mit niemandem über den Verlauf der Therapie reden dürfte. Das nun wieder regte Rosa auf: ». . . warum vermeidet er [Professor Freud] es, auch mich zu verhören? Begnügt er sich mit der einseitigen Darstellung des Kranken? Und kann, was er aus dem Unbewußten Linos herausschürft, das Wissen um das ersetzen, was ich allein weiß und erlebt habe? Freuds Grundfehler ist, daß er die Psyche des Neurotikers mit der gesunden Psyche verwechselt und die Vorgänge in jener für die Erklärung für diese heranzieht – statt

umgekehrt den kranken Menschen aus den Abweichungen vom gesunden.«
Zu guter Letzt legte sich Freud darauf fest, daß Mayreder an einem Vaterkomplex leide, an einem latenten Gegensatz zu seinem Erzeuger, wovon allerdings niemand in der Familie je etwas bemerkt haben wollte. Die Behandlung bei Freud wurde nach nur vier Wochen abgebrochen.
Auch mit Rudolf Steiner unterhielt sich Rosa über das Leiden ihres Mannes, und Steiner versprach eine Besserung durch die Zahl sieben, da Lino mit acht mal sieben Jahren erkrankt sei.
Ihre eigene Theorie über die Ursachen von Linos Zusammenbruch behielt Rosa für sich. Sie glaubte, daß eine zu tiefe Kluft zwischen Linos schwach entwickeltem Selbstvertrauen und seinem übergroßen Ehrgeiz bestanden hätte. An irgendeinem Punkt sei die Spannung zu stark gewesen.
Wo immer auch der Grund gelegen sein mag – nach acht Jahren verschwanden die besorgniserregenden Symptome, zwar nicht so schnell, wie sie aufgetreten waren, doch Anfang 1920 wurde Karl Mayreder ruhiger. Seine An- und Ausfälle wurden seltener. Im September 1920, fast genau auf den Tag acht Jahre nach dem ersten Zusammenbruch, sagte ein heiterer, gutgelaunter Lino zu seiner Frau, indem er ihr einen großen Blumenstrauß zum Namenstag überreichte: »Es ist der erste Tag seit meiner Erkrankung, an dem ich fühle, daß es mir wirklich bessergeht.«
Zwei Jahre später, im Oktober 1922, fand die Inauguration von Prof. Dipl.-Ing. Karl Mayreder zum Rektor der Wiener Technischen Hochschule statt, glanzvoller Höhepunkt einer akademischen Laufbahn und Triumph über eine ebenso schreckliche wie mysteriöse Krankheit. Rosa war stolz auf ihren Mann, aber sie war auch stolz auf sich, daß sie in all den Jahren zu ihm gestanden war (wenn auch mit zusammengebissenen Zähnen!), ihn nicht fallengelassen und vor allem ihn immer wieder daran gehindert hatte, zu resignieren und seinen Abschied von der Hochschule zu nehmen.
Am Abend gab es ein Fest bei Linos Mutter, alles drehte sich natürlich um den wiedergewonnenen und nun zu solch hohen Ehren gelangten Sohn, Onkel, Schwager und Bruder. Rosa stand abseits, und kurz vor dem Auseinandergehen war es das verachtete schwarze Schaf

der Familie, Linos jüngster Bruder Max, der noch einen letzten Toast ausbrachte – auf die tapfere Rosa.

Es ist nicht feststellbar, was einen neuerlichen Schub von Linos Krankheit ausgelöst hat. War es der freudige Schock, daß er zum Rektor der Technischen Hochschule aufgestiegen war? Haben ihn gewisse kleinliche Intrigen um seine Person und seine Position, die ganz gesunde Menschen mit einem Achselzucken weggesteckt hätten, aus der Fassung gebracht?

Da ging es, um nur ein Beispiel zu nennen, darum, daß Rosa angeblich einen jüdischen Großvater gehabt haben sollte. Gleich begann die starke Clique der Antisemiten die Messer zu wetzen und Dreck zu schleudern. Obwohl sie natürlich letzten Endes nicht das geringste hätte ausrichten können, gab es dieser Sache wegen endlose, fruchtlose Debatten: Rosa wußte beim besten Willen nicht, ob ihr Großvater Engel ein getaufter Jude gewesen war oder nicht, maß der ganzen Angelegenheit vernünftigerweise auch keine allzugroße Bedeutung bei. Lino hingegen verfiel in Depressionen, Lethargie und Mutlosigkeit.

Neuerlich trat im Januar 1923 ein Ärztekonsilium zusammen, das ratlos auseinanderging. Freunde empfahlen Rosa, sich an den Individualpsychologen Dr. Alfred Adler zu wenden, einen ehemaligen Schüler von Sigmund Freud, der sich aber vom Meister getrennt und seine eigene Denkschule gegründet hatte. Es machte ihm nichts aus, daß Rosa über den Verlauf der Behandlung unterrichtet wurde. So erfahren wir aus ihrer Feder, wie dieser Arzt an das Problem heranging: »Dr. Adler ... hat auch diesem offensichtlich schwer erschöpften, schwer gehemmten Patienten gegenüber, dessen seelischer Apparat notdürftig funktioniert, sogleich mit einer psychischen Behandlung eingesetzt, indem er ihm zuredete, seine Gedanken ... darauf zu richten, anderen Freude zu machen.«

Linos Zustand besserte sich nicht, dafür fühlte Rosa sich zunehmend krank. Die an sich robuste Person begann an Schlaflosigkeit und Herzrhythmusstörungen zu leiden. Nachdem Lino eines Tages mit ungewohnter Bestimmtheit erklärt hatte: »Dieser Herr (Dr. Adler) mit seiner schmalzigen Bonhomie glaubt mir mit seinen Redensarten helfen zu können ...«, wurde auch diese Therapie nicht mehr fortgesetzt.

Noch einmal erschien ein Hoffnungsschimmer in der Person des international akkreditierten Physiologen Prof. Dr. Eugen Steinach; er hielt Karl Mayreder »für einen besonders charakteristischen Fall für Insuffizienz der inneren Drüsensekretion«. Eine komplizierte Untersuchung mit geheimnisvollen technischen Geräten erbrachte keine neuen Erkenntnisse. Von Heilung war die Rede nicht mehr.

1924 gab Mayreder die Vorlesungen auf, 1925 ging er mit dem Titel eines Hofrates krankheitshalber in Pension. Drei Jahre später verlieh ihm die Grazer Technische Hochschule das Ehrendoktorat. Als er es erfuhr, erlitt er einen Weinkrampf und war stundenlang nicht zu beruhigen.

»Mein Leben kehrt sich immer mehr von der Welt ab . . . ich bin geradezu menschenscheu, oder richtiger, menschenmüde . . .« liest man in Rosas Tagebuch. »Dreißig Jahre lang habe ich das verwirklicht, was mir als Ehe im höchsten Sinn vorschwebte, daran können auch die Altersveränderungen in Linos Wesen und das grausame Geschick, das über seine Konstitution verhängt ist, nichts herabsetzen.«

Lino wurde ruhiger. Es gab keine Wutanfälle mehr, kein Wehgeschrei, er schlich nur wie ein trauriger geprügelter Hund durch das Haus, und wie ein anhänglicher Hund folgte er Rosa auf Schritt und Tritt, setzte sich still und bescheiden daneben, wenn sie am Schreibtisch arbeitete, baute sich ihr gegenüber auf und blickte sie schmerzvoll an, wenn sie still dasaß und las. Er begleitete sie nie mehr zu Vorträgen, ging aber mit ihr und Freunden aus, saß da, sah sie an wie der Schmerzensmann und sagte kein Wort. Rosa mußte manchmal ihre ganze Kraft aufbieten, um nicht loszuschreien . . .

Dennoch hielt sie sich bewundernswert aufrecht. Einer ihrer Freunde, der später am Oberlin College in Ohio lehrende Professor Oskar Jaszi, erinnerte sich an diese schlimmen Jahre: »Alle Fäden ihres ziemlich komplizierten Haushalts waren straff und bewußt in ihren Händen. Doch ihr Walten als Hausfrau und Pflegerin hatte ihre Individualität nie absorbiert. Auch in den sorgenvollsten Tagen verbrachte sie andachtsvolle Stunden an ihrem Arbeitstisch, und nicht selten diskutierte sie mit mir die abstraktesten und fernstliegenden Fragen. In dem gleichmäßigen, uhrwerksmäßig geregelten Gang ihres materiellen sozialen Daseins ist sie immer eine treue Forscherin und Kämpferin ihrer Idee geblieben.«

Für wenige Tage, rund um ihr siebzigstes Geburtstagsfest, stand Rosa Mayreder noch einmal im Mittelpunkt öffentlichen Interesses. Die Stadt Wien verlieh ihr das Ehrenbürgerrecht, die Staatsoper gab den ansonsten ungeliebten »Corregidor«. Lino saß im Hintergrund der Loge, beim Bankett nach der Oper weinte er.
Eine umfangreiche Festschrift erschien. Niemand Geringerer als Stefan Zweig widmete seine Zeilen »Der kühnen Vorkämpferin für geistige und soziale Freiheit. Der reichen Dichterin. Der guten Frau – Ehrfurcht und Dank für so vorbildliches Wirken im schönen Sinne schöpferischer Weiblichkeit.«
Der Schriftsteller Ernst Lissauer, ein alter Freund der Familie, bestätigte Rosa Mayreder »prangende Matronenhaftigkeit«, Mütterlichkeit, Weichheit. Und großen Zorn.
Wilhelm Kienzl, Eugenia Schwarzwald, Bundespräsident Michael Hainisch und seine Mutter, die kämpferische Marianne Hainisch, Lou Andreas Salomé, Paula Grogger, Selma Lagerlöf, Ina Seidel – um nur einige der heute noch bekannten Größen zu nennen – überschütteten die Jubilarin mit hymnischem Lob. In einem Beitrag heißt es: »Der Einfluß ihrer Persönlichkeit reicht weit über den engen Rahmen ihres Vaterlandes hinaus. Die ganze Auswirkung vollzieht sich noch gar nicht in unseren Tagen, sondern wird noch auf kommende Generationen fortwirken und der Menschheit zum Segen gereichen.«
Rosa war siebenundsiebzig und fast am Ende ihrer Kräfte, als Lino an einer Lungenentzündung starb. Die Monate zuvor war er teilweise gelähmt gewesen und von Krämpfen am ganzen Körper geschüttelt worden. Meist mußte er im Rollstuhl geführt werden, und manchmal war er so steif wie ein Brett.
Er war dreiundzwanzig Jahre lang, mit einer Atempause von zweieinviertel Jahren, krank und mehr oder minder pflegebedürftig gewesen. Nach seinem Tod schrieb Rosa: »Die plötzliche Leere fällt mir schmerzvoll aufs Herz ... Wenn ich oft auch die Gebundenheit und Eintönigkeit dieses Daseins als Krankenpflegerin kaum ertragen konnte – jetzt fühle ich den furchtbaren Riß, der ein lebenslanges Band vernichtet.«
Der unbezähmbare Freiheitsdrang der frühen Jahre hat sie bis an den Rand des Grabes nicht verlassen. Es ist ihr darum um so höher anzurechnen, daß sie niemals den kranken Mann aufgab. Sosehr sie unter

der Beengung durch ihn litt, es wäre ihr nie in den Sinn gekommen, die einmal übernommene Verpflichtung um des eigenen Vorteils willen abzuschütteln und ihn in ein Pflegeheim zu geben.
Die Frage, ob ihm, dem »armen Karl«, wie er allgemein hinter vorgehaltener Hand genannt wurde, die Trennung von dieser monumentalen Frau vielleicht geholfen hätte, muß bloße Spekulation bleiben. Sie sind nun einmal zusammengeblieben, und einer hat des anderen Last getragen, bis zum schmerzvollen Ende.
In ihren letzten Jahren lebte Rosa Mayreder ganz zurückgezogen, nur noch für wenige Freunde zu sprechen, aber hellwach und voller Anteilnahme für die politischen Ereignisse in der Heimat und in der Welt. Vor allem scheint ihr die Entwicklung in der Sowjetunion tiefe Sorge bereitet zu haben.
Darüber erfahren wir nichts aus ihren Tagebüchern, doch Prof. Jaszi gibt detaillierte Auskunft: »Sie empfand es immer klar, daß Sozialismus ohne Kultur und Gerechtigkeit schlechter wäre als die alte Ordnung . . . Was sie noch mehr empörte, war die zynische Einstellung der meisten Revolutionäre, die die private und öffentliche Moral des Kapitalismus zu übernehmen keine Scheu hatten . . . Was sie wirklich sah, entsetzte ihre starke Seele. Denn ein umgekehrter Kapitalismus ist noch kein Sozialismus und der umgekehrte bürokratische und militaristische Machtstaat noch keine Freiheit . . .«
Zwei Jahre vor ihrem Tod gab sie, zusammen mit Marianne Hainisch, eine Broschüre heraus: »Was soll die Jugend für den Frieden tun?«
Daß die Jugend bald nicht mehr imstande sein würde, das geringste für den Frieden zu tun, das mußte sie nicht mehr miterleben. Sie starb am 19. Januar 1938, das heißt, sie schlief lautlos hinüber in die andere Welt, eineinhalb Jahre ehe der zweite große Weltenbrand entfacht wurde.
Rosa Mayreder hatte sich vor dem Tod nicht gefürchtet, denn: ». . . daß der Mensch sein Ich-Bewußtsein aufgeben muß, wenn er stirbt, heißt ja nicht, daß sein Leben gänzlich vernichtet wird; er ist nach dem Tode das, was er war, bevor er geboren wurde. Wie die Summe des Lebendigen im Stofflichen, bleibt die Summe des Lebendigen im Seelischen sich gleich; sie wird durch Geburt und Tod nicht vermindert.«

Das Mädchen aus der Fabrik

Adelheid Popp 1869–1939

Als das Kind fünf Jahre alt war und noch immer keinen Christbaum gesehen hatte, beschloß die Mutter, Adelheid das Wunder vorzuführen, obwohl es sie übermäßige finanzielle Anstrengungen kostete. Sie sparte monatelang, dann kaufte sie einen Baumwinzling, billigen Schmuck und ein paar Kerzen dazu. Sie sollten nach der Heimkunft des Vaters erstrahlen. Er war um neun Uhr abends noch immer nicht daheim, die Mutter schickte ihre fünf Kinder zu Bett. Der Baum war nicht angezündet worden.
Spät nachts kam der Vater, betrunken. Die Eltern stritten, die Kinder hörten jedes Wort mit, denn die Familie bewohnte in dem Dorf Inzersdorf bei Wien nur einen einzigen Raum. In dem wurde gearbeitet, gegessen, geschlafen, gestritten und geliebt. Der Vater schlug die Mutter. Dann holte er eine Axt und zerhackte den Christbaum.
Zehn Jahre später – Adelheid hatte noch immer keinen Weihnachtsbaum gesehen – irrte sie am Heiligen Abend durch die Stadt Wien, auf dem Weg zur Donau, um sich, am Ende ihrer Kräfte und aller Hoffnungen, das Leben zu nehmen. Ein Zufall rettete sie.
Adelheid Dworschak war siebzehn und Arbeiterin in einer Metallwarenfabrik, da kaufte sie von ihrem eigenen, selbstverdienten Geld ihren ersten Christbaum.

Die Geschichte der Adelheid Popp, geborene Dworschak, ist zunächst die tausendfach erlebte und erlittene eines sozialen Abstiegs. Adalbert Dworschak aus dem böhmischen Slukow war von Beruf Weber; seine Frau Anna, Tochter eines Webermeisters, stammte ebenfalls aus Böhmen.
Das Handwerk der Weber war jahrhundertelang ein höchst angesehe-

nes, das einen Mann und seine Familie wohl ernährte. Mit dem Aufkommen der maschinellen Webstühle wurden die Handwerker brotlos. Von dem Bettel, den sie dann und wann noch verdienten, konnten sie sich und die Ihren kaum über Wasser halten.
Adalbert Dworschak war über sein Los so verzweifelt, daß er das meiste Geld ins Wirtshaus trug und dann, wenn er noch verzweifelter war, seine Frau halb tot prügelte. Manchmal floh sie zu Nachbarn, aber nach wenigen Stunden trieb sie die Sorge um die Kinder nach Hause. Sie hatte fünfzehn Kinder geboren und jedes bis zu achtzehn Monaten an der Brust genährt, in der Hoffnung, daß sie während der Stillperiode nicht so leicht wieder schwanger werden könnte. Nur fünf Kinder überlebten das Säuglingsalter, vier Buben und ein Mädchen. Als ihre Jüngste, Adelheid, am 11. Februar 1869 zur Welt kam, war die Mutter bereits Ende vierzig (!), ausgelaugt und früh vergreist, aber gottesfürchtig und kaisertreu.
Adelheid konnte sich später nicht erinnern, daß der Vater je auch nur ein einziges Mal das Wort an sie gerichtet hätte; darum war die Mutter ihr Abgott, und als der Vater zu kränkeln begann, berührte es die Kleine nicht sonderlich. Es machte sie nur ganz traurig, wenn die Mutter, sooft Medizin geholt werden mußte, seufzend in die schmale Börse griff und murmelte: »Mein Gott, wie lang wird das noch dauern?«
Der liebe Gott hatte ein Einsehen, es dauerte nicht mehr allzu lang. Adalbert Dworschak erlag einem Krebsleiden, noch ehe seine Jüngste in die Schule kam. Das Begräbnis genoß sie, denn sie trug ein wunderschönes schwarzes Kleid (von Nachbarn ausgeliehen), und viele Leute strichen ihr übers Haar und sagten: »Armes Kind.«
Glücklicherweise vergaßen die mitleidigen Nachbarn auch nach dem Tod des Vaters das arme Kind und seine Mutter nicht. Sie brachten gelegentlich Essensreste und Brotkanten, aus dem Gasthaus durften die Dworschaks das Wasser holen, in dem man Wurst gekocht hatte. Das war ein Festmahl.
Sehr bald waren sie nur noch zu dritt. Der ältere Bruder, achtzehn Jahre alt, der bislang dem Vater beim Weben geholfen hatte, ging »auf die Walz« und wollte sein Glück in der Fremde versuchen. Man hat dann jahrelang nichts von ihm gehört. Die beiden mittleren Brüder kamen auf Lehrstellen, weit von Inzersdorf entfernt; auch sie ver-

schwanden für einige Zeit aus dem Gesichtskreis der Familie. Der jüngste Bruder war gerade zehn, und die Mutter fand, es sei höchste Zeit, daß er zum Familienunterhalt beitrage, da mit ihrem Verdienst als Waschfrau nicht auszukommen war.

Wie sie es bewerkstelligt hat, den Jungen auf legale Weise von der Schulpflicht loszueisen, weiß man nicht – Tatsache ist, daß der Zehnjährige als Hilfsarbeiter in einer Fabrik werkte (elf Stunden täglich, Montag bis Samstag). Die Sonntage verbrachte er im Wirtshaus und stellte für ein paar Kreuzer Kegel auf.

Adelheid kam in die Schule, höchste aller Seligkeiten, denn nichts liebte sie so wie das Lernen. Am Nachmittag hütete sie die noch kleineren Kinder eines Knopfdrechslers. Dessen Frau brachte ihr bei, wie man Knöpfe auf Kartons nähte, und das tat Adelheid, wenn »ihre« Kinder schliefen, oder abends daheim. Für zwölf Dutzend, also 144 Stück, aufgenähter Knöpfe bekam sie einen halben Kreuzer. Ihr höchster Verdienst betrug einmal 27 Kreuzer in einer Woche. Ein Laib Brot kostete 30 Kreuzer.

Schon bald nachdem sie in die Schule gekommen war, entwickelte sie ein beachtliches Talent, das, wenn man so will, im späteren Leben die Grundlage ihrer Existenz werden sollte. Sie merkte sich alles, was sie gelesen hatte, fast wörtlich, und sie vermochte es höchst anschaulich wiederzugeben. Viele Menschen konnten damals nicht lesen, es gab kein Fernsehen, kein Kino, kein Radio, aber wer Geschichten erzählen konnte, besaß hohen Unterhaltungswert. Adelheid versammelte bald Große und Kleine um sich, erzählte, was sie gelesen, ergänzte es durch eigene Phantasieprodukte, und alle waren glücklich.

Sie hatte sich einen Trick ausgedacht, um feststellen zu können, wann die Zuhörer müde wurden und es Zeit war aufzuhören. Hin und wieder flocht sie in ihre Erzählungen das Wort »Fleisch« ein, darauf mußten alle im Chor »Baner« (Beine) sagen. Wenn nur einer schwieg, weil er schlummerte, wurde die Gesellschaft aufgelöst.

Und dann fanden die Erzählabende am Krankenbett des Bruders statt. Er war auf Glatteis gestürzt und hatte sich das Knie aufgeschlagen. Aus der harmlosen Verletzung entwickelte sich ein monatelanges Martyrium. Der Bub ging qualvoll am »Knochenfraß« zugrunde (Knochenmarkseiterung, damals eine tödliche Krankheit).

Nun waren Mutter und Tochter allein. Nicht nur, daß der Lohn des

Bruders fehlte – sein Leiden hatte auch die letzten paar Kreuzer aus dem Sparstrumpf verschlungen. Adelheid konnte im Winter nicht zur Schule gehen, weil sie keine Schuhe besaß.

Da die Mutter Analphabetin war, schrieb sie keine Entschuldigung, und da das Fernbleiben Adelheids von der Schule als Vernachlässigung der mütterlichen Aufsichtspflicht einzustufen war, wurde Anna Dworschak erbarmungslos zu zwölf Stunden Arrest verurteilt. Morgens um sechs Uhr holten sie zwei Gendarmen ab und führten sie quer durch das gaffende Dorf zum Gemeindekotter, wo sie ihre Strafe absitzen mußte. Anna Dworschak war nun »vorbestraft«.

Damit war Adelheids Schul-Problem natürlich nicht gelöst. Der Pfarrer und der Bürgermeister richteten darum ein Gesuch an eine in der Nähe wohnende Schloßherrin, angeblich eine Herzogin (ihre Identität ist nicht zu ermitteln), die für ihre Mildtätigkeit bekannt war.

Nach einigen Tagen überbrachte der Bürgermeister fünf Gulden, mit schönen Grüßen von der Frau Herzogin und der Nachricht, daß Adelheid sich im Nachbardorf, wo das Schloß stand, Schuhe anmessen lassen dürfe. Eine Woche danach könnte sie die Schuhe bei der Herzogin persönlich abholen.

Mit tausend Verhaltensmaßregeln von Pfarrer und Lehrerin eingedeckt, pilgerte Adelheid durch eine schier endlose Allee staunend zum Schloß, über breite Treppen und eisglatte Böden, bis sie vor einem Herrn in Rot und Gold stand. Adelheid war beeindruckt. Das mußte der Herzog sein. Er war es nicht, es war der Kammerdiener, der sie nun zur Herzogin führte.

Auf dem Weg dahin verschlug es dem Mädchen vor Schreck den Atem. In einem Zimmer, durch das sie geleitet wurde, kam ihr von der gegenüberliegenden Wand ein Kind entgegen, ebenso klein und ebenso dünn und ebenso dunkelhaarig wie sie. Es trug denselben grünen Rock, dasselbe Umschlagtuch. Adelheid konnte sich diese seltsame Erscheinung nicht erklären, wagte aber nicht zu fragen. Auch die Mutter, der sie später von dem Geistermädchen erzählte, wußte des Rätsels Lösung nicht.

Die Herzogin war jung und so schön, daß Adelheid glaubte, einer Fee gegenüberzustehen. Freundlich fragte sie die Kleine aus, und Adelheid erzählte, wie es so bei ihnen daheim zuging. Die Dame versprach zu helfen, und in der Tat erhielten die Dworschaks regelmäßig klei-

nere Geldzuwendungen, Mutter Anna fand Beschäftigung in der Schloßgärtnerei, und Adelheid wurde mit Büchern beglückt.
So plötzlich, wie der Segen über die beiden hereingebrochen war, so plötzlich versiegte er wieder. Mutter Dworschak verlor ihren Posten, es kam kein Geld und es kamen keine Bücher mehr. Aus welchem Grund die hohe Frau den Dworschaks ihre Gnade entzogen hatte, blieb ein ewig quälendes Geheimnis.
Adelheid war mittlerweile neun und besuchte die dritte Klasse, da passierte die schreckliche Geschichte mit dem Lesebuch. Da die Mutter zu arm war, dem Kind Schulbücher zu kaufen, bekam Adelheid diese aus der Schulbibliothek geliehen, mit der Auflage, sorgsamst darauf zu achten. Eines Tages tobte ein Orkan, Adelheid wurde auf dem Schulweg von einer Bö umgeworfen. Die Schulmappe platzte auseinander, das Lesebuch zerfledderte und landete in einer Wasserlache.
Tagelang zitterte sie vor dem Augenblick der Wahrheit, und der kam, als sie aus dem Buch vorlesen sollte und es nicht konnte, weil die betreffende Seite fehlte. Die Lehrerin erhob ein Geschrei, der Oberlehrer zitierte Frau Dworschak in die Schule und brüllte sie an, sie müßte das Buch ersetzen. Das könne sie nicht, heulte Anna Dworschak, sie hätte kein Geld. Na gut, sagte der Oberlehrer, dann werde Adelheid eben sitzenbleiben.
Über Vermittlung des dörflichen Armenrates bekam das Kind schließlich doch noch ein neues Lesebuch. Inzwischen aber war soviel Zeit verstrichen, daß das lange Fehlen des Buches sich in einer »Fünf« in Betragen niederschlug. Wer eine »Fünf« in Betragen hatte, blieb sitzen, mußte die Klasse wiederholen. Adelheid schluchzte. Ein Lehrer, der zufällig in der Nähe stand, wußte darauf nichts anderes zu sagen als: »Proletengesindel«. Es war das erstemal, daß Adelheid dieses Wort hörte; seine Bedeutung kannte sie nicht.
Mit zehn Jahren hatte sie demnach de facto nur drei Klassen Volksschule besucht, und von da an ging sie überhaupt nicht mehr zur Schule. Nie mehr. Die Mutter übersiedelte mit dem Kind nach Wien, in der Hoffnung, dort eine Stellung zu finden, und sie hielt die Zeit für gekommen, auch das Mädchen in die Arbeit zu schicken.
Der Schulpflicht entkam Adelheid durch Zufall und ohne es zu wissen. Sie war es, die den Meldezettel ausfüllte, und sie schrieb wohl

den Namen der Mutter darauf, die Rubrik »Kinder« indes ließ sie leer. Die Mutter hatte Adelheid gesagt, daß sie arbeiten müsse, also war sie, überlegte sie ganz logisch, kein Kind mehr und hatte in der betreffenden Spalte des Meldezettels nichts verloren. Adelheid Dworschak lebte unangemeldet in Wien, daher fragte auch niemand nach einem Schulkind.
Anna und Adelheid zogen zu einem alten Ehepaar in eine aus Zimmer und Küche bestehende Wohnung, Toilette und Wasser auf dem Gang. Im Zimmer standen die Ehebetten. In dem einen Bett schliefen die Vermieter, im anderen Mutter und Tochter.
Adelheid fand Arbeit in einer Werkstatt für Häkelarbeiten. Sie verließ das Haus um sechs Uhr früh und kam abends um acht heim. Der Fußweg zu ihrem Arbeitsplatz betrug fast zwei Stunden. Wenn sie sehr fleißig war, verdiente sie 25 Kreuzer am Tag. Meist nahm sie Arbeit mit nach Hause und häkelte auch abends, und am Sonntag sowieso.
Kleine Mädchen von zehn Jahren haben im allgemeinen viele und verschiedenartige Wünsche. Adelheid Dworschak hatte nur einen einzigen: Sie wünschte sich, einmal so lange schlafen zu dürfen, bis sie von selbst aufwachte.
Die Mutter war immer mürrisch und müde dazu. Sie war nun Ende fünfzig und schuftete als ungelernte Hilfskraft in einer Fabrik. Aber die Frau und das Kind verdienten so »gut«, daß sie sich ein eigenes Kabinett in der Nähe der Schmelz leisten konnten; es hatte kein Fenster, nur eine Milchglastür zum Hof, die im Winter meist zugefroren war. Der Wohnungswechsel war dringend notwendig geworden, da der alte Mann, bei dem die beiden bislang gewohnt hatten, von Adelheid mehr verlangte als kindliche Zuneigung.
Das Kabinett, in dem sie nun lebten, enthielt nur die notwendigsten Möbel, darunter zwei hintereinander aufgestellte Betten. In dem einen schlief einer der Brüder, der nun wieder daheim lebte, zusammen mit einem Arbeitskollegen, an den diese Betthälfte vermietet worden war. Im anderen lagen Mutter und Tochter. Manchmal schlief eine arbeitslose Freundin der Mutter mit im Bett, und da wurde Adelheid am Fußende quergelegt, die Beine streckte sie auf einen Sessel, der an das Bett herangeschoben worden war.
Mit zwölf kam Adelheid zu einer Posamentiererin. Aber statt zu posa-

mentieren, mußte sie auf die beiden Kinder ihrer Herrin aufpassen, die sie quälten und verspotteten, weil sie immer barfuß ging. Die eigentliche Posamentierarbeit verrichtete sie abends und am Sonntag daheim.
Hatte sie doch einmal eine freie Minute, dann verschlang sie alles Gedruckte, das ihr, auf oft abenteuerlichen Umwegen in die Hände kam: Zeitungen, Groschenromane, Bücher. Und in Gedanken glitt sie immer mehr in eine andere Welt. Es war die Welt der gekrönten Häupter, der Erzherzöge und der großen gesellschaftlichen Ereignisse, der glitzernden Toiletten und der schneidigen gräflichen Offiziere, die arme Mädchen zur Gemahlin nahmen. Über die Familienverhältnisse der Aristokraten war sie aufs genaueste unterrichtet – das waren ihre Idole, die betete sie an.
Manchmal scharte sie, wie in alten Tagen, Zuhörer um sich, wenn sie, plastisch und spannend, Wahres und Erdachtes zum besten gab. Ihr Ruhm als Erzählerin und Alleinunterhalterin brachte ihr sogar Einladungen in Privatwohnungen ein, und hin und wieder fiel auch eine anständige Mahlzeit für sie ab.
Die nahrhaften Intermezzi waren allerdings selten. Adelheid, nun bereits dreizehn und als Löterin am Blasebalg einer Bronzefabrik tätig, wurde immer bleicher und dünner, bis sie eines Tages lautlos zusammenbrach. Sie wurde ins Allgemeine Krankenhaus gebracht. Die Untersuchungen erbrachten nichts als das, was ohnehin offensichtlich war: Das Kind war blutarm und unterernährt. Sie müsse, so sagten die Ärzte, viel essen und in frischer Luft spazierengehen. Am Blasebalg dürfe sie unter keinen Umständen mehr arbeiten.
Die Anweisung, viel zu essen und im Freien zu promenieren, konnte Adelheid aus einleuchtenden Gründen nicht befolgen, doch wechselte sie den Posten. In einer Metalldruckerei bediente sie die Presse – bis sie in eine lange Ohnmacht fiel und, kaum erwacht, wirres Zeug redete. Also wurde sie in die Psychiatrie eingeliefert.
Die Ärzte erkannten auf den ersten Blick, daß die Kleine keineswegs geistesgestört, sondern infolge totaler Erschöpfung am Rande eines Zusammenbruchs war. Sie wurde von Ärzten und Schwestern gleichermaßen liebevoll umsorgt, man brachte ihr Leckereien und Bücher: Schiller, Goethe, Lessing – eine phantastische Welt des Geistes tat sich vor ihr auf. Auch die sogenannten Verrückten waren beson-

ders nett zu ihr und versuchten, sie auf täppische Art zu verwöhnen. Diese paar Wochen in der Psychiatrie hat Adelheid später immer als die glücklichsten ihrer ganzen Kindheit bezeichnet.
Nach der Spitalsentlassung war der Posten in der Metalldruckerei vergeben. Auch die Mutter war inzwischen arbeitslos; sie versuchte, sich als Hausiererin durchzubringen. Adelheid lief von Fabrik zu Fabrik, überwand ihre Scheu und leierte im Personalbüro ihr Sprüchlein herunter: »Bitt' schön, ich hätt' gern eine Arbeit.«
Drei Wochen lang pilgerte sie vergeblich durch die Wienerstadt. Oft mußte sie sich an Hausmauern anlehnen, weil sie sich so schwindlig fühlte. Dann war es wieder soweit: Zusammenbruch auf offener Straße. Sie landete wieder im Allgemeinen Krankenhaus, dann stand die Diagnose fest, die einem Todesurteil gleichkam: unheilbar! Ab ins Armenhaus.
Man steckte das Mädchen in einen Krankenwagen – und schon trabten die Rösser zum Armenasyl. Von einer überarbeiteten und gleichgültigen Klosterschwester wurde das Kind in einen riesigen Saal gewiesen. Stöhnende, weinende, übel riechende oder ganz apathische Greisinnen lagen dort nebeneinander gepackt. Adelheid bekam ein Bett und einen Spind zugewiesen, und das war es dann auch schon. Keine Menschenseele kümmerte sich um sie.
Nach wenigen Tagen rief man sie in die Kanzlei und teilte ihr mit, daß sie, da ihr Vater aus dem Böhmischen stammte, gar nicht in Wien beheimatet sei. Sie werde demnächst in den Geburtsort des Vaters, nach Slukow, abgeschoben. Nach Slukow! Nach Böhmen! Adelheid konnte kein einziges Wort Tschechisch! Sie begann haltlos zu weinen. Einem Kanzleibeamten tat sie leid, und der erkundigte sich endlich und zum erstenmal eingehend nach ihren Lebensumständen. Großes Erstaunen, als sich herausstellte, daß Adelheid Angehörige in Wien hatte. Die Mutter wurde verständigt, und die Tochter kam wieder nach Hause. Es ist nicht bekannt, ob Anna Dworschak überhaupt nach ihrer abgängigen Tochter gefahndet und, wenn ja, wieso diese Nachforschung kein Ergebnis gebracht hat.
Die Mutter hatte inzwischen Arbeit gefunden, und sie wollte Adelheid das Opfer bringen, sie zu einer Weißnäherin in die Lehre zu geben. Die Lehrzeit betrug vier Wochen und mußte bezahlt werden. Nach drei Wochen hatte Adelheid wohl die Küche und das Kinder-

zimmer ihrer Meisterin gesehen, jedoch noch keine Nähmaschine. In der vierten Woche brachte man ihr bei, Nähte auf Papier (!) zu machen. Dann war die »Lehrzeit« um, Adelheid stellte sich bei einigen Weißnäherinnen vor. Bereits nach der ersten Probenaht stand unzweideutig fest, daß sie vom Nähen keine Ahnung hatte, und sie wurde fortgeschickt. Adelheid begriff, daß sie weiterhin in die Fabrik gehen müßte. Die neuerliche Arbeitsuche war fürs erste vergeblich.
Sie beschloß, es anders zu probieren, und rutschte auf den Knien durch viele Kirchen Wiens, flehte zuständige und vorsichtshalber auch unzuständige Heilige um Arbeit an. Sie fand keine Arbeit, aber sie fand eine Geldbörse mit zwölf Gulden darin – ein kleines Vermögen. Sie bedankte sich bei den Heiligen für dieses Zeichen göttlichen Wohlwollens. Daß sie verpflichtet gewesen wäre, den Fund zu melden, das wußten weder sie noch ihre Mutter.
Das zweite »Wunder« ließ nicht lange auf sich warten. Es gab Arbeit in einer Schmirgelpapierfabrik. Zwar war es eine besonders abscheuliche Tätigkeit in Staub und Leimgestank, zwar nahm es der Fabriksherr mit den gesetzlichen Arbeitszeit-Vorschriften nicht so genau, und Adelheid mußte zwölf statt elf Stunden täglich arbeiten – aber es war immerhin wieder einmal ein Anfang gemacht. Die Entlohnung betrug zwei Gulden und fünfzig Kreuzer in der Woche.
Adelheid war für ihre fünfzehn Jahre noch immer erbarmungswürdig blaß und mager, dennoch war unübersehbar, daß sie langsam eine Frau zu werden begann. Auch besaß sie eine beeindruckende braune Lockenfülle und riesige dunkle Augen. Dies bemerkte ein gewisser Berger, Hauptvertreter der Fabrik und umschwärmter Don Juan des Betriebes. Er pflegte sich die hübschesten Arbeiterinnen gefügig zu machen.
Eines Tages lockte er die kleine Dworschak in ein finsteres Büro, versprach ihr, sich für sie beim Chef einzusetzen, und holte sich gleich die Belohnung mit wilden, nassen Küssen. Abgestoßen und angeekelt rannte Adelheid nach Hause und berichtete, was ihr widerfahren war. Nie, nie mehr würde sie diese Fabrik betreten. Die ansonsten so sittenstrenge Mutter und auch der Bruder sagten, sie solle sich wegen eines Kusses nichts antun, der Berger werde sie schon nicht auffressen, und vielleicht könnte er ihr wirklich helfen, eine bessere Position zu ergattern.

Tapfer ging Adelheid am nächsten Tag zur Fabrik – doch am Tor drehte sie wieder um. Sie hatte zuviel über entehrte Mädchen und nachfolgende Schande gelesen, als daß sie dem Herrn Berger jemals wieder hätte begegnen wollen.
Daheim traute sie sich natürlich nichts zu sagen, und so verbrachte sie die nächsten Tage hungrig und frierend auf endlosen Streifzügen durch die Stadt, ehe sie sich abends, angeblich von der Arbeit kommend, wieder nach Hause wagte.
Unerbittlich rückte der Samstag näher, der Tag, an dem an die Mutter zwei Gulden und fünfzig Kreuzer abzuliefern waren. Halb tot vor Angst, aber getrieben vom Mut der Verzweiflung ging sie zur Cousine ihrer Mutter, einer, wie alle wußten, sehr frommen Frau, die im Hause einer Gräfin diente. Diese Tante stellte den absoluten Gipfel in der Verwandtenhierarchie dar, und man näherte sich ihr nur in äußerster Demutshaltung. Die fromme Tante hörte sich das weinende Mädchen an, meinte, es werde schon alles gut werden, Adelheid sollte ruhig nach Hause gehen. Geld gab sie ihr nicht.
Adelheid konnte nicht glauben, daß jemals wieder etwas gut werden könnte, und beschloß, ihrem verpfuschten Leben ein Ende zu setzen. Wie in Trance marschierte die Fünfzehnjährige in Richtung Donau, wurde aber unterwegs von einem eleganten Herrn angehalten, der sie rundheraus fragte, was ihr denn fehlte, daß sie gar so unglücklich aussähe. Das Mädchen erzählte seine ganze traurige Geschichte. Der edle Herr versprach zu helfen. Allerdings müsse ihn Adelheid zu seiner Wohnung begleiten, er habe nicht soviel Geld bei sich – immerhin hatte er sich bereit erklärt, zehn Gulden springen zu lassen. Arglos folgte Adelheid dem Fremden, und sie wollte beim Haustor auf ihn warten. Nein, nein, sagte der Herr, sie müsse schon mit in seine Wohnung kommen und ein ganz klein bißchen nett zu ihm sein. Ein Herr Berger im Gewand des vornehmen Wohltäters! Adelheid rannte davon.
Daheim gab es einen Riesenkrach, als die ganze Bescherung – man schrieb schließlich den 24. Dezember – herauskam. Mutter und Bruder überschlugen sich in Beschimpfungen, die darin gipfelten, daß Adelheid das faulste und verlogenste Geschöpf auf Gottes weiter Erde sei.
Dem Unglück folgte das große Glück fast auf den Fuß. Adelheid bekam Arbeit als Packerin in einer Metallwarenfabrik, deren Inhaber

hohes Ansehen für sein soziales Verhalten genoß. Er zahlte den Lohn weiter, wenn ein Arbeiter krank wurde, im Todesfall gab es Sterbegeld für die Hinterbliebenen. Für jeden hatte er ein offenes Ohr, er half rasch, wenn jemand in Not geraten war.

Hier also sollte Adelheid für längere Zeit bleiben, hier fand sie nette Freundinnen, hier verdiente sie endlich soviel, daß das Haushaltsbudget der kleinen Familie aufgebessert werden konnte. Sie übersiedelten in eine Zimmer-Küche-Wohnung mit richtigen Fenstern.

So lieb Adelheid ihre Freundinnen hatte – an deren Freizeitvergnügungen nahm sie kaum jemals teil. Sie blieb daheim und las und las, und las sich quer durch die klassische Literatur. An schönen Sonntagen spazierte sie zum Friedhof auf der Schmelz und setzte sich mit ihrem Buch unter einen Fliederbusch. Sie fühlte sich vielleicht nicht wie eine Erzherzogin, doch wohl wie eine vornehme Dame.

Sie trug am Sonntag gediegene Garderobe, mit Bedacht und Geschmack im »Spezialgeschäft für abgelegte Herrschaftskleidung« ausgewählt, und sie war solcherart nicht von einem soliden Bürgermädchen zu unterscheiden. Sie wollte, um Himmels willen, in der Kirche nicht wie eine Fabriksarbeiterin aussehen, denn die standen im Ruf, liederliche Geschöpfe zu sein. Ein Vorurteil, das Adelheid offenbar geteilt hat.

Mit siebzehn erfüllte sie sich ihre geheimsten Wünsche: Zu Weihnachten kaufte sie den ersten Christbaum ihres Lebens und im darauffolgenden Frühjahr ließ sie sich firmen. Eine gut verheiratete ehemalige Arbeitskollegin fungierte als Firmpatin, und Adelheid strahlte Schönheit und Zufriedenheit aus. Sie trug ein neues helles Seidenkleid, das sie in langen Raten abstotterte, weiße Handschuhe, einen zierlichen Sonnenschirm und einen Traum von Strohhut, der über und über mit künstlichen Blumen dekoriert war. So, wie sie aussah, hätte sie glatt im Fiaker zum Blumenkorso fahren können.

Einziger Wermutstropfen in diesen glücklichen Tagen: Sie fühlte noch immer von Zeit zu Zeit panische Angst aufsteigen, daß sie wieder in Ohnmacht fallen und ins Armenhaus verschleppt werden könnte. Sie beriet sich mit der Mutter, was zu tun sei, und Anna Dworschak meinte, eine Wallfahrt könnte helfen. Adelheid unternahm zwei Wallfahrten, betete ungezählte Aves, spendete ungezählte Kerzen und rutschte einmal, weil es besser wirken sollte, auf den Knien zu einem

Gnadenbild im ersten Stock. Die Knie taten ihr nachher sehr weh. Von der Angst war sie nicht befreit.
Der Wechsel zu einem neuen Glauben, zu neuen Idealen und Idolen vollzog sich langsam und zunächst kaum merkbar, später um so stürmischer.
Adelheid las, wir haben es gehört, viel und auch wahllos. Besonders interessiert war sie an Zeitungen, die ihr das Gefühl gaben, nicht in Fabrik und Wohnkammer isoliert, sondern mit den Ereignissen der fremden, fernen Welt aufs innigste verbunden zu sein.
Wie wirksam die Macht des gedruckten Wortes sein kann, ist am Beispiel der Adelheid Dworschak eindrucksvoll darstellbar. Sie las anfangs nur konservative Zeitungen, ihre Urteile und Vorurteile richteten sich danach. Sie verehrte die herrschende Klasse und vernahm, daß dem Proletariat nicht zu trauen sei. Auch durchlief sie eine kurze, jedoch sehr heftige antisemitische Phase.
Der Unstern des Georg Ritter von Schönerer begann eben böse zu funkeln. Adelheid war nachhaltig beeindruckt von einem Artikel mit dem Titel »Wie gelangt Israel zur Macht und zur Herrschaft in der Welt?«. Es stand für sie fest, daß die Familie Dworschak Israel nicht zur Weltherrschaft verhelfen würde, und seither kauften sie nicht mehr beim kleinen Juden an der Ecke ein.
Die eigene Lage, die Lage der Mutter, ihres Bruders, der Nachbarn empfand Adelheid als bedrückend, zugleich aber als gottgegeben und gottgewollt. Die Welt war nun einmal so eingerichtet, daß es ärmere und reichere, glücklichere und weniger glückliche Menschen geben mußte. Das Schicksal war unabwendbar, wenn man auf der Schattenseite des Lebens stand – aber im Jenseits wartete gewiß reicher Lohn für demütig ertragenes Leid.
Die Menschen, die in den Elendsquartieren der Vorstädte lebten, in Hitze und Gestank der Fabriken arbeiteten, überblickten nur ihren allernächsten Umkreis. Von der allgemeinen Situation wußten sie nichts. Zum Beispiel, daß sich die Einwohnerzahl Wiens zwischen 1810 und 1910 verzehnfacht hatte, weshalb die drückende Wohnungsnot herrschte. Zeitweise schwoll die Zahl der Untermieter und »Bettgeher« auf vierzig Prozent der Gesamtbevölkerung an. Eine weitere Statistik besagt, daß sich die Wiener Bevölkerung gegen Ende des vorigen Jahrhunderts zu 75 Prozent aus Arbeitern, Hauspersonal, Lehr-

lingen, »Amts- und sonstigen Dienern« zusammensetzte. Das heißt, daß die uns wohlbekannte und vertraute Welt der Aristokraten, der Groß- und Kleinbürger, der Künstler und Gelehrten, der Schriftsteller und Journalisten, der Damen mit ihren Salons, der Künstlermusen und Ballettratten nur ein Viertel der Bevölkerung ausmachte. Über den restlichen drei Vierteln lag und liegt noch weitgehend der Schleier des Vergessens.

Die Wiener Handelskammer berechnete 1894, daß ein lediger Mensch acht bis zehn Gulden wöchentlich brauchte, um die elementarsten Bedürfnisse zu befriedigen. Sechzig Prozent des Einkommens gingen für Grundnahrungsmittel auf. Ein gelernter Arbeiter verdiente, wenn er Glück hatte, zwölf Gulden pro Woche. Infolge des starken Anwachsens der Industrie wurden viele ungelernte Arbeitskräfte eingesetzt, und die verdienten, wie wir auch am Beispiel Adelheid Dworschaks gesehen haten, zwei bis maximal vier Gulden pro Woche. 51 Prozent der Industriearbeiter waren Frauen; sie waren alleinstehend, wie Anna Dworschak, oder mußten das überlebensnotwendige Zubrot für die Familie schaffen. Die Zahl der arbeitenden Kinder wurde statistisch nicht erfaßt, weil Kinderarbeit illegal war, aber natürlich arbeiteten in fast allen Fabriken Kinder. Die nordböhmische Heimindustrie wurde überwiegend von Frauen und kleinen Kindern in Gang gehalten, die täglich zwölf Stunden spulten, strickten und klöppelten.

Am 1. Dezember 1888 erschien in der Zeitung »Gleichheit« ein Artikel, den der Chefredakteur des Blattes, Dr. Victor Adler, als Ziegelarbeiter verkleidet, recherchiert und dann geschrieben hatte.

In der Reportage stand zu lesen, daß die Ziegelarbeiter auf dem Laaerberg zwischen vier und sieben Gulden pro Woche verdienten, nie aber Geld zu sehen bekamen, sondern nur Blechmarken, die sie im betriebseigenen Laden gegen Nahrungsmittel eintauschen konnten. Die Preise lagen dort erheblich über denen in offenen Straßengeschäften. Die Arbeiter mußten in werkseigenen Hütten wohnen. In jedem Raum hausten drei bis vier Familien, Männer, Frauen, Kinder durcheinander. Die Jahresmiete betrug 56 bis 96 Gulden.

Die ledigen Arbeiter hausten in einem nicht benützten Ringofen, 40 bis 70 Männer in einem Raum, auf Holzpritschen, »darauf liegen die Körper an Körper hingeschlichtet . . . ohne Bettuch, ohne Decke. Alte

Fetzen bilden die Unterlage, ihre schmutzigen Kleider dienen als Zudecken ... In einem dieser Schlafsäle, wo fünfzig Menschen schlafen, liegt in einer Ecke ein Ehepaar. Die Frau hat vor zwei Wochen in demselben Raum, in Gegenwart von 50 halbnackten, schmutzigen Männern, in ihrem stinkenden Dunst entbunden ...«

Der Artikel war allgemeines Gesprächsthema, doch man wandte sich bald anderen Themen zu, in der festen Überzeugung, daß Dr. Adler wenn schon nicht direkt gelogen, so doch heftig übertrieben haben mußte.

Ziemlich zur gleichen Zeit unternahm ein deutscher Pfarrer ein ähnliches Experiment, als er sich, unerkannt, unter das arbeitende Volk mischte und dann eine Broschüre »Drei Monate Fabriksarbeiter« verfaßte. Eine der großen konservativen Zeitungen referierte über die Schrift mit einiger Beschämung: »... daß man über die Lebensbedingungen halbwilder afrikanischer Völkerschaften besser unterrichtet [ist] als über die der eigenen unteren Volksschichten.«

Dr. Adler hätte sich eigentlich nicht in die Ziegelwerke einschleichen müssen. Er war ohnedies aus erster Hand über die verzweifelte Lage des Proletariats unterrichtet. Der Sohn eines angesehenen jüdischen Kaufmanns hatte Medizin studiert, führte aber keine »standesgemäße« Praxis. Durch seine Tätigkeit als Armenarzt schöpfte er Informationen aus erster Hand, und was er Tag für Tag zu sehen und zu hören bekam, stellte das Weltbild des kultivierten Bürgersohnes auf den Kopf.

Der Einsicht folgend, daß er allein mit seinem guten Willen und seinem bescheidenen Vermögen die herrschenden Zustände nicht verändern könnte, suchte er die Gemeinschaft von Männern, die schon längere Zeit daran arbeiteten, das Los der Massen zu verändern. Victor Adler war bereits dreiunddreißig Jahre alt, als er zur sozialdemokratischen Bewegung stieß.

Eine Bewegung im heutigen Sinn war es allerdings noch lange nicht. 1867 wurden die ersten »Arbeiter-Bildungsvereine« gegründet, die sofort verboten wurden, als sie ein bißchen mehr als nur Bildung vermittelten. Neue Organisationen entstanden, wurden aufgelöst, unter anderen Namen neu gegründet – und innerhalb der losen Gruppierungen kam es zu ernsten Richtungskämpfen zwischen Radikalen und Gemäßigten.

1884, die Bewegung des Anarchismus breitete sich eben über ganz Europa aus, verübten einige Anarchisten in Wien Überfälle und Raubmorde, um ihre Parteikasse aufzufüllen. Die Behörden befürchteten den Ausbruch einer Revolution, und darum wurde über Teile von Wien der Ausnahmezustand verhängt, das heißt, Militär versah den Ordnungsdienst, es gab striktes Versammlungs- und teilweise sogar Ausgehverbot.

Die schuldigen Anarchisten wurden gefaßt und vor Gericht gestellt, aber nicht nur sie allein, sondern auch eine Reihe gemäßigter Sozialisten, die mit den Umtrieben der Anarchisten nicht das geringste zu tun hatten. Niemand fand sich, der öffentlich zu ihnen stand. Das war der Augenblick, da der Armenarzt Victor Adler sein altes Leben, seine alte Identität abschüttelte und ein Arbeiterführer wurde. Er gab seinen Beruf auf und gründete mit dem Erbe seines Vaters eine Zeitung, die »Gleichheit«, erstes Organ der sprachlosen Mehrheit.

Wann genau Adelheid Dworschak zum erstenmal die »Gleichheit« gelesen hat, ist ungewiß. Es muß um die Zeit gewesen sein, da sie sich firmen ließ. Ein Freund des Bruders las ebenfalls dieses Blatt, aber er war wesentlich gebildeter als sie. Er erklärte ihr die meist sehr polemischen Artikel, und er erzählte soviel über die Vorgeschichte der Anarchisten-Prozesse, daß sie lernte, Radikale und Gemäßigte, Anarchisten und Sozialdemokraten auseinanderzuhalten.

Es dauerte nicht lange, und Adelheid hatte endlich die wahren Helden gefunden, die sie insgeheim immer gesucht haben mag: die starken, die mutigen Männer, die vor Gericht offen für ihre Meinung und für das Recht der Unterdrückten eintraten. Nüchterne Männer, das Wohl der Gemeinschaft im Auge – und nicht Trunkenbolde wie ihr Vater, die schafsgeduldig alle Schläge des Schicksals über sich ergehen ließen, um dann Wut, Verzweiflung und Hoffnungslosigkeit an Frau und Kindern auszulassen.

Adelheid baute nicht länger Luftschlösser. Sie begann sich einer Idee anzunähern, die bald ihr ganzes Leben erfüllte wie eine neue Religion und die ihr missionarische Kräfte verlieh.

Vergessen die Groschenhefte, vergessen die Fürsten und die Grafen, vergessen auch Goethe, Schiller und die anderen Klassiker. Adelheid Dworschak war ein fast unheimlich konsequenter Mensch. Wenn sie etwas tat, dann ausschließlich und mit allen ihren Kräften. Sie las nun

alle heiligen Bücher des Marxismus, von Marx selbst, von Engels, von Lassalle, von Bebel, dem deutschen Führer der Sozialdemokratie, der unter anderem eine bemerkenswerte Studie über die Lage der Frau in der Arbeitswelt verfaßt hatte.
Wenn sie sich nun auf den Weg machte, »ihre« Zeitung zu holen, dann fühlte sich Adelheid fast so, als ginge sie zur Kirche, und selbstverständlich zog sie ihr schönstes Kleid an.
»Ihre« Zeitung war ihre Bibel, und darin stand geschrieben, daß die Leser Abonnenten werben sollten. An ihr sollte es nicht liegen. So wie sie früher Märchen und Fürstengeschichten erzählt hatte, berichtete sie jetzt jedem, der es hören wollte, und mit der ganzen Inbrunst ihres jugendlichen Eifers, von den Ideen des Sozialismus, von den großen Taten, die in seinem Namen noch geschehen würden. Sie predigte am Arbeitsplatz den Kolleginnen, die mit offenem Mund zuhörten, und sie ging zu den Nachbarn, um ihnen die frohe Botschaft zu bringen und Abonnenten zu gewinnen. Sie war, noch wußte sie es nicht, zur politischen Agitatorin geworden.
»Ihre« Zeitung las sie von der ersten Zeile bis zur letzten, sie wußte auswendig, wann und wo welche Versammlungen stattfinden würden und wer die Redner waren; jeden einzelnen kannte sie, lange ehe sie ihn gesehen und gehört hatte.
Ach! Wäre sie doch ein Mann! Sie würde in Versammlungen gehen, auf dem Rednerpult stehen und die Massen für ihre neuen Ideen begeistern.
Anna Dworschak war fest davon überzeugt, daß ihre Tochter nun doch verrückt geworden war, als sie eines Tages nach Hause kam und das Mädchen auf einem Stuhl stehend, wild gestikulierend zu einer imaginären Menge sprechen sah. Dies war der Beginn von lebenslangen Reibereien zwischen Mutter und Tochter, die so verschieden waren, daß sie nicht in Frieden miteinander, aber, weil sie so aneinander hingen, nicht ohne einander leben konnten.
Gegen den ausdrücklichen Willen der Mutter begann Adelheid, in Begleitung des brüderlichen Freundes, Versammlungen zu besuchen – zitternd vor Aufregung, mit zugeschnürter Kehle und klopfendem Herzen. Es waren teils Parteiveranstaltungen (im Januar 1889 war im niederösterreichischen Hainfeld die Sozialdemokratische Partei offiziell gegründet worden, und im selben Jahr erschien, als Nachfolgerin

der »Gleichheit«, die »Arbeiter-Zeitung«); teils waren es Zusammenkünfte fachlicher Interessengruppen, Vorläufer der Gewerkschaftsbewegung.

Adelheid war meist die einzige Frau in verrauchten Gastsälen. Sie saß, obwohl innerlich zutiefst bewegt, steif auf ihrem Sessel und wagte kaum zu atmen. Sie spendete den Rednern auch keinen Beifall – das hielt sie, aus unerfindlichen Gründen, für unweiblich.

1890 wurde zum erstenmal der 1. Mai gefeiert. Die Idee ging von den amerikanischen Arbeitern aus, wurde von der Zweiten sozialistischen Internationale in Paris aufgegriffen, und die Parole lautete: Am 1. Mai wird in Europa nicht gearbeitet, sondern Einigkeit demonstriert und gefeiert.

Die Feiern wurden zwar behördlich untersagt, aber: ». . . kein Mensch kann uns verbieten, am 1. Mai nicht zu arbeiten und am Nachmittag in den Prater spazieren zu gehen . . .« schrieb Victor Adler.

Überraschend viele Unternehmer, vor allem von Großbetrieben, beugten sich dem Wunsch ihrer Belegschaft und gaben den 1. Mai frei; die Mehrheit allerdings war dagegen und drohte mit Entlassungen. Adelheid Dworschak agitierte unter ihren Kolleginnen und forderte sie auf, geschlossen dem Betrieb fernzubleiben – vergeblich. Sie errang (noch) keine Mehrheit und resignierte. Aber als sie am 1. Mai pünktlich in der Werkshalle erschien, trug sie ihr kostbares Seidenkleid.

Die Angst vor dem 1. Mai war groß. Die »Neue Freie Presse« schrieb an diesem Tag: »Die Soldaten sind in Bereitschaft, die Tore der Häuser wurden geschlossen, in den Wohnungen Proviant vorbereitet wie vor einer Belagerung, die Geschäfte sind verödet, Frauen und Kinder wagen sich nicht auf die Gasse, auf allen Gemütern lastet der Druck einer schweren Sorge.«

Es wurde befürchtet, daß eine Revolution, ähnlich der Pariser Kommune von 1871, ausbrechen könnte. Und dann kam alles ganz anders. Die Arbeiter, ihre Frauen und Kinder spazierten, sonntäglich herausgeputzt, in den Prater und gingen dann wieder gesittet nach Hause. Sie bestätigten die Meinung ihres Anführers, Dr. Victor Adler: »Wir sind von einer Sekte oder Horde von Radaumachern zu einer politischen Partei avanciert, die sich Anerkennung errungen hat und mit der man rechnet.«

Adelheids Fabriksherr zahlte seinen Mitarbeitern eine Prämie von zwei Gulden, weil sie am 1. Mai vollständig erschienen waren, aber die Dworschak und viele ihrer Kolleginnen spendeten das Geld dem »Fonds für die Gemaßregelten des 1. Mai«. Im Jahr darauf gab es keine Prämie. Der Betrieb marschierte geschlossen in den Prater.
Wenig später hielt Adelheid ihre erste Rede – nicht auf dem Küchenstuhl, sondern vor dreihundert Männern und neun Frauen, wie wir aus einem Polizeiprotokoll wissen. Wut und das Gefühl, ungerecht behandelt worden zu sein, siegten über ihre Schüchternheit.
Sie besuchte, nun schon ohne männliche Begleitung, eine Versammlung. Der Hauptredner verbiß sich in ein damals beliebtes Thema, nämlich die Frage, ob Frauen in der Fabrik arbeiten sollten oder nicht. Dieses Gedankengut entstammte dem Ideenrepertoire von Ferdinand Lassalle, einem deutschen Arbeiterführer.
Er meinte, daß Frauen an den heimischen Herd gehörten und nicht in die Fabrik, wo sie nur die Löhne nivellierten. Genau in diese Kerbe schlug der Redner: An der Misere des Proletariats seien eigentlich die Frauen schuld, weil sie, rückständig, bedürfnislos, anpassungswillig und mit allem zufrieden, abscheuliche Lohndrückerinnen wären. Würden die Frauen nicht arbeiten gehen, dann gäbe es keine Arbeitslosigkeit, und der Zehnstundentag rückte in greifbare Nähe.
Nach diesem heftig beklatschten Exkurs in blanke Frauenfeindlichkeit wurde das Auditorium ersucht, Stellung zu nehmen. Ein leises Raunen ging durch den Saal, als sich ein Mädchen erhob und wie in Trance auf die Rednertribüne zuschritt. Zunächst mit leise zitternder Stimme, dann immer lauter und heftiger zerpflückte sie die Argumente ihres Vorredners. Ihre Ausführungen gipfelten in dem Appell, die Frauen über ihre Lage aufzuklären und ihnen Bildungsmöglichkeiten zu erschließen – dann würden sie selbstbewußter am Arbeitsplatz und politische Kampfgenossinnen des Mannes.
Nachdem Adelheid geendet hatte, herrschte für einen Augenblick Stille, dann erhob sich ein Beifallssturm. Ein paar empörte Zischlaute gingen unter. Auf der Stelle wurde das Mädchen umringt, mit Fragen bestürmt: wer sie sei, wo sie arbeite, ob sie nicht auch anderswo eine Rede halten könnte.
Das war der Beginn einer für eine Frau in damaliger Zeit beispiellosen Laufbahn als Rednerin. Sie wurde so oft eingeladen, daß sie, ob-

Adelheid Popp spricht vor einer Versammlung arbeitsloser Frauen

wohl fast jeden Abend und jeden Sonntag von einem Versammlungslokal zum anderen unterwegs – und das bei einer Arbeitsleistung von elf Stunden, sechs Tage lang –, manche Absage erteilen mußte.
Sie war kaum mehr daheim, außer um für ein paar Stunden zu schlafen, und immer gab es Schelte, kaum daß sie die Wohnung betreten hatte. Die Mutter überhäufte Adelheid mit Vorwürfen, sie sei unweiblich, befände sich auf dem falschen Weg, nie und nimmer würde sie einen Mann finden, wenn sie so weitermache. Täglich weinte sich Adelheid in den Schlaf, aus Erschöpfung, aus Kummer über die Mutter, die sie doch liebte und der sie um alles in der Welt nicht weh tun wollte. In der Küche aber saß die Alte, auch sie schluchzend.
Tragikomisch war der Versuch zweier weltweit bekannter sozialdemokratischer Autoritäten, die Mutter zugunsten Adelheids umzustimmen.
Auf einer internationalen Konferenz wurde Adelheid Friedrich Engels, dem Intimus und Mitstreiter von Karl Marx, und dem deutschen Spitzenpolitiker August Bebel vorgestellt. Die beiden Männer kamen mit der kleinen Wienerin ins Plaudern und erfuhren so von ihrer häuslichen Misere. Spontan entschlossen sich die Propheten der neuen Bewegung, Mutter Dworschak aufzusuchen, um gut Wetter für die Tochter zu machen.
Sie hielten Wort, sie redeten mit »Engels«-Zungen auf die alte Frau ein, wie tüchtig ihr Mädel sei, wie wichtig für die Befreiung des Proletariats, und daß Anna Dworschak sehr, sehr stolz auf ihre Tochter sein könne.
Die Alte hörte unbewegt zu, sie sagte nicht ja, sie sagte nicht nein, doch als die beiden Männer gegangen waren, zeterte sie los. Sie, die noch immer nicht sehr gut Deutsch konnte, hatte die Herren nicht verstanden, die Namen Engels und Bebel hatte sie nie zuvor gehört, und sie glaubte, es hätte sich bei dem dreiundsiebzigjährigen Engels und dem dreiundfünfzigjährigen Bebel um potentielle Bewerber um Adelheids Hand gehandelt. Ihre Philippika endete mit dem Vorwurf: »So Alte bringst du mir daher . . .«
Adelheid Dworschak entwickelte sich zu einer öffentlichen Person, dementsprechend wurde Notiz von ihr genommen. Die Polizei erkundigte sich in der Nachbarschaft über sie, was einen weiteren Zornesausbruch der Mutter hervorrief, und der Chef bestellte sie zu sich ins

Büro. Er sprach sie, was noch nie vorgekommen war, mit »Fräulein« an und forderte sie auf, Platz zu nehmen. Er könne, so sagte der freundliche Herr, ihr zwar nicht vorschreiben, wie sie ihre Freizeit verbringe, aber er bäte sie dringend, die Agitation im Betrieb zu unterlassen. »Eine Warnung will ich Ihnen auf den Weg geben. Sie sind jung und können nicht beurteilen, was Sie tun. Merken Sie sich aber, die Politik ist ein undankbares Geschäft.« Natürlich glaubte sie dem alten Kapitalisten kein Wort. Erst viel später erfuhr sie schmerzlich, wie recht er hatte.

Sogar der Polizeipräsident fühlte sich bemüßigt, sie vorzuladen und ihr ins Gewissen zu reden. Sie sei doch eine Frau, jung und schön, sie könnte ganz gewiß auf andere Weise ihr Glück machen. Warum gerade die Politik?

Warum also gerade die Politik? Ohne Adelheid, Jeanne d'Arc der jungen Arbeiterbewegung, etwas unterstellen zu wollen, ist zwar gewiß, daß eine große Idee, ein hehres Ideal, ganz und gar von ihr Besitz ergriffen hatte und sie zum äußersten Einsatz trieb, jedoch: Es darf vermutet werden, daß es das blutjunge Geschöpf *genoß,* kraft seiner Persönlichkeit Hunderte immer wieder in atemlose Spannung zu versetzen und dann in den Wogen des Beifalls zu baden.

Ihre rhetorische Begabung muß außerordentlich gewesen sein. Adelheid fing stets sehr sanft, sehr einschmeichelnd an, bis sie auch den letzten skeptischen Zuhörer in Bann geschlagen hatte, um dann hart und griffig zu polemisieren. Es mag als zusätzlicher Reiz gewirkt haben, daß ihre Stimme leicht rauchig klang, daß ihre dunkel strahlenden Augen, ihr prachtvolles Haar jederzeit signalisierten: Seht her, hier steht ein Weib – und was für eines!

Sogar die großbürgerliche »Neue Freie Presse« räumte ein, daß Adelheid eine vorzügliche Rednerin sei; daß die kleine Proletarierin ihre Vorträge selbst gestaltete, schien dem Blatt jedoch ausgeschlossen. So lesen wir am 10. Dezember 1892: »... als Rednerin trat Fräulein Dworschak auf, die bekanntlich als Sprachrohr zu betrachten ist, dessen sich die Parteileitung bedient, um auf die Arbeiterinnen einzuwirken, und die in der Tat im Vortrag der ihr in den Mund gelegten (sic!) Reden es zu einer bemerkenswerten Gewandtheit gebracht hat.«

Noch als alte Frau, als sie ihre Erinnerungen niederschrieb, schimmert manchmal zwischen den Zeilen geschmeichelte Freude durch:

Wenn sie, zum Beispiel, in Gegenden, wo man sie noch nicht kannte, Vorträge hielt und die verblüfften Zuhörer statt des erwarteten »Mannweibs«, der Verfechterin der Weiberherrschaft oder, pfui Teufel, Priesterin der freien Liebe, ein frisches, normales und offensichtlich ganz unkompliziertes Mädchen antrafen.

Einziger und ständiger Stein des Anstoßes war ihre ausgesucht elegante Kleidung, die allerdings noch immer vom Trödler stammte – aber das wußte ja niemand. Sowohl die Proletarier, zu denen sie sprach, als auch die Journalisten, die über sie schrieben, fanden ihre Garderobe höchst unpassend für eine Vorstreiterin der Arbeiterbewegung. »Fehlt nur noch der Schleier, und sie sieht aus wie eine Gräfin«, nörgelte ein Genosse. Zur nächsten Veranstaltung erschien sie mit Hut – und mit Schleier!

1892, sie war noch nicht ganz dreiundzwanzig, gab sie die Schinderei in der Fabrik auf, um sich ganz der Parteiarbeit zu widmen. »Ich wünsche, daß Sie in Ihrem neuen Wirkungskreis ebensoviel Erfolg haben mögen wie hier«, schrieb ihr der ehemalige Brotherr, dem sie sechs Jahre lang gedient hatte, ins hervorragende Arbeitszeugnis.

Ihr neuer Beruf war der einer Redakteurin in der am 1. Januar erstmals erschienenen »Arbeiterinnen-Zeitung«. Es war zunächst eine Beilage zur »Arbeiter-Zeitung«, um später, zweimal monatlich, als eigenes Organ zu erscheinen. Leicht faßlich, jedoch scharf formuliert und auch nicht Kraßheiten scheuend, wollte das neue Frauenblatt die Arbeiterinnen motivieren, sich zu bilden und zu organisieren.

Die Jungredakteurin hatte ein arges Handicap: Nach nur drei Klassen Volksschule stand sie mit Orthographie und Grammatik auf permanentem Kriegsfuß. Diesem Manko konnte rasch abgeholfen werden. Emma, die Frau Victor Adlers und zugleich seine glühendste politische Anhängerin, hielt im Arbeiter-Bildungsheim in der Gumpendorfer Straße 67 Kurse für Deutsch, Englisch und Französisch. Die Vorlesungen waren stets brechend voll, 90 bis 120 Schüler drängten sich im Saal, um von der »Frau Doktor« das zu erwerben, was ihnen ebenso bitter notwendig schien wie ein Bissen Brot: Bildung. Die überwiegend jungen Männer und Frauen erschienen festlich gekleidet und hingen an Emma Adlers Lippen, als verkünde sie das Evangelium.

Adelheid, ein kluges Kind, brauchte nicht lange, um sich in der

Emma Adler, die Frau von Victor Adler, als Madonnenbildnis in der Kirche von Nußdorf am Attersee

Schriftsprache freizustrampeln. Später lernte sie mit demselben Erfolg Englisch und Französisch, nach einer von der Vortragenden selbst erdachten Methode. Es wurde von Anfang an nur in der fremden Sprache gesprochen, die Verwendung deutscher Wörter war untersagt. Nach zwei Jahren waren die Schüler so weit, englische und französische Theaterstücke aufzuführen und Zeitungen im fremden Idiom problemlos zu lesen.

Emma Adler mußte die Kurse nach ein paar Jahren einstellen. Sie war überarbeitet und erschöpft, denn zugleich war sie Helferin ihres Mannes, Mutter zweier Söhne und stand einem großen Haushalt vor, der das gesellschaftliche Zentrum der linken Intelligenz und Künstlerschaft bildete. In den Ferien lebte sie mit den Kindern in Nußdorf am Attersee; Victor kam, wenn es seine Zeit zuließ, über das Wochenende aufs Land.

In der Kirche von Nußdorf ist Emma Adler, eine Frau von außerordentlicher Schönheit, noch heute zu bewundern – als Madonna. Die Nußdorfer waren zwar irritiert, als das Bild aufgehängt wurde: »Das ist doch keine Jungfrau Maria, das ist doch unsere Frau Doktor Adler ...« – aber schließlich gewöhnten sie sich dran. Heute weiß kaum jemand, wer dem Maler Modell gesessen hat.

Adelheid und Emma verband eine lebenslange Freundschaft, die sich allerdings nur in Zeiten der Not exemplarisch zeigte, denn ansonsten hatte weder die eine noch die andere Zeit für Mußestunden.

Seit 1893 war Adelheid Dworschak Chefredakteurin der »Arbeiterinnen-Zeitung«. Sie wurde darüber hinaus Vorsitzende und treibende Kraft des »Lese- und Debattierklubs Libertas«, Tarnname für eine hochpolitische Vereinigung für Frauen, denen das Gesetz die Mitgliedschaft in politischen Zirkeln verbot – so wie Ausländern, Verbrechern und Jugendlichen ... So wurde Adelheid sehr rasch zur Zentralfigur im Dasein der politisch erwachenden weiblichen Arbeiterschaft, und wenn es Schwierigkeiten gab, erscholl unüberhörbar der Ruf nach »der Dworschak«.

So geschehen auch am 3. Mai 1893, als ein junges Ding in die Redaktion stürmte und schrie: »Kommen Sie, kommen Sie schnell. Sie müssen uns helfen. Wir streiken.«

Das Mädchen hieß Amalie Ryba, war sechzehn Jahre alt und arbeitete in einer Appreturfabrik. Hastig erzählte sie ihre Geschichte: In der

Fabrik waren 300 Arbeiterinnen beschäftigt, ganz junge Mädchen, ganz alte Frauen und auch Schwangere, die zwölf Stunden täglich unter erbärmlichen Bedingungen schuften mußten: bei Raumtemperaturen zwischen 40 und 50 Grad, bis zu den Knien im Wasser stehend. Sie, die kleine Ryba, hatte, wie es später hieß, »Unruhe gestiftet«, indem sie ihren Kolleginnen vom Programm der Sozialdemokraten erzählte, die als Fernziel den Achtstundentag anstrebten.

Ryba wurde fristlos entlassen. Ihre Leidensgefährtinnen verlangten die Rücknahme des Hinauswurfs, stießen aber auf Ablehnung. Daraufhin traten sie in den Streik und versammelten sich auf der Meidlinger Ferdinandwiese, einer weiten, unbebauten Fläche nahe ihrer Fabrik. Da standen sie nun und wußten nicht recht, wie es weitergehen sollte. Zahlreiche Schaulustige umringten sie, die Polizei würde nicht lange auf sich warten lassen – also mußte Adelheid Dworschak her, die würde schon Rat wissen.

Sie kam tatsächlich und wies die Frauen an, so rasch wie möglich die Wiese zu räumen. Dies sei eine unangemeldete und daher verbotene Versammlung, jede Teilnehmerin könnte verhaftet, vor Gericht gestellt und eingesperrt werden. Dworschak eilte in ein nahegelegenes Gasthaus, mietete den Saal und dirigierte ihre Schäfchen dorthin. Ein umgedrehter Schubkarren diente ihr als Tribüne, von der aus sie den Frauen Verhaltensmaßregeln für einen länger dauernden Streik gab. Das wichtigste sei, weitere Versammlungen abzuhalten, die aber müßten polizeilich genehmigt sein.

Kaum waren die letzten Worte gesprochen, rückte schon ein größeres Polizeiaufgebot an. Niemand wurde verhaftet, denn Adelheid erläuterte zungenschnell, daß es sich um ein Mißverständnis handle. Die Versammlung sei eigentlich gar keine gewesen und ohnedies in Auflösung, jede weitere werde ordnungsgemäß gemeldet.

Die Frauen folgten Adelheids Anweisungen. Sie stellten Streikposten auf, sie sammelten Solidaritätsnotgroschen, sie hielten weitere Versammlungen ab. Die Arbeiterinnen zweier weiterer Fabriken schlossen sich dem Ausstand an, so daß schließlich 600 an diesem ersten Frauenstreik beteiligt waren.

Vor den Fabrikstoren kam es zu heftigen Wortgefechten, manchmal auch zu Prügeleien, die Polizei griff mehrmals ein, verhaftete mal die Richtigen, mal die Falschen, ließ dann alle wieder laufen. Die Zeitungen hatten ein fabelhaftes neues Thema, das über viele Tage in aufgeregten Berichten ausgeschlachtet wurde, und so drang endlich an die Öffentlichkeit, wovon die wenigsten eine Ahnung hatten: Wie erbarmungswürdig, wie unmenschlich die Arbeitsbedingungen dieser Frauen waren.

Neugier, aber auch Sympathie und Mitleid trieben viele Menschen zu den Fabriken in Meidling. Die Arbeiterinnen wurden mit Geld und Lebensmitteln versorgt, und die meisten von ihnen sahen nach drei Wochen – so lange dauerte der Streik – wesentlich frischer und erholter aus als zuvor.

Sieg auf allen Linien: Amalie Ryba wurde wieder eingestellt, die Arbeitszeit auf zehn Stunden reduziert. Der Fabriksherr versprach bessere Arbeitsbedingungen und Mindestlöhne.

Für Adelheid gab es ein gerichtliches Nachspiel, weil sie von einem Zaungast der Ereignisse angezeigt worden war. Der Mann sagte als Zeuge vor Gericht aus, die Dworschak hätte ganz fürchterliche Hetztiraden abgezogen und dabei schreckliche, ja gotteslästerliche Worte gebraucht. Welche Worte, wollte der Richter wissen. Nun, Ausdrücke wie »Solidarität«, »Ausbeutung«, »Kampf um höhere Löhne«.

Adelheid verzichtete auf einen Rechtsbeistand; sie zog es, wie übrigens bei allen späteren Gerichtsterminen auch, vor, sich selbst zu verteidigen, und sie machte ihre Sache vermutlich besser, als es der ausgefuchsteste Anwalt vermocht hätte. Der Richter war beeindruckt und verkündete einen Freispruch mit der Begründung: »Die Angeklagte hat durch ihre höhere Intelligenz auf die unerfahrenen und unwissenden Arbeiterinnen aufklärend gewirkt. Sie ist nicht nur freizusprechen, sondern auch zu loben.«

Adelheids lakonischer Kommentar: »Es finden sich also auch im Klassenstaat einsichtige Richter.« Ihre Welt war schwarzweiß, mußte es wohl sein, um die Kraft zu behalten, den dornigen Weg fortzusetzen.

Ein paar Wochen später hatte Adelheid Dworschak ihren ersten Auftritt im Parlament, wo sie bei einer Gewerbeenquete als Expertin aussagte und, wohlgerüstet mit Daten, Fakten sowie beeideten Zeugenaussagen, zum Himmel schreiende Mißstände in der Arbeitswelt aufdeckte. Zugleich agitierte sie – sie konnte es nicht lassen! – ein bißchen für das Frauenwahlrecht: Bei der Arbeit müßten die Frauen

ihren Mann stellen, und Steuern zahlen müßten sie auch. Wenn aber Frauen und Männer dieselben Pflichten hätten, dann müßte man ihnen doch logischerweise dieselben Rechte zubilligen, nicht wahr?
Zum ersten, aber gewiß nicht zum letzten Mal geriet Adelheid, die ehemalige Halb-Analphabetin, auf die Titelseiten der großen Zeitungen. Die »Neue Freie Presse« zieh sie der »maßlosen Übertreibung«, aber Moritz Szeps, der legendäre Chefredakteur des »Neues Wiener Tagblatts«, Freund des vier Jahre zuvor verschiedenen Kronprinzen Rudolf, widmete ihr am 6. August 1893 einen Leitartikel, der viel Respekt verriet: »Als Mädchen aus der Fremde war sie eingeladen, sie hat sich aber ganz wie zu Hause benommen . . . Nur von wenigen Männern unseres Parlaments ist man so rücksichtslose Reden gewöhnt . . . Das Mädchen aus der Fabrik hat einen neuen, kräftigeren Ton in das langweilige Geleier der hochbetagten Gewerbeenquete gebracht . . .«
Vom Parlament hastete Adelheid direkt zum Westbahnhof, um nach Zürich zu reisen. Sie war Delegierte zum dritten Kongreß der Sozialistischen Internationale.
Diese Reise hatte ein unerquickliches Vorspiel gehabt, da die Genossen vorerst die Entsendung einer weiblichen Delegierten als überflüssig bezeichnet hatten. Adelheid bewies ihre Rede- und Überredungskunst auch vor dem Parteigremium und überzeugte die Männer, daß Österreich-Ungarn es sich einfach nicht leisten könne, keine Frau zu entsenden, wenn aus allen anderen Ländern weibliche Vertreter anreisten.
Ihre Argumentation war, wie immer, präzise und kaum zu widerlegen. Dennoch nahm Victor Adler sie nachher beiseite und sagte: »Liebe Genossin, wenn Sie wieder einmal gesiegt haben, lassen Sie es die Besiegten nicht merken. Tun Sie, als hätten die anderen recht behalten.«
Die Verstimmung war bald verflogen, und der halbe Parteivorstand kam zum Bahnhof, um die Kleine zu verabschieden. Sie brachten nebst aufmunternden Worten und guten Ratschlägen auch reichlich Wegzehrung mit: ein ganzes gebratenes Huhn, saure Drops und ein Fläschchen Kognak, für den Fall einer Reisekrankheit.
Adelheid kam nach langer Nachtfahrt leicht zerdrückt, aber überglücklich in Zürich an, in der einen Hand eine Tasche, in der anderen den billigen Pappkoffer, darauf geschnürt, in Zeitungspapier gewik-

kelt, eine signalrote Bluse, die im Koffer nicht mehr Platz gefunden hatte.
Auf dem Bahnsteig erwartete sie ihr Bekannter, der ehemalige Leipziger Drechslergeselle und jetzige Führer der deutschen Sozialdemokratie, August Bebel. Ganz Kavalier, nahm er ihr sofort den Koffer ab. Daß das Zeitungspapier zerrissen war und die Bluse, rot und fetzig, daraus hervorlugte, nahm er einfach nicht zur Kenntnis.
Die Reise nach Zürich lohnte sich. Unter kräftiger Mithilfe der Wienerin setzten die weiblichen Delegierten die Konstituierung einer Frauen-Internationale durch. Sie schrieben den Achtstundentag, das Verbot der Nachtarbeit für Frauen, gleichen Lohn für gleiche Arbeit und den Wöchnerinnenschutz bis zwei Wochen vor und vier Wochen nach der Entbindung auf ihre Fahnen.
»Auf dem Kongreß waren drei bis vier Russinnen mit wunderschönen Augen«, schrieb Friedrich Engels seinem Bruder, »aber mein eigentliches Schatzerl war ein allerliebstes Wiener Fabriksmädel, reizend von Angesicht und liebenswürdig von Manieren ... Ich werde es dem Bismarck nie verzeihen, daß er Österreich aus Deutschland ausgeschlossen hat, schon wegen der Wienerinnen ...«
Es darf zu Recht vermutet werden, daß das »Schatzerl« aus Wien nicht nur den fünfundsiebzigjährigen Rauschebart Friedrich Engels beeindruckt hat. Wie erinnerlich, provozierte bereits die Elfjährige in ihrem greisen Vermieter Frühlingstriebe. Der Freund ihres Bruders, der vorübergehend bei den Dworschaks als Bettgeher Unterschlupf gefunden hatte, wurde an die Luft gesetzt, nachdem er mehr als freundschaftlichen Gefallen an der Vierzehnjährigen gefunden hatte. Bekannt ist nun auch die Episode mit dem Vertreter Berger, der Adelheid die ersten Küsse raubte, und nicht zu vergessen ihr »Lebensretter«, dem ein Tête-à-tête mit der Kleinen zehn Gulden wert gewesen wäre.
Ihren ersten ernsthaften Heiratsantrag erhielt Adelheid, da war sie knapp siebzehn. »Stern meines Lebens«, schrieb ihr der Maurergeselle Wendelin Ziegler, »Angebetete, Heißgeliebte! Ich liebe Dich mit aller Glut meines Herzens und bitte Dich auf meinen Knien, mir ein Lächeln, einen holden Blick zu schenken, was mir den Himmel auf Erden bedeuten würde. Ich liebe Dich, wie noch kein Mädchen geliebt wurde. Erhöre mich und ich werde Blumen unter Deine Füße

streuen. Jeder Wunsch, den Dein Auge verrät, soll erfüllt werden, aber sage mir, daß Du mich liebst. Nimm den Ring zum Zeichen meiner Liebe, und wenn ich ihn an Deinem Finger sehe, will ich Dich preisen als den Stern meines Lebens.

Ziegler Wendelin.«

Die Antwort war kurz und schnippisch: »Werter Herr Ziegler! Erstens will ich überhaupt keinen Mann, weil ich zu jung bin. Außerdem möchte ich keinen Mann, der die Liebesbriefe aus einem Liebesbriefsteller abschreibt. Den Ring schicke ich zurück, da es sich nicht schickt, von einem fremden Mann Geschenke anzunehmen.

Dworschak Adelheid.«

Nicht allein die Tatsache, daß Wendelin einen Liebesbriefsteller zu Hilfe genommen hatte, war für Adelheids Ablehnung ausschlaggebend; vielmehr bewegte sie ein anderer Grund zur kühlen Absage: Wendelin war Proletarier, und zu jener Zeit strebte sie noch nach »Höherem«. Mindestens ein Kanzleischreiber sollte es sein, ein Mann mit fixem Einkommen und gesicherter Pension. Später hat sich Adelheid ihres Hochmuts gegenüber dem braven und tüchtigen Arbeiter geschämt. Doch da war inzwischen ohnehin alles anders gekommen . . .

Der ersehnte Kanzleischreiber trat eines Tages leibhaftig in ihr Leben – doch er gefiel ihr überhaupt nicht, und sie wandte sich einem neuen Verehrer zu, von dessen Erscheinen vor allem Mutter Dworschak über die Maßen entzückt war: ein passabel aussehender Junge namens Sebastian Schattenbauer, noch dazu, man stelle sich vor, Sohn eines Schneidermeisters und Hausbesitzers. Für ein Mädchen aus der Fabrik fast gleichwertig einem gräflichen Kavalier.

Doch ach! Auch er war nicht der Rechte. Denn Adelheid wußte aus ungezählten Romanheften über das wahre Wesen der Liebe genauest Bescheid: Wie ein Blitz mußte einem die Leidenschaft beim bloßen Anblick des einen, einzigen, in die Glieder fahren. Doch der Blitz blieb aus, und nur zögernd nahm sie Sebastians Einladung an, ihn – selbstverständlich zusammen mit der Mutter – zu einer Volkssängerveranstaltung in den Prater zu begleiten.

Hoffend, daß der Blitz doch noch einschlagen möge, hatte sie sich aufs feinste herausstaffiert. Von einer geschickten Freundin zauberhaft frisiert, trug sie ein schwarzes Seidenkleid, über und über mit Spitzen

garniert (acht Gulden, aus dem Geschäft für abgelegte Herrschaftskleidung), um die Mitte einen breiten Gürtel, der diese aufs vorteilhafteste betonte. Sie war zwar erst bei 52 Zentimeter Taillenumfang angelangt, glaubte aber die ersehnten 46 Zentimenter, das Idealmaß der Kaiserin Elisabeth, bald zu erreichen.
Der Abend ließ sich vielversprechend an. Adelheid war beeindruckt von den köstlichen Speisen und Getränken, die Sebastian auffahren ließ, und von der Ehrerbietung, die ihm die Kellner entgegenbrachten. Der Wein mundete ihr vorzüglich, raubte ihr aber nicht den Verstand. Als Sebastian mit ihr turteln wollte, drängte sie zum Aufbruch.
Die Affäre mit dem Schneiderssohn endete, ehe sie begann. Es kam ans Tageslicht, daß Sebastian eine Geliebte und zwei uneheliche Kinder hatte. Die hochmoralische Adelheid löste sofort sämtliche Kontakte zu Sebastian.
Schließlich nahm sie den »alten Popp«.
Julius Popp war nicht wirklich alt – wenn er auch immerhin zwanzig Lenze mehr zählte als Adelheid. Er führte diesen Spitznamen, weil er seit eh und je zur sozialdemokratischen Bewegung gehörte. Jeder kannnte ihn seit ewigen Zeiten, jeder schätzte den wortkargen, aber stets zuverlässigen und hilfsbereiten Mann. Er war allen wie ein Vater.
Wie ein Vater? Hat nicht Adelheid seit ihren traumatischen Kindheitserlebnissen mit dem gewalttätigen Trunkenbold nach dem idealen Vater gesucht? Wer kann heute sagen, warum sie sich ausgerechnet für diesen Mann entschieden hat?
Auch Adelheid kannte den »alten Popp« schon »ewig«, das heißt, seit den Tagen, da sie die »Gleichheit« bezog und, nachdem sie schon Dutzende Abonnenten gewonnen hatte, ihren Zeitungspack direkt in der Druckerei abholte. Dort begegnete sie dem kleinen, leicht gebückt gehenden Mann mit dem markanten Schnauzbart und den gütigen Augen. Sie wechselte manchmal ein paar Worte mit ihm, ohne zu ahnen, daß sie vor ihrem Zukünftigen stand, mit dem sie eine beispielhaft glückliche Ehe führen würde. Aber: kein Blitz, absolut keine Liebe auf den ersten Blick.
Julius Popp stammte aus Mähren. Als Vollwaise wuchs er bei einem Großvater auf, der Dorfschullehrer war. Er hatte drei wesentlich ältere Brüder; sie hielten dem bürgerlichen Lager die Treue, brachten es zu

Julius Popp

Ansehen, und einer schaffte sich sogar ein Vermögen. Der eine war Kirchenbeamter, der zweite wurde Regisseur am Wiener Raimundtheater, und der dritte schließlich machte sein Glück in Mährisch Ostrau als Großkaufmann und Angehöriger der schmalen Oberschicht im 20 000 Seelen zählenden Zentrum des berühmten Kohlenreviers. Dieser Bruder hat Julius, trotz ihrer gegensätzlichen politischen Auffassungen, stets großzügig unterstützt. Popp zeigte sich auf seine Weise erkenntlich, indem er niemals im »Revier« des Bruders politisch tätig wurde – ein großes Opfer, bedenkt man, daß Mährisch Ostrau sich zu einem sozialen Unruheherd ersten Ranges entwickeln sollte.

Julius kam mit zwölf Jahren zu einem Wiener Schuster und erlitt das übliche Lehrlingsschicksal: viele Prügel, wenig Brot – eine Erfahrung, die, wie bei so manchem anderen, in Popp das Fundament für seine spätere politische Entwicklung legte. Er wurde ein erstklassiger Schuhmacher, dessen Erzeugnisse bis an den Wiener Hof gelangten, blieb aber nicht bei seinem Leisten: Schon als Halbwüchsiger agiles Mitglied des »Fachvereins der Schuhmacher« – Vorläufer der späteren Gewerkschaftsgruppe –, wurde er bald überzeugter Sozialdemokrat und widmete sich ausschließlich der im Entstehen begriffenen Bewegung, stellte die Verbindung zwischen den einander befehdenden Gruppierungen von Radikalen und Gemäßigten her und wurde Victor Adlers zuverlässigster Berater, als dieser Anfang der achtziger Jahre zur proletarischen Bewegung stieß. Wer weiß, was aus Österreichs Sozialdemokratie geworden wäre, hätte Popp nicht das Kunststück zuwege gebracht, das Mißtrauen der Arbeiter gegen den »studierten Herrn« aus den Kreisen des »bourgeoisen Klassenfeindes«, der noch dazu Jude war, Stück für Stück abzubauen.

Popp wurde polizeilich überwacht, mehrmals verhaftet und entging nur knapp der Ausweisung aus Wien. Er hatte sich während der Militärzeit ein schleichendes Wirbelsäulenleiden zugezogen (vermutlich handelte es sich um die damals weitverbreitete Wirbelsäulentuberkulose), aber er konnte nicht das geringste zur Verbesserung seines Gesundheitszustandes tun, denn er verfügte über keinerlei Einkommen und wäre wohl verhungert, hätte der reiche Bourgeois-Bruder ihn nicht unterstützt.

Julius Popp bravouröser Verhandlungstaktik war es zuzuschreiben,

daß die untereinander zerstrittenen Splittergruppen auf dem Parteitag von Hainfeld an der Jahreswende 1888/89 zu einer Partei verschmolzen. Popp wurde bei dieser Gelegenheit in eine Dreifachfunktion gewählt: Parteisekretär, Parteikassier, Verwalter der »Arbeiter-Zeitung«. Endlich ein fixes Einkommen!
»Es war nichts Glänzendes an ihm, und wer ihn nicht kannte, ahnte nicht, was in dem kränkelnden Körper steckte, in dem unscheinbaren Mann«, charakterisierte Victor Adler seinen Kampfgefährten. Was in ihm steckte, nicht nur an politischen, sondern vor allem auch an menschlichen Qualitäten, scheint Adelheid Dworschak ab etwa 1893 bemerkt zu haben, da sie, die Chefredakteurin der »Arbeiterinnen-Zeitung«, mit ihm, dem Verwalter der »Arbeiter-Zeitung« und Parteisekretär, häufig beruflich zu tun hatte. Im allgemeinen war er höflich, korrekt und eher kurz angebunden. Doch einmal kam es zu einem längeren privaten Gespräch, in dessen Verlauf ihm Adelheid eingestand, daß sie Atheistin und somit eigentlich »Heidin« sei.
Popp sah sie eine Weile schweigend an, dann sagte er: »Sind alle Heidinnen so schön?« In diesem Augenblick, so erzählte Adelheid später immer wieder, sei es um sie geschehen gewesen. Sie wußte, daß sie diesen »alten« Mann heiraten würde, es kam nun nur noch darauf an, ihm bewußt zu machen, daß auch er sie heiraten wollte.
Weil er ohnehin die meiste Zeit seiner Tage und Nächte in der Redaktion in Gumpendorf verbrachte, die mit ihren paar schäbigen Zimmern zugleich auch Nervenzentrale der Partei war, bezog er im selben Haus ein Kämmerlein. Einem Hund hätte man ein besseres Quartier gegönnt.
»Ohne daß er etwas dazu tat, entstand in mir immer mehr der Wunsch, sein Leben zu verschönern, ihn seiner freudlosen Einsamkeit zu entziehen«, bekannte Adelheid später. Und sie tat etwas, das sie bis dahin vehement abgelehnt hatte: Sie, die pausenlos in Wort und Schrift dagegen wetterte, daß berufstätige Frauen ihre Männer »bedienten« und sich dadurch zusätzliche Lasten aufhalsten, ausgerechnet sie räumte stillschweigend seine Kammer auf, heizte ein, wenn er abwesend war, und stellte ihm kleine Mahlzeiten bereit.
Männer sind da meist begriffsstutzig, aber endlich kam Popp doch dahinter, daß keine namenlose Fee, sondern die Genossin Adelheid Dworschak für sein leibliches Wohl sorgte. Viele Wochen nachdem sie

bereits wußte, »daß ich ihm ganz und gar gehörte«, erklärte er sich endlich. Aber es waren noch zwei gröbere Hindernisse zu überwinden, ehe im Februar 1894 der Trauungsakt – damals ganz und gar unüblich – vor einem Standesbeamten des Wiener Rathauses vollzogen wurde.

Zuerst meldete Dr. Adler seine Bedenken an: »In zehn Jahren werden Sie noch eine junge Frau sein, er aber wird anfangen, ein alter Mann zu werden. Davor will ich Sie bewahren. Nicht weil es Julius Popp ist, sondern obwohl er es ist, den ich liebe wie einen Bruder«, lautete die Warnung an Adelheid. Was ihr stets gelang, glückte auch diesmal: Vor ihrer flinken Eloquenz gab selbst ein Victor Adler klein bei, und er willigte ein, ihr Trauzeuge zu sein.

Schwerer war die Mutter zu überzeugen, denn ihr stetiges Jammern entzog sich jeder logischen Beweisführung. Ihrer Meinung nach war es ein Unglück, daß das Mädel einen so sichtbar hinfälligen Mann heiratete, der ihr Vater sein könnte. Unter Seufzen und ständigem Wehklagen gab sie schließlich die Zustimmung – die hatte aber ihren Preis: Das junge Paar mußte die larmoyante Mutter zu sich nehmen und lud sich damit ein schweres Kreuz auf. Denn Anna Dworschak gehörte zu jenen Menschen, die ihre Märtyrerkrone tagtäglich morgens vom Nachttisch nehmen, sie anhauchen und sorgfältig putzen mußten, ehe sie sich diese aufs Haupt drückten.

Was immer Adelheid tat, es war der Mutter nicht recht. War die junge Frau beruflich unterwegs, dann jammerte die Mutter, daß sie, die Alte, die ganze Arbeit tun müsse. Kam Adelheid ihren häuslichen Verpflichtungen nach, kochte und putzte, dann beschwerte sich die Mutter, sie sei überflüssig, zu nichts nutze, gehöre zum alten Eisen, und man sollte sie doch endlich dorthin abschieben, wohin sie gehörte, nämlich ins Altersheim.

Manchen Abend lauerte sie hinter der Wohnungstür auf das heimkehrende Ehepaar, um es mit einer Flut von Beschimpfungen zu empfangen. Adelheid explodierte gelegentlich, Popp ging seiner Schwiegermutter schweigend aus dem Weg.

Nach vierjähriger Ehe wurde der erste Sohn, Julius, geboren, nach weiteren vier Jahren der zweite, Felix. Adelheid war während der ganzen Schwangerschaft, in der Redaktion oder auf Vortragsreisen, so geschickt gekleidet, daß ihr Zustand kaum zu bemerken war. Nach den

Entbindungen blieb sie für einige wenige Wochen daheim, aber sie arbeitete, schrieb Artikel oder hielt, oftmals ein Kind an der Brust, Redaktionskonferenzen ab.
In dem Augenblick, da die Kinder jeweils »aus dem Gröbsten heraus« waren, nahm sie wieder ihre Agitationstätigkeit bis weit in die Kronländer hinein auf, Mann und Mutter kümmerten sich um Kinder und Haushalt. Täglich schrieb Julius seiner Frau und berichtete ausführlich über Papierarbeit, Kinderglück und -sorgen.
Adelheid erinnerte sich später: »Was hat mein Mann alles entbehrt, um seiner Gattin eine Betätigung zu ermöglichen, die er als eine nützliche für die Arbeiterklasse angesehen hatte. Aber daraus habe ich auch die Erfahrung geschöpft, wie glücklich eine Ehe sein kann, wenn der Mann auch Anerkennung für die Leistungsfähigkeit seiner Frau hat und nicht nur verlangt, daß seinen Fähigkeiten von ihr Anerkennung gezollt wird.«
Die gegenseitige Anerkennung stand außer Frage, die Anerkennung durch die Arbeiterklasse ließ zu wünschen übrig. Julius Popp verdiente als Parteisekretär, Parteikassier und Verwalter der »Arbeiter-Zeitung« alles in allem 15 Gulden pro Woche, Adelheid bezog als Chefredakteurin und für ihre ausgedehnte Vortrags- und Agitationstätigkeit 10 Gulden. (Ein guter Arbeiter bekam 10 bis 12 Gulden.) Keiner von beiden hat je einen Tag Urlaub gemacht. Dennoch gab es böses Blut wegen der »Doppelverdiener«, der »Bonzen da oben, die es sich gutgehen lassen«, der »Vetternwirtschaft«.
Tief gekränkt, aber in ihrer Loyalität zur Partei ungebrochen, verzichtete Adelheid Popp auf jegliche Bezahlung und arbeitete von Stund an umsonst. Selbst Gerichtskosten und Geldstrafen wurden aus der Familienkasse bestritten. Ein nobler Verzicht, der sich später bitter rächen sollte. Denn als Popp starb und seine Frau wieder um Entlohnung ansuchte, wurde sie nach dem Tarif für Anfängerinnen eingestuft.
Das Ehepaar Popp lebte armselig, denn es hatte neben den beiden Kindern die alte Mutter zu erhalten sowie eine Nichte Adelheids, die Vollwaise war. Es fehlte oft am Allernötigsten, die Anschaffung eines Kinderwagens stellte ein fast unlösbares Problem dar. Dennoch bereuten es die beiden niemals, das großzügige Angebot des wohlhabenden Bruders aus Mährisch Ostrau ausgeschlagen zu haben, der

Julius, als er heiratete, eine wohldotierte Stellung in seinem Betrieb angeboten hatte. Lieber ein hungriger Proletarier als ein satter Bourgeois . . .

So kleinlich die Diffamierung des Ehepaars Popp auf den ersten Blick erscheinen mag, lassen sich Unruhe und Verunsicherung der Genossen bis zu einem gewissen Grad verstehen. Sowohl die »Arbeiter-Zeitung«, das Herzstück der Bewegung, als auch die »Arbeiterinnen-Zeitung« waren schwer defizitär und konnten nur durch gewaltige Zuschüsse aus der Parteikasse am Leben erhalten werden, nachdem die letzten Reste von Adlers Privatvermögen längst aufgezehrt waren. Der Doppelverdienst der Popps mutete wie blanker Luxus an.

Der »Arbeiter-Zeitung« ging es so schlecht, weil wegen ihres aufmüpfigen Tones oft bis zu achtzig Prozent der Auflage pressepolizeilich beschlagnahmt wurden und daher nicht verkauft werden konnten. Die »Arbeiterinnen-Zeitung« hingegen fand in ihren Anfängen nur einen sehr begrenzten Kreis von Abonnentinnen. Die meisten Arbeiterinnen und Arbeiterfrauen waren entweder des Lesens nicht mächtig oder hingen lieber den kitschigen Träumen der Groschenromane nach, als sich ernsthaft mit der Realität auseinanderzusetzen.

Verständnislos stand, zum Beispiel, das breite Publikum einer heftigen Diskussion gegenüber, die durch einen Artikel in der »Arbeiterinnen-Zeitung« ausgelöst worden war; darin wurde gegen die konservative Form der Ehe polemisiert, in der die Frau dem Willen des Mannes hilflos ausgesetzt war. Eine neue Art von Verbindung, die der Frau Entscheidungsfreiheit gewähre, sei zu bevorzugen, hieß es in dem Beitrag.

Dieser Artikel, den sie gar nicht selbst geschrieben hatte, brachte Adelheid Popp – laut Protokoll »die hervorragende sozialistische Agitatorin« – vor Gericht, denn sie zeichnete als verantwortliche Redakteurin des Blattes.

Der Staatsanwalt unterstellte dem inkriminierten Artikel, die Frauen zur »freien Liebe«, ja sogar zur »Vielmännerei« aufzustacheln, und rief in den Gerichtssaal: »Zügellosigkeit der Frauen war immer der Anfang vom Ende.«

Adelheid Popp verteidigte sich, wie üblich, selbst: »Ich verstehe unter freier Liebe, daß die Menschen sich nicht unfreiwillig und beeinflußt von materiellen und gesellschaftlichen Rücksichten verbinden, sondern daß Mann und Weib einander gehören wollen. Das ist nichts Unsittliches, nichts Unmoralisches, nichts Unwürdiges. Durch wirklich sittliche, von wahrer Neigung getragene Bündnisse sollen die egoistischen Ehen beseitigt werden.«

Heftig attackierte sie auch die doppelte Moral der Gesellschaft, die den Frauen unbedingte Treue abforderte, den Männern aber augenzwinkernd jeden Seitensprung gestattete. Sie versäumte auch nicht, darauf hinzuweisen, daß sie selbst in aufrechter Ehe lebe, die so glücklich und harmonisch sei, daß keiner daran denke, sich anderweitig nach Gefährten oder Gespielen umzusehen.

Adelheid Popp hatte ihr Bestes gegeben. Der Richter und die Geschwornen sahen in ihr noch immer die Propagandistin der »freien Liebe« und verurteilten sie zu vierzehn Tagen Arrest, verschärft durch zwei Fasttage.

Die Fasttage störten sie nicht weiter, sie war Hunger gewöhnt. Ärger waren das brettharte Lager, das Gucklock in der Tür, durch das jeden Moment ein neugieriges Auge glotzte, und die vollkommene Isolation. Selbst im Gefängnishof, beim täglichen Spaziergang, mußte sie zehn Schritte hinter den anderen gefangenen Frauen gehen, denn sie war eine »politische« und galt daher als gemeingefährlich. Die endlos langen Stunden in der Zelle nützte sie, um ihre noch immer nicht vollständige Aussteuer fertig zu nähen, und dazwischen durchmaß sie, mit vierzehn Schritten hin, vierzehn Schritten zurück, den kahlen Raum.

Auch in Graz stand Adelheid Popp vor Gericht, nachdem es in einer Versammlung Tumulte gegeben hatte. Während eines Vortrags hatte sie erzählt, daß in früheren Jahrhunderten in manchen Gegenden die Kirche bei nicht verheirateten Paaren eine »Konkubinensteuer« eingetrieben hätte. Der anwesende Regierungskommissar – jeder politischen Veranstaltung wohnte ein solcher Staatswächter bei – sah darin eine Verunglimpfung der Kirche und erklärte die Versammlung für aufgelöst. Daraufhin erhob sich ein wildes Gebrüll, Männer und Frauen gingen auf den Kommissar los, und der entwich in seiner Not durch das Fenster. Die Gerichtsverhandlung war kurz und bündig. Der Richter konnte weder eine Beleidigung der Kirche noch ernsthaften Aufruhr feststellen und sprach die Angeklagte frei.

Adelheid eilte landesweit der Ruf voraus, daß bei ihren Reden und

Vorträgen »immer etwas los« sei, und so konnte sie sich über Mangel an Einladungen nicht beklagen. Zu ihren Veranstaltungen kamen nicht nur Arbeiterinnen und Arbeiter, sondern auch Neugierige und Sensationslüsterne, um das Fabelwesen zu bestaunen, von dem das Gerücht ging, es sei entweder ein verkleideter Mann oder zumindest die Tochter eines Erzherzogs – denn so gescheit wie sie konnte doch wohl eine ehemalige Fabriksarbeiterin nicht sein. Nicht selten kam es vor, daß ihr am Ende einer Versammlung begeisterte Besucher ein Geldstück in die Hand drückten: »Damit Sie sich ein Glas Bier kaufen können . . .«

Die Reisen in die Provinz waren eine kaum zu ertragende körperliche Belastung. Adelheid nahm ausschließlich den Personenzug statt des teureren Schnellzugs, denn sie zahlte ja die Spesen aus der eigenen Tasche, und wenn sie in einen entfernten Winkel der Monarchie fuhr, saß sie bis zu siebzehn Stunden ununterbrochen in der Bahn. Die Fahrt an sich war schon unerfreulich, denn alleinreisende Frauen waren selten und wurden häufig belästigt, wenn nicht gar angepöbelt. Am Ziel angekommen, hieß es oft noch bei sengender Hitze oder im tobenden Schneesturm zum eigentlichen Versammlungsort marschieren.

Nach einem anstrengenden Tag war ungestörte Nachtruhe keineswegs garantiert. Aus Geldmangel mußte Adelheid in den billigsten Wanzenburgen und Flohpalästen absteigen. Oder es gab keine Fenster aus Glas, sondern nur papierverklebte Rahmen. Oder das Bett war offensichtlich seit Monaten nicht frisch bezogen worden. Auf Adelheids Beschwerde zuckte die Wirtin die Achseln: »Haben eh nur Wiener Touristen drin geschlafen . . .« Adelheid breitete ihre Nachthemd über das Bett und legte sich voll angezogen oben drauf. Die Morgenwäsche unterließ sie angesichts einer Waschschüssel, die anscheinend nicht mehr gereinigt worden war, seitdem sie die Fabrik verlassen hatte. Ein anderes Mal wies man ihr einen Raum zu, der sich als Durchgangszimmer entpuppte, als mitten in der Nacht ein Stockbetrunkener hindurchtorkelte.

Wenn sie »Glück« hatte, konnte Adelheid Popp gratis bei Genossen wohnen, so zum Beispiel bei einem Bäcker, der sie neben den Backofen plazierte, so daß sie fast gebraten wurde.

Besonders gastfreundlich waren die Menschen in den böhmischen In-

dustriegebieten, obwohl gerade dort unvorstellbare Not herrschte. Mehr als einmal ist Adelheid Popp mit einer Arbeiterfrau in einem Bett gelegen, in »Wohnungen«, die nur aus einem Raum bestanden, und wo sich das ganze Leben einer mehrköpfigen Familie abspielte. Man wusch sich am Brunnen vor dem Haus, Sommer wie Winter, und Seife gab es nicht, denn Seife war unerschwinglicher Luxus.
Zweimal, 1894 und 1899, entlud sich die ohnmächtige Wut der Bergarbeiter im Kohlenbergbau um Mährisch Ostrau in langanhaltenden Streiks. Die Kumpel, die – trotz gesetzlich vorgeschriebener Arbeitszeit von maximal elf Stunden – bis zu vierzehn Stunden unter Tag roboten mußten, forderten den Neunstundentag und bessere Arbeitseinrichtungen.
Im Sommer 1899 schilderte Adelheid auf einer Versammlung die tristen Verhältnisse in Nordböhmen aus eigener Erfahrung und rief zu Geldspenden auf. Im Publikum thronten, gleich Pinguinen im Hühnerhof, zwei feine ältere Damen, mißtrauisch beäugt von allen anderen.
Am nächsten Tag, Adelheid traute ihren Augen nicht, stand eine der Damen vor ihrer Wohnungstür und bat um eine Unterredung. Sie gab sich als Amélie de Langenau, Witwe nach einem Feldzeugmeister, ehemalige Palastdame der Kaiserin Elisabeth und Angehörige des Sternkreuzordens, zu erkennen. Die Baronin verhehlte nicht ihre Erschütterung über das, was ihr in der Versammlung – in der auch Victor Adler gesprochen hatte – zu Ohren gekommen war. Amélie de Langenau sagte, sie sei bereit zu helfen, wisse aber nicht, ob man dem Dr. Adler wirklich trauen könne. Wie sie das denn verstehen solle, fragte Adelheid. Nun, gab die Dame zögernd Auskunft, dieser Herr Dr. Adler sei ja schließlich Jude, nicht wahr?
Es kostete Adelheid wenige Minuten, um die Baronin von der Seriosität des Doktors zu überzeugen, und tatsächlich gewährte die Dame der »Arbeiter-Zeitung« eine großzügige Unterstützung. Das Blatt wurde, wieder einmal im letzten Augenblick, vor der Einstellung bewahrt.

Wer oder was die Baronin und ihre Freundin überhaupt bewogen haben mag, in eine Veranstaltung der gefürchteten und verhaßten Sozialdemokraten zu gehen, ist bedauerlicherweise nicht überliefert. An sich war die Stimmung gegen die Streikenden im bürgerlichen und im

konservativen Lager ablehnend bis abgrundtief böswillig, wofür ein Artikel aus dem »Deutschen Volksblatt« ein beredtes Beispiel gibt. Das Blatt schoß sich auf die Frauen der Arbeiter ein, auf die Mütter der hungernden Kinder:
»Als die eigentlichen Schürer der Bewegung sind in erster Linie die Frauen der Bergarbeiter anzusehen. Sie sind es, die ihre Männer haranguieren [aufstacheln], statt sie zu beruhigen. Meist sind es verlotterte Megären, die dem Schnapsgenuß ergeben sind und eines jeden sittlichen Haltes entbehren ... Die Sittenlosigkeit der Arbeiterinnen übersteigt alle Begriffe. Fälle, daß drei bis vier Kohlenarbeiter ... in gemeinschaftlichem Haushalt mit einem Weibe leben, sind nichts Außergewöhnliches ... [In Wahrheit handelte es sich nicht um Liebhaber, sondern um sogenannte Bettgeher, durch deren kleinen Beitrag das karge Haushaltseinkommen ein wenig aufgebessert werden konnte.] ... Die Frauen, die fast durchwegs infolge ihres liederlichen Lebenswandels ein greisenhaftes Aussehen haben, sind dem Schnapstrunke ergeben ... Diese Megären, die jedem Maler als Modell einer Petroleuse [Mordbrennerin der Pariser Kommune von 1871] dienen können, sind es aber, die ihre Männer zu dem vom Streikkomitee gutgeheißenen Ausstand noch ermuntern.«
Nicht nur die Arbeiterfrauen von Mährisch Ostrau, die in Wirklichkeit nichts anderes taten, als ihre Männer beim Streik zu unterstützen, hat man diskriminiert. Mit zunehmender Industrialisierung und dem bedrohlich erscheinenden Erstarken der Arbeiterbewegungen wurde es Brauch, die Schuld an unerwünschten Zuständen dem »niederen Volk« in die Schuhe zu schieben, also jenen, die (noch) nicht mächtig genug waren, sich wirksam zu wehren.
Infolge der hohen Mobilität entlang des immer dichter werdenden Schienennetzes stiegen ab der Jahrhundertmitte die Erkrankungen an Syphilis sprunghaft und beängstigend an. Gegen die größere Beweglichkeit der Menschen war kein Kraut gewachsen; doch die Prostitution, in der zu Recht ein weiterer Faktor für die Ausbreitung der Seuche vermutet wurde, versuchte man einzudämmen.
Als 1873, anläßlich der Wiener Weltausstellung, Besuchermassen zu erwarten waren, wurden Gesundheitsbücher für Straßenmädchen ausgegeben, in deren Kreisen »Deckel« genannt. Die Frauen mußten sich regelmäßig untersuchen lassen, und nur dann, wenn der Amts-

WAHLNUMMER
DER
ARBEITERINNEN-
ZEITUNG
№ 8 16. JAHR

WIEN DEN 15. APRIL 1907.

Oben: Demonstration arbeitsloser Arbeiterinnen in Gumpendorf, 1893
Unten: Titelblatt der »Arbeiterinnen-Zeitung«, 1907

arzt sie als gesund einstufte, durften sie ihrem Gewerbe nachgehen – damals vorwiegend auf dem Kohlmarkt, dem Graben, der Kärntner Straße, der Margareten-, Mariahilfer- und Praterstraße.
Der Erfolg dieser Maßnahme war gleich Null. Bereits drei Jahre nach Einführung der Gesundheitsbücher gab es mehr Erkrankungen an der meldepflichtigen Syphilis denn je zuvor. Kein Wunder, denn auf eine »eingeschriebene« Prostituierte kamen mindestens zehn »Geheime«. Die wurden zwar manchmal erwischt und nach Wiener Neudorf in die vom Orden der »Frauen vom Guten Hirten« geführte Besserungsanstalt zur Zwangsarbeit abgeschoben, doch, kaum wieder entlassen, gingen die Mädchen ihrem alten Gewerbe nach. Es gab Gelächter und Applaus, wenn die Volkssänger im Prater schmetterten: »O Neudorf, o Neudorf, du wunderschöne Stadt / Ich werd' bald sitzen drinnen und leider müssen spinnen . . .«
Dr. Josef Schrenk, Polizeiarzt und Verfasser des 1886 erschienenen Standardwerks »Die Prostitution in Wien« wußte genau, wer an all dem Unglück schuld war: »Um über den gegenwärtigen sittlichen Zustand Wiens nur einigermaßen ein wahrheitsgetreues Bild zu bekommen, muß man die drei Feinde der Civilisation ins Auge fassen: das Verbrechen, das Proletariat und die Prostitution . . . Aus dem Proletariat rekrutieren sich die Verbrecher und die Prostituierten . . .«
Einige Zeitungen kamen dem Kern des Problems schon ein wenig näher, wenn sie behaupteten, daß die Prostituierten vorwiegend aus den Reihen der »dienenden Classe« stammten. In der Tat, und das ist statistisch mehrfach belegt, waren sechzig Prozent der Wiener Prostituierten ursprünglich Dienstmädchen gewesen. Statt jedoch den Ursachen dieses Phänomens nachzugehen und auf Abhilfe zu sinnen – was Adelheid Popp sehr wohl tat –, wurde der Gesetzgeber von der Öffentlichkeit bestürmt, *alle* weiblichen Angehörigen der »dienenden Classe«, so wie die eingeschriebenen Prostituierten, einer regelmäßigen amtsärztlichen Kontrolle zu unterwerfen.
Im übrigen schwebte über jeder Frau das Damoklesschwert der Verhaftung und nachfolgenden zwangsweisen gynäkologischen Untersuchung durch den Amtsarzt, wenn nur irgend jemand sie verdächtigte, keinen einwandfreien Lebenswandel zu führen. Der Verleumdung war Tür und Tor geöffnet . . .
In den von Rosa Mayreder (siehe das vorangegangene Kapitel) her-

ausgegebenen »Dokumenten der Frauen« ist nachzulesen, daß um 1890 jede achte Frau in Wien ein »Dienstbote« war, aber von 87 000 gemeldeten stammten 75 000 nicht aus der Stadt, sondern von auswärts, vorwiegend aus Böhmen. Jede vierte war erst zwischen elf (!) und zwanzig Jahren alt.
Obwohl die Dienstboten, vom Land kommend, traditionell zur treuen Anhängerschaft der Kirche gehörten, also jener Institution, die damals noch im diametralen Gegensatz zur Arbeiterbewegung stand, nahm sich Adelheid Popp der armen »Haussklavinnen« (dies der Titel einer von ihr verfaßten Kampfschrift) an.
Es gab bereits seit den sechziger Jahren für Industriearbeiter eine Arbeitszeitregelung (wenn sie auch nicht immer eingehalten wurde), und ab 1889 Krankenversicherungspflicht, freien Sonntag, eine Woche bezahlten Urlaub, Verbot der Kinderarbeit. Für Hausangestellte galt hingegen weiterhin ausschließlich die »Dienstbotenordung« von 1810, worin der Arbeitgeber zwar vage angehalten wurde, sein Personal »anständig zu behandeln«, aber von einer Arbeitszeitbegrenzung stand nichts darin. Viele Dienende arbeiteten von sechs Uhr früh bis nach Mitternacht. Vor allem als »Mädchen für alles«, das allein einen ganzen Haushalt zu bewältigen hatte, schufteten sie oft bis zum Zusammenbruch. Nur zweimal im Monat gab es Freizeit, immer am Sonntagnachmittag – aber auch dieses Minimum wurde nicht immer gewährt.
Die Entlohnung war vom Gesetzgeber nicht geregelt (manche Mädchen bekamen nur zwei, drei Gulden pro Monat), ebensowenig die Frage der Kost und der Unterkunft. Es war üblich, die Dienstmädchen in der Küche, in einem sogenannten Tafelbett schlafen zu lassen, das tagsüber als Tisch diente, und viele bekamen nur die Reste der herrschaftlichen Kost zu essen.
1851 waren die sogenannten »Dienstbücher« eingeführt worden, die das Mädchen von Arbeitsplatz zu Arbeitsplatz begleiteten und in denen auch die Zeugnisse der Arbeitgeberinnen vermerkt waren. Ein einziges schlechtes Zeugnis konnte das Berufsleben des Mädchens zerstören.
Zuständig für Beschwerden war – die Polizei! Wurde ein Mädchen geschlagen, gequält oder sonstwie schlecht behandelt, stand es ihm frei, Anzeige zu erstatten und sogar zu Gericht zu gehen. Daraus ergaben

sich aber zwangsläufig ein langer Instanzenweg, Vorladungen, Zeugeneinvernahmen. Was aber sollte ein Mädchen tun, wenn es mittlerweile einen neuen Posten angetreten hatte? Der Hausfrau sagen: »Bitte, gnädige Frau, ich muß jetzt zu Gericht, um gegen meine frühere Arbeitgeberin auszusagen . . .«? Meistens wurde also gar keine Anzeige erstattet, wohl sehr oft auch aus dem Grund, daß die Mädchen der deutschen Sprache nicht mächtig waren oder weil sie kein allzugroßes Wohlwollen von seiten der Amtspersonen zu erwarten hatten.

Die Dienstgeber besaßen das häusliche Züchtigungsrecht, und wenn ein Mädel davonlief, dann nahm die Polizei die Fahndung nach einem »entsprungenen Dienstboten« auf, der, einem Schwerverbrecher gleichgestellt, im Fahndungsbuch aufschien. Dienstboten-Selbstmorde waren an der Tagesordnung – fast täglich konnte man eine diesbezügliche Kleinstnotiz in der Presse finden.

Ganz bös war es, wenn ein Dienstmädchen erkrankte. Bei schwerer Erkrankung konnte sie zwar damit rechnen, im Krankenhaus gesundgepflegt zu werden, doch kam sie zurück, war sie oft entlassen. Die meisten Mädchen quälten sich mit zusammengebissenen Zähnen durch ihre Leiden, um nicht arbeitslos zu werden. Für einen offenen Posten gab es bis zu dreißig Bewerberinnen, der Nachschub aus der Provinz riß niemals ab.

Noch trister war das Alter. Nach dreißig, vierzig Dienstjahren standen die Frauen ohne Pensionsanspruch da, sie waren auf das Gnadenbrot des Dienstgebers angewiesen. Wenn die Herrschaft sie nicht durchfüttern konnte oder wollte, wurden die alten Frauen meist zu Bettgeherinnen oder landeten im Armenhaus.

Hausgehilfinnen, die vorübergehend auf der Straße saßen, suchten Zuflucht im »Asyl für obdachlose Frauen« Unter den Weißgärbern. Sie konnten zwischen sieben Uhr abends und sieben Uhr früh eine Schlafstelle bekommen (nur die Oberkleider durften abgelegt werden) sowie Suppe und ein Stück Brot gratis. Die Sache hatte nur einen Haken: Eine Frau durfte nicht öfter als fünfmal im Monat um Aufnahme bitten. Wo sie die übrige Zeit verbringen sollte, interessierte niemanden.

Und so gerieten viele, wenn sie jung und nur einigermaßen ansehnlich waren, in die Prostitution.

Im Herbst 1893 unternahm Adelheid Popp den ersten Versuch, sich der Hausangestellten anzunehmen, und rief zu einer »Dienstmädchenversammlung« im Saal des Arbeiter-Bildungsvereins in der Gumpendorfer Straße. Zettel, die auf die Veranstaltung aufmerksam machten, wurden auf Märkten verteilt, an Bäumen angeschlagen, bei Stellenvermittlerinnen ausgehängt. Popp war sich des Ausgangs dieses Unternehmens keineswegs sicher. Würden viele kommen? Würde der Saal leer sein? Er war so voll, daß die Frauen – halbe Kinder waren unter ihnen und greise Veteraninnen – Kopf an Kopf standen und mit angehaltenem Atem der Rednerin lauschten. Sie versuchte ihnen klarzumachen, daß nur Zusammenhalt ihre Lage verbessern könnte und daß eine neue Dienstbotenordnung, sprich: geregelte Arbeitszeit und Krankenversicherung, nur dann durchzusetzen sein würde, wenn die Frauen sich, den Arbeitern gleich, organisierten. Dies war der Augenblick, da der Regierungskommissar die Versammlung auflöste, weil »aufhetzerische Parolen« propagiert worden seien.
Die Frauen waren empört, schrien, drohten mit den Fäusten und weinten: »Ihr wollt nicht, daß wir die Wahrheit erfahren«, »Ihr wollt, daß wir dumm sterben«.
Die Versammlung war dennoch nicht vergeblich. Das Echo in den Zeitungen war stark, die Kommentatoren wiesen zum erstenmal auf die verzweifelte Lage der »Haussklavinnen« hin.
Die »Arbeiterinnen-Zeitung« veröffentlichte serienweise genau recherchierte Skandalfälle, und die auch in den Leserbriefspalten der großen Tageszeitungen ausgefochtene hitzige Debatte spitzte sich auf die Frage zu, ob es sich um bedauerliche Einzelerscheinungen oder um gängige Dienstbotenschicksale handle.
Viel diskutiert wurde die Geschichte einer Vierzehnjährigen. Sie wurde eingesperrt gehalten wie ein Tier; in ihrer Not ließ sie an einem Bindfaden einen Zettel mit einem daraufgekritzelten Hilferuf auf die Straße. Eine Kontrolle ergab haarsträubende Zustände: Das Mädchen war lebensbedrohlich unterernährt, seine Schlafstelle befand sich auf dem nackten Steinboden der Küche. Ein anderes Mädchen fand nun den Mut, über die Vergewaltigung durch den Sohn des Hauses zu berichten. Die »Gnädige« hätte auf ihre Klagen kalt reagiert: »Dein Lohn ist so hoch, daß mein Sohn sich keine von der Straße nehmen muß.« In beiden Fällen gab es Anzeigen und Strafen.

Gleichzeitig führten Dienstgeberinnen lebhafte Klage über ihre unbotmäßigen Angestellten, die von »dieser« Popp nur aufgehetzt worden wären. Eigentlich, so forderten einige, gehörte Adelheid hinter Schloß und Riegel.
Adelheid Popp ließ sich nicht irritieren, sie versuchte unverdrossen, denjenigen Dienstmädchen, die menschenunwürdig behandelt wurden, zu helfen. Es gelang zwar nicht, eine Dienstbotengewerkschaft auf die Beine zu stellen, doch eine sozialdemokratisch dominierte Vereinigung unter dem Namen »Einigkeit« mit Sitz in der Gumpendorfer Straße fand starken Zulauf.
Zweimal monatlich, jeweils am Sonntagnachmittag, dem traditionellen freien Halbtag der Hausgehilfinnen, waren Beratungsstunden angesetzt, eine unentgeltliche Stellenvermittlung fand starken Zulauf.
Generell änderte sich nichts an der prekären sozialen Lage der Dienstboten. Erst nach dem Ersten Weltkrieg konnte Adelheid Popp im Parlament das »Hausgehilfengesetz« durchbringen, das geregelte Arbeitszeit, Kranken- und Altersvorsorge beinhaltete.
Indes waren die konservativen Kräfte jenseits des tiefen politischen Grabens auch nicht untätig gewesen, nachdem Papst Leo XIII. am 15. Mai 1891 die erste Sozialenzyklika in der fast zweitausendjährigen Geschichte der katholischen Kirche erlassen hatte. Der Papst konnte nicht länger über die sozialen Umwälzungen im Gefolge der industriellen Revolution hinwegsehen, und so sorgte er mit »Rerum Novarum – Über die Arbeiterfrage« für Aufregung und zornige Reaktionen aus so gut wie allen Lagern. Die Konservativen filterten revolutionäres Gedankengut aus der Enzyklika, aber den Linken war sie zu reaktionär. Dabei liest sich das Papier heute, nach dem Zusammenbruch des Marxismus, wie die hellsichtige Prophetie eines gelernten Ökonomen und nicht wie die moderate Mahnung eines frommen Kirchenvaters. Leo XIII. wendet sich scharf gegen die Vergesellschaftung des Eigentums, er meint vielmehr, Privatbesitz bilde die Basis »für ein friedliches und ruhiges Zusammenleben«. Der Arbeiter sollte gut entlohnt werden, damit er selbst Eigentum erwerben könne, Grundstücke ebenso wie Mitbesitz an Produktionsmitteln. Würde alles und jedes verstaatlicht, dann würden mit »dem Wegfall des Ansporns zu Strebsamkeit und Fleiß . . . auch die Quellen des Wohlstands versiegen«. Privat-

eigentum sei ein »Ordnungsfaktor« des Gesellschaftslebens. Gleichheit aller würde letzten Endes nur zur Entwürdigung aller führen. Arbeitgeber und Arbeitnehmer müßten zusammenarbeiten, der eine, indem er gerechte Löhne zahle und die Würde seiner Mitarbeiter respektiere, der andere, indem er »treu und willig« seine Arbeit tue. »Sowenig das Kapital ohne Arbeit, sowenig kann die Arbeit ohne das Kapital bestehen«, folgert der Papst.

Der Staat sei verpflichtet, sich für die Schwachen einzusetzen und wirksame Arbeitsschutzgesetze zu schaffen. Er habe prinzipiell für das Gemeinwohl zu sorgen, in die Angelegenheiten des einzelnen und der Familie habe er sich nicht einzumischen.

Die Kirche vor allem sollte soziale Akzente setzen und die Arbeiter bei der Bildung von Arbeitervereinen unterstützen, damit sie lernten, sich selbst zu helfen.

Die Sozialenzyklika löste in der Tat eine Reihe von Aktivitäten aus, so daß es, allerdings erst im Jahre 1909, auch zur Gründung eines »Verbandes christlicher Hausgehilfinnen« kam, der, so wie Popps »Einheit«, die Änderung der veralteten Dienstbotenordnung forderte.

Initiatorin des Verbandes war Johanna Weiß, Schusterstochter aus Mureck. Sie wußte aus eigener Erfahrung um das bittere Los zahlloser Hausmädchen. Mit vierzehn kam sie nach Wien in den Dienst. Sie war so klein und so zart, daß sie auf einen Schemel steigen mußte, wenn sie Wäsche im Bottich waschen sollte. Obwohl sie bald in die Höhe schoß wie ein Spargel im Mai, bekam sie fast nichts zu essen, denn ihre Dienstherrin hatte den Diät-Fimmel und einen Horror vor »Überfütterung«. Johanna schlief, wie allgemein üblich, auf einem Tafelbett in der Küche. Sie verdiente fünf Gulden pro Monat. Später hatte sie das Glück, einem feinen älteren Herrn jahrelang den Haushalt zu führen.

Gegen Ende ihres Lebens widmete sie sich ausschließlich dem »Verband christlicher Hausgehilfinnen«, der unter der Patronanz katholischer Arbeiterführer – unter ihnen Leopold Kunschak – und der Leiterinnen katholischer Frauenorganisationen auf die Beine gestellt wurde. Am Dienstbotenlos konnte auch dieser Verein prinzipiell nichts ändern, doch brachte er einige Verbesserungen zustande. Sein Hauptverdienst war die Schaffung eines Heimes für stellenlose Hausgehilfinnen.

Johanna Weiß war, genauso wie ihre rote Gegenspielerin Adelheid Popp, mancherlei Anfeindungen ausgesetzt, vielfach aus konservativen katholischen Kreisen, wo man weder die Zeichen der Zeit noch die päpstliche Enzyklika begriffen hatte. Das nach dem *Ersten* Weltkrieg beschlossene Hausgehilfengesetz wurde solchermaßen erst nach dem *Zweiten* Weltkrieg endlich auch für Pfarrersköchinnen verbindlich angewendet.

Die naheliegende Idee, die »Einheit« und den »Verband christlicher Hausgehilfinnen«, die »rote« Adelheid Popp und die »schwarze« Johanna Weiß gemeinsame Sache machen zu lassen im Interesse ungezählter »Haussklavinnen«, diese Idee wurde nicht einmal annähernd gedacht, geschweige denn formuliert. Jede der beiden Frauen war viel zu stark in ihr politisches Lager eingebunden, als daß Solidarität möglich schien.

Auch die von den bürgerlichen Frauen um Rosa Mayreder und Marianne Hainisch angestrebte Zusammenarbeit mit den Sozialdemokratinnen kam nicht zustande, weil sich die roten Genossen querlegten. Der Kampf gegen den »Klassenfeind« hatte Vorrang vor allen anderen Anliegen. »Kaum ist die politische Gleichberechtigung eingetreten«, höhnte Rosa Mayreder, »haben sie [die Parteifrauen] sich den Männerparteien angeschlossen und gehen im Joch der Parteidisziplin so unterwürfig, wie sie es privatim unter der Vormundschaft des Mannes gewohnt waren.«

Wenn Rosa Mayreder einer Parteifrau Unrecht getan hat, dann war es Adelheid Popp. Die hörte keine Sekunde auf, für das Recht der Frau auf freie Entfaltung in Beruf und Öffentlichkeit zu kämpfen, aber sie und ein winziges Häuflein Gleichgesinnter standen auf fast verlorenem Posten. »[Die Frauen] werden nicht als gleichwertige Genossinnen, sondern als untergeordnete Weiber betrachtet . . . Die ernstesten Forderungen [werden] entweder grob oder mit schlechten Witzen beantwortet . . .«, beschwerte sich 1896 eine Gruppe von Frauen beim Parteivorstand.

Noch 1895 forderte die niederösterreichische Gewerkschaftskonferenz die Entfernung *aller* Frauen aus dem industriellen Arbeitsprozeß, mit der ausgeleierten Begründung, daß Frauen nur als Lohndrückerinnen fungieren. Als Victor Adler im selben Jahr dekretierte: »Die Partei wird alles tun, um die Frauen aus der kapitalistischen Sklaverei zu be-

freien . . .«, war die Doppeldeutigkeit dieses Satzes beim besten Willen nicht zu überhören.
Die Lage für die sozialdemokratischen Frauen wurde erst in dem Augenblick ein wenig leichter, als Dr. Karl Lueger, »der schöne Karl«, äußerst populärer Bürgermeister von Wien, im Rahmen seiner Christlichsozialen Partei begann, die Frauen politisch zu umwerben. Augenblicklich wurden auch die sozialdemokratischen Frauen animiert, sich nicht nur ausschließlich um Arbeiterinnen und Dienstboten zu kümmern, sondern ein Augenmerk auf Nur-Hausfrauen und Heimarbeiterinnen zu haben. Die »Arbeiterinnen-Zeitung« mutierte von einem streng proletarischen und ein wenig säuerlichen Agitationsblatt zur interessanten Frauenzeitschrift mit einem breitgefächerten Themenkreis, Mode und Kochrezepte eingeschlossen. Die Auflage stieg und stieg und erreichte in ihren besten Tagen, gegen Ende des Ersten Weltkriegs, fast 40 000 Käuferinnen und Abonnentinnen. Sogar Männer informierten sich manchmal in dem engagierten Frauenblatt.
Entgegen ihrem politischen Leben, das einen ständigen Wechsel zwischen Höhen und Tiefen, zwischen kleinen Erfolgen und großen Enttäuschungen brachte, verlief Adelheids privates in Ruhe und Stabilität. »Ich erinnere mich, auch bei angestrengtestem Nachdenken, an keinen Augenblick, der unsere Ehe und Harmonie gestört hätte«, hielt sie fest.
Die einzige, stetig nagende Sorge betraf die körperliche Verfassung ihres Gefährten. Julius Popp war kein gesunder Mann und kränkelte immer häufiger. Er gestattete sich allerdings keine Ruhepause; seine letzte große Tätigkeit, die Organisation des Gesamtparteitages von 1901, zog er mit geradezu jugendlicher Energie und Einsatzfreude durch.
Auf diesem Parteitag wurde das »Wiener Programm« beschlossen. Es forderte die gesetzliche Anerkennung der Gewerkschaften, bereits den Achtstundentag, das Verbot der Nachtarbeit für Frauen, die strenge Einhaltung der Sonntagsruhe sowie das Verbot der Kinderarbeit. Überdies sollte die Arbeiterversicherung durchgreifend reformiert werden. Neben der seit 1889 obligaten Krankenversicherung wurde eine Alters- und Hinterbliebenenvorsorge verlangt.
Nach dem Parteitag verfiel Julius Popp zusehends. Er klagte häufig über Kopfschmerzen und Schlaflosigkeit, ständig quälte ihn die Exi-

stenzsorge um die »Arbeiter-Zeitung«: »Mein Kopf, mein Kopf, ich sehe nichts als Zahlen . . .« Aus Geldmangel stand die Zeitung wieder einmal knapp vor der Einstellung.

Adelheid war besorgt, sie erwog, eine für die erste Dezemberhälfte 1902 angesetzte Vortragsreise durch Deutschland abzusagen. Doch ihr Mann überredete sie, die Termine einzuhalten. Er fühle sich besser, log er, er werde schon mit der Schwiegermutter und den beiden Kindern – Julius war fünf, Felix ein Jahr alt – zurechtkommen. Wie immer schrieb er ihr täglich und berichtete bis in alle Einzelheiten über die großen und kleinen Vorkommnisse im Hause Popp-Dworschak.

Adelheid war in Leipzig und bereitete sich auf eine Kundgebung vor, als sie von ihrem Mann einen Brief erhielt, der sie in Panik versetzte. Er schrieb: »Jetzt bin ich in ärztlicher Behandlung. Vorläufig lasse ich mich nicht operieren wegen der Komplikationen, die sich einstellen könnten.«

Es war schon seit Monaten die Rede davon gewesen, daß er sich früher oder später einer Struma-Operation unterziehen müßte – aber was hieß »Jetzt bin ich in ärztlicher Behandlung . . .« und ». . . vorläufig lasse ich mich nicht operieren . . .«? War irgend etwas akut geworden? Was wurde da verheimlicht?

Adelheid sagte alle Verpflichtungen ab und machte sich schleunigst auf die Heimreise. Julius schien froh und erleichtert, als er sie wiedersah, sagte aber, es ginge ihm nicht schlechter als sonst. Sein Aussehen strafte ihn Lügen.

In der folgenden Nacht wachte Adelheid auf, tastete nach der Hand ihres Mannes – doch sein Bett war leer. Sie stand auf, fand ihn, blau im Gesicht, im Nebenzimmer sitzen, keuchend, den Kopf weit nach hinten gelegt. Auf ihre Frage, was das alles zu bedeuten habe, gestand er: »So habe ich alle Nächte verbracht, als du fort warst. Das ist die einzige Möglichkeit, mir Atem zu verschaffen.«

Am nächsten Tag kam der Arzt und verordnete strikte Bettruhe. Kaum war der Doktor gegangen, stand Popp, obwohl er leichtes Fieber hatte, auf und kleidete sich hastig an. Er müsse dringend ausgehen, sagte er und hörte gar nicht auf Adelheids flehentliche Bitten. Er sagte, es gehe wieder einmal um Sein oder Nichtsein der »Arbeiter-Zeitung«. Wenn er nicht binnen 48 Stunden Geld auftreiben könnte, wäre das Blatt endgültig ruiniert. Resignierend gab ihm die Frau den Weg frei.

Das Kunststück gelang abermals, der treue alte Popp beschaffte das Geld, die Zeitung war gerettet. »[Die Arbeiter-Zeitung] war uns allen so etwas wie eine teure Geliebte, für die wir alles geopfert hätten«, heißt es in Adelheid Popps Erinnerungen. War sie sich jemals bewußt, daß eines dieser Opfer Julius Popp hieß?

Heimgekommen, legte er sich wieder zu Bett, und fast unvermittelt setzten Schüttelfrost und hohes Fieber ein. Manchmal verlor er das Bewußtsein, manchmal verfiel er in wilde Fieberphantasien und erkannte weder Frau noch Kinder. Adelheid beschloß, die Kleinen außer Haus zu geben, um sich voll und ganz der Pflege ihres Mannes widmen zu können.

Julius, der ältere Sohn, wurde von Emma und Victor Adler abgeholt, Felix von einem anderen befreundeten Ehepaar. Die verschreckten Kinder ließen sich widerstandslos wegbringen. Anna Dworschak, mit ihren achtundsiebzig Jahren nun schon eine Uralte, blieb im Hause, aber ihre Lust am Stänkern war vorübergehend vergangen.

Als Adelheid später wieder ins Schlafzimmer kam, war der Mann wach und klar. Er bat, ihm etwas vorzulesen. Leclos' »Gefährliche Liebschaften« schien Adelheid die rechte ablenkende Lektüre. Während sie eine Pause machte, nahm er ihre Hand und sagte: »Gelt, Heiderl, wenn ich nicht mehr bin, wirst du wieder heiraten. Du sollst einen jüngeren Mann nehmen, der dir mehr bieten kann als ich.« Sie quälte sich ein Lächeln ab; er solle keinen Blödsinn reden, bald werde er wieder gesund. Er konnte nicht mehr antworten, denn er bekam keine Luft. Adelheid setzte den komplizierten Sauerstoffapparat in Gang, der ihm zeitweise Erleichterung verschaffte.

Noch einmal wurde von ihr, zugunsten der »Arbeiter-Zeitung«, ein schweres Opfer gefordert. »Jetzt müssen Sie zeigen, was Sie können«, sagte Dr. Adler. »Bringen Sie Ihren Mann dazu, ohne daß man von seinem Tode spricht, die Papiere zu unterzeichnen, die seine Legitimation zur Unterschrift in allen Geldsachen auf andere übertragen.« Im munteren Plauderton gelang es ihr, ihm die entscheidende Unterschrift abzuluchsen, indem sie ihm erklärte, seine Genesung werde sicher einige Wochen dauern, und inzwischen müsse der Betrieb ja reibungslos weitergehen. Er unterschrieb.

Ob er ahnte, wie es wirklich um ihn stand, ist schwer zu beurteilen. Er sprach nie mehr über den Tod, und er gab auch keine Kommentare ab, als Dr. Adler plötzlich täglich bei ihm erschien, als jeden Vormittag und jeden Abend seine beiden behandelnden Ärzte auftauchten und als schließlich eine Krankenschwester namens Ludmilla Einzug hielt, um Adelheid bei der Pflege zu unterstützen.

Am Abend des 16. Dezember 1902 sahen noch einmal beide Ärzte nach ihm, einer verabreichte eine Spritze und versicherte, der Patient werde mindestens bis vier Uhr früh ruhig schlafen. Auch Victor Adler schaute vorbei und versuchte einen lahmen Scherz über die politische Frau als Krankenpflegerin.

Adelheid legte sich nieder, um ein wenig auszuruhen, Schwester Ludmilla blieb am Bett des Kranken sitzen. Gegen elf Uhr schreckte Adelheid auf, von bösen Vorahnungen alarmiert, und stürzte ins Krankenzimmer, wo die Schwester neben dem Bett ein Nickerchen machte. Adelheid sah nach ihrem Mann, aber er blickte an ihr vorbei ins Leere und erkannte sie nicht mehr. Die Schwester lief davon, die Ärzte zu holen.

Als sie kamen, lebte Julius Popp noch und atmete schwach. Adelheid wurde aus dem Zimmer geschickt, die Ärzte schlugen mit zusammengerollten feuchten Tüchern auf das Herz des Patienten. Er war nicht mehr zu retten.

Noch in derselben Nacht kam Dr. Adler, er blieb bis drei Uhr früh bei der verstörten Witwe und versuchte, ihr Mut zu machen. Schließlich aber war es an ihr, ihn zu trösten, als er zu weinen begann: »Sie verlieren viel, aber wissen Sie, was ich verliere?«

Nachdem Victor Adler die Wohnung verlassen hatte, pflanzte sich Anna Dworschak vor ihrer Tochter auf: »Besser wäre es gewesen, ich wäre gegangen. Er war ein braver Mann.« Dann konnte sie es sich nicht verkneifen, hinzuzufügen: »Aber du wirst wieder heiraten, und du wirst einen Jungen heiraten.«

Drei Tage später, an einem Sonntag, wurde Julius Popp beerdigt. Es war, trotz orkangepeitschten Regenwetters, ein Staatsbegräbnis erster Klasse. Nie zuvor in der langen Geschichte Österreichs waren so viele Menschen zusammengeströmt – nicht um einem gekrönten Haupt oder einem berühmten Schauspieler die letzte Ehre zu erweisen, sondern einem ehemaligen Schustergesellen.

Kongreß der Sozialistischen Internationale in Kopenhagen, 1910. Unter den Delegierten Adelheid Popp (links vorn), neben ihr Emma Adler; hinter Adelheid Victor Adler, links hinter ihm Leo Trotzki. Rechts oberhalb von Emma Adler Friedrich Ebert

Es kamen die Parteispitzen aus allen Kronländern, es kamen ausländische Delegationen, es kamen Zehntausende Menschen, und sie standen Kopf an Kopf vom Getreidemarkt bis zur Mariahilfer Linie (Gürtel), Hunderte Fahnen senkten sich vor dem Sarg.

Adelheid Popp wurde von Victor Adler zum offenen Grab geführt, wo er die Trauerrede hielt: »Wenn heute eine gewaltige Organisation der Arbeiter aufgerichtet ist, so ist der Mann, der da liegt, einer der ersten Baumeister am Werk gewesen.« An die Witwe gewandt, versprach Adler: »Was soll ich nun denen sagen, die ihm am nächsten stehen, unserer lieben Genossin Popp vor allem? Wir können ihr nur das eine sagen: ›So wie wir ihm die Treue halten . . . so werden wir ihr und den Kindern die Treue halten.‹«

Treue hat einen hohen ideellen Stellenwert. Einen materiellen Wert besitzt sie nicht. Adelheid Popp konnte von der versprochenen Treue für sich, für ihre Kinder, für die Mutter nicht das geringste kaufen. Da sie nun zwar wieder ein Gehalt bezog, aber nur als Anfängerin eingestuft worden war, reichte das Salär nicht für das Notwendigste. Adelheid mußte Vorschüsse nehmen, als die nicht mehr ausreichten, Schulden machen, bis ihr die finanziellen Sorgen über den Kopf zu wachsen drohten.

Sie entschloß sich zu einem verzweifelten Schritt. Von einer Provinzzeitung hatte sie ein großzügiges Angebot erhalten, und sie war auch bereit, es anzunehmen. Da endlich lenkte die Parteileitung ein. Ihr Gehalt wurde aufgestockt. An die Entlohnung eines Mannes in gleicher Position reichte es noch immer nicht heran, aber Adelheid kam halbwegs über die Runden.

Ihre finanzielle Lage besserte sich erst ab 1909, nachdem ihr Buch »Jugend einer Arbeiterin« in einem Münchner Verlag erschienen war. Die von August Bebel in einer würdigen Einleitung hochgelobte Arbeit vermittelte nicht nur den Proletariern ein exaktes Bild ihrer entbehrungsreichen Wirklichkeit, es gewährte auch weiten Kreisen einer bürgerlichen Leserschaft zum erstenmal Einblick in eine völlig fremde Welt trostloser Existenzen. Popps lakonische Beschreibung ihrer Jugendjahre hat vermutlich mehr zum Verständnis für die Lage der Arbeiterschaft beigetragen als abstrakt-gelehrte philosophische Abhandlungen à la Marx oder gehässige Partei-Pamphlete, die mehr Schrekken als Mitgefühl hervorriefen.

»Jugend einer Arbeiterin« erlebte bereits ein Jahr nach Erscheinen die dritte Auflage, bis 1930 sollten es sechs werden, und diese autobiographische Schrift wurde ins Englische, Französische, Italienische, Ungarische, Polnische, Rumänische, Schwedische, Tschechische und sogar ins Jiddische übersetzt.
Geheiratet hat Adelheid Popp nicht mehr. Sie führte vielmehr, wie einem Artikel anläßlich ihres 60. Geburtstags zu entnehmen, »das Leben einer keuschen Jungfrau«.
Sie widmete sich ausschließlich ihrer Arbeit und den Kindern. Wenn Felix, der extrovertiertere der beiden, drängte, sie solle doch endlich »einen neuen Vater kaufen«, brauchte sie nur ihren Ältesten, Julius, anzusehen, um zu wissen, daß sie niemals mehr eine neue Ehe schließen würde. Julius, der seinen Vater sehr geliebt und der die letzten Krankheitsmonate bewußt miterlebt und erlitten hatte, zeigte eine geradezu hysterische Angst und Abwehrhaltung, wenn das Thema auch nur erwähnt wurde.
Vielleicht wäre es doch klüger gewesen, nach einem neuen Gefährten Ausschau zu halten, denn Adelheid Popp verlor ein Mitglied ihrer Familie nach dem anderen. Zuerst war der Mann gestorben, wenige Monate später verschied die Mutter.
Der nächste war Julius. Kaum achtzehnjährig mußte er, der Sohn einer engagierten Pazifistin, für »Gott, Kaiser und Vaterland« in den Krieg ziehen. Er stand erst wenige Wochen an der italienischen Front im Einsatz, als Adelheids Briefe mit dem Vermerk »vermißt« zurückkamen. Nach einer langen, bangen Zeit des Wartens erhielt sie die Nachricht, daß der Sohn gefallen wäre. Noch jahrelang klammerte sie sich an die erste Version, noch jahrelang hoffte sie, daß der »Vermißte« eines Tages wieder vor der Tür stehen könnte.
Blieb ihr nur noch der kleine, immer fröhliche Felix, ein ausgezeichneter Schüler und bereits in jungen Jahren schreibend und redend für die Partei der Mutter tätig. Daß er ihre journalistische Begabung geerbt hatte, konnte sie nachlesen. Doch wenn er am Rednerpult stand, blieb sie fern. Sie, die niemals Lampenfieber vor öffentlichen Auftritten gehabt hatte, zitterte um ihn und hatte Angst, »er könnte sich im Ton vergreifen«.
Nach einer kurzen Zeit als Partei-Agitator entschloß sich Felix zum Studium der Politikwissenschaft und inskribierte in Berlin. 1924, wäh-

rend der Weihnachtsferien, die er bei der Mutter in Wien verbrachte, erkrankte er an einer schweren Grippe und starb binnen weniger Tage, dreiundzwanzig Jahre alt.

Was blieb, das war die Partei. Schon vor dem Ersten Weltkrieg gehörte Adelheid dem Parteivorstand an, wo sie sich von Anfang an für das Wahlrecht der Frauen stark machte. Die Männer erhielten es nach langen, schweren Kämpfen im Jahre 1907, den Frauen billigte man es erst 1919 zu. Obwohl die Zahl der weiblichen Wähler – wegen der hohen Kriegsverluste – die der Männer bei weitem überwog, zogen für die Sozialdemokraten nur acht weibliche Abgeordnete ins Hohe Haus ein. Eine von ihnen war Adelheid Popp, die, und das ist kein schlechter Scherz, erst nach vielen erbitterten Auseinandersetzungen und Intrigen für einen sicheren Listenplatz nominiert worden war.

Es ist ungewiß, ob nur männlicher Widerstand gegen »die Weiber« Adelheid Popp so manchen Prügel vor die Füße geworfen hat. Wenn wir sie durch Therese Schlesinger, eine Mitkämpferin aus den frühen Tagen der Bewegung, als »das gehätschelte Wunderkind der österreichischen Sozialdemokratie« apostrophiert sehen, da will es scheinen, daß in diesem Satz aus weiblicher Feder ein Hauch von Mißgunst mitschwingt.

Einen Tag vor Adelheid Popps 60. Geburtstag, am Sonntag, dem 10. Februar 1929, erschien in der »Arbeiter-Zeitung« eine vierspaltige Würdigung der Genossin, in welcher sich der anonyme Autor vor allem über die äußeren Vorzüge der Jubilarin ausläßt: »Wenn wir unsere Adelheid ansehen . . . diese prächtige Frau, an der alles harmonisch ist, deren Frische und Lebendigkeit auch nicht das geringste Altersmerkmal trübt, in diese schwarzen, strahlenden Augen, die so wach und offen in die Welt schauen und doch so geheimnisvoll funkeln, da leugnen wir alles, was der Kalender aussagen will.« Genau wird geschildert, welch »geheimnisvoller Zauber von dieser Frau ausgeht, . . . eine Persönlichkeit, in der sich Kämpfertum mit Anmut paart . . .«. Die Schilderung ihrer politischen Tätigkeit ist merkwürdig dürr und oberflächlich.

Drei Monate zuvor war die bürgerliche, vorwiegend theoretische Wegbereiterin der Frauenemanzipation, Rosa Mayreder, anläßlich ihres 70. Geburtstags mit offiziellen Feiern überschüttet und von den sozialdemokratischen Stadtvätern mit der Ehrenbürgerschaft ausge-

Adelheid Popp nach dem Tod ihres letzten Kindes

zeichnet worden. Der sozialdemokratischen Frau der Tat wurde diese Würdigung nicht zuteil.
Vielleicht wollte man sich größere Auszeichnungen für den 70. Geburtstag Adelheid Popps aufsparen – doch da war die sozialdemokratische Stadtregierung längst aus den Amtsräumen gejagt.
Adelheid Popps Gesundheit war angegriffen. 1934, nach dem Februar-Bürgerkrieg, entging sie der Verhaftung, weil sie da bereits seit Wochen im Krankenhaus lag. Nachdem sich Österreich 1934 in einen Ständestaat verwandelt hatte und die Sozialdemokraten ausgeschaltet worden waren, lebte Adelheid fast ohne Kontakt zur Außenwelt. 1938, nach dem Einmarsch Hitlers und seiner Truppen, war sie bereits so leidend, daß sie unbehelligt blieb. Ein gnädiger Schlaganfall erlöste sie am 7. März 1939 von einem Leben, das ihr nur noch sinnlos erscheinen mußte.
Die gleichgeschaltete Presse berichtete selbstverständlich mit keiner Zeile über das Ableben dieser bedeutenden Frau. 1949, anläßlich ihres 80. Geburtstags, wurde ihr zu Ehren ein Gemeindebau in Wien-Ottakring »Adelheid-Popp-Hof« benannt.
Es ist keineswegs sicher, daß alle Bewohner des Riesenkomplexes wissen, wer diese Adelheid Popp eigentlich gewesen ist. Die reizende junge Dame vom Informationsdienst der sozialdemokratisch verwalteten Gemeinde Wien, bei der ich mich nach der Adresse des Adelheid-Popp-Hofes erkundigte, jedenfalls meinte munter: »Keine Ahnung, wer die war. Wahrscheinlich hat sie so lange vor meiner Zeit gelebt, daß ich sie gar nicht mehr kennen kann.«

Die rätselhafte Anna O.

Bertha Pappenheim 1859–1936

»Heim für gefährdete Mädchen und uneheliche Kinder« hieß eine Institution, die um die Jahrhundertwende von der damals vierzigjährigen Bertha Pappenheim gegründet und großteils aus eigenem Vermögen finanziert wurde. Im Laufe eines Vierteljahrhunderts wurden dort mehr als 1 500 Menschen betreut; viele Mädchen sind unter der ebenso strengen wie liebevollen Obsorge durch Bertha Pappenheim und ihre Mitarbeiterinnen vor dem endgültigen Abrutschen in Prostitution und/oder Kriminalität bewahrt worden, die meisten Kinder wurden zu – wie es damals ein wenig schwülstig hieß – redlichen Menschen erzogen.

Das Heim lag in der Zeppelinstraße in Neu-Isenburg, zehn Kilometer südöstlich von Frankfurt am Main, aber seine Gründerin war eine Wienerin. Sie war erst als Erwachsene nach Frankfurt gezogen.

Die kleine, zerbrechlich wirkende Dame mit den fast unheimlich blauen Augen entwickelte erstaunliche Energien bei der Gestaltung ihres Lebenswerkes. Ihre Tatkraft war noch längst nicht erloschen, als sie bereits auf die Siebzig zuging. Sie hatte die Zügel fest in der Hand, auch wenn sie bei den wöchentlichen Mitarbeiterkonferenzen wenig sagte, scheinbar in ihre Lieblingsbeschäftigung, dem phantasievollen Gestalten von Halsketten aus winzigen bunten Glasperlen, vertieft. Während einer solchen Sitzung, Ende der zwanziger Jahre, wurde unter anderem über eine neue, sehr junge Heiminsassin namens Manya beraten. Das ansehnliche Bauernmädchen war auf dem Frankfurter Hauptbahnhof aufgegriffen worden. Ihr Begleiter, ein einschlägig vorbestrafter Zuhälter und Mädchenhändler, hatte die Flucht ergriffen, als er zwei Kriminalbeamte auf sich zukommen sah.

Manya stammte vermutlich aus Polen; sie besaß keine Papiere, und sie konnte kein Wort Deutsch: ein »klassischer Fall« für Bertha Pappenheim und ihr vorbildliches Haus.
Wochenlang bemühten sich verschiedene Betreuerinnen, Manya wenigstens ein paar Brocken Deutsch beizubringen, um sie in die Lage zu versetzen, in Deutschland oder in Österreich eine Stellung zu finden. Vergeblich. Manya war nicht imstande, auch nur ein einziges Wort zu behalten.
Dr. Josef Minkel, der Hausarzt des Heimes, untersuchte Manya und kam zu dem Schluß, daß sie unter einem schweren seelischen Schock stehe. Es wurde nun, während der Konferenz, der Vorschlag gemacht, das Mädchen einer psychoanalytischen Behandlung zuzuführen.
Bertha Pappenheim, die, wie üblich, schweigend zugehört hatte, sprang plötzlich sichtlich erregt auf, warf ihre Perlenarbeit hin und rief mit schriller Stimme: »Niemals! Nicht solange ich lebe!« Einen Augenblick herrschte verblüfftes Schweigen, aber die Spannung wich, als sich die alte Dame wieder unter Kontrolle hatte und ausdruckslos sagte: »Gehen wir zum nächsten Punkt der Tagesordnung über.«
Es wurde, soweit bekannt, nie mehr über den Zwischenfall gesprochen. Die meisten Zeuginnen mögen gedacht haben, daß Fräulein Pappenheim eben nicht mehr für den »neumodischen Kram«, wie die Psychoanalyse damals häufig bezeichnet wurde, zu gewinnen sei. Keine einzige von ihnen konnte gewußt, ja nicht einmal im entferntesten geahnt haben, was erst dreißig Jahre später durch die große Freud-Biographie von Ernest Jones publik wurde: daß nämlich Bertha Pappenheim unter dem Tarnnamen »Anna O.« längst schon in die Medizingeschichte eingegangen war.
Sigmund Freud hatte Bertha Pappenheim niemals selbst behandelt, doch ihr »Fall« lieferte ihm das Fundament für das komplizierte Gedankengebäude, das unter dem Namen »Psychoanalyse« eine völlig neue Interpretation seelischer Vorgänge erlauben sollte.
Die »erste Dame der Psychoanalyse«, wie sie eine ihrer Biographinnen, die amerikanische Analytikerin Lucy Freeman, nannte, verabscheute also die Psychoanalyse? Dies ist eines der vielen, noch immer ungelösten Geheimnisse um die rätselhafte Bertha Pappenheim, alias Anna O., die, ohne es zu ahnen, eine Revolution der Seelenheilkunde ausgelöst hat.

Bertha Pappenheim wurde am 18. Februar 1859 in Wien geboren – als »echte Wienerin«, denn sowohl der Vater als auch die Mutter stammten von außerhalb. Siegmund Pappenheim war ein Preßburger, Sohn eines reichen Getreidehändlers und selbst überaus erfolgreich in dieser Branche tätig. Seine Frau Recha kam aus Frankfurt am Main. Sie gehörte zur Familie Goldschmidt, einer alteingesessenen Dynastie von Handelsherren und Bankiers, verwandt und verschwägert mit den Spitzen des jüdischen Großbürgertums in ganz Europa.

Die Heirat zwischen Recha und Siegmund war, wie damals in diesen Kreisen üblich, arrangiert worden. Die jungen Leute kannten einander kaum, als sie 1849 heirateten.

Ob sich die Ehe glücklich gestaltete, läßt sich heute nicht mehr feststellen. Sicher ist, daß sie belastet war, denn Recha Pappenheim brachte hintereinander drei Mädchen zur Welt, was von ihr selbst, ihrem Mann und der ganzen Verwandtschaft als schwerer Makel empfunden werden mußte. Eine Frau zählte nicht viel in der Gesellschaft, eine Frau zählte fast gar nichts in der orthodoxen jüdischen Gesellschaft.

Zwei Mädchen starben, Bertha blieb übrig. Schon ein Jahr nach ihr, 1860, stellte sich endlich der inbrünstig herbeigebetete Stammhalter ein, Wilhelm, genannt Willy.

Über die Interna des Pappenheimschen Familienlebens gibt es nur wenig authentische Aussagen, und die sind überlagert von einem schier unübersehbaren Wust haarspalterischer Auslegungen, vor allem durch amerikanische Psychoanalytiker. Kein Husten, kein Lidschlag, den Bertha je getan, der nicht, bildlich gesprochen, auf die Couch gelegt und posthum als ödipaler oder sonstwie einschlägiger Komplex ausgelegt worden wäre.

Die Figur von Berthas Vater bleibt verschwommen. Manchmal heißt es, er sei seiner Tochter indifferent gegenübergestanden, nach anderen Quellen hätte er sie verwöhnt, aber das scheinen eher Vermutungen als gesichertes Wissen zu sein.

Berthas Mutter wird von einigen Zeitzeugen als liebenswürdige, selbstbewußte Dame von hoher Intelligenz beschrieben, von anderen als tyrannischer Drachen: Fest steht, daß Bertha während ihrer Jugend ein miserables Verhältnis zur Mutter hatte, die sich fast ausschließlich um den kostbaren Sohn kümmerte. Den Bruder konnte

Bertha, da sind sich alle einig, überhaupt nicht ausstehen. Kein Wunder, denn er war es, der ihr den Platz an der Sonne verstellte. Außerdem soll er arrogant und herrschsüchtig gewesen sein.
Willy durfte, obwohl eindeutig minderbegabt, das Gymnasium besuchen. Nachdem ihn Legionen von Hauslehrern durch die Schule gepaukt hatten, studierte er Jus – mühsam. Bertha hingegen flog das Wissen zu; als Sechzehnjährige beherrschte sie vier Fremdsprachen, und zwar Englisch, Französisch, Italienisch und Spanisch, nahezu perfekt. Während Töchter aus fortschrittlichen Familien bereits in gymnasiale Mädchenschulen geschickt wurden und vielleicht sogar in der Schweiz studieren durften, mußte Bertha sechzehnjährig das (katholische) Lyzeum verlassen. Sie führte von da an das eingesperrte Leben einer Tochter aus gutem Haus, das Stefan Zweig in seiner Autobiographie »Die Welt von gestern« so anschaulich beschreibt:
»Es wurde also in der vorfreudianischen Zeit die Vereinbarung als Axiom durchgesetzt, daß ein weibliches Wesen kein körperliches Verlangen habe, solange es nicht vom Manne geweckt werde, was aber selbstverständlich offiziell nur in der Ehe erlaubt war.
Da aber die Luft . . . voll gefährlicher Infektionsstoffe war, mußte ein Mädchen aus gutem Hause von der Geburt bis zum Tage, da es mit dem Gatten den Traualtar verließ, in einer völlig sterilisierten Atmosphäre leben. Um die jungen Mädchen zu schützen, ließ man sie nicht einen Augenblick allein. Sie bekamen eine Gouvernante, die dafür zu sorgen hatte, daß sie gottbewahre nicht einen Schritt unbehütet vor die Haustüre taten, sie wurden zur Schule, zur Tanzstunde, zur Musikstunde gebracht und ebenso abgeholt. Jedes Buch wurde kontrolliert, und vor allem wurden die jungen Mädchen unablässig beschäftigt, um sie von möglichen gefährlichen Gedanken abzulenken. Sie mußten Klavier üben und Singen und Zeichnen und fremde Sprachen und Kunstgeschichte und Literaturgeschichte . . .
So wollte die Gesellschaft das junge Mädchen, töricht und unbelehrbar, wohlerzogen und ahnungslos, neugierig und schamhaft, unsicher und unpraktisch, und durch diese lebensfremde Erziehung von vornherein bestimmt, in ihrer Ehe dann willenlos vom Manne geformt und geführt zu werden . . .«
Stefan Zweig erzählt des weiteren die tragikomische Geschichte einer jungen Verwandten, die in ihrer Hochzeitsnacht schreiend ins Eltern-

haus zurück floh und dort, unter Sturzbächen von Tränen, berichtete, daß sie mit einem Wahnsinnigen verheiratet worden sei. Er hätte allen Ernstes versucht, ihr die Kleider auszuziehen!

Was Zweig nicht ausdrücklich betonte, weil er es wohl als allgemeines Wissen voraussetzte, ist die Tatsache, daß diese extreme Verformung junger Mädchen vor allem in orthodoxen jüdischen Häusern praktiziert wurde.

Die Nachrichten über Berthas Alltag zwischen dem sechzehnten Lebensjahr, da sie die Schule verließ, und dem einundzwanzigsten, da sie erkrankte, sind spärlich. Sie wurde angehalten, viel Klavier zu spielen (was sie nicht ausstehen konnte), sie ging regelmäßig in den Prater reiten (was ihr außerordentliches Vergnügen bereitete), sie betätigte sich in gewissen Grenzen karitativ, und sie war vor allem darauf spezialisiert, durch viel Charme und ein wenig sanften Druck reichen Leuten milde Spenden für arme Glaubensbrüder abzuluchsen. Vermutlich hat sie, weil das ja allgemein üblich war, in Begleitung von Vater und Mutter Gesellschaften und Theater besucht und sicher mit der Familie den Sommer in einer Villa auf dem Lande verbracht.

Sie war zart gebaut, weißhäutig und dunkelhaarig, und ihre tiefblauen Augen faszinierten jedermann – dennoch scheint es damals keinen Bewerber gegeben zu haben: auch dies eine der Merkwürdigkeiten in Berthas Leben, für die es keine Erklärung gibt. Mädchen ihrer Klasse wurden meist schon mit siebzehn oder achtzehn verheiratet, ob sie wollten oder nicht. Mag sein, daß sie nicht wollte und ihren Kopf durchgesetzt hat. Das Zeug dazu muß sie gehabt haben, wie aus der Charakteranalyse hervorgeht, die ihr Arzt, Dr. Josef Breuer, nach längerer Beobachtung niederschrieb:

»Sie war von bedeutender Intelligenz, erstaunlich scharfsinniger Kombination und scharfsichtiger Intuition; ein kräftiger Intellekt, der auch solide geistige Nahrung verdaut hätte ... Reiche poetische und phantastische Begabung, kontrolliert durch sehr scharfen und kritischen Verstand ... Ihr Wille war energisch, zäh und ausdauernd ... Zu den wesentlichsten Zügen des Charakters gehörte mitleidige Güte ... Ihre Stimmungen hatten immer eine leichte Tendenz zum Übermaß der Lustigkeit und der Trauer, daher auch einige Launenhaftigkeit. Das sexuelle Element war erstaunlich unterentwickelt ...«

Wie konnte ein Mädchen von derart brillanten Gaben die öde Lange-

Bertha Pappenheim in Reitkleidung

weile und die Isolation überhaupt ertragen? Sie hatte später ihrem Arzt anvertraut, daß sie sich ausgiebigen Tagträumen hingab und sich eine interessante Phantasiewelt schuf, in deren Mittelpunkt sie die glanzvolle Hauptrolle spielte. »Während alle sie anwesend glaubten, lebte sie im Geiste Märchen durch, war aber, angerufen, immer präsent, so daß niemand davon wußte«, hielt Breuer in seinen Protokollen fest. Bertha gab diesen erregenden Hirngespinsten einen treffenden Namen. Sie nannte sie ihr »Privattheater«.

Im Sommer 1880, Bertha war eben einundzwanzig Jahre alt, erkrankte Siegmund Pappenheim an der gefürchteten »Wiener Krankheit«, der Tuberkulose. Obwohl die Pappenheims überdurchschnittlich begütert waren und in ihrer großen Herrschaftswohnung in der Liechtensteinstraße zahlreiches Hauspersonal beschäftigten, gab es nicht den leisesten Zweifel darüber, daß das Familienoberhaupt ausschließlich von den nächsten Angehörigen zu pflegen sei – natürlich nicht vom Sohn, aber ebenso natürlich von Frau und Tochter.

Recha Pappenheim übernahm die Tagschicht, Bertha wurde für die Nacht eingestellt. Warum das zarte Mädchen den schwereren Dienst versehen mußte, der sie tagsüber ins Bett zwang und somit praktisch vollkommen von der Außenwelt abschnitt, ist schleierhaft. Vielleicht hat sie sich selbst darum gerissen, um mit dem Vater allein sein zu können; vielleicht hat die Mutter darauf bestanden, da sie sich ja noch immer um ihr Herzbübchen Willy kümmern wollte. Es gibt auch hier zahllose Deutungen, aber keine Gewißheit.

Schon nach wenigen Wochen intensiver Nachtpflege erlitt Bertha rasch hintereinander Schwächeanfälle. Niemand nahm davon Notiz. Ihr Zustand verschlechterte sich jedoch rapid. Sie wurde immer bleicher, verlor den Appetit, und schließlich stellten sich geheimnisvolle Lähmungserscheinungen, zunächst am rechten Arm und später an den anderen Extremitäten, ein. Die Mutter ließ eine Reihe medizinischer Kapazitäten kommen, doch keine konnte irgendwelche organische Ursachen für Berthas Beschwerden finden.

Am 8. Dezember 1880 rief Recha Pappenheim Dr. Josef Breuer ans Krankenbett der Tochter, die zu allen anderen Leiden noch ein hartnäckiger Husten zu quälen begann. Das Gespenst der Tuberkulose, vor der in Wien kein Mensch, ob arm oder reich, sicher war, schwebte nun auch über ihr.

Dr. Josef Breuer, ein gutaussehender, vollbärtiger Mann von Ende Dreißig, mit einer prächtig florierenden Praxis auf der Brandstätte im Stadtzentrum, war einer der bekanntesten Wiener Internisten. Eine glänzende wissenschaftliche Laufbahn hatte er bereits hinter sich. Er war der Mitentdecker des sogenannten Hering-Breuer-Effekts (d. i. die Selbststeuerung des Atems durch den Nervus Vagus), und er entschlüsselte die Funktion der Bogengänge des Ohrlabyrinths. Eine Professur war ihm so gut wie sicher, doch er zog es vor, in die Praxis zu gehen. In der Tat muß er ein Arzt von besonderen Fähigkeiten gewesen sein, denn zu seinen Patienten zählten auffallend viele prominente Mediziner. Das Fach eines Internisten umfaßte damals übrigens auch Neurologie, Hals-, Nasen- und Ohrenheilkunde sowie Gynäkologie und Psychiatrie.

Bei seinem ersten Besuch in der Liechtensteinstraße führte man Dr. Breuer in ein üppig ausgestattetes Damenschlafzimmer, dessen dunkelgrüne Taftvorhänge zugezogen waren. Am Bett saß eine dicke Krankenschwester, die bleiche Patientin lag unter einer Decke aus weißem Seidenatlas.

Breuer war darauf vorbereitet, ein stark hustendes Mädchen untersuchen zu müssen – auf das kleine Bündel Elend, das er da vorfand, war er nicht gefaßt. Ein derartiger Fall war ihm in seiner nun schon ziemlich langen Praxis noch nicht untergekommen: Das Mädchen klagte über Kopfschmerzen und verschiedenerlei Sehstörungen; ihre Halsmuskulatur war erschlafft, der rechte Arm gelähmt. Plötzlich redete sie wirr, berichtete in äußerster Angst von schwarzen Schlangen, die sie bedrängten, um im nächsten Augenblick zu beteuern, daß sie dummes Zeug schwätze und die Schlangen eigentlich ihre Haare seien. Später erzählte sie, daß in ihrem Kopf vollkommene Finsternis herrsche, eigentlich sei sie blind und taub.

Eine Geistesgestörte! Das war der erste Gedanke, der Breuer durch den Kopf schoß. Er untersuchte Bertha Pappenheim gründlichst, stellte fest, daß die Lunge mit höchster Wahrscheinlichkeit »rein« sei und der Husten andere Ursachen haben müßte. Fürs erste verordnete er strikte Bettruhe. Diese sollte sich dann über volle vier Monate erstrecken.

Dr. Breuer kam am nächsten Tag wieder, auch am übernächsten und dann an allen folgenden – fast zwei Jahre hindurch, und zum Schluß oft zweimal täglich. Er hatte nämlich bald herausgefunden, daß seine Patientin sehr wohl ihre fünf Sinne beisammen hatte, allerdings schwere hysterische Symptome produzierte. Der Fall faszinierte ihn immer mehr; so wurde Bertha in den nächsten zwei Jahren zu einem fixen Bestandteil seines Lebens – und vice versa: Bertha fieberte den Besuchen ihres Arztes entgegen, denn er war der erste Mensch, mit dem sie offen sprechen konnte, der sie zu verstehen schien und der mehr in ihr sah als »nur« ein Mädchen.

Breuer stellte ein gewisses Schema ihrer verschiedenen Bewußtseinslagen fest. Am Morgen war sie relativ klar, aber außerordentlichen Stimmungsschwankungen unterworfen. Manchmal heiter, manchmal aggressiv, bösartig gar. Personen, die ihr nicht paßten – die Mutter, der Bruder, die Pflegerin – bombardierte sie – und zwar energisch und kraftvoll! – mit Kissen, oder sie riß Knöpfe von der Bettwäsche und warf sie nach unliebsamen Besuchern. Für Minuten war sie voll beweglich – um dann gleich wieder halb gelähmt wie nach einem Schlaganfall dazuliegen. Gegen Nachmittag verfiel sie in eine Art Trance, hatte Halluzinationen, am Abend begann sie zu jammern, daß sie »etwas quäle«.

Im Gespräch war an die Kranke nur schwer oder gar nicht heranzukommen, und so beschloß der Arzt, sie zu hypnotisieren.

Die Idee war so abwegig nicht, denn die Hypnose erlebte in Wien zu dieser Zeit gerade eine ungeahnte Renaissance. Ende des 18. Jahrhunderts kurierte der Arzt Dr. Franz Mesmer zahlreiche Patienten durch die von ihm ersonnene und nach ihm benannte Methode des »Mesmerismus«, eine Mischung aus Magnetismus und Hypnose. Er setzte sich nach Paris ab, als man zu munkeln begann, daß einige Leute nach der Kur kränker als zuvor gewesen wären. In Paris hatte er zunächst große Erfolge, bis die Staatsanwaltschaft wegen einiger ungeklärter Todesfälle gegen ihn zu ermitteln begann. Wieder suchte er das Weite und starb, arm und vergessen, 1815. Es ist nie ernsthaft geklärt worden, was an der Sache dran war und ob Mesmer nicht letzten Endes ein Opfer neidischer Schulmediziner geworden ist. Einige Scharlatane, die sich später seiner Methode bedienten, brachten diese vollends in Verruf.

Der weltbekannte Pariser Neurologe Jean Martin Charcot erwirkte eine wenn auch zunächst nur zögernde Rehabilitierung, schließlich aber die Anerkennung der Hypnose als Hilfsmittel in bestimmten Fällen von Hysterie. Während seiner in die Medizingeschichte eingegangenen Demonstrationen in seiner Klinik, der Salpetrière, befreite er vorwiegend weibliche Patienten mit Lähmungserscheinungen durch Hypnose von ihren Leiden, andererseits gelang es ihm auch, diese Symptome in der Hypnose wieder hervorzurufen. Die »Heilungen« waren allerdings nie von Dauer.

Ende der siebziger Jahre begann in Wien ein Hypnosefieber zu grassieren, Hypnotiseure produzierten sich öffentlich in vornehmen Etablissements und in einfachen Zelten, die Zeitungen waren voll von höchst erstaunlichen Reaktionen bei Menschen, die man in Hypnose versetzt hatte.

Recha Pappenheim gab Dr. Breuer ohne Zögern die Zustimmung, mit ihrer Tochter einen Hypnoseversuch zu unternehmen; Bertha war sogar sehr angetan von dem Gedanken.

Erfreulicherweise war das Mädchen ohne Schwierigkeiten in Trance zu versetzen. Sie sprach artikuliert, zusammenhängend und begann, allerlei Geschichten zu erzählen, die Breuer entfernt an Märchen von Andersen erinnerten. Viel war von kranken Menschen und von armen Waisenkindern die Rede. In die Fiktionen mischten sich jedoch erkennbare, reale Bezüge zu den vorangegangenen Schreckensvisionen und Halluzinationen. Die bewußten Schlangen kehrten immer wieder. Wenn Bertha erwachte, fühlte sie sich frei, erleichtert und zu ruhigen Gesprächen bereit.

Ab dem März 1881 verließ Bertha in regelmäßigen Abständen und für immer längere Zeiträume das Bett. Sie las, sie schrieb, sie fühlte sich durch und durch besser, und alle atmeten auf. Das Schlimmste schien überstanden.

Der Rückschlag kam nach dem 5. April 1881, dem Tag, da Siegmund Pappenheim starb. All die Symptome traten blitzartig wieder auf. Dazu kamen Sehstörungen besonderer Art: Bertha vermochte niemanden, außer den Arzt, zu erkennen. Wenn, zum Beispiel, die Mutter ans Bett trat, tastete ihr Bertha Hände und Gesicht ab, erst dann wußte sie, wen sie vor sich hatte.

Das schlimmste allerdings war, daß sie nicht mehr fähig war, sich in ihrer Muttersprache zu artikulieren. Sie konnte nur mehr englisch reden. Schon einmal, am Anfang der Behandlung, hatte sie ähnliche

Schwierigkeiten gehabt und in ihrer Not Sätze aus verschiedenen Idiomen zusammengeflickt: »Jamais – acht – nobody – bella – mio please – Lieschen – nuit.« Doch diese Erscheinung hatte sich bald wieder gegeben.

Glücklicherweise konnten alle Menschen, mit denen Bertha zu tun hatte, Englisch – bis auf die Krankenschwester. Und Bertha wurde wütend, wenn die nicht verstand, was sie ihr sagte. Also mußte die Pflegerin im Eilzugstempo Englisch lernen.

Es nützte alles nichts. Bertha entzog der Schwester das Vertrauen, ebenso der Mutter, dem Bruder und sämtlichen Hausangestellten. Von keinem nahm sie auch nur einen Bissen an – außer von Dr. Breuer. Dem engelsgeduldigen Arzt blieb nun nichts anderes übrig, als das Mädchen selbst zu füttern. Von ihm nahm sie das Essen mit sichtlichem Behagen und großer Dankbarkeit. Zweimal täglich fuhr er mit dem Fiaker in die Liechtensteinstraße, um das störrische Wesen zu atzen.

Seine Bemühungen wurden nicht gelohnt, Berthas Befinden besserte sich nicht. Dr. Breuer entschloß sich, den führenden Psychiater der Wiener Medizinischen Schule, Prof. Dr. Richard von Krafft-Ebing beizuziehen. Dieser sollte ihn auch vertreten, wenn Breuer für sechs Tage zu einem Kongreß nach Berlin reisen mußte.

Der prominente Mediziner, anerkannt in der ganzen Welt, erlebte im Krankenzimmer der Bertha Pappenheim eine beschämende Niederlage. Das Mädchen nahm seine Anwesenheit überhaupt nicht zur Kenntnis, unterhielt sich über seinen Kopf hinweg – offensichtlich klar bei Sinnen – mit ihrem behandelnden Arzt. Krafft-Ebing, sehr irritiert, piekste das Mädchen mit einer Injektionsnadel in die Wade. Keine Reaktion. Der Professor zündete sich eine Zigarre an, blies ihr den Rauch aus voller Lunge ins Gesicht. Bertha sprang auf, stürzte zur Tür, drehte den Schlüssel um, zog ihn ab – und fiel in eine tiefe Ohnmacht.

Die beiden Männer legten das Mädchen aufs Bett. Krafft-Ebing verließ das Zimmer. Bertha erwachte und machte ihrem Arzt bittere Vorwürfe, daß er einen Fremden mitgebracht habe. Er erläuterte ihr die Situation, aber sie erklärte ihm starrköpfig, sie wolle keinen anderen Arzt sehen, auch wenn Breuer noch so lang verreisen müßte.

Der berühmte Arzt kam nie wieder. Breuer schlug sich unverdrossen weiterhin allein mit seiner schwierigen Patientin herum. Sie hatte jetzt wieder häufiger Halluzinationen, sah aber nicht nur die bereits bekannten Schlangen, sondern auch Totenköpfe und Gerippe. Nach der Hypnose fühlte sie zwar Erleichterung – doch aus heiterem Himmel äußerte sie Selbstmordabsichten, die durchaus glaubhaft klangen.

Dr. Breuer wagte es nicht, die Verantwortung länger alleine zu tragen. Im Mai 1881 wies er sie in ein privates Nervensanatorium in Inzersdorf ein, wo Bertha sich alsogleich wie eine Wahnsinnige aufführte. Sie schrie, sie schlug um sich, sie warf Fensterscheiben ein und mußte schließlich mit Medikamenten gedämpft werden. Vor allem gab man ihr Chloral, ein Schlaf- und Beruhigungsmittel, auf das sie gut reagierte.

Im August schien die Selbstmordgefahr gebannt, sie wurde wieder in häusliche Pflege entlassen; Dr. Breuer setzte die hypnotische Behandlung fort. Bertha erzählte nun weniger märchenhaft Verschleiertes. Es gelang, sie zu ausführlichen Gesprächen über ihre aktuellen Beschwerden anzuregen. Und damit erlebte Dr. Breuer eine Überraschung: Durch ein Labyrinth von Erinnerungen stieß Bertha bis zum Anfang einer Behinderung oder einer Marotte vor – und in diesem Augenblick war das eine wie das andere verschwunden. Wohlgemerkt: nicht durch hypnotischen Befehl, sondern durch etwas, das Bertha selbst so treffend als »talking cure« (Gesprächskur) bezeichnete; Heilung durch Erzählen und genaues Erinnern.

Da gab es, um mit einer komischen Geschichte zu beginnen, den »Strumpf-Tick«. Wenn sie abends zu Bett ging, weigerte sich Bertha, die Strümpfe abzulegen. Wachte sie nachts auf, dann beschimpfte sie die Krankenschwester, warum sie ihr nicht die Strümpfe ausgezogen hätte. Während der »talking cure« erinnerte sich Bertha an folgende Episode: Sie pflegte, während sie den Vater betreute, die Schuhe auszuziehen und nur die Strümpfe anzubehalten, um sich seinem Bett möglichst lautlos nähern zu können. Der Bruder erwischte sie einmal dabei, lachte sie aus und schüttelte sie. Noch während sie diese Episode erzählte, begann sie sich der Strümpfe zu entledigen. Die Marotte war von da an verschwunden.

Viel unheimlicher war ihre Weigerung zu trinken, obwohl sie vor Durst fast umkam. Nur aus Unmengen von Orangen bezog sie die lebensnotwendige Flüssigkeit. Auch dieses Rätsel konnte gelöst werden.

Bertha hatte mit angesehen, wie ihre Gesellschafterin ihren kleinen, häßlichen Hund aus einem Glas trinken ließ. Da Bertha weder die Gesellschafterin noch gar deren Hund ausstehen konnte, reagierte sie mit allgemeiner Ablehnung auf das Trinken aus Gläsern. Den Versuch, ihr Wasser aus einem Emailletopf anzubieten, hatte niemand unternommen.

Auch der hartnäckige Husten, dessentwegen Breuer seinerzeit ins Haus Pappenheim gekommen war, hörte auf, nachdem sein Ursprung entdeckt worden war. Bertha erlitt ihren ersten, zufälligen Anfall, als sie, am Krankenbett ihres Vaters sitzend, aus der Nachbarwohnung Tanzmusik vernahm. Sie wußte, daß sie bei der fröhlichen Gesellschaft mitgehalten hätte, wäre der Vater nicht zu betreuen, und sie wünschte für einen Augenblick, sie wünschte . . . Oh Gott, welch entsetzlicher Gedanke! Und genau in diesem Augenblick hustete sie zum erstenmal, und der Husten blieb, bis sie ihn »wegerzählte«.

Die Sehstörungen legten sich, nachdem Bertha enthüllt hatte, wie oft sie blind vor Tränen war, wenn sie den todkranken Vater betrachtete. Es fiel der Patientin, wie Breuer protokollierte, oft sehr schwer, bestimmte Ereignisse ins Gedächtnis zu rufen. Meist trat während der unmittelbaren Phase des Erinnerns eine Verschlimmerung der betreffenden Symptome ein. Als er den Grund herauszufinden suchte, warum Bertha manchmal nichts hörte, wurde sie praktisch ganz taub, und der Arzt mußte seine Fragen aufschreiben.

Der eigentliche Ursprung seelischer und körperlicher Qualen war meist der gleiche. Er stand in irgendeinem Zusammenhang mit dem Vater und seiner aufreibenden Pflege.

Die Hoffnung auf eine schon knapp bevorstehende endgültige Genesung zerschlug sich, nachdem Bertha einige Wochen im Landhaus der Familie verbracht hatte – auch dort regelmäßig von Breuer betreut – und im November 1881 nach Wien zurückkehrte, in eine andere Wohnung, am Neuen Markt. Die Mutter war, in der Liechtensteinstraße von allzu traurigen Erinnerungen geplagt, umgezogen; aber Bertha weigerte sich – bewußt oder unbewußt –, diese Tatsache zur Kenntnis zu nehmen.

Sie bewegte sich in ihrem neuen Zimmer, als ob es noch das alte wäre, sie tappte immer wieder gegen Möbel, die in ihrer Einbildung nicht dort standen, wo sie nun einmal waren, sie rannte sich den Kopf an

Wänden ein, wo ihrer Meinung nach Türen sein sollten. Schließlich nahm sie die Gegenwart überhaupt nicht mehr zur Kenntnis und fühlte sich auf den Tag genau jeweils ein Jahr zurückversetzt. In der Hypnose berichtete sie ihrem Arzt über Ereignisse und den damit verknüpften Ängsten und Wünschen, die zwölf Monate zuvor stattgefunden hatten. Diese phantastische Zeitverschiebung hielt sogar einer einzigen Überprüfung stand. Recha Pappenheim hatte, so wie der Doktor auch, ein präzises Krankentagebuch geführt. Schaudernd stellten der Arzt und die Mutter fest, daß Bertha tatsächlich in der Vergangenheit lebte.

Allmählich gelang es Breuer, die Kranke schrittweise in die Gegenwart zu führen, aber es gab immer wieder Rückfälle und seltsame Begebenheiten. Eines Tages trug das Mädchen ein braunes Kleid, behauptete aber hartnäckig, es sei blau. War sie jetzt auch noch farbenblind geworden? Bei entsprechenden Tests erkannte sie die einzelnen Nuancen einwandfrei – nur eben war das braune Kleid für sie blau. Punktum! »Der Grund dafür war«, fand Breuer heraus, »daß sie sich 1880 in diesen Tagen mit einem Schlafrock für den Vater beschäftigt hatte, an dem derselbe Stoff, aber blau, verwendet war . . .«

Auch diesmal ging es wieder bergauf. Bertha arbeitete willig mit, und sie entwickelte den Ehrgeiz, bis zum 7. Juni 1882, dem Tag, da sie wieder aufs Land fahren würde, völlig geheilt zu sein. Lediglich am rechten Arm war noch eine leichte Lähmung vorhanden, und die widerstand hartnäckig allen Erklärungsversuchen. Bertha entsann sich nur undeutlich, daß sie am Bett des Vaters gesessen war, als die Behinderung eintrat. Die genauen Umstände indes wollten und wollten sich nicht reproduzieren lassen.

Breuer, selbst aufs höchste interessiert, die Behandlung endlich zu beenden, denn seine Frau begann auf Bertha eifersüchtig zu werden, griff zu einem letzten Hilfsmittel. Er ließ die Möbel im Schlafzimmer des verstorbenen Siegmund Pappenheim, das auch in der neuen Wohnung voll eingerichtet war, so arrangieren, daß sie genau so standen wie in der Liechtensteinstraße. Bertha setzte sich ans Bett, wie sie in jener Nacht gesessen – und endlich fiel es ihr wie Schuppen von den Augen: Es ging dem Vater schlecht, er hatte hohes Fieber, sie war todmüde, aber ängstlich bemüht, nicht einzuschlafen. Dann geschah es doch. Der Vater stöhnte, sie wurde halb wach – und sah zum er-

Oben: Bertha Pappenheim, etwa vierundzwanzig Jahre alt
Unten: Neben dem Hotel Munsch befand sich die Wohnung, in die Berthas Mutter nach dem Tod ihres Mannes übersiedelte (im Bild rechts, heute Hoher Markt 6)

stenmal die Schlangen (= Schattenbilder auf der Wand). Entsetzt wollte sie die Tiere, die den Vater bedrohten, abwehren, doch der rechte Arm versagte den Dienst. Er war – so stellte sich nun heraus – über die Sessellehne hängend »eingeschlafen«. Bertha war unfähig, dem Vater zu helfen.

Sie glaubte felsenfest, daß er sterben müsse, und sie wollte schreien, aber sie brachte keinen einzigen Ton heraus. Wenigstens beten wollte sie, aber es fiel ihr nur ein alter englischer Kinderspruch ein, den sie vor sich hinmurmelte: »All the King's horses and all the King's men / Couldn't put Humpty Dumpty together again.«

Das war das Ende der »talking cure«. Der Arm war beweglich, der Zwang, Englisch zu sprechen, abgeschüttelt.

»Sie . . . war nun frei von den unzähligen einzelnen Störungen, die sie früher dargeboten hatte. Dann verließ sie Wien für eine Reise, brauchte aber noch längere Zeit, bis sie ganz ihr psychisches Gleichgewicht gefunden hatte. Seitdem erfreut sie sich vollständiger Gesundheit . . .«, heißt es im zusammenfassenden Bericht Dr. Breuers über seine Patientin »Anna O.«, von dem später noch ausführlich die Rede sein wird, und so liest es sich in den meisten einschlägigen Lehrbüchern sowie in der überwiegenden Zahl weiterer Publikationen über Anna O.

Es ist die Wahrheit – aber eine leicht geschönte, denn Anna O., alias Bertha Pappenheim, war keineswegs »frei von all den unzähligen Störungen«. Es sollte noch volle sieben Jahre dauern, bis sie bereit und fähig war, ein neues Leben zu beginnen, das mit dem vorangegangenen so gut wie nichts gemein hatte.

»Nichts in Bertha Pappenheims Biographie würde uns vermuten lassen, daß sie Anna O. gewesen sein könnte, und auch nichts in Anna O.s Geschichte weist darauf hin, daß sie einmal als Bertha Pappenheim bekannt werden würde. Wenn Jones nicht enthüllt hätte, daß die beiden Gestalten identisch sind, hätte wahrscheinlich niemand diese Identität entdeckt«, schreibt der kanadische Professor für Sozialpsychologie Henry F. Ellenberger in »Die Entdeckung des Unbewußten«, einem Standardwerk über die Psychoanalyse.

Dies ist nun exakt der Zeitpunkt zu berichten, wie Bertha Pappenheim in die Geschichte der Psychoanalyse geraten, ja zu deren eigentlicher »Urmutter« geworden ist. Es ist der Augenblick, vom jungen,

noch unbekannten Freund des berühmten Dr. Josef Breuer zu erzählen – von Sigmund Freud.
Er hat Bertha Pappenheim persönlich flüchtig gekannt, denn sie war mit seiner Frau entfernt verwandt und nachweislich einige Male zu Besuch in der Berggasse 19, dem Heim und der Ordination Freuds. Ganz sicher ist, daß er Bertha niemals behandelt hat, weder mittels seiner alten, wenig erfolgreichen Methoden noch mit der von ihm erdachten Psychoanalyse, die ihn – und mit ihm Anna O. – zu einer hervorragenden Persönlichkeit der Medizingeschichte machen sollte.
Breuer und Freud lernten einander 1877 kennen. Der eine war bereits fünfunddreißig und ein arrivierter Arzt, der andere erst einundzwanzig und ein strebsamer Medizinstudent, der bisher jedes Lernziel mit äußerster Energie und größtem Erfolg gemeistert hatte. Der junge Mann war ehrgeizig, wenn auch nicht von Anfang an darauf erpicht, Arzt zu werden. Er schwankte längere Zeit, ob er Jus oder Medizin studieren sollte, entschied sich dann aber doch für die Heilkunst und bekannte in reifen Jahren freimütig: »Weder damals [als Medizinstudent] noch in meinem späteren Leben empfand ich eine besondere Vorliebe für den Beruf des Arztes. Ich wurde mehr von einer Art Neugier getrieben, die sich aber mehr auf menschliche Belange als auf Naturobjekte richtete . . .«
Er kam aus einer kinderreichen Familie, mit einem lebensuntüchtigen Vater und einer liebevoll-dominanten Mutter, die ihren Ehrgeiz darein setzte, aus ihrem vergötterten Erstgeborenen »etwas zu machen«. Sigmund hat in der Familie vor den fünf Geschwistern immer eine Sonderstellung eingenommen, er durfte alles und hatte alles, was die anderen nicht durften und nicht hatten. So hat sich schon in jungen Jahren das Selbstwertgefühl entwickelt, das ihm später helfen sollte, an sich und sein Werk zu glauben und sich durch Schmähungen, Anfeindungen und (das schlimmste:) Ignorierung nicht aus der Fassung und vom einmal eingeschlagenen Weg abbringen zu lassen.
Die Freundschaft mit dem älteren Kollegen war ein Meilenstein auf der Straße des Erfolges. »Er wurde mein Freund und Helfer in schwierigen Lebenslagen. Wir hatten uns daran gewöhnt, alle wissenschaftlichen Interessen miteinander zu teilen. Natürlich war ich der gewinnende Teil«, schrieb Freud.
Freud war nicht nur in wissenschaftlichen Belangen der empfangende

Teil, denn Breuer war eine schier unversiegbare Quelle für Kredite, deren Rückzahlung selten eingefordert wurde. Freud hatte als Student und junger Arzt Hunger und Armut kennengelernt, dabei aber immer das äußere Dekorum gewahrt. Seine Mittellosigkeit war einer der Beweggründe, warum er auf eine aussichtsreich begonnene Universitätslaufbahn verzichtete. Seine wissenschaftlichen Arbeiten über die Keimdrüsen der Aale, das Nervensystem niedriger Tiere und die innere Verbindung von Nervenzellen brachten ihm zwar Anerkennung der Fachkollegenschaft, jedoch kein bares Geld ein. Er beschrieb sich als »armen, von glühenden Wünschen und finsteren Sorgen gepeinigten Menschen, erfüllt von Schnorrerhoffnungen«.
So wandte er sich denn von der Physiologie der Inneren Medizin zu, und nachdem er drei Jahre lang als Assistenzarzt gewirkt hatte, benützte er ein Stipendium, um einige Zeit an der Klinik von Professor Charcot zu arbeiten, dessen Hypnose-Experimente ihn tief beeindruckten. Die Neurologie begann ihn zu fesseln, als Neurologe wollte er sich so bald wie möglich niederlassen und endlich genug Geld verdienen, um seine langjährige Verlobte, Martha Bernays, zu heiraten. Das Mädchen lebte mit seiner Mutter in Hamburg; rund 1 500 Briefe des Brautpaares geben uns nicht nur Aufschluß über die innere Befindlichkeit der Liebenden, sondern auch über ihre Lebensumstände; schließlich erfahren wir aus Freuds Briefen so manches über Bertha Pappenheim.
Am 25. April 1886 erschien in der »Kleinen Chronik« der »Neuen Freien Presse« folgende Notiz: »Herr Dr. Sigmund Freud, Dozent für Nervenkrankheiten an der Universität, ist von einer Studienreise nach Paris und Berlin zurückgekehrt und ordiniert 1. Rathausgasse Nr. 7 von 1 bis 2½ Uhr.«
Der junge Doktor wartete lange vergeblich auf Patienten, und als sie endlich kamen, blieb ihre Zahl betrüblich gering. Die Praxis ging so miserabel, daß Freud sich mit dem Gedanken trug, auszuwandern. Die Zukunft gestaltete sich ein wenig rosiger, nachdem seine Braut Martha eine Erbschaft gemacht hatte und die Verlobten, sechs Monate nach Eröffnung der Praxis, den Sprung in die Ehe wagen konnten.
Das war 1886. Elf Jahre später, das Ehepaar war mittlerweile in die Berggasse 19 übersiedelt und erfreute sich eines sechsfachen Kinder-

segens, nur elf Jahre später also konnte Freud einem Freund triumphierend mitteilen: »Ich beginne die Preise zu diktieren!« Familie Freud war auf dem Weg zu bürgerlichem Wohlstand.
Was war geschehen?
Geschehen war folgendes: Am 18. November 1882, also gut fünf Monate, nachdem er den Fall Bertha Pappenheim abgeschlossen hatte, erzählte Breuer dem Dr. Freud zum erstenmal von der »talking cure« mit dem hysterischen Mädchen. Es folgten weitere, vielstündige Diskussionen, und Freud gelangte immer mehr zu der Überzeugung, daß Breuer eine sensationelle Entdeckung gemacht hatte: die Heilung seelischer Krankheiten, indem man in Gesprächen deren tief verborgene Ursachen ans Tageslicht brachte.
Freud bestürmte den Freund, diesen Fall in der medizinischen Fachpresse zu veröffentlichen, zumal es ausführliche Protokolle über den Verlauf der »talking cure« gäbe. Breuer sträubte sich, er argumentierte, daß aus einem einzigen Fall noch keine gültigen Schlüsse zu ziehen seien – und überhaupt, er habe bis ans Lebensende genug von hysterischen Weibern.
Das Thema beschäftigte die beiden Freunde dennoch immer wieder. Am 13. Juli 1883 erwähnt Freud ein solches Gespräch in einem Brief an die Braut. Er schildert ausführlich den heißen Sommerabend und wie er »total verschwitzt« Breuer besuchte, und der habe ihn erst einmal in die Badewanne gejagt, »aus der ich verjüngt herausstieg«. Nach dem ausgiebigen Nachtmahl »kam ein langes, medizinisches Gespräch über ... merkwürdige Fälle«. Breuer habe, so berichtet Freud weiter, »manches über Bertha Pappenheim enthüllt, was ich erst wieder erzählen soll, ›wenn ich mit Martha verheiratet bin‹«.
Welcher Art die Details waren, die den jungfräulichen Ohren der Martha Bernays verborgen bleiben sollten, sickerte erst Jahrzehnte später durch. In den Publikationen, die Freud Breuer schließlich doch abrang, ist mit keinem Sterbenswörtchen davon die Rede.
Nachdem Sigmund Freud, zutiefst davon überzeugt, daß Breuer mit den »talking cures« der Bertha Pappenheim einen aussichtsreichen Weg zur Behandlung seelisch Kranker entdeckt, und er, Freud, selbst höchst erfolgreich mit der neuen Methode zu experimentieren begonnen hatte, konnte er den Freund nach Jahren doch noch zu gemeinsamen Veröffentlichungen überreden.

Am 1. und am 15. Januar 1893 erschien im »Neurologischen Zentralblatt« in Berlin eine »Vorläufige Mitteilung. Über den psychischen Mechanismus hysterischer Phänomene«. Der Artikel wurde in den »Wiener Medizinischen Blättern« nachgedruckt.

Zwei Jahre später brachten die beiden Autoren ein Buch, »Studien über Hysterie«, in Leipzig heraus. Das erste Kapitel, die Geschichte von Bertha Pappenheim – hier Anna O. genannt – war aus der »Vorläufigen Mitteilung« übernommen worden. Die anderen Abschnitte berichteten über weitere Fälle aus der Praxis des Dr. Freud, ein theoretischer Teil rundete das Werk ab.

Bereits in einem Memorandum zur »Vorläufigen Mitteilung« spricht Freud von einem »zweiten Bewußtseinsstand«, erwähnt also zum erstenmal das Unbewußte, das in der Psychoanalyse eine dominierende Rolle spielt. Wenn er den Namen »Psychoanalyse« auch erst ein Jahr später, 1896, prägt, so finden sich in dem Buch von Breuer und Freud bereits all die Begriffe, die damals noch unbekannt waren, heute aber zum fixen Bestandteil sogar der Umgangssprache gehören: Verdrängung, sexueller Ursprung der Neurose, psychisches Trauma, unbewußte Geistestätigkeit, Konversion, Übertragung, Konflikte und wie sie alle heißen mögen.

In diesem medizinhistorischen Jahr 1895 begann die Durchleuchtung der menschlichen Seele wie durch einen Röntgenstrahl. Ist es purer Zufall, daß just im selben Jahr Wilhelm Konrad Röntgen seine revolutionierende Entdeckung zur Durchleuchtung des Leiblichen gemacht hat?

Und noch ein wichtiges Werk erschien 1895, das im übrigen wesentlich mehr Aufsehen erregte und Anklang fand als die »Studien über Hysterie«. Es stammte aus der Feder des führenden Neurologen und Psychiaters Richard von Krafft-Ebing, der, wie erinnerlich, bei der Begegnung mit Bertha Pappenheim eine so unglückliche Figur gemacht hatte. In seinem Buch über »Nervosität und neurasthenische Zustände« faßt er den Wissensstand seiner Zeit und die üblichen Heilmethoden lehrbuchartig zusammen. Daraus erfahren wir, daß Nervosität überwiegend vererbt (!) und nicht erworben ist. Erworbene Nervosität entstehe, so meint der Professor, durch Schlafmangel, schlechte Ernährung, Alkoholismus, Überforderung des Geistes durch die moderne Zivilisation, demokratische Politik und Frauen-

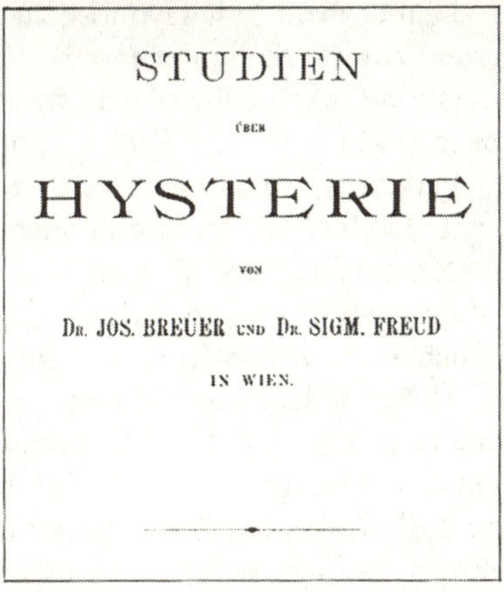

STUDIEN

ÜBER

HYSTERIE

VON

Dr. JOS. BREUER und Dr. SIGM. FREUD

IN WIEN.

Links oben: Dr. Josef Breuer
Rechts oben: Dr. Sigmund Freud
Unten: 1895 veröffentlichten sie die »Studien über Hysterie«

emanzipation! Neurasthenie beruhe auf einer Schädigung des Nervensystems, Geisteskrankheiten seien ein Gehirnleiden.
Krafft-Ebing behandelte seine Patienten mit Diät, Physiotherapie und elektrischen Schlägen, felsenfest davon überzeugt – eine Meinung, der auch Freud in jungen Jahren anhing –, daß die Seele nichts anderes sei als eine Funktion des Körpers, der Nerven und des Hirns.
Das große, vielfach verwickelte und verzweigte Thesengebäude der Psychoanalyse entstand nicht an einem Tag und nicht in einem Jahr. Breuer hat, ohne es zu erfassen, ein Tor aufgestoßen, aber Freud war es, der es durchschritt, um Neuland zu betreten. Dank seiner Phantasie und seiner Intuition entdeckte er allmählich den komplexen Mechanismus, der ihn befähigte, durch Schichten von »Schutt« ins Innerste der menschlichen Seele vorzudringen. »Es ist, als hätte Schliemann wieder einmal das für sagenhaft gehaltene Troja ausgegraben«, vermerkte er befriedigt, nachdem er einem Patienten quälende Ereignisse bewußt gemacht hatte, die sich abgespielt hatten, als dieser erst 22 Monate alt war.
Freud unterließ es ziemlich bald, mit Hypnose zu arbeiten, da viele nicht darauf reagierten. An die Stelle der inquisitorischen Befragung trat die »freie Assoziation«, das heißt, er ließ die Patienten, die entspannt auf der Couch lagen – so wie Bertha Pappenheim einst im Bett gelegen war! – berichten, was ihnen kreuz und quer durch den Kopf ging, um mit Geduld und Einfühlungsvermögen daraus Schlüsse zu ziehen. Nach Jahren erst dämmerte ihm die Bedeutung der Sexualität im Zusammenhang mit psychischen Störungen, 1899 schuf er mit dem Buch »Die Traumdeutung« einen weiteren Pfeiler der Psychoanalyse. 351 Exemplare wurden davon in sechs Jahren verkauft. Als Autor wäre er verhungert, doch die Praxis ging ausgezeichnet, und Freud konnte, wie berichtet, »die Preise diktieren«.
Sigmund Freud besaß die Gabe, die Dinge hinter den Dingen wahrzunehmen, eine Gabe, die seinem Freund Dr. Josef Breuer offensichtlich nicht zu eigen war. Wie hätte er sonst meinen können, daß Bertha Pappenheim frei sei von allen sexuellen Gefühlen? Freud fand in ungezählten analytischen Gesprächen heraus, daß sexuelle Gedanken sich unter Tarnkappen verbergen, verdrängt werden, um sich in anderen Formen, in anderen Worten und Empfindungen oder als Krankheitssymptome zu zeigen. Breuer hat das nicht erkannt. »Er

hatte den Schlüssel in der Hand . . ., aber er ließ ihn fallen. Er hatte bei allen großen Geistesgaben nichts Faustisches an sich. In konventionellem Entsetzen ergriff er die Flucht und überließ die Kranke einem Kollegen . . .«, berichtete Sigmund Freud im Jahre 1931 seinem Freund, dem Schriftsteller Stefan Zweig.

Wann also hatte Breuer »den Schlüssel in der Hand«? Vor welchem Ereignis floh er in »konventionellem Entsetzen«? Wir wissen es erst seit dem Erscheinen der Freud-Biographie von Ernest Jones in den fünfziger Jahren. Vom winzigen Kreis der Eingeweihten schwieg jeder einzelne bis zu seinem Tod. Selbst die nächsten Angehörigen Bertha Pappenheims haben zu deren Lebzeiten niemals von dem Schlüsselerlebnis Breuers erfahren, in dem Bertha eine so fatale Rolle gespielt hat; die wenigen von ihnen, die den Holocaust überlebt hatten, reagierten entsetzt und schockiert, als Professor Jones die ganze Wahrheit ans Tageslicht brachte.

Rekapitulieren wir: Breuer war, seinem eigenen Bericht zufolge, am Vormittag des 7. Juni 1882 zum letztenmal bei Bertha Pappenheim gewesen und hatte sie, nachdem die Möbel im Schlafzimmer des Vaters umgestellt worden waren, durch den Irrgarten der Erinnerung bis zu jenem Punkt geführt, da zum erstenmal der rechte Arm gelähmt war. Als die Situation geklärt war – behauptete Breuer –, seien die Symptome verschwunden; Bertha habe Wien verlassen, aber noch einige Zeit gebraucht, bis sie ihr ganzes psychisches Gleichgewicht gefunden hatte, erfreue sich aber seitdem vollständiger Gesundheit.

Was am *Abend* des 7. Juni 1882 passierte, blieb unerwähnt.

Am Abend des 7. Juni erschien ein Pappenheimsches Dienstmädchen atemlos in Breuers Wohnung und überbrachte einen Brief Rechas: Der Doktor möge auf der Stelle kommen, Bertha habe einen schweren Rückfall erlitten. Breuer raste im Fiaker zur Wohnung seiner eben so glorreich geheilten Patientin. Im Vorzimmer wurde er von der händeringenden Mutter empfangen: Bertha zeige ganz neue, ganz entsetzliche Krankheitszeichen.

Was Breuer in Berthas Schlafzimmer sah, muß ihm, dem Internisten, zu dessen Wissens- und Arbeitsgebiet auch die Gynäkologie gehörte, Schauer über den Rücken gejagt haben. Bertha wand sich, schweißgebadet, mit hervorquellenden Augen und laut schreiend in Krämpfen, die diesmal so geartet waren, daß kein Zweifel bestand: Sie durchlitt eine hysterische Entbindung. Endlich stellte sie die Beine auf, begann zu pressen und zu keuchen: »Jetzt! Jetzt kommt das Kind von Doktor Breuer.«

Breuer war ratlos. Als letzter Ausweg fiel ihm die hundertfach bewährte alte Prozedur ein: Er versetzte Bertha in Hypnose. Sie beruhigte sich und schlief ein. Breuer, außer sich, lief davon. Er hat Bertha nie mehr behandelt, sich jedoch um ihre weitere Therapie gekümmert – aus sicherer Distanz. Seine Weigerung, sich jemals wieder mit hysterischen Frauenzimmern zu befassen, beweist, wie hilflos er der Situation gegenübergestanden ist.

Die hysterische Entbindung, die so wenig in das Bild der angeblich erfolgreichen »talking cure« paßt, hat Freud niemals öffentlich erwähnt, jedoch sehr wohl die entscheidende Rolle Breuers bei der Entdeckung der Psychoanalyse: »Wenn es ein Verdienst ist, die Psychoanalyse ins Leben gerufen zu haben, so ist es nicht mein Verdienst. Ich war Student . . ., als ein anderer Wiener Arzt, Dr. Josef Breuer, dieses Verfahren zuerst an einem hysterisch erkrankten Mädchen angewandt hatte«, erklärte er in einem Vortrag.

Obwohl Freud immer den Primat Breuers bei der Psychoanalyse betont hatte, konnte es doch nicht ausbleiben, daß sich seine übermächtige geistige Persönlichkeit in den Vordergrund schob und Breuer im Bewußtsein des breiten Publikums keinen Stellenwert erhielt. Schon 1931 nannte Stefan Zweig in seinem Bestseller »Heilung durch den Geist« Freuds Entdeckungen die »herrliche Tat eines einzelnen Menschen« – und so ist es bis heute geblieben. Selbstverständlich ist »Anna O.« auch in der Darstellung Stefan Zweigs nach der Behandlung völlig genesen; man sieht sie förmlich die seelischen Krücken abwerfen und heiter durch das Leben schweben. Kein Wort darüber, was sich in der Folge wirklich ereignet hat.

1882 war Bertha angeblich geheilt, und in den »Studien über Hysterie« wurde nebenbei angedeutet, daß es zwar noch kleinere Probleme gegeben habe, sie sei schließlich aber ganz gesund geworden. Aber erst 1888 taucht ihre offizielle Spur wieder auf, und zwar in Frankfurt am Main, wo sie, ein ganz neuer Mensch, ein ganz neues Leben begann.

Was war in den sechs Jahren dazwischen?

Die Antwort auf diese Frage ist noch gar nicht so lange bekannt. Im schweizerischen Bad Kreuzlingen am Bodensee wurden Krankengeschichten und Korrespondenzen gefunden, die eindeutig belegen, daß Bertha Pappenheim nach ihrer angeblichen Wiederherstellung im dortigen Sanatorium behandelt wurde – wegen schwerer Morphiumsucht! Breuer hatte in Wahrheit – und das belegen seine Briefe – Berthas Leiden nur mit starken Beruhigungsmitteln und, als ultima ratio, durch hohe Gaben von Morphium lindern können.

Allem Anschein nach hat Freud von dieser Entwicklung der Dinge nichts gewußt und der »talking cure« in gutem Glauben das Verdienst an Berthas Genesung (denn genesen ist sie letzten Endes doch!) zugeschrieben. Der Frage, ob Freud demnach auf einer Schimäre aufbaute, als er aus der »talking cure« die Psychoanalyse entwickelte, können wir an dieser Stelle nicht nachgehen. Denn unser Interesse gilt nicht der Geschichte der Seelenheilkunde, sondern dem Geschick Bertha Pappenheims, die wir am 7. Juni 1882 verließen, als sie sich eben einbildete, ein Kind von Dr. Breuer zur Welt zu bringen.

Breuer rannte zwar kopflos davon, doch seine Patientin ließ er letzten Endes nicht im Stich. Er nahm Verbindung zu Dr. Ludwig Binswanger auf, dem Gründer und Besitzer des damals weltbekannten Privatsanatoriums für Nerven- und Gemütskrankheiten in Bad Kreuzlingen, mit dem er schon seit Jahren in beruflichem Kontakt stand.

Binswangers Ruf war hervorragend, seine Heilerfolge beeindruckten die Fachwelt – wenn sie den unkonventionellen Praktiken des Schweizer Arztes auch nicht vorbehaltlos zustimmte.

Binswangers Patienten wurden, und das war das wichtigste, nicht als Kranke, sondern wie völlig normale, gesunde Menschen behandelt. Man traktierte sie nicht mit Diät und Elektroschlägen, man sperrte sie nicht hinter Gitter, sondern man betrachtete sie wie liebe Freunde, die im Familienkreis aufgenommen wurden. Sie konnten ausgehen, wann immer sie wollten, man hielt sie zu sinnvoller körperlicher Arbeit an, sie veranstalteten Vorträge über ihre Wissensgebiete, sie musizierten gemeinsam und spielten Theater, und sie betrieben Sport.

Sofort nach dem Fiasko mit Bertha Pappenheim telegrafierte Breuer an Dr. Binswanger, ob dieser das Mädchen in Bad Kreuzlingen aufnehmen könnte. Die dem Telegramm nachfolgenden Briefe enthalten Fakten, von denen in den »Studien über Hysterie« gar nicht oder nur ganz am Rande die Rede ist; dort heißt es, daß Bertha einige Male

mit dem Schlaf- und Beruhigungsmittel Chloral behandelt worden sei. Den Briefen Breuers an Binswanger hingegen ist zu entnehmen, daß Bertha ständig Chloral und – *täglich Morphium* erhalten hatte. Da schreibt Breuer zum Beispiel: »Meine Krankengeschichte wird mich dafür [die Verabreichung von Morphium] entschuldigen. Hier führte ich die Entwöhnung nicht durch, trotz Berthas guten Willens ... Seit einem Jahr bekommt sie außerdem abends Chloral – wie Sie sehen, liegt ein wesentliches Schuldmaß auf meinem Haupt –, und als sie die letzten vier Nächte nichts bekam, war ein hübsches Exemplar von delirium cum tremore im Anzug. Doch bin ich überzeugt, daß sie ihren starken Willen ins Abgewöhnen setzen wird.«
In einem weiteren Schreiben steht: »In den letzten Monaten hat die Kranke wegen stärkster Convulsionen, die zu den schwersten Rollkrämpfen anstiegen und jetzt völlig verschwunden sind, Morphiuminjektionen bekommen, und zwar bis zu großen Morphiummengen (0,15–0,21 pro die) ... Die Patientin [hat] abends Chloral bekommen ... welches in den letzten Monaten auf 4,00 stieg. Jetzt schläft sie, wenn nichts besonders Aufregendes vorkommt, mit 1,5 bis 2,0, immer aber auch bei großen Dosen ziemlich spät ...«
Dr. Binswanger war bereit, Bertha aufzunehmen, und sie verließ am 19. Juni 1882 Wien, reiste aber nicht sofort nach Bad Kreuzlingen, sondern besuchte Verwandte in Karlsruhe, eine gewisse Familie Homburger.
Ende Juni traf das Mädchen in Bad Kreuzlingen ein. Sie wurde mehr als vier Monate mit mäßigem Erfolg behandelt. Die Lähmungen schwanden, wofür vor allem die Tatsache spricht, daß sie seit Jahren zum erstenmal wieder ihrem geliebten Reitsport frönte und ausgedehnte Bergwanderungen unternahm. Doch ihr allgemeiner psychischer Zustand ließ zu wünschen übrig. Sie konnte plötzlich wieder nur Englisch sprechen und schreiben, stundenweise verlor sie jegliches Zeitgefühl und war geistesabwesend. Überdies plagten sie starke neuralgische Schmerzen, die Dr. Binswanger einer Trigeminusneuralgie zuschrieb. Der Arzt riet zur Operation, doch Recha Pappenheim wollte davon nichts wissen. Sie verweigerte die Zustimmung zu einem chirurgischen Eingriff.
Diese Gesichtsneuralgie gibt im übrigen weitere Rätsel in der mysteriösen Krankengeschichte Bertha Pappenheims auf. Breuer hat die

Nervenschmerzen in den »Studien über Hysterie« nicht einmal angedeutet, und er ließ auch ein weiteres einschneidendes Ereignis unter den Tisch fallen: Bertha mußte sich im Frühjahr 1882, zu einer Zeit also, da Breuer sie oft zweimal täglich besuchte, einer Operation unterziehen, nachdem der rechte Oberkiefer vereitert war. Hat der routinierte Internist und Hals-, Nasen-, Ohrenfachmann niemals in Erwägung gezogen, daß gewisse Krankheitsbilder, wie etwa Sprachstörungen, die zu jener Zeit erstmals auftraten, in ursächlichem Zusammenhang mit dem Eingriff am Kiefer gestanden haben könnten? War Breuer so fixiert auf Berthas Seele, daß er ihren Körper ignorierte? Oder hat er, aus welchen Gründen auch immer, bewußt manches übersehen, das eigentlich zum gesamten Krankheitsbild gehörte? Und wieder bleibt nichts als ein großes Fragezeichen ...

Das körperliche Allgemeinbefinden Berthas mag sich in der beruhigenden Atmosphäre von Bad Kreuzlingen gebessert haben – vom Morphium ist sie nicht losgekommen. Recha Pappenheim entschied, die Kur abzubrechen. Mutter und Tochter kamen überein, daß Bertha für eine Weile nach Deutschland gehen sollte, um reihum Verwandte zu besuchen. Recha schrieb, sie wisse nicht, was sie mit Bertha in Wien anfangen sollte, sie wüßte auch keinen Arzt, »... da Dr. Breuer die Behandlung nicht übernehmen kann«.

Im November verließ Bertha Bad Kreuzlingen, und sie machte zunächst wieder in Karlsruhe bei Familie Homburger Station. Dort lernte sie eine neue Cousine kennen, Anna Ettlinger, die ein bißchen als Schriftstellerin dilettierte und Bertha anspornte, selbsterdachte Märchen niederzuschreiben. Sie ritt wieder viel aus, suchte und fand aber auch eine andere, ernsthafte Ablenkung, indem sie einen mehrmonatigen Kurs für Krankenpflege belegte. An Dr. Binswanger schrieb sie: »Von meinem Befinden hier kann ich Ihnen nichts Neues und nichts Gutes mitteilen. Sie können sich denken, daß ein Leben mit stets bereitgestellter Spritze kein beneidenswertes ist.« Wer das Morphium besorgte, wer ihr die Spritzen gegeben hat, ist nicht mehr feststellbar.

Später besuchte Bertha noch Angehörige der Mutter in Frankfurt am Main und in Mainz. Im Sommer 1883 ist sie nach Wien zurückgekehrt – und bereits am 30. Juli taucht ihr Name erneut in einem Krankenregister auf: An diesem Tag kam sie in das private Nervensanato-

rium nach Inzersdorf, wo sie schon einmal, während der Behandlung durch Dr. Breuer, gelegen war.
Leider gibt es keine Krankengeschichten, doch Berthas Befinden muß miserabel gewesen sein. Am 3. August 1883 schreibt Sigmund Freud an seine Braut Martha nach einem Zusammentreffen mit dem Freund: »Wie mir Breuer mitteilt, sei die Patientin [Bertha Pappenheim] ganz zerrüttet. Er wünsche ihr den Tod, damit die Arme von ihrem Leiden erlöst werde . . .«
Welch eine Tragödie! Ein Arzt kämpft fast zwei Jahre lang um die Heilung einer Kranken – und dann stellt sich heraus, daß sie verloren ist, sich elender fühlt denn je, so daß man nur beten kann, sie möge sterben.
Freuds Zeilen geben keinen Aufschluß darüber, ob Breuer Bertha selbst gesehen oder nur vom Hörensagen über ihre Zerrüttung Bescheid wußte. Möglich ist, daß ein gewisser Dr. Bettelheim ihn informiert hat. Der hat Bertha nach Inzersdorf eingewiesen, und er war ein Studienfreund Breuers.
Schon ein halbes Jahr später allerdings berichtet Dr. Breuer an Dr. Binswanger in Bad Kreuzlingen: »Die kleine Pappenheim habe ich heute gesehen. Sie ist ganz gesund, ohne Schmerzen oder sonstwas . . .«
War nun doch ein Wunder geschehen?
Dr. Breuer irrte – wieder einmal. Seine ehemalige Patientin war noch immer nicht gesund. Sie hielt sich vielmehr noch weitere drei Mal monatelang in Inzersdorf auf. Zum letztenmal wird sie am 18. August 1887 als entlassen registriert.
Am Ende dieses Jahres ist es ihr, gemessen an ihren früheren »Zuständen«, wirklich ein wenig besser gegangen, wie aus einem Brief Martha Freuds an ihre Mutter in Hamburg hervorgeht. Bertha habe sie besucht und ihr mitgeteilt, ». . . sie fühle sich bei Tage recht wohl, aber gegen Abend leide sie noch immer unter halluzinatorischen Zuständen«.
Von da an klafft eine Lücke von elf Monaten in Bertha Pappenheims Biographie. Das Mädchen taucht erst im November 1888 in Frankfurt am Main auf – wie der Phönix aus der Asche: schön, gewandt, elegant, amüsant, kurz, mit allen Eigenschaften gesegnet, die es ihr ermöglichten, in der Frankfurter Gesellschaft Furore zu machen. Und

niemand kann sagen, wer oder was die endgültige Genesung bewirkt hat.
Recha Pappenheim hatte die Übersiedlung energisch betrieben, wohl selbst froh, aus Wien fortzukommen, wo sie nie recht warm geworden war. Sie stammte, sozusagen, aus ältestem jüdischen Adel, die reichen Wiener Juden hingegen waren mehr oder weniger Parvenüs, erst kurze Zeit endgültig dem Getto und allen möglichen erniedrigenden Einschränkungen entkommen. Recha hatte in Wien durchgehalten, bis ihr Sohn Willy fertig studiert und das väterliche Unternehmen übernommen hatte. Der einstmals miserable Schüler erwies sich übrigens als erfolgreicher Geschäftsmann und wurde ein einflußreiches Mitglied der Wiener jüdischen Gemeinde.
Die beiden Damen Pappenheim mieteten in der Leerbachstraße im vornehmen Westend eine elegante Großwohnung und richteten sie auf das exquisiteste ein. Jedes einzelne Stück, die Biedermeiermöbel, die Teppiche, die Vitrinen (voll mit raren Objekten), die Bilder, die goldenen und silbernen Becher, noch von Siegmund Pappenheim zusammengetragen – all das war aus Wien mitgebracht worden. Bertha konnte anscheinend nicht genug von den schönen Sachen bekommen, denn sie durchstöberte mit einer schon an Verbissenheit grenzenden Begeisterung Antiquitätengeschäfte und Galerien, um immer neue Trophäen ihres künstlerischen Spürsinns nach Hause zu tragen.
Sie fand Anschluß an die Jeunesse dorée. Wir sehen sie auf Gesellschaften, im Theater, in der Oper, im Musiksaal. Sie liebte Konzerte, und da besonders Klaviermusik, wenn sie einstmals auch das Üben auf dem Pianoforte gehaßt hatte. Aber eine ihrer Cousinen war Schülerin von Clara Schumann-Wieck, und da hörten sich selbst Etüden wie Himmelsmusik an. Fast täglich ritt sie in heiterer Gesellschaft aus, und viele Stunden verbrachte sie, anbetend versunken, im Städelschen Museum.
Besonders angetan war sie von alten Spitzen, und sie entwickelte schließlich eine wahre Leidenschaft für das zarte Netzwerk, das sie mit professionellem Kennertum sammelte. Sie erlernte selbst die Kunst des Klöppelns, animierte auch ihre Freundinnen – man traf sich einmal in der Woche zum Klöppeln bei Bertha Pappenheim in der Leerbachstraße.
Es war ein ausgefülltes Leben, nicht eben unrastig zu nennen, aber

vielleicht eine Spur ziellos, so als müßte sie etwas nachholen oder etwas suchen – aber was?

Bertha war nun neunundzwanzig – nach damaligen Vorstellungen ein »überreifes« Mädchen, jedoch auch nach dem Schönheitsbegriff ihrer Zeit attraktiv mit ihrem zarten, hellen Gesicht unter einer Woge dunklen Haares, den blauen Nixenaugen und der biegsamen Figur.

Hat sie nie daran gedacht zu heiraten?

Ihre spätere Mitarbeiterin und erste Biographin, Dora Edlinger, schreibt: »In Gesellschaft von Männern war sie einfach bezaubernd. Ich habe erlebt, wie sie Männer um den Finger wickelte. Selbst als alte Frau konnte sie auf Männer noch verführerisch wirken . . .«

Dennoch gab es, soweit bekannt, nie einen Mann in ihrem Leben, außer den armen Dr. Breuer, der, bis auf jene entsetzliche Szene der hysterischen Entbindung, keinerlei sexuelle Gefühle bei ihr entdeckt haben will. Leider wurde Bertha, wie wir wissen, lediglich von Dr. Breuer, nicht aber vom »Großmeister der Psychoanalyse« auf der Couch lege artis befragt; Professor Freud hätte vielleicht herausgefunden, wo ihre »Männersperre« lag.

Daß ihre Zuneigung für Dr. Breuer gar nicht diesem selbst galt, sondern, auf dem Weg der »Übertragung«, dem eigenen Vater – das ist ein Teil der Freudschen Theorie, die durch Bertha selbst weder bestätigt noch in Abrede gestellt wurde. Sie hat nie über ihre Einstellung zu Männern als Geschlechtswesen gesprochen oder geschrieben. Von den »Herren der Schöpfung« als Menschen hielt sie indes nicht allzu viel; dies sollte sich in späteren Jahren erweisen, wenn sie sich mit den führenden Männern ihrer Religionsgemeinschaft anlegte.

Es war darum auch kein Mann, der ihr Leben radikal veränderte, es war eine Handvoll halb verhungerter, verlauster, verdreckter, verängstigter Kinder, die aus der hysterischen Anna O. endgültig Bertha Pappenheim machten, eine mutige, selbstbewußte Frau, Herz und Seele großer philanthropischer Werke.

Das Ganze begann wie ein Gesellschaftsspiel, Zeitvertreib für junge Damen aus besseren Kreisen, wo es zum gepflegten Lebensstil gehört, ein bißchen sozial tätig zu sein.

Eine von Berthas Freundinnen war Louise Goldschmidt, die Frau von Marcus Goldschmidt. Dieser Lieblingsbruder von Recha Pappenheim war einer der reichsten Männer von Frankfurt, der sein vieles Geld teils als Bankier, teils als Financier großer amerikanischer Eisenbahnprojekte machte. Louise Goldschmidt hatte Bertha mit offenen Armen aufgenommen, in die Gesellschaft eingeführt und ihr den Weg für eine erfolgreiche Karriere in den Salons geebnet. Zum Dank durfte sie doch wohl eine kleine Gefälligkeit erbitten? Selbstverständlich sagte Bertha ja. Was sie denn tun sollte? Ach, nur ein bißchen Suppe austeilen.

Louise Goldschmidt hatte, zusammen mit anderen wohlhabenden Damen, in der Theobaldstraße eine Auffangstelle für Gettoflüchtlinge aus dem Osten, vorwiegend aus dem russischen Teil Polens, eingerichtet. Es war keine großartige Angelegenheit, aber diese armen, ausgepowerten Kreaturen, die nichts als das nackte bißchen Leben aus den Pogromen gerettet hatten, konnten hier wenigstens kurz rasten, bekamen warmes Essen, Kleider und Schuhe. Unter den Flüchtlingen waren auch zahlreiche Waisen, deren Väter und Mütter die russische Soldateska massakriert hatte; es gab in der Theobaldstraße auch eine ständige Bleibe für rund dreißig Waisenmädchen.

So finden wir die schöne, elegante Bertha Pappenheim eines Tages nicht auf dem Parcours und nicht in der Oper, sie klöppelt nicht, sie befindet sich nicht auf der hektischen Suche nach Antiquitäten – sie steht vielmehr hinter einer Theke, schöpft aus einem Kessel Suppe in Blechnäpfe, und sie sieht zum erstenmal die düstere Kehrseite des Lebens. Schreckensbilder – real, nicht nur von ihrer Phantasie vorgegaukelt wie damals, als sie noch die klassische Hysterikerin war.

Bei der Suppenausgabe blieb es nicht; es ergaben sich Schwierigkeiten mit den Waisen, die zwar entlaust und reinlich angezogen waren, gekämmt und gewaschen, ausgeschlafen und satt – aber niemand wußte mit ihnen etwas anzufangen. Das ganze Waisenhaus war eher eine philanthropische Improvisation als ein geordneter Betrieb, die Kinder lungerten untätig herum. Ob Bertha sich nicht ein wenig mit den Kleinen befassen könnte? Sie konnte.

In Beschäftigungstherapie ungeübt, tat Bertha das, was einmal der Hauptinhalt ihres Lebens gewesen war, sie machte »Privattheater« für die Kleinen, die auf diese Weise – auch nützlicher Nebeneffekt – Deutsch lernten. Bertha erzählte Märchen, alle, die man in Büchern lesen konnte, aber auch viel Selbstersonnenes, auf ihrer eigenen Erlebniswelt basierend. Sie berichtete von einem alten Trödler und all den nützlichen und unnützen Sachen, die er feilbot, und wie sie zu ihm gekommen waren, welches Schicksal sich an jedes einzelne Stück knüpfte. Es waren eher traurige Geschichten, aber die Kinder lauschten gespannt.

Bertha schrieb später ihre Märchen nieder und veröffentlichte sie unter dem Titel »In der Trödelbude«. Der Name des Autors lautete »Paul Berthold«, wenigstens die Anfangsbuchstaben stimmten, wenn auch umgekehrt, mit denen von Bertha Pappenheim überein. Sie war damals noch nicht soweit, mit vollem Namen für das zu stehen, was sie geschaffen hatte. Das sollte sich im Laufe der Jahre ändern.

Aus der Kinderstube übersiedelte Bertha eines Tages ins Verwaltungsbüro, wo sie als »Hilfskraft« ungeahntes Organisationstalent entwikkelte und das eher beiläufig geführte Hilfswerk mildtätiger Geldaristokratinnen zu einer gut durchdachten sozialen Einrichtung machte.

Bertha – langsam, aber unaufhaltsam eine ziemlich spitze Zunge entwickelnd – nannte das Haus in der Theobaldstraße einen »fahrlässigen Wohlfahrtsbetrieb«, in dem das reichlich gespendete Geld unsystematisch verpulvert wurde und oft nutzlos versickerte. Sie gab die Schuld daran nicht nur den Damen, die das Haus neben all ihren vielen gesellschaftlichen Verpflichtungen recht und schlecht betrieben, sie wandte sich auch an die Spender, die mit leichter Hand gaben, teilweise wohl auch, um ihr Gewissen zu beruhigen. Bertha hat so manchen von ihnen geradeheraus gefragt, ob er denn wisse, wofür er spende; er solle sich selbst gefälligst ein wenig darum kümmern, was mit all seinem schönen Geld passierte.

Als die Leiterin des Waisenhauses ausschied, stand fest, daß niemand anderer als Bertha Pappenheim ihre Nachfolgerin sein müßte, und die zierte sich auch nicht, sagte ja, allerdings unter einer Bedingung: Sie wollte kein Gehalt. Sie käme sich, in Anbetracht ihrer finanziellen Verhältnisse, schäbig vor, nähme sie auch nur einen Pfennig für ihre Arbeit. Da die Statuten eine Entlohnung vorsahen und nicht ohne weiteres geändert werden konnten, nahm Bertha die Bezahlung an, um sie umgehend der Waisenhauskasse zuzuführen.

Das war sechs Jahre nachdem sie mit ihrer Mutter in Frankfurt angekommen war, zwölf Jahre nachdem ihr Dr. Breuer den Tod gewünscht hatte, weil er sie verloren glaubte. Die ehemals »gänzlich zerrüttete« Frau packte ihre Aufgabe mit großer Energie an, nicht ohne sich zu-

vor die notwendigen theoretischen Kenntnisse angeeignet zu haben; sie bildete sich selbst zur Sozialarbeiterin und zur Soziologin und studierte die neuesten Methoden der Verwaltung und der Menschenführung.
Die Organisation des Waisenhauses lief pünktlich und präzise. Unpünktlichkeit war Bertha ein Greuel, und alle hielten sich an genaue Zeitpläne und strenge Disziplin, nicht aus blindem Gehorsam, sondern weil Bertha ihnen ihre Vorstellung vom geordneten Dasein vorlebte.
Wenn die Mädchen schlimm waren, wurden sie bestraft – aber niemals gezüchtigt. Das will etwas heißen, denn am Ende des vorigen Jahrhunderts war die Prügelstrafe das allgemeine und auch gesetzlich ausdrücklich erlaubte Mittel der Wahl in der Heimerziehung – und nicht nur dort. Wurde eine Mitarbeiterin ertappt, daß sie einem Kind eine Ohrfeige gab, konnte sie auf der Stelle ihr Bündel schnüren und wurde vor die Tür gesetzt.
Bertha lernte es, mit dem gespendeten Geld rationell umzugehen. Die älteren Mädchen wurden angehalten, alle Arbeiten in Küche und Haus zu übernehmen, so daß weniger bezahltes Personal gebraucht wurde. Auch in kleinen Dingen wurde viel eingespart. Bertha hatte die Erleuchtung, Zerrissenes nicht einfach, wie in ihren Kreisen üblich, wegzuwerfen, sondern säuberlich zu flicken.
Bertha erweiterte ihr Heim um eine kleine Privatschule, sie selbst gab Unterricht in Deutsch, Geschichte und Geographie. Auch Musik und Kunstgeschichte wurden gelehrt. Umfassende Bildung erschien Bertha Pappenheim die wichtigste Voraussetzung für einen positiven Lebensweg ihrer Schützlinge.
Waren diese herangewachsen und imstande, sich selbständig fortzubringen, riß die Verbindung zu Bertha Pappenheim dennoch nicht ab. Sie schuf ein Bildungs- und Beratungszentrum. Dort konnten junge jüdische Mädchen jederzeit hinkommen, sie fanden ein offenes Ohr für ihre Probleme sowie die Möglichkeit, Fortbildungskurse zu besuchen.
Je tiefer Bertha in die Materie eindrang, desto bewußter wurde ihr, daß die, wie sie es spöttisch nannte, »aufgeblasene Philanthropie« eine sinnlose Vergeudung an Zeit und Mitteln darstellte. Sie plädierte für »verantwortungsvolles, gezieltes Tun«. Zu diesem Zweck rief sie

die »Weibliche Fürsorge« ins Leben, eine breitgefächerte Organisation freiwilliger Helferinnen, die teils Grundlagenforschung trieben, teils praktischen Dienst leisteten, in einer Auffangstelle für Flüchtlinge auf dem Bahnhof, als Familien- und Berufsberaterinnen. Sie kümmerte sich auch um Pflege- oder Adoptiveltern für die Kinder aus dem Waisenhaus. Viele der Fürsorgerinnen waren selbst aus dem Waisenhaus hervorgegangen, und Bertha sprach nicht ohne Stolz von ihren tüchtigen »Töchtern«.

In dem Maße, in dem Bertha in die Rolle einer fürsorglichen Mutter hineinwuchs, besserte sich die Beziehung zu ihrer eigenen, mit der sie noch immer die Wohnung teilte. Einige andere Faktoren mögen mit dazu beigetragen haben, daß es immer seltener zu Reibereien zwischen den beiden Frauen kam. Die übermächtige Konkurrenz des Bruders war geschwunden, Bertha war kaum mehr daheim, und schließlich begann die Mutter zu kränkeln, wurde weinerlich, sanft und depressiv.

Nur hin und wieder war sie aggressiv und unausstehlich – aber Bertha war aus der Schußlinie, denn sie hatte für die Mutter eine Gesellschafterin engagiert, die dafür bezahlt wurde, die schlechte Laune der alten Dame zu ertragen.

Eines frühen Morgens im Jahre 1905, da Bertha eben das Haus verlassen wollte, kam die Gesellschafterin aus dem Schlafzimmer der Mutter und teilte ihr mit, daß Recha Pappenheim soeben gestorben sei. Bertha zeigte weder in diesem Augenblick noch später Anzeichen großer Trauer. Aber ihr dunkles Haar wurde binnen weniger Monate so weiß wie kaum bei einer Achtzigjährigen. Bertha war sechsundvierzig Jahre alt.

Sie löste die Wohnung auf und nahm sich eine kleinere. Sie mußte sich von großen Teilen der Einrichtung trennen, die noch die elterliche Wohnung in Wien gesehen hatte, aber sie behielt die edelsten Stücke für ihre neue Bleibe. Es muß, so berichten Zeitzeugen, ein wahres Schmuckstück gewesen sein, Ausdruck eines superben Geschmacks mit deutlich wienerischer Note.

Sehr wienerisch sollen auch die Speisenfolgen bei den Abendeinladungen für ihre Freunde gewesen sein; schlichtweg »lukullisch«, berichtete ein Gast. Höhepunkt eines solchen Mahls war stets ein Wiener Schnitzel, ein Gericht, das Bertha vor allen liebte, und sie be-

stellte es überall, selbst an so »exotischen« Orten wie Berlin, wo man das Schnitzel mit brauner »Tunke« servierte.
Die wenige Freizeit, die Bertha bei all ihren offiziellen und privaten Tätigkeiten blieb, nützte sie zum Lesen, vielmehr zum Verschlingen von Büchern, wofür sie einen großen Teil ihrer Nachtruhe opferte.
Als sie feststellte, daß »A Vindication of the Rights of Women« (Eine Verteidigung der Rechte der Frau), das die Engländerin Mary Wollstonecroft bereits 1792 geschrieben hatte, noch immer nicht in deutsch zu haben war, setzte sie sich hin und übersetzte das Buch.
Bertha versuchte sich auch als Dichterin. Ihr Theaterstück »Frauenrecht«, offenbar unter dem Eindruck der Wollstonecroft geschrieben, vermischte Sozialkritisches à la Hauptmanns »Weber« mit Emanzipatorischem à la Ibsens »Nora oder ein Puppenheim« und war alles in allem nicht der Rede wert. Es wurde zwar gedruckt, hat aber nie das Rampenlicht erblickt.
Wesentlich interessanter war die Broschüre »Die Judenfrage in Galizien«, in der Bertha Pappenheim alles an Information über das himmelschreiende Elend der von ständigen Pogromen heimgesuchten Glaubensbrüder und -schwestern festhielt; sie hatte davon aus den Berichten ungezählter Flüchtlinge erfahren. Diese erste Publikation, die unter ihrem eigenen Namen erschien, zielte vor allem darauf, das Gewissen der Reichen und der Satten zu wecken und sie zu Spenden anzuregen.
Weitere Broschüren und Zeitungsartikel Bertha Pappenheims machten viel böses Blut, weil sie streng tabuisierte Themen anschnitt und sich nicht scheute, die Gemeindeoberen scharf anzugreifen. Das Schicksal war grausam genug, Bertha miterleben zu lassen, wie ihre mutigen Enthüllungen von den Nationalsozialisten zu antisemitischem Propagandamaterial aufbereitet wurden . . .
Im Laufe ihrer Tätigkeit erfuhr Bertha Dinge, die sich die von allem Bösen abgeschirmte Millionärstochter in ihren schlimmsten Alpträumen nicht hätte vorstellen können. Es schockierte sie dermaßen, daß sie noch einmal ihr Leben zu ändern begann, ihm eine neue Zielrichtung gab. Aus der Hysterikerin war eine Fürsorgerin geworden, aus der Fürsorgerin entwickelte sich eine Kämpferin, eine Ruferin in der Wüste.
Auch diesmal begann diese Wandlung fast unmerklich. Bertha fiel

auf, daß unter den Flüchtlingen Frauen deutlich in der Überzahl waren. Erst dachte sie sich nicht viel dabei, dann begann sie dem Phänomen nachzugehen, denn sie wußte, daß die russischen Judenfresser bei den Pogromen keinen Unterschied zwischen Männern und Frauen zu machen pflegten. Sie metzelten nieder, was ihnen unter die Säbel kam; woher also diese vielen alleinstehenden Frauen, die noch ärmer, noch heruntergekommener waren als die anderen? Bertha kam drauf, daß es sich um »Agunas« handelte, verlassene Ehefrauen, die schutz- und mittellos dastanden.

Agunas? Eine wenn auch fromme, so doch weit von den Wurzeln entfernte, hochkultivierte Jüdin wußte, daß es so etwas gab, vielmehr gegeben hatte, aber sie ahnte nicht, daß archaische, barbarische Sitten im Osten noch immer praktiziert wurden: Nach jüdischem Gesetz konnte ein verheirateter Mann, der mit einer unverheirateten Frau ein Kind zeugte, diese zu seiner legitimen Ehegesponsin machen und das Kind als ehelich anerkennen. Entließ er seine erste Frau nicht durch den vorgeschriebenen Scheidungsbrief aus der Ehe, so galt sie weiterhin als verheiratet; Polygamie auf jüdisch-orthodox. Sie war im Osten noch immer erlaubt, während im Westen bereits um das Jahr 1000 Rabbi Gerschom aus Mainz das Gesetz der Einehe durchgesetzt hatte.

Seit der Jahrhundertmitte, seitdem viele Juden, von den unaufhörlichen Pogromen zermürbt, nach Amerika auszuwandern begannen, stieg die Zahl der Agunas dramatisch an. Da sagte einer zu seinem treuen Eheweib, er gehe jetzt nach Westen, es reichte aber gerade nur für eine Schiffskarte, also müßte sie warten, bis er drüben Fuß gefaßt hätte und sie samt Kindern nachholen werde. Die armen Weiber saßen da und warteten und warteten, aber der Ehemann rührte sich nicht. Er war und blieb verschollen, denn er hatte bereits jenseits des Ozeans eine neue Gefährtin gefunden, neue Kinder gezeugt und eine neue Ehe geschlossen. Auf den Scheidungsbrief aber konnte die Alte warten bis zum Sankt-Nimmerleins-Tag.

Meist waren es junge Frauen, die nur auf dem Papier verheiratet und doch nicht frei waren, und dann ging mit der einen oder anderen das heiße Blut durch. Sie ließ sich mit einem anderen Mann ein, mit oft katastrophalen Folgen. Nicht nur, daß die Frau selbst in Schmach und Schande geriet, waren die eventuellen unehelichen Kinder, die sie gebar, Parias, Ausgestoßene, Unpersonen. Das jüdische Gesetz anerkannte uneheliche Kinder nicht als zur Glaubensgemeinschaft gehörend, und die Gemeinde war darum auch nicht verpflichtet, für die armen Wesen auch nur einen Finger zu rühren. Sie erhielten keine Unterstützung, sie erhielten keinen Unterricht, sie bekamen nichts als Spott und Hohn zu hören.

Einige wenige hatten das unverhoffte Glück, in Bertha Pappenheims Waisenhaus zu landen, wo sie liebevoll empfangen und mit allen anderen Kindern gleichberechtigt aufgezogen wurden. Aber was geschah mit den anderen? Bertha begann es bald zu ahnen, aber es brauchte noch einige Zeit, bis sie die ganze niederschmetternde Wahrheit erfuhr und erfaßte: Viele jüdische Mädchen, und nicht nur die unehelichen, wurden Prostituierte.

Agunas und unehelich geborene Mädchen gingen häufig mehr oder minder freiwillig in die Prostitution, aber ebenso viele gelangten auf Umwegen dorthin. Landauf, landab zogen respektabel aussehende Männer, machten sich in den Städtls Liebkind, knüpften Beziehungen zu Familien, in denen hübsche Mädchen heranwuchsen. Sie erzählten, daß sie Agenten einer Arbeitsvermittlungsstelle seien, sie könnten den Mädchen in Westeuropa gute Stellungen verschaffen. Die Eltern bekamen noch einen goldenen Händedruck, der ihnen den Abschied von der geliebten Tochter versüßte, und ab ging es – ins Bordell!

Der Mädchenhandel war im vorigen Jahrhundert, und weit bis in unseres, ein blühendes Geschäft. Wien, Budapest und Frankfurt waren Umschlagplätze für die »Ware«, die dann meist nach Südamerika ging oder in den arabischen Raum: In islamisch dominierten Gebieten gab es, gemessen an der Einwohnerzahl, wesentlich mehr Bordelle als in anderen Ländern, doch in keinem einzigen »arbeiteten« Frauen, die der Lehre des Propheten anhingen. Der Koran verbot es Frauen, sich vor fremden Männern zu entkleiden oder sich von ihnen berühren zu lassen. Diese Freudenhäuser waren von »Ungläubigen«, von Christinnen und von Jüdinnen bevölkert, und die meisten waren ganz gewiß nicht freiwillig dahin gekommen.

In Österreich-Ungarn war der Kampf gegen den Mädchenhandel zumindest ansatzweise vorhanden. Die Polizeidienststellen waren seit 1875 angewiesen, alle jungen Frauen, die einen Paß beantragten, auszufragen, wozu das Papier benötigt würde, mit wem sie wohin zu reisen beabsichtigten. Kam, zum Beispiel, eine nett aussehende Köchin und erzählte, sie hätte im Nahen Osten eine hochdotierte Stellung bei vornehmen Leuten angeboten bekommen, dann wurde sie dringend aufgefordert, sich an das Konsulat ihres Ziellandes zu wenden und Erkundigungen über ihren neuen Arbeitgeber zu erbitten. Man sparte auch nicht mit Aufklärung über die möglichen Hintergründe eines allzu verlockenden Stellenangebotes. Manche Mädchen haben es sich dann doch überlegt, und mancher Mädchenhändlerring ist durch das Zusammenspiel von Polizei und fernwehkranken jungen Frauen aufgeflogen. Die Abteilung für »Geschlechtskrankheiten und Mädchenhandel« existierte in Österreich im übrigen noch bis lange nach dem *Zweiten* Weltkrieg.

Ganz anders war die Lage im russischen Galizien. Dort bekam fast niemand einen Paß, schon gar nicht ein junges Ding aus dem Getto. Darum wurden die Mädchen von Schleppern über die grüne Grenze geschleust. Einige hatten Glück und wurden von Angehörigen katholischer oder evangelischer Hilfsorganisationen bereits wenig später mit List oder Drohungen aus den Klauen ihrer Entführer befreit. Die meisten aber waren für immer verloren.

Es gab also christliche Stellen, die sich mit Mädchenhandel befaßten; jüdische gab es nicht, wie Bertha bestürzt feststellen mußte. Und das, obwohl viele Jüdinnen verschleppt wurden; und das, obwohl viele Agunas ihre minderjährigen Töchter – und im vollen Wissen, was mit den Kindern geschah – hergaben, das heißt verkauften; und das, obwohl nur zu gut bekannt war, daß an der Spitze der Mädchenhändlerringe häufig Juden standen.

Auf Berthas empörte Fragen, warum denn die Juden nichts für die Errettung der Mädchen täten, bekam sie ausweichende, dann aber doch klare Antworten: Man traue sich nicht, überhaupt zuzugeben, daß Juden ihre Töchter sehenden Auges ins Verderben schickten und daß Juden ihre Hände im schmutzigen Geschäft hatten. Um das auch im zivilisierten Westen Europas immer sprungbereite Ungeheuer des Antisemitismus nicht zu provozieren, betrieb man Vogel-Strauß-Politik und tat so, als ob es das Problem nicht gäbe. Auch Bertha möge die Finger davon lassen.

Ehe sie sich auf den Kampf mit den Religionsoberen einließ, packte sie die Angelegenheit von der praktischen Seite an. Sie gründete das

»Heim für gefährdete Mädchen und uneheliche Kinder« und leitete es selbst, nachdem sie eine neue Vorsteherin für das Waisenhaus gefunden hatte.
In Neu-Isenburg, einem 6 000-Seelen-Städtchen nahe Frankfurt, erwarb sie ein zwei Morgen großes Wiesengrundstück und ließ darauf nach genau durchdachten Plänen fünf Häuser errichten: Eines für Kleinkinder bis zu sechs Jahren, eines für die Sechs- bis Sechzehnjährigen, eines für die Frauen und Mädchen. Ein Wohnhaus fürs Personal, das gleichzeitig als Verwaltungsgebäude diente, sowie eine Gebär- und Krankenstation ergänzten den Komplex.
Die Wahl war auf Neu-Isenburg gefallen, weil in dem von Hugenotten gegründeten Ort eine wesentlich größere Toleranz gegenüber »gefallenen Mädchen«, noch dazu jüdischen, zu erwarten war als anderswo. Überdies gehörte Frankfurt damals noch zu Preußen, und die machten viel mehr Aufhebens um Leute ohne Personalpapiere als die gemütlichen Hessen.
Das Heim wurde gebaut und erhalten aus Mitteln, die Bertha und ihre Mitstreiterinnen persönlich aufbrachten oder bei reichen Glaubensbrüdern erschnorrten. Für Frauen, die schon einmal im Gefängnis gewesen waren und die nun in Neu-Isenburg resozialisiert werden sollten, kam der Staat auf.
Als Grundprinzip des Zusammenlebens mit den jungen Frauen und den Kindern schwebte Bertha das Modell der Nervenklinik in Bad Kreuzlingen vor, die vom leitenden Arzt und seinen Angehörigen wie eine große Familie geführt wurde, sehr zum Unterschied zu anderen Heimen für sogenannte »Gestrauchelte«, wo Grobheit und regelmäßige Prügel zum Erziehungsprogramm gehörten.
Die Kinder des Heimes, und auch die ganz jungen unter den »gefährdeten« Mädchen, besuchten die Schule in Neu-Isenburg. Im übrigen waren alle dazu angehalten, das Ihre zu diesem großen Haushalt beizutragen. Niemand war untätig, und abends verbrachte man auch die Freizeit gemeinsam.
Bertha Pappenheim, die, wie erinnerlich, noch als alte Dame die Männer um den Finger wickeln konnte, fand einen praktischen Arzt, der das Heim täglich besuchte. Rund zwanzig Fachärzte aus Frankfurt, fast durchwegs Universitätsprofessoren, kümmerten sich ebenfalls regelmäßig um die Frauen und Kinder. Alle ohne Honorar.

Ein weiterer Verehrer Berthas, Henry Rothschild, ausnahmsweise kein Bankier, sondern ein begüterter Metallhändler, tat ein übriges, erwarb ein reizendes kleines Haus, direkt gegenüber dem Heim, und machte es Bertha zum Geschenk. Er hatte ausgerechnet, daß sie täglich mehr als eine Stunde auf öffentlichen Verkehrsmitteln vergeudete, wenn sie von ihrer Frankfurter Wohnung nach Neu-Isenburg fuhr, Zeit, die sie nutzbringender für ihre Schützlinge verwenden konnte. Bertha nahm das Geschenk dankbar an und übersiedelte mitsamt ihren Wiener Kostbarkeiten nach Neu-Isenburg. Wenn Henry Rothschild gehofft haben sollte, daß Bertha mehr als Freundschaft für ihn fühlen würde, dann hatte er geirrt.

Tag für Tag – wenn sie nicht gerade auf Reisen war – spazierte sie von ihrem Puppenhäuschen die paar Schritte hinüber zum Heim, und stets besuchte sie als erstes die Säuglingsstation. Sie kannte jedes Baby mit all seinen besonderen Eigenschaften, sie nahm jedes einzelne auf, küßte es und flüsterte ihm Zärtlichkeiten ins Ohr. Das waren die seltenen Momente, in denen man Bertha Pappenheim gelöst sah, ein Lächeln in den ansonsten eher herben Zügen.

Anschließend inspizierte sie die Zimmer der größeren Kinder, von einem ohrenbetäubenden »Guten Morgen, Fräulein Pappenheim« empfangen, und nach einem Rundgang durch die übrigen Gebäude zog sie sich in ihr Büro zurück. Sie zeigte sich erst wieder beim Mittagessen, das alle in einem großen Speisesaal einnahmen.

Am Nachmittag saß sie häufig mit ihren »gefährdeten« Mädchen zusammen, handarbeitend oder, in späteren Jahren, Glasperlen zu bunten Ketten fädelnd. »Gefährdete Mädchen« war natürlich nichts anderes als eine euphemistische Umschreibung für ehemalige Prostituierte, entlassene Strafgefangene, schwangere Mädchen und uneheliche Mütter; lauter Frauenzimmer, die zum Anfang unseres Jahrhunderts – und wohl auch heute manchmal – kaum jemand mit der Feuerzange angefaßt hätte.

Es gibt leider keine Statistiken, wieviel Prozent der Insassinnen von Neu-Isenburg einem normalen Leben zugeführt werden konnten und nicht mehr rückfällig wurden. Es muß eine beeindruckende Zahl gewesen sein, denn die Anstalt galt als musterhaft und wurde immer wieder von Delegationen aus vielen Ländern besucht.

Bertha sammelte ihre »Klientinnen« von der Bahnhofsfürsorge, aus

Oben: Zu Ehren Bertha Pappenheims gab die Deutsche Bundespost 1954 eine Briefmarke heraus
Unten: Das »Heim für gefährdete Mädchen und uneheliche Kinder« in Neu-Isenburg (Haupthaus)

dem Flüchtlingsstrom, der durch die Anlaufstelle in der Theobaldstraße flutete, und später brachte sie Mädchen und Kinder von ihren ausgedehnten Reisen mit.

Als der Betrieb in Neu-Isenburg so eingespielt war, daß er auch ohne die »Chefin« reibungslos ablaufen konnte, begann Bertha Pappenheim ihre Fahrten kreuz und quer durch östliche Gebiete, um dem Phänomen der Prostitution und seinen Ursprüngen nachzuspüren. Zugleich begann sie ihren zähen Kampf gegen die Mädchenhändler und alle jene, die deren ruchlosem Treiben durch Schweigen zustimmten.

Kurz nach dem Tod der Mutter fuhr Bertha nach Galizien, wo sie zum ersten Mal am eigenen Leibe verspürte, wie gewaltig der Unterschied zwischen Ost- und Westjudentum war, welch tiefe Kluft die beiden völlig verschiedenen Kulturen trennte.

Bertha hatte einige ihrer bereits erwachsenen »Töchter« aus dem Waisenhaus mitgenommen. Sie waren als Krankenschwestern ausgebildet und sollten Getto-Mädchen die Grundbegriffe der Krankenbetreuung beibringen. Sie trugen weiße Schwesterntracht, von Bertha selbst entworfen – worauf sie nicht wenig stolz war, denn die adrette Uniform stand den Mädchen ausgezeichnet.

Die Bewohner der Gettos waren anderer Meinung. Sie empfingen Bertha und ihre kleine Hilfstruppe mit Geschrei und Pfiffen, die Besucherinnen wurden bespuckt, beschimpft und vereinzelt sogar mit Steinen beworfen. Erst nach endlosen Verwicklungen und Verhandlungen stellte sich der Grund für die militante Feindseligkeit heraus: Die Gettojuden glaubten, Bertha wollte Nachschub für ein Nonnenkloster anwerben! Erst als Berthas »Töchter« Zivil trugen, kam es zur Verständigung, und einige junge Frauen erklärten sich bereit, die Krankenpflegekurse zu besuchen. Bertha informierte die neuen Schülerinnen auch über das Treiben und die Methoden der Mädchenhändler; sie sollten die Augen offenhalten und Altersgenossinnen vor den Gefahren eines »Stellenangebots« ins Ausland warnen.

Berthas Vorsprachen bei den Rabbinern und ihre Bitten, etwas gegen den Mädchenhandel zu unternehmen, sich vor allem der gefährdeten Agunas und der unehelichen Kinder anzunehmen, stießen auf taube Ohren. Insgesamt war der Galizien-Besuch kein glorreicher Sieg, wenn man davon absieht, daß Bertha wieder ein paar Waisenkinder

eingesammelt hatte, um sie in Frankfurt einer besseren Zukunft entgegenzuführen.
Bertha Pappenheim war nicht die Person, sich durch einen Fehlschlag entmutigen zu lassen. Vielmehr fühlte sie sich herausgefordert, noch mehr zu tun als bisher, noch öfter das Unmögliche zu versuchen.
Sie fuhr in der Folge nach Rußland, in die Türkei, nach Griechenland (das damals noch zur Türkei gehörte) und nach Ägypten, um an Ort und Stelle das Los der verschleppten Mädchen kennenzulernen, in der immer vager werdenden Hoffnung, Verbündete im Kampf gegen den Mädchenhandel zu finden.
Zum Entsetzen von Konsular- und Polizeibeamten schreckte sie auch nicht davor zurück, persönlich Bordelle zu besichtigen und die dort beschäftigten Mädchen über ihr Schicksal zu befragen. Sie tat es sachlich, höflich, so, als sei es die selbstverständlichste Sache der Welt, daß sich eine Dame der Gesellschaft unter Huren bewegte. Sie wurde immer mehr in der Einsicht bestärkt, daß die Mädchen, hätte man sie rechtzeitig gewarnt, sicher nicht im Bordell gestrandet wären.
In Alexandria unterhielt sie sich lange mit drei noch nicht einmal sechzehnjährigen Mädchen, wobei der Polizeibeamte, der ihr zum Schutz mitgegeben worden war, als Dolmetsch fungierte. Am Ende der Unterredung küßte eines der Mädchen ihr die Hand und murmelte etwas.
»Was hat sie gesagt?« wollte Bertha wissen. Der Polizist antwortete: »Gott möge Sie segnen, denn Sie sind die erste Frau, die freundlich mit den Mädchen gesprochen hat.«
Auch in Saloniki wollte Bertha ein Bordell sehen. Ein Beamter des österreichischen Konsulats war bereit, ihr bei der Erfüllung dieses bizarren Wunsches zu helfen. Im Laufe des Gesprächs ließ der Mann eine Bemerkung fallen, die Bertha ins Herz traf: »Gnädige Frau, was kümmert Sie das alles? Die Juden verkaufen ihre Kinder wie die Hühner.«
Am 8. April 1911 – wir kennen das Datum so genau, weil Bertha ausführliche Berichte über ihre Reiseabenteuer nach Frankfurt schickte – sprach sie in Konstantinopel beim Oberrabbiner der Türkei vor.
Vorsichtig fragte sie ihn, ob er wisse, daß der Reichtum mancher seiner Gemeindemitglieder aus dem Mädchenhandel stammte. Der Geistliche war mitnichten überrascht, er erzählte vielmehr, daß es in

Konstantinopel eine von eben diesen Mädchenhändlern gestiftete Synagoge gebe.
Bertha war schockiert. Man sollte, meinte sie, diese Synagoge wohl besser schließen. Das ginge nicht, erklärte der Rabbiner, denn ohne das von den Mädchenhändlern gespendete Geld wäre es unmöglich, soziale Einrichtungen wie Waisenhäuser und Spitäler zu unterhalten.
Die nächste Frage an den Oberrabbiner: »Wieviel Prozent der Prostituierten in der Türkei sind Jüdinnen?« Es seien neunzig Prozent, erklärte der Rabbiner ungerührt. Auf die letzte Frage, wie viele Prozent des Mädchenhandels in jüdischen Händen lägen, hatte er ebenfalls eine klare Antwort: neunzig Prozent.
Berthas Beschwörungen, doch irgendwie gegen diese skandalösen Zustände anzugehen, waren zur Wand gesprochen. Der Oberrabbiner zuckte die Achseln. Er könne absolut nichts tun.
Eine ähnlich schmerzliche Abfuhr hatte Bertha schon vier Wochen zuvor beim Oberrabbiner von Ungarn in Budapest erfahren, zu dem sie über Vermittlung und in Begleitung einer Bekannten vorgelassen worden war. Es fing damit an, daß er die beiden Frauen eine Stunde lang warten ließ, ehe er sie endlich in sein Arbeitszimmer bat. »Ein hochgewachsener Herr in magyarisch-geistlicher Tracht«, berichtete Bertha in einem Brief. »Er wandte mir sein unedles Profil zu und ließ mich reden . . .«
Man muß sich einmal vor Augen halten, was das heißt »Er wandte mir das Profil zu« – das heißt, er fand es nicht einmal der Mühe wert, seine Besucherin anzusehen. Er blieb halb abgewandt – deutliches Zeichen der Körpersprache, daß ihn das, was ihm diese verrückte Person vortrug, herzlich wenig anging.
Auf Berthas Bitte: »Wollen Sie uns im Interesse von Individuen und der ganzen jüdischen Sache nicht helfen, eine Organisation zu gründen?« antwortete er kurz angebunden: »Die Sache interessiert mich nicht.«
Den Einwand, daß er ja Vorsitzender des Patronage-Vereins für Kinder sei und daß die verschleppten Mädchen oftmals halbe Kinder wären, wischte er mit der Bemerkung weg, daß die Altersgrenze für Kinder bei dreizehn Jahren läge, ältere gingen ihn nichts an, Mädchen schon gar nicht.
Bertha schnappte nach Luft: »Aber . . .«

Ihr Gesprächspartner unterbrach sie: »Ich lasse mich nicht bekehren.« Damit war die Audienz beendet.
Eine Reise nach Amerika brachte wenigstens Geld. Der Bankier Warburg, ein Cousin, hatte vollstes Verständnis für Berthas finanzielle Anliegen. Er und einige seiner Freunde ließen sich nicht lumpen und spendeten reichlich. Für ihre Erläuterungen zeigten sie wenig Interesse, die Materie war ihnen fremd.
Dabei war Bertha im Laufe der Jahre eine Expertin für Fragen der Prostitution und des Mädchenhandels geworden. 1910 hielt sie in London beim »Internationalen Kongreß zur Bekämpfung des Mädchenhandels« ein vielbeachtetes Referat.
1911 verfaßte sie für das »Deutsche Nationalkomitee zur Bekämpfung des Mädchenhandels« eine Studie. Darin nahm sie sich kein Blatt vor den Mund und zeigte rücksichtslos die Rolle ihrer Glaubensbrüder in dem schmutzigen Gewerbe auf. Das Echo war dementsprechend, »Nestbeschmutzerin« war noch eine der freundlichsten Bezeichnungen für Bertha Pappenheim. Die Antwort auf derlei Anwürfe lautete: »Vom Unrecht wissen und schweigen macht mitschuldig.«
Nach längerer Unterbrechung durch den Ersten Weltkrieg nahm Bertha ihren Privatfeldzug wieder auf. Sie schrieb ein Buch unter dem vielsagenden Titel »Sisyphus-Arbeit«, in dem sie zusammenfassend über ihre Reisen, ihre Hoffnungen und ihre Niederlagen berichtete. Und wieder betonte sie ausdrücklich: »Niemand darf still bleiben, der weiß, daß irgendwo Unrecht geschieht – nicht Geschlecht, nicht Alter, nicht Konfession noch Partei dürfen ein Grund sein, zu schweigen.«
1924 hielt sie vor dem »Weltkongreß gegen Unsittlichkeit« in Graz einen Vortrag und führte bittere Klage, daß die jüdische Geistlichkeit, anders als die evangelische und die katholische, weder den Willen noch die Fähigkeit aufbrachte, den Mädchenhandel energisch zu bekämpfen.
Genf 1928: Fräulein Bertha Pappenheim referierte über ihr Spezialgebiet vor einem Ausschuß des Völkerbundes, und kein Geringerer als Albert Einstein hatte vor ihrem großen internationalen Auftritt öffentlich bekanntgegeben, daß er auf ihrer Seite stehe und ihre Bestrebungen unterstütze.
Im selben Jahr richtete sie eine eindringliche Petition an die in Wien

tagende »Große Versammlung der europäischen Rabbiner und Talmudgelehrten«, sie sollten endlich die Scheidungsgesetze revidieren, um so das Los der Agunas zu erleichtern, von denen überproportional viele in die Prostitution getrieben würden, weil sie anders nicht überleben könnten. Es erfolgte keinerlei Reaktion von der »Großen Versammlung.«

Je mehr sich die Juden weigerten, Bertha Pappenheim zur Kenntnis zu nehmen, desto gieriger stürzte sich die Presse der vorwärtsstürmenden Nationalsozialisten auf das gefundene Fressen: Die Attacken der Jüdin Bertha Pappenheim gegen die Rabbiner und gegen die jüdischen Mädchenhändler, das war ein Leckerbissen für die antisemitische Hetzpresse. Das Zentralorgan des Judenhasses, »Der Stürmer«, druckte seitenweise aus Berthas Reden und Schriften ab.

Berthas Verhalten gegenüber dem aufkommenden und schließlich brutal die Macht ergreifenden Nationalsozialismus war seltsam indifferent, vor allem weil sie ein zutiefst unpolitischer Mensch war. Mit der Arroganz mancher Intellektueller lehnte sie es ab, sich mit diesen »schmutzigen« Dingen näher zu befassen.

Als die Zeichen bereits auf Sturm standen, weigerte sie sich, dies zur Kenntnis zu nehmen. Sie glaubte an Deutschland und an den in tausend gescheiten Büchern vielzitierten Humanismus der Deutschen. Die Juden brauchten nichts weiter zu tun, als sich still zu verhalten, in die innere Emigration zu gehen und abzuwarten, bis sich Hitler und seine Spießgesellen überlebt hätten, meinte sie.

Noch 1935 geriet sie in Amsterdam mit der Amerikanerin Henriette Szold in Konflikt, weil diese ausgezogen war, jüdische Kinder aus Deutschland herauszuholen und nach Palästina zu bringen. Bertha vertrat den Standpunkt, es sei ein Frevel, Kinder von ihren Eltern zu trennen. Ein intaktes Familienleben sei das Allerwichtigste. Aber die Kinder seien in tödlicher Gefahr, schrie Henriette Szold. Unsinn, replizierte Bertha, der Antisemitismus werde sich eines Tages von selbst erledigen.

Es ist unleugbar: Je älter Bertha Pappenheim wurde, desto mehr kamen Unnachgiebigkeit und Starrsinn zum Vorschein. Ihre engste Mitarbeiterin, Dora Edlinger, schilderte sie so: »Sie war zart gebaut, klein und schlank, aber von stählerner Energie. Ihre feinen Züge verliehen ihr Schönheit ... Sie war ein faszinierender, höchst feinfühliger, aber

Bertha Pappenheim – noch im hohen Alter eine energische, beeindruckende Persönlichkeit

überaus komplizierter Mensch, eine überwältigend kraftvolle und überzeugende Persönlichkeit ... Ich würde sie nicht als liebenswürdig bezeichnen ... Meist war sie freundlich, aber das war, glaube ich, kein spontaner Impuls ... Bisweilen konnte sie sehr herrisch sein, denn sie war gewöhnt, ihren Kopf durchzusetzen ...«
Eine andere Mitarbeiterin, Cora Berliner, fand: »Es lebte ein Vulkan in dieser Frau, der ausbrach, wenn ihr Zorn gereizt wurde.«
Ihr Zorn konnte sich an existenziellen Fragen ebenso entzünden wie an Lappalien.
Als nach dem Ersten Weltkrieg eine Debatte über den Schwangerschaftsabbruch ausbrach, polemisierte sie wütend, und ohne auch nur auf ein einziges Argument einzugehen, dagegen: »Es ist Vorrecht und Pflicht der Frau, Kinder zu bekommen. Sie wird gesegnet durch ihre Kinder. Sie wird unsterblich durch ihre Kinder ... Abtreibung ist ein Verbrechen an der Menschheit. Wenn eine Frau schwanger wird, dann war ihr das so bestimmt ... Abtreibung ist Mord.«
Und das aus der Feder einer Frau, die wie keine zweite das Elend unehelicher Mütter und unehelicher Kinder miterlebt hat. Aber natürlich war sie auch dieselbe Frau, die als junges Mädchen eine hysterische Entbindung durchgemacht und vielleicht noch immer nicht verwunden hatte, daß sie keine eigenen Kinder besaß.
Unnachgiebig im Großen, unnachgiebig im Kleinen: Eine freiwillige Helferin, die sich voll Elan zur Mitarbeit in der »Weiblichen Fürsorge« meldete, vergraulte Bertha durch spitze Bemerkungen über deren rotlackierte Fingernägel. Einer anderen verbot sie das Bridgespiel, weil es keine angemessene Beschäftigung für eine erwachsene Frau sei, die ihre Zeit doch wohl besser zu nützen imstande sein sollte.
Vielleicht kam ihre zunehmende Versteinerung auch daher, daß sie zu kränkeln begann, sich aber niemals gestattete, ernstlich krank zu sein. Sie war keine sechzig, da litt sie unter schweren Anfällen von Rheumatismus, später kamen undefinierbare Leibschmerzen hinzu, deren Ursache die Ärzte zunächst nicht entdecken konnten. Ihre späten Lebensjahre waren auch von Depressionen überschattet, von denen aber nur die wenigsten, die Vertrautesten, wußten. Man dürfe seine Umwelt nicht mit »Launen« belasten, meinte sie. Hysterische Erscheinungen, wie sie sie in ihrer Jugend dargeboten hatte, blieben aus.

1934, als sie fünfundsiebzig geworden war, entledigte sie sich der Hauptlast aller Agenden des Heimes in Neu-Isenburg, doch die Oberaufsicht, die letzte Entscheidungsgewalt in wichtigen Fragen behielt sie sich vor.

Im Frühjahr 1935 reiste sie zum letztenmal in ihre Vaterstadt. In all den Jahren hatte sie einen großen Bogen um Wien gemacht; sie war nur ein einziges Mal, auf der Heimfahrt von Krakau, für wenige Tage dort gewesen. Diesmal nahm sie sich länger Zeit. Sie wohnte allerdings nicht beim Bruder Willy und seiner Frau. Bertha scheint bis zum Ende die Animosität gegen ihn nicht verloren zu haben.

Sie nahm in der Pension Vienna ein eher bescheidenes Quartier und vergrub sich für Tage im Museum für Angewandte Kunst auf dem Stubenring, dem sie ihre kostbare Sammlung alter Spitzen mitgebracht hatte. Nachdem sie einen Katalog fertiggestellt hatte, wandte sie sich von den Spitzen ab und den Menschen zu. Sie besuchte den Bruder, sie traf einige wenige Freundinnen aus der Schulzeit – die meisten waren nicht mehr am Leben –, und sie »müffelte«, wie sie es nannte, in Antiquitätengeschäften herum, aber sie kaufte nichts mehr. Bestimmt wußte Bertha, daß sie zum letztenmal in der Stadt ihrer unglücklichen Jugend war.

Auf der Heimreise machte sie einen Abstecher nach Bad Ischl, wo sie als Kind einige Ferienwochen verbracht hatte. Kaum angekommen, erlitt sie einen Zusammenbruch. Von rasenden Schmerzen gepeinigt, war sie fast besinnungslos. Wer veranlaßt hat, daß man sie mit der Rettung nach München brachte, ist nicht mehr feststellbar. Im dortigen jüdischen Spital – man schrieb den Juli 1935, und Juden durften nicht mehr in »normalen« Krankenhäusern behandelt werden – wurde sie sofort operiert.

Aus der Narkose erwacht, fragte sie, ob man ihr die Gallenblase entfernt hätte. Die Antwort lautete nein. Ob sie bald sterben müsse, wollte sie wissen. Aber nicht doch, hieß es, es sei nichts Dramatisches gewesen, sie werde noch viele Jahre leben. Daß sie an einem inoperablen Leberkrebs litt, sagte man ihr nicht. Bertha forschte auch nicht weiter.

Bereits zwei Monate später fuhr sie nach Amsterdam, um sich, wie früher berichtet, mit Henriette Szold zu zanken, ob man jüdische Kinder nach Palästina verschicken oder bei ihren Eltern in Deutschland lassen sollte. Auch nach Krakau fuhr sie, um sich zu überzeugen, daß die von ihr ins Leben gerufenen Aus- und Fortbildungskurse für Lehrerinnen und Krankenschwestern auch wirklich so gestaltet wurden, wie sie es angeordnet hatte. Die Kontrolle verlief zu ihrer Zufriedenheit.

Ab dem Herbst 1935 wurde sie von immer häufiger und immer heftiger werdenden Schmerzanfällen gequält, doch sie lehnte alle Betäubungsmittel, die der Hausarzt verabreichen wollte, ab. »Mein Kopf muß klar bleiben«, hielt sie Dr. Minkel entgegen. Erinnerte sie sich daran, wie sehr sie vor langer, langer Zeit unter ihrer Morphiumsucht gelitten hatte?

Sooft es ihr Zustand erlaubte, ging sie ins Heim, um nach dem Rechten zu sehen.

Manchmal saß sie mit verzerrten Zügen und zusammengekrümmt auf einem Stuhl, manchmal, sehr selten, wenn sie schmerzfrei war, lud sie Freunde ein, drehte in ihrem schönen Heim alle Lichter an, trug ein seidenes Modellkleid und spielte auf dem Klavier Schubert und Mozart.

In einem Anfall von Galgenhumor verfaßte sie einen Nachruf auf sich selbst, wie er in einer Zeitung stehen könnte: »Sie war eine Frau, die jahrzehntelang eigensinnig für ihre Ideen eingetreten ist, die in der Zeit lagen. Aber sie tat es oft in Formen und auf Wegen, die einer Entwicklung vorgreifen wollten, sowie sie auch nicht nach jedermanns Sinn und Geschmack waren.«

Anfang 1936 wurde sie wieder von jener Unrast erfaßt, die eines ihrer Charakterzeichen war. Sie wollte neuerlich nach Krakau reisen, aber der Hausarzt legte ein Veto ein, mit guten Argumenten. Es sei bitterkalter Winter, und mit ihren siebenundsiebzig Jahren müsse sie ein bißchen leisetreten. Vielleicht im Sommer ...? Bertha konsultierte noch einen Internisten, aber der hatte auch keine andere Antwort bereit. Also blieb sie zu Hause.

Ein schwerer Gang stand ihr noch bevor. Eines Tages flatterte eine Vorladung zur örtlichen Gestapo (Geheime Staatspolizei) ins Haus. Bertha ahnte nicht, was das zu bedeuten hatte – sicher aber nichts Gutes. Würden die neuen Machthaber das Heim auflösen? Wollte man ihr persönlich an den Kragen? Waren ihre »Kinder« von unmittelbarer Gefahr bedroht?

In Begleitung einer ihrer »Töchter« machte sie sich auf den Weg, eine kleine, verhutzelte Frau, mühsam auf einen Stock gestützt.
Die beiden Frauen wurden dem zuständigen Gestapobeamten vorgeführt, und der balferte Bertha Pappenheim an, was sie dazu zu erklären hätte, daß einer ihrer Zöglinge, eine gewisse Maria, über Hitler gesagt habe, er sehe aus wie ein Verbrecher: Eine nichtjüdische Küchenhilfe des Heims hatte gepetzt.
Bertha Pappenheim richtete sich auf und erklärte leise, jedoch bestimmt, daß dazu nicht allzuviel zu sagen sei. Wie jedermann im Ort wisse, sei Maria schwachsinnig, man könne niemandem die Schuld für das zuweisen, was eine unzurechnungsfähige Person gesagt habe. Ein letztes Mal hatte Bertha auf einen Mann Eindruck gemacht. Er ließ sie ziehen.
Ab April fühlte sie sich so schlecht, daß sie ihr Bett nicht mehr verlassen konnte. Eine oder mehrere ihrer Mitarbeiterinnen waren ständig um sie, erstatteten Bericht über die Vorgänge im Heim, aber langsam erlosch ihr Interesse, sie war ganz und gar auf sich selbst zurückgeworfen. Am 28. Mai 1936 starb Bertha Pappenheim und mit ihr die Anna O. des Sigmund Freud. Er hat seine »Muse der Psychoanalyse« nur um sechzehn Monate überlebt.
Der aus Wien stammende große Religionsphilosoph Martin Buber – er hatte bis 1933 an der Frankfurter Universität gelehrt und lebte nun in Jerusalem – widmete Bertha Pappenheim einen ausführlichen Nachruf. Er schrieb über die Freundin seiner Frankfurter Tage: »Es gibt Menschen von Geist, es gibt Menschen von Leidenschaft, beides ist nicht häufig, wie man meint, es gibt, noch viel seltener, Menschen von Geist und Leidenschaft des Geistes. Ein Mensch leidenschaftlichen Geistes ist Bertha Pappenheim gewesen.«
Dem »Heim für gefährdete Mädchen und uneheliche Kinder« war noch eine Gnadenfrist von zwei Jahren gegeben. Am 9. November 1938, in der berüchtigten »Reichskristallnacht«, wurden sämtliche Gebäude, auch Berthas Wohnhaus, in Brand gesteckt. Die meisten Insassen haben den Holocaust nicht überlebt.
1954 widmete die Deutsche Bundespost der »großen Wohltäterin« Bertha Pappenheim eine Briefmarke. In ihrer Heimat Österreich kennt niemand mehr den Namen. Die Pappenheimgasse in Wien 20 heißt nach einem General des Dreißigjährigen Krieges.

Personenregister

Bibliographie (Eine Auswahl)

Alexander F. G., Geschichte der Psychiatrie, Zürich 1969
Anderson Harriet, Beyond the Critique of Feminity, London 1985
Ahlmann Jutta, Adele Sandrock, München 1987
Auernheimer, Raoul, Metternich, Wien 1972
Bato Ludwig, Die Juden im alten Wien, Wien 1928
Bertin Célia, La femme à Vienne au temps de Freud, Paris 1989
Bubenicek Hans, Rosa Mayreder, Wien 1966
Carette, Madame de, Souvenirs intimes de la cour des Tuileries, Paris 1888

Eberhart Erhardt, Die Frauenemanzipation und ihre erotischen Grundlagen, Wien 1924
Eberhard Erhardt, Feminismus und Kulturuntergang, Wien 1927
Eisenberg Ludwig, Johann Strauß, Leipzig 1894
Ehmer Josef, Familie, Haushalt und Beruf in Wien in der industriellen Revolution, Diss. 1976
Freeman Lucy, Die Geschichte der Anna O., München 1972
Fugger Nora, Fürstin von, Im Glanz der Kaiserzeit, Wien 1980
Gay Peter, Freud, Frankfurt am Main 1989
Gesztes Jules, Pauline de Metternich, Paris 1947
Hackermüller Rotraut, Roda Roda – Einen Handkuß der Gnädigsten, Wien 1986
Häusler Wolfgang, Von der Massenarmut zur Arbeiterbewegung, Wien 1979
Haeusserman Ernst, Die Burg, Wien 1964
Herndl Franz, Die Lösung der Frauenfrage, Wien 1902
Jones E., Das Leben und Werk von Sigmund Freud, Bern 1982
Klusarits Richard, Kürbisch Friedrich, Arbeiterinnen kämpfen um ihr Recht, Wuppertal 1975
Kocmeta Carl, Die Prostitution in Wien, Wien 1925
Laesig Hilde, Marianne Hainisch, Wien 1949
Lange Fritz, Katalog Johann-Strauß-Ausstellung, Wien 1931
Lichtenberger Elisabeth, Wirtschaftsfunktion der Wiener Ringstraße, Wien 1970
Leser Norbert (Hg.), Werke und Widerhall – Große Gestalten des österreichischen Sozialismus, Wien 1964
Loewy Siegfried, Rund um Johann Strauß, Wien o. J.
Machan Alexander, Famous Women of Vienna, Wien 1929
Mailer Franz, Johann Strauß (Sohn), Leben und Werk in Briefen und Dokumenten, Tutzing, 1983–1990
Mailer Franz, Joseph Strauß, Wien 1977
Martin Gunther (Hg.), Als Victorianer in Wien, Wien 1978
Matzko Alma, Johanna Weiß im Lebensbild, Wien 1957
Mayer Siegmund, Die soziale Frage in Wien, Wien 1871
Mayer Siegmund, Die Wiener Juden, Wien 1918
Mayreder Rosa, Das Haus in der Landskrongasse, Wien 1948
Mayreder Rosa, Tagebücher, Frankfurt 1988
Mayreder Rosa, Mein Pantheon, Dorrach 1988
Meisel-Hess Grete, Weiberhaß, 1904
Metternich Pauline, Erinnerungen, Wien 1988
Müller Peter, Die Ringstraßengesellschaft, Wien 1984
Pahlen Kurt, Johann Strauß, München 1975
Popp Adelheid, Jugend einer Arbeiterin, München 1909
Popp Adelheid, Haussklavinnen, Wien 1912
Popp Adelheid, Die Arbeiterin im Kampf ums Dasein, Wien 1911
Popp Adelheid, Frauenarbeit in der kapitalistischen Gesellschaft, Wien 1922
Popp Adelheid, Der Weg zur Höhe, Wien 1929
Prawy Marcel, Johann Strauß, Wien 1975
Prost Edith, Weiblichkeit und bürgerliche Kultur, Wien 1983
Prost Edith, Die Partei hat mich nie enttäuscht – Österreichische Sozialdemokratinnen, Wien 1989
Salzmann Felix (Felix Salten), Wiener Theater 1848–1898, Wien, o. J.
Sandrock Adele, Mein Leben, herausgegeben von Wilhelmine Sandrock, Berlin 1940
Schrenk Josef, Die Prostitution, Wien 1886
Schweighofer Fritz, Das Privattheater der Anna O., München 1987
Szeps-Zuckerkandl Bertha, Ich erlebte 50 Jahre, Stockholm 1939
Tichy Marina, Alltag und Traum – Leben und Lektüre der Dienstmädchen um die Jahrhundertwende, Wien 1984
Tietze Hans, Die Juden Wiens, Wien 1987
Vanry Franz, Der Zaungast – Lebenserinnerungen, Wien 1983
Wachstein Bernhard, Die ersten Statuten des Bethauses, Wien 1926
Wagner Renate (Hg.), Dilly – Adele Sandrock und Arthur Schnitzler, Wien 1975
Wagner Renate, Frauen um Arthur Schnitzler, Wien 1980
Witzmann Reingard, Katalog Ausstellung Rosa Mayreder, Wien 1989
Zellinger Margarethe, Adele Sandrock in Wien, Diss. 1944
Zweig Stefan, Die Welt von gestern, Wien 1951
Zweig Stefan, Heilung durch den Geist, Leipzig 1931